U0922724

吴大澂书系

吴大澂研究文集

刘毅　佟大群／主编

吉林人民出版社

吴湖帆题悫斋公像

公讳大澂，原名大淳，以避清同治御讳改。字恒轩，号清卿。光绪初得微子悫鼎，又号悫斋。生道光十五年乙未五月十一日，卒光绪廿八年壬寅正月廿七日，享寿六十八岁。

同治甲子科江南乡试第六名经魁，戊辰科会试第三名会魁，殿试二甲第五名进士，庶吉士，辛未散馆一等第二名，编修。历陕甘学政，翰林院侍读学士，河南河北道，三品卿衔，太仆寺卿，太常寺卿，通政史，左副都御史，帮办北洋大臣，兵部侍郎兼右副都御史，广东巡抚，赏头品顶戴、兵部尚书，河东河道总督，湖南巡抚。

配陆氏，侧室陈氏。子一，本孝，女六。长适王，次适廖，三适潘，四适张，五适袁，六适费。

微子鼎，又称“愙鼎”，是一尊重要的青铜礼器，因其铭文中“客”字写作“愙”而得名。该鼎出土于清光绪年间，光绪二年（1876）被吴大澂购得，吴因此自号“愙鼎斋”，后更名“愙斋”。吴大澂对这尊鼎进行了详细的考证，认为其为微子之鼎，并撰写了《鼎长歌》阐释其历史渊源。该鼎现存于南京博物馆。

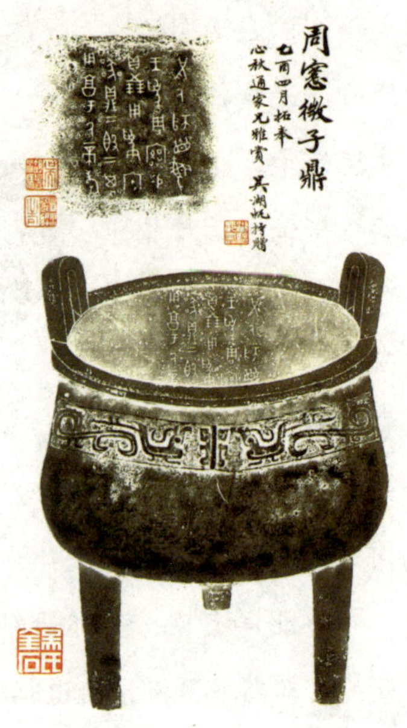

铭文：启乃师众，觐王为周愙※，锡贝五朋，用为宝器，鼎二、敦二，其用享于乃帝考。

※《愙斋集古录》关于此鼎释文为“客”。本书据“微子鼎”铭文与拓片及《愙斋集古录》中“愙鼎”、“愙斋所得金石”印文，订为“愙”。

序

吴大澂（1835—1902），江苏吴县（今苏州）人，本名大淳（同治改元，避讳易名），字清卿，号恒轩，又号窸斋。

吴大澂由科举入仕，载驰载驱，浮游宦海。历任陕甘学政、河南河北道、太仆寺卿、通政使、左副都御史、广东巡抚、河东河道总督、湖南巡抚等职。擅书法，兼长丹青，时人得其字画，视若珍宝。又喜金石收藏，精通训诂考释，以“笔墨流传不朽”为毕生之追求，有《恒轩所见所藏吉金录》、《说文古籀补》、《古玉图考》等著作传世。

吴氏一生，“坚志读书，力图实践”，故有“文武兼资”之誉，清儒俞樾亦称，大澂虽以勋业著称，而“翰墨之长”亦“不为所掩也”。

吴大澂的仕宦经历及文化造诣，早在清末就颇受瞩目。但是，严格意义上对其的学术研究，还是改革开放前后的事情，至今已有不下百篇积淀。为了掌握相关动态之便利、推动相关研究之发展，我们拣选 34 篇代表作，厘为两编，结集出版。

其中，“治政编”收录了《沙俄对我国东部边疆的侵略与吴大澂 1886 年珲春勘界》、《吴大澂在吉林》等 24 篇文章，对吴大澂仕宦生涯中的主要事迹及重要贡献，特别是在吉林任内完成的，包括请开边禁、招民屯垦、创设机厂、改革兵制、强化边防、查勘界牌、争回国土等在内的爱国实践，进行了系统梳理和深入阐述。其中诸如《吴大澂评述》等综论性文章，也述及包括治理黄河、兴修水利等在内的生平履历。

“为学编”收录了《吴大澂的金石研究及书学成就》、《吴大澂战国文字研究成就述评》等10篇文章，重点剖析吴大澂在书法篆刻、金石研究、文物收藏及学术传承等方面取得的主要成就、产生的重要影响。其中《吴大澂与晚清关学》利用清人文集史料，首次探究了吴大澂对晚清关学“复兴”的贡献，拓展了吴大澂“文化艺术”专题研究的维度。

至于清末以来以传文、墓志、回忆、咏叹等形式，对吴大澂人生履历进行的评述，也可以视为吴大澂研究的一部分，故择其精要，附录于后。

为了保留更多的时代信息并尊重原作者的学术判断，我们仅对上述作品进行必要的技术处理（如校定讹误、节略注文等），但不增入编者的个人评述。我们相信，广大读者在阅读过程中，自有判断。我们认为，这部论文集的出版，将为学术界和广大读者，提供又一个深入了解吴大澂的平台和窗口。

在这里，我们要特别感谢这套丛书的出品人、策划者和责任编辑。你们的辛勤付出，必将推动新时代的吴大澂研究迈上新台阶。论文集在辑录、编校过程中难免会有疏漏和不足，希望广大读者批评指正。

编者

2024年12月

目 录

治政编

为学编

附录

治政编

沙俄对我国东部边疆的侵略与吴大澂1886年珲春勘界

董万仑

光绪十二年（1886）吴大澂代表中国与沙俄第二次勘定了中俄东部疆界。这次勘界是在沙俄侵占我国东部边疆大片领土后，又在东部边界进行蚕食和集结重兵妄图进一步扩大侵略的历史条件下进行的。这次勘界不同于咸丰十一年（1861）沙俄鲸吞我国四十万平方公里领土的第一次东部勘界和同治三年（1864）沙俄鲸吞我国四十四万平方公里领土的西部勘界；这次勘界，不仅没有"蹙界"，反而收复了不少失地，这是道光二十年（1840）中国沦为半殖民地后中俄订约勘界中惟一的一次未受损失的勘界。为什么1840年以后，"凡中俄立约勘界"，中国无不丧失土地，惟这次却收复失地呢？历史事实告诉我们，这是吴大澂在一定程度上坚持了对沙俄斗争的结果。吴大澂在光绪六年（1880）到达东部边疆，为了对抗沙俄侵略，实行了“劝农讲武”政策，极大地巩固了东部边防，为1886年勘界奠定了基础；在勘界谈判时，吴大澂据理斗争，寸土不让，压倒了沙俄的气焰，使其妄图通过勘界扩大侵略的阴谋彻底破产。这次勘界，对当时巩固我国东部边疆、鼓舞我国人民抗击沙俄侵略，以及支援朝鲜抗俄斗争都具有重大的意义。

1886年吴大澂珲春勘界是中国人民维护疆域主权、抵御沙俄侵略的重要历史事件。今天考察这段历史，能够使我们进一步认清沙俄的扩张野心。

一、沙俄对我国东部边疆的侵略

我国东部，包括乌苏里江以东至沿海的广大地区，自古以来就是中国的领土。1840年鸦片战争后，中国沦为半殖民地半封建社会，沙俄在加紧对我国北部地区侵略的同时，开始对我国东部地区进行疯狂的侵略。咸丰八年（1858），趁英、法发动第二次鸦片战争之机，沙俄东西伯利亚总督穆拉维约夫与黑龙江将军奕山签订了《瑷珲条约》，沙俄割占了黑龙江以北、外兴安岭以南的六十多万平方公里的中国领土，并将乌苏里江以东地区划为“中俄共管”。接着便施展出先行“实际占领”，然后迫使清政府承认既成事实的手段，积极吞并乌苏里江以东、以南地区。《瑷珲条约》签订后，沙俄就派兵“在乌苏里江岸，肆行滋扰”，并从乌苏里江口抓吉到伊曼河口一带，建立哥萨克军人村屯“二十二处”，悍然“命令将所有中国官员和岗哨从乌苏里江右岸撵到左岸”。沙俄在“军事占领”乌苏里江以东、以南地区后，立即采用外交讹诈、军事威胁等手段，逼迫清政府订约，并声言“俄国较之其他任何海上强国都易于随时随地给中国以有力的痛击”，又恫吓说：“如果我们的要求不得实现，便会引起战争。”沙俄见讹诈未成，便转而挑唆英、法进犯北京。当英、法侵略者刚刚从北京撤走，沙俄就以“调停有功”为借口，向清政府勒索“报酬”，叫嚣如果清政府不答应，就把英、法军队“召回北京”，俄国也可以“对你们进行残酷无情的惩罚”。清政府的代表奕䜣在沙俄的威胁下，深恐“再与之理论，难保不勾结英、佛为患”，于是完全屈服，于咸丰十年（1860）签订了《中俄北京条约》，沙俄通过这个条约将中国乌苏里江以东约四十万平方公里的领土完全侵占。

咸丰十一年（1861），中俄双方又派遣代表，按着沙俄炮制的分界地图进行实地勘界。沙俄在勘界时，重演故技，以武力威胁。清政府代表稍加抵制，沙俄“即将枪兵向营门排立，按刀而入”；在谈判桌上，竟然“按佩刀直视”。清政府代表成琦在沙俄的军事威胁下被迫签订了《中俄勘分东界约记》，划定了中俄东部边界。从乌苏里江口到图们江口附近，竖立了标有中俄文字的耶（Е）、亦（Й）、喀（К）、拉（Л）、那（Н）、倭（О）、帕（П）、土（Т）八座木界牌；按照条约规定，乌苏里江口的“耶字牌”设在“乌苏里河口西”，图们江口附近的“土字牌”设在“图们江左边距海不过二十里”的地方。这次勘界，没有勘分乌苏里江、松阿察河、瑚布图河水界，只在沙俄绘制的地图上画了一条红线，表示两国以江河为界，但它不能表明边界线在江中的确切位置。

《中俄北京条约》规定：从立界牌之后，永无更改，并不侵占附近及他处之地。但是，一纸条文、几块界牌何能挡住沙俄继续扩大侵华的狼子野心？沙俄对我国的侵略是无孔不入的。东部勘界后，沙俄便积极推行吞并我国东三省的扩张政策，其“蚕食之谋，鲸吞之念”，一天也未停止。他们通过错绘地图、移动界牌、派兵霸占等“明占潜侵”手法，蚕食我国东部边疆领土。早在签订《中俄北京条约》时，沙俄代表就大耍阴谋，错绘“土字牌”地图，赖去我国图们江口附近大片领土。边界上的木界牌，有些被沙俄移动，“土”字、“倭”字等界牌，都被移向中国境内。沙俄又霸占图们江口附近我国黑顶子地方，据记载，“俄人侵占珲春边界，竟将图们江东岸沿江百余里，误为俄国所割之地”，“珲春与朝鲜毗连之地，大半为俄人窃据”。黑顶子地方濒江，与朝鲜的庆兴府城相望，是吉林省东部重要地区。按《中俄北京条约》规定，黑顶子本系中国领土，沙俄发现该地无人居住，便乘隙派兵占领。他们在那里结幕构屋，建立卡所，“留连屯守，广聚人口”，“有久假不归之意”，妄图以此为据点，进而觊觎朝鲜。沙俄又多次侵犯中国领土、领水主权，闯入中国境内为非作歹。同治七年（1868），沙俄潜入我国长岭子附近碾子山一带（今珲春附近），砍伐树木，堆积木料，意欲建造房屋。光绪九年（1883），又在兴凯湖口附近，非法越界设卡。沙俄多次闯入松花江，以贸易为名搜集我军事、地理、经济情报。同治二年（1863），沙俄违背条约，“屡欲越界潜入三姓城（今之黑龙江依兰——引者注）交易”，皆被黑河口中国卡兵“理阻”。沙俄为了达到其罪恶目的，多次制造边界纠纷，两次强抢罪犯，“连刀矛赢马，一并抢去”，并声言：“三姓素不与交易，不能将犯给还！”后来沙俄虽将罪犯交还，但“其垂涎松江之心，终难禁绝”。次年，“俄国二品官石沙木勒幅”率官兵五十余人，携带枪炮，乘坐轮船从黑河口闯进松花江，“沿途观绘山川形势”，中国官兵“于俄船经过处节向坚阻”，但沙俄官兵“理阻不服”，横冲直撞，驶抵吉林省城，问“其所为何来，迄未泄露一字”，“遂即回帆东去”，其包藏祸心，深属叵测。同治三年（1864），沙俄暴徒四人，在乌苏里江口偷越国境，以贩卖松子为名，杀死清朝边防卡官“补协领佐领富尼雅罕、甲兵全德、西丹连贵、赫哲玉凌额四人”，其狡谲残暴，达到何等惊人程度！同治八年（1869）又违反条约，三十余沙俄匪帮，乘坐两艘轮船再度闯入松花江，驶“抵呼兰河口停泊”，声言“特来吉林黑龙江满洲各城买换苏油”，实际是“借通商为名，越界游历”，搜集情报。沙俄又越界行凶戕杀清朝守卡军民。

沙俄又违反《中俄北京条约》关于“上所言者，乃空旷之地。遇有中国人住之处及中国人所占渔猎之地，俄国均不得占，仍准中国人照常渔猎”的规定，迫害乌苏里江以东地区的中国居民，霸占中国居民的土地。这个地方原住着许多中国居民，他们的聚居区主要有伯力（今哈巴罗夫斯克）、海参崴（今符拉迪沃斯托克）等地，“几及百处”。按《中俄北京条约》规定，这些地方的中国居民仍有在该地居住权，“俄国均不得占”。沙俄却把这些中国居民视为他们统治乌苏里江以东地区的心腹之患，担忧一旦中俄开战，世居该地的“汉人将是中国最好不过的前哨”，而“鄂伦春人和赫哲人都将站在中国一边”。《中俄北京条约》签订后，沙俄为了让这些地区“尽快地具有俄国的面貌”，就对这里的中国居民——赫哲人、鄂伦春人、满人、汉人进行压榨和迫害。他们特遣东正教传教士“蛊以妖言”，以“促使边区俄罗斯化”，对抵制同化的各族人民则“迫逐迁徙”，赫哲人、鄂伦春人，“半入东北冱寒之区”。沙俄把当地的汉人看成是阻碍乌苏里地区“俄罗斯化”的最危险的“敌人”，叫嚣什么“汉人离开乌苏里地区愈快，该地区的俄罗斯化也就愈迅速”，提出要“对边区的汉人居民加以整肃，并最大限度地剥削他们”，迫使他们出境。沙俄霸占这个地区后，非法限制和禁止汉人种地、狩猎、经商、酿酒，并“对他们课以重税”；又非法禁止汉人在沿海一带淘金，竟从海参崴调遣兵船进行围剿，打杀青岛（今符拉迪沃斯托克附近之阿斯科尔德岛）、苏城（今帕尔季赞斯克）一带中国居民百余名；又将世居在沿海一带捕鱼捞参的旗民“误指为匪，拿获七十余人，拘入水牢”。到了19世纪七八十年代，沙俄进而公开驱逐中国居民，他们强行驱逐苏城、蚂蚁河一带的中国居民，霸占他们的土地，其迫害之惨，闻之“令人发指”。

沙俄又在伯力、红土崖、双城子、岩杵河等地“选练兵队，建造营房，竟无虚日”，同治九年（1870）起又“增兵南乌苏里”。他们在边界陈兵逾万，虎视鹰瞵，瞠目以待。可是，当时我国东部边疆“土地空旷，人烟寥寥”，军备废弛，门户洞开，“大半征调远出，而西丹亦属寥寥”。管理东部边疆的三姓、宁古塔（今宁安）副都统和珲春协领，对沙俄贪得无厌地蚕食我国领土和迫害华民暴行，“畏首畏尾”，置若罔闻，“从未过问”，却在边界集结军队“会同俄官相机剿办”从青岛、苏城逃回国内的中国居民。他们企图以妥协的对策，保持与沙俄强盗“和好”，换取边界的“安宁”，实际是听任沙俄侵略。当时的清政府，“已经既不能够驾驭自己的人民，也不能够抵抗外国的侵略”，这就给沙俄强盗以可乘之机。我国东部边疆危机在这种情况下就更加严重了。

吴大澂就在中国东部边疆出现严重危机的时候，于光绪六年（1880）来到了东部边防要地三姓、宁古塔、珲春，从此便开启了他一生中最值得人们纪念的为巩固我国东部边防而奋斗的光辉篇章。

二、吴大澂“劝农讲武”，巩固东部边防

吴大澂（1835—1902），字清卿，号恒轩，又号愙斋，江苏吴县（今苏州）人。早年曾“授职编修”，后来做过河南河北道员，都察院左副都御史，广东、湖南巡抚。他善篆籀，是著名的金文考释学家。

光绪六年（1880）他被派往我国东部边疆三姓、宁古塔、珲春等地“帮办”防务，第二年又以“督办”的身份主持三姓、宁古塔、珲春防务和屯垦事宜。

吴大澂到达我国东部边疆后，积极推行“移民实边”政策，以“耕战”原则建立屯田兵，这是吴大澂防范沙俄这个割占我国大面积领土的殖民强盗所采取的一项重要措施。

三姓、宁古塔、珲春等地，在清军入关后成为“禁山围场”。沙俄割占滨海地区后，利用这里地旷人稀的弱点，乘虚不断侵边。因此，废除“禁山围场”，实行“移民实边”，对巩固边防就具有重大的战略意义。

珲春、三岔口（今东宁附近）、绥芬河、穆棱河一带是我国东部与沙俄交界地区，经常发生沙俄侵边事件，吴大澂把这一带作为招垦的重点。光绪七年（1881），他委派珲春知府李金镛，在珲春“设局招垦”。光绪八年（1882），设珲春招垦总局和南岗（今延吉）、五道沟（今珲春东沟）招垦分局；又派官员在三岔口成立招垦总局，在穆棱河成立招垦分局。光绪七年从“山东登、莱、青各属招募屯兵二百名”，于光绪八年四月“到吉”，将其分拨到三岔口、绥芬河附近之“桿面石、穆楞（棱——引者注）河、马桥河、细鳞河、小绥芬河、三道冈子等处，分作六屯”。后又大量招募，

分驻抬马沟、胡密力岭等地。光绪七年以后，大批山东以及朝鲜民众相继自发地流入珲春、南岗、五道沟等地。

吴大澂把这些垦民组织起来建立屯田兵，边劳动边操练，“且耕且守”。根据吴大澂当时的规定，屯田兵每十人为一棚，“三棚驻扎一处为一屯”，屯为生产和防务的基层单位。屯田兵的耕牛、农具、车辆和口粮都按规定发给。据吴大澂《自订年谱》记载：“每名每月给口粮银二两，并发农具耕牛，每棚十人，给车三辆。”另据当时应募的山东人许刚士老人追忆：“公（指吴大澂——引者注）营制，人月饷银二两，二人共一牛，三人共一车，牛死，验其皮复予之。”这是个行之有效的措施。

为了开发边疆，吴大澂又在边防要地广建驿道。东部边疆，由于清初封禁，道路梗塞。过去吉林城、宁古塔、珲春之间，虽有驿道相通，但行路亦甚艰难。吴大澂督办东部边务后，除了将原有的驿道“重加修治”外，又开辟许多新的驿道。珲春周围出现不少驿道，几个重镇之间道路畅通，这是珲春地方在历史上“始为第一次开通道路”。据记载，由宁古塔到三姓，计程六百里，开通驿道，设有驿站八个；由宁古塔至珲春，开通驿道，“设驿站十一个”；由宁古塔至三岔口，约四百里，“开通道路一条，并于沿途设立驿站”；又“南起珲春，北至密山，开驿道八百里”。各条驿道上都有靖边军驻扎，保护行旅，加强防务。这种广建驿道的措施不仅有利于开发边疆，而且对巩固边防，反击沙俄武装侵略也有一定的意义。

“移民实边”和“耕战”是历代巩固边防、反击外寇的重要政策，吴大澂推行的这两个政策，收到了实效，使东部边疆得到开发。据《吉林通志》记载，珲春、南岗、五道沟一带，在光绪七年

（1881）统计，开垦土地27600多垧；三岔口一带，开垦土地12400多垧；穆棱河一带，在光绪十一年（1885）统计，开垦土地600多垧。粮食产量大为增加，吴大澂在他的家书中说，三岔口一带每户人家可种十垧、八垧土地，“每垧可收七八石”；以漕粮计算，“每垧即可收三十余石”。另外，在广袤的土地上出现了不少城镇，珲春县、延吉县、东宁县、穆棱县、密山县以及绥芬河镇，就是在这个基础上形成的。东部边疆人口也不断增加，珲春一带的人口，光绪十七年（1891）统计已达29883人，三岔口、穆棱河、绥芬河一带的人口也都有了增加。另据《皇华纪程》记载，吴大澂在光绪十二年（1886）到珲春与沙俄勘界，路经珲春凉水泉子，看到那里面貌一新，感奋异常，并赋诗纪之。

同年他又到了三岔口，那里也发生了变化。“三岔口本无集镇”，现在出现“铺户约有五十余家，后街房屋亦次第兴造，不数年间居然成市，农工商贾各有欣欣向荣之意”。更为重要的是，边防得到了巩固，正如吴大澂自己所说，“安设屯兵，俾户口渐增，荒芜渐辟，粮草渐足，商旅渐通”，“远可备岩疆捍卫之资”。事实正是如此。

吴大澂在东部边疆又积极编练靖边军，这是吴大澂巩固我国东部边防所采取的又一项重要措施。

光绪六年（1880），他会同吉林将军铭安编练了“巩、卫、绥、安四军”，十三个营。安军一营，“留扎省城”；绥军五营，“驻防三姓之巴彦通”；巩军三营，“驻防宁古塔之乜河”。同年又编练了靖边军马步兵九营二哨。鉴于珲春与俄界毗连，地处紧要，在珲春驻扎靖边军中路三营，配合原有的卫军四营。东西填扎，以固门户。又在宁古塔驻扎靖边军左右两路五营二哨，以加强三岔口、绥芬河一带的防务。后来到光绪十年（1884），清政府又对这两部分军队进行了整顿，将巩、卫、绥、安四军并入靖边军，靖边军扩大为前、后、左、中、右五路军。前路四营和中路三营一哨，“仍驻珲春”；左路三营五哨，“仍驻宁古塔”；右路三营，“驻珲春之烟集冈（今之延吉——引者）”；后路三营，“仍驻三姓”；另外还有靖边亲军三营三哨，分别驻在省城、宁古塔、珲春。

除了编练正规军以外，吴大澂又把各族人民组织起来，编成“各族西丹及民勇”若干营，作为后备队。这些“西丹”兵，后来大部分都补充到靖边军里了。

为了防备沙俄武装侵犯，吴大澂又奏请在边界要地三姓、珲春建筑炮台。光绪八年（1882）在三姓之“巴彦通沿江一带勘定炮台基址”，两年后建成。这个炮台主要是阻击沙俄军队自松花江下游进犯。光绪七年（1881）在珲春“相度炮台基址”，光绪十二年（1886）筑成两炮台：一是东炮台，建在“城东十二里之阿勒坎”；一是西炮台，建在“城西南之外郎屯”。“两台之设，一阻敌军由岩杵河入珲之路，一阻敌军由黑顶子入珲之路。”这些炮台，后来在光绪二十六年（1900）沙俄军队由东部侵入我国时，发挥了威力，给沙俄军队以沉重打击，在珲春一役，“死敌兵甚重”，击毙沙俄中校泡斯茨尼考夫。

吴大澂在督办东部边疆防务和屯垦事宜的过程中，他对沙俄霸占黑顶子地方和驱逐苏城、蚂蚁河中国居民事件无比愤慨，他亲自会见沙俄界务官，“责其擅自调兵”占我领土的罪行，并照会沙俄东西伯利亚总督，对其迫害华民提出严重抗议。

可是，凶恶、狡猾的沙俄殖民强盗，在边界交涉中蛮横无礼。吴大澂虽多次与沙俄界务官交涉，“大半置之不理”，及之移文诘责，“或置之不覆，或讳言并无其事，一味以狡猾之词，为推诿之计”。

为了对付这个狡猾的边寇，吴大澂亲至边界进行实地调查。他到达俄境岩杵河和摩阔崴沿海一带，并由罕奇海绕至黑顶子，“查明该处地方，实系俄人侵占珲春之地”，并发现沙俄“于黑顶子地方安设俄卡”。沙俄不断侵边，吴大澂深感东部边疆危机严重，为了摸清情况，他对边界原竖之木界牌进行了调查，发现有的被移动，有的被火焚，有的已腐烂。

吴大澂认为东部边界存在的这些问题，需要通过中俄两国谈判勘界去解决。因此，他再三奏请清政府派人前往珲春与沙俄交涉，“订期会勘”边界。

三、珲春勘界，“一寸河山尽寸心”

光绪十一年（1885）底，吴大澂奏请中俄会同勘界的要求，终于在中俄两国同意之下实现了。吴大澂于次年第二次来到了珲春。会谈地点在珲春对面俄国境内之岩杵河镇，会谈进行了五个多月，最后于十月十二日签订了中俄《珲春东界约》。

中俄代表这次勘界谈判，主要解决兴凯湖附近之白稜河口（土尔必拉）至图们江口附近的中俄边界地区（即“喀字牌”至“土字牌”之间的陆界）争议。谈判伊始，沙俄代表骄横跋扈，软硬兼施，不承认中俄边界存在领土争议。中国代表拿出实据，沙俄仍然支吾搪塞，颟顸狡赖。他们或者以错绘的旧地图作为谈判的依据，或者拒绝谈判，声称“由国家定夺，彼不能擅主”。他们的目的很明显，就是要中国同意被他们移动了的边界线。

吴大澂不同于被迫割让我国东部边疆大片领土的奕䜣和成琦，

他没有被沙俄的花言巧语所蒙蔽，也没有为沙俄蛮横无礼的强硬态度所屈服。他在这次勘界中，对收复国土的决心很大。在勘界纪事诗里，他高歌："牛耳当年盟未久，犬牙何事气难降。分流溯到松阿察，尺地争回豆满江。"为了收复国土，他决心要"一寸河山尽寸心"，面对沙俄强盗决不退让。他做了很多准备。他遍阅旧条约，查看旧地图，从当地军民中了解边界情况，并亲至实地进行勘查。在谈判时，他据理斗争，寸步不让。他不仅对沙俄霸占黑顶子之地誓死必争，就连沙俄移动"倭"字界牌，侵占我二里许的领土也不放弃。他对掠夺成性的沙俄有一定警觉性，无情揭露沙俄通过错绘"土字牌"的地图侵我领土的卑劣行径；否定俄方首席代表巴拉诺夫所谓"海口二十里海水灌入之地，当谓之海河，除去海河二十里，才算图们江口"（即海口非江口）的奇谈怪论；他对俄方分担拟制的新条文、新地图，都一一加以查对，发现有"语意繁复、脉络不清"，容易给沙俄提供侵略口实的地方，都一律"删节而改正之"。吴大澂在谈判中所持的这种威武刚毅的姿态、维护领土完整的立场，以及在强敌面前寸土不让的斗争精神，打击了沙俄殖民强盗的气焰，为中国赢得了谈判的主动权。

吴大澂在谈判中，基本上坚持了以下几个原则：

第一，虽以不平等的《中俄北京条约》为基础进行谈判，但对已被割占的个别地方，经过双方同意可以进行调整。

第二，凡是沙俄违反《中俄北京条约》、《中俄勘分东界约记》侵占中国的领土，坚决要收回。

第三，咸丰十一年（1861）签订《中俄勘分东界约记》时，错立的木界牌应查实纠正。

第四，界牌被移动的，根据旧条约规定要恢复原位。

第五，原来缺立的界牌，经过双方同意要补立。

吴大澂本着这几个原则跟沙俄谈判，解决中俄边界存在的争议问题。

图们江口及其左岸地区，乃为我国吉林省东部江海航运要地，不应为沙俄割占。吴大澂提出“将罕奇海口（指图们江口左岸至波谢特湾地区——引者注）归还中国”，后又提出“图们江出海之口，应作中俄两国公共海口”。这些要求显然都是合理的、正义的，虽然未达成协议，但却争得了中国船只出入图们江出海口的权利。在勘界会议上，有关图们江之海口，“中国有船只出入，俄国不得拦阻一条，巴使（即巴拉诺夫——引者注）已函商俄京外部大臣”。后来沙俄外交部电令东海滨省总督：“图们江口中国有船只出入，俄国并不拦阻。”沙俄东海滨省总督根据外交部这个电令，向俄方谈判代表巴拉诺夫下达了指示：“饬令本属各官，如有中国船只由图们江口出入者，并不可拦阻。”这个指令下达后，沙俄界务官把它以照会的形式发给珲春副都统，并宣称：“愿此事我两国和好益敦可也。”

按旧条约规定，图们江口附近之黑顶子地方系中国领土，沙俄派兵侵入，并“添设卡兵，接通电线”，蓄意长期霸占。吴大澂坚决要求归还黑顶子地方，双方达成协议。新约规定：“中国界内黑顶子地方旧有俄国卡伦民房，议明于一千八百八十六年六月，即光绪十二年五月，迁回俄境。”

图们江口附近之“‘土’字界牌最关紧要，不知何年毁失”。地图（系俄方所绘）上“土字牌”的地址与条约规定不符。《中俄北京条约》内云：“两国交界与图们江之会处及该江口，相距不过二十里。”但是，“图上界线末处与海口相距几及一寸（地图标明，

‘英尺一寸，系俄国二十五里，中国五十里’——引者），系俄里二十余里，以中国里数计之，实系四十五里”。就是说，沙俄通过错绘地图和错立界牌，赖去中国领土。经过吴大澂“再三辩驳”，始“议明立牌之地，在该处山麓尽处江岸地方；此处顺图们江至海滩俄里十五里（计中国里三十里）。径直至海口俄里十三里半（计中国里二十七里）”。

经过中国方面调查，瑚布图河口（在今东宁附近）“倭字牌”的地址，与《中俄北京条约》不符。“倭字牌”原立于瑚布图河口，现在小孤山顶，距瑚布图河口尚有二里，“并非中俄交界地方”。吴大澂要求将“倭字牌”恢复原位。经过双方“亲自履勘”，查明“倭字牌”确系被移动，议决将新刻之“倭”字石牌，应照《交界道路记文》设立瑚布图河口。

“自珲春河源至图们江口五百余里，竟无界牌一个”，系原来缺立，议决在“帕”字与“土”字两界牌之间补立“啦”、“萨”二字界牌。原绘地图内“拉”字、“那”字两界牌之间，应有“玛字牌”，议决补立“玛”字界牌。

绥芬河北山之“那”字界牌，原在横山会处，因为“年久无从踪迹”。光绪三年（1877）所“补立之‘那’字界牌在瑚布图河口正北山上”，也非故地。议决将错立的“那字牌”移到原处。

这次谈判，经吴大澂提议，又决定将木制界牌全部换用石牌。另外，由于“各牌相去甚远，中间道路分歧，山林丛杂。或有界限不清之处”，议决在“土字牌”至“喀字牌”之间未立界牌之地，添立标有“一、二、三、四等字样”的小石牌二十六块，“以补界牌之不足”。吴大澂又考虑长岭子一带，为珲春往岩杵河要道，向无界牌，遂于交界地方添立铜柱，“以期经久”，上刻吴大澂亲书篆字：光绪十二年四月，都察院左副都御史吴大澂、珲春副都统依克唐阿奉命会勘中俄边界。既竣事，立此铜柱，铭曰：疆域有表国有维，此柱可立不可移。

此铜柱高 12.15 尺，宽 30.3 尺（据拓本尺寸），金光闪闪，巍立于中俄边界。（后来沙俄将这个铜柱盗走，现收藏在哈巴罗夫斯克博物馆）

至此，从乌苏里江口至图们江口附近，中俄国界共立石界牌十一座，小石牌二十六块，另有铜柱一个，界牌的顺序是：耶（Е）、亦（Й）、喀（К）、拉（Л）、玛（М）、那（Н）、倭（О）、帕（П）、啦（Р）、萨（С）、土（Т），铜柱立在“萨”字与“土”字界牌之间。这次勘界，仍然没有勘分乌苏里江、松阿察河、瑚布图河水界，这三条河流两国交界的确切位置一直不清楚。

四、吴大澂的历史功绩垂后世

在与沙俄侵略者进行谈判勘界时，吴大澂与奕山、奕䜣、崇厚等人不同。吴大澂以国家领土为重，据理斗争，寸土不让。当中国进入半殖民地半封建社会，帝国主义与中华民族的矛盾上升为主要矛盾，中华民族处于危亡边缘的时候，吴大澂亲至东部边疆巩固边防，主张坚决抗俄制日，是符合中华民族利益的。

应当指出，中俄《珲春东界约》是在不平等的《中俄北京条约》、《中俄勘分东界约记》的基础上制定的条约，它本身具有不平等的性质，吴大澂巩固东部边防，不畏强敌的爱国精神，以及通过勘界抵抗沙俄侵边和收复部分失地的历史功绩是应当予以肯定的。

（1）《海参崴埠通商论》的作者说：吴大澂“办理边防，开垦荒田，建置州县，一切具有成效”。成效在哪里？就是他“劝农讲武”，在一定程度上巩固了东部边防，不仅为珲春勘界提供了条件，而且为以后中国人民反击沙俄侵略奠定了基础。中国东部边疆从此有了正规的边防部队，特别是珲春到蜂蜜山一带的地区，从此得到了广泛的开发，出现了许多城镇，有的变成了县治所在地。吴大澂这些历史功绩受到人们的肯定和追念。辛亥革命以后，乡人在穆棱河畔粮台吴大澂“屯兵设局故处”的碣石上刻字颂扬吴大澂。这个碣石铭文，今天犹在。铭文略曰：“穆棱西东，肃慎故墟。昔为穷荒，今也经涂”，“民居无舍，公则治之；民耕无犊，公则字之；公之始来，榛莽际天；公之受代，编户以千”，“靖边诸军，列戍其间，建威稍萌，边患以息。公忠勤称天下，其功业在东陲尤著”。这个评价虽然有些溢美之辞，但也能说明吴大澂巩固东部边疆的作用是不可低估的。

（2）钱恂撰《中俄界约斠注》记载说：“溯自咸丰八年至光绪十年，凡中俄立约勘界，无不削地，惟此一次为展界，非蹙界。”的确是这样。鸦片战争以后，中国沦为半殖民地半封建社会，每次中外定约勘界，都是割地，独有这一次不仅没有丧失土地，反而收复失地。这个历史功绩是很了不起的：中国通过《珲春东界约》争回被沙俄侵占之黑顶子地方；“土字牌”位置的更正，为中国争回部分领土；“倭字牌”恢复原位，又收回不少领土；又争得了中国船只在图们江口的航行权。黑顶子地方收回后，中国政府在那里进行军垦，后又改设招垦局，移民开垦，使之成为国防前哨要地。中国船只有权出入图们江出海口，为中国开辟图们江至符拉迪沃斯托克、釜山、大连、上海航运，以及进一步开发东部边疆奠定了基础。

（3）19 世纪七八十年代，西方列强展开了在亚洲争夺殖民地的斗争，当时朝鲜成为沙俄跟英国角逐的主要场所。中法战争后，沙俄企图把朝鲜置于自己的控制之下，英国借口抵制沙俄，在光绪十一年（1885）占领了朝鲜半岛南部的巨文岛。沙俄侵占我国黑顶子地方，就是要以之作为跳板、向朝鲜伸展势力。朝鲜政府首先洞察了沙俄这个阴谋，曾先后三次照会清政府，声称该地与朝鲜庆兴府“衣带为界，揭厉可涉”，沙俄派兵霸占，“其情迹转益叵测”，“弊起于耳目之外，患生于毫发之间，日后之虑，何所不至乎”！吴大澂收回黑顶子地方，对沙俄侵略朝鲜，无疑是迎头一击。吴大澂在一首诗中说得好：“欲从两界留中道，直为三韩计万年。”

（4）沙俄进入帝国主义阶段后，侵华活动更为嚣张，东部边疆的界牌，被“俄人暗窃潜移，界线遂半非其旧”。据光绪三十四年（1908）调查，乌苏里江口的“耶字牌”被移到通江口西岸；“拉字牌”被毁掉，另“换粗石两条立于二人班地方”；“倭字牌”，“于光绪二十六年已被俄人移动”；“玛字牌”“亦被俄人毁去”；二十六个小石牌也有不少被毁坏。另据一些史书记载，“密山、东宁、珲春沿边之地，多被俄人侵蚀，移置界牌之事，时有所闻”，特别是“喀”字、“亦”字界牌，被移动更远。这就使中俄东部陆地边界再度出现争议地区。吴大澂这次勘界，为以后中国解决这些边务问题提供了重要历史依据。

吴大澂这次勘界也为后人留下了历史教训：

《中俄北京条约》规定“土字牌”设在距图们江口“相距不过二十里（系华里——引者）”的地方，《珲春东界约》规定“土字牌”设在图们江口附近“径直至海口俄里十三里半（计中国里二十七里）”的地方。这说明尚有部分应收回领土未收回。另外，据了解，新立的“土字牌”的地址距图们江口，不止二十七里。《东三省政略》云：“中俄界约仅言三十里（指‘土字牌’‘顺图们江至海滩’里数——引者），似未尽确。”另据当地居民介绍，“土字牌”地址距图们江口在二十七里开外。可见吴大澂这次勘界，中国尚有不少领土未收回。

沙俄违约驱逐华民、侵占华民土地事件，吴大澂虽然十分关注，但在这次谈判中，却没有把它作为一项重要内容提到议程上去解决。

沙俄在这次谈判勘界中，派了大批人员参加，除了正式代表外，还有界务、舆地等专业人员，勘界时，诸如土地丈量、地图绘制、经纬度测量，几乎由俄方独办，有的界牌的竖立也由俄方单独去做，中国方面只能派员“随同照料”。吴大澂也承认“均由舒利经（俄方舆地专业人员——引者注）一手经理”。

（原载于《延边大学学报（哲学社会科学版）》1977 年第 1 期，收录本书时有删改）

吴大澂评价问题简议

董万仑

中日甲午战争爆发后，时任湖南巡抚的吴大澂奏请出关抗日，杀上了东北战场。后因牛庄溃败，他被交部议处、罢了官，罪名是“徒托空言，疏于调度”。从此吴大澂就被讥为专会“吹牛皮”、“说大话”的人。对吴大澂这样的评价是不公正的，其恶言讥诮是不应该的。

一

光绪二十年（1894），日本发动了侵略中国的甲午战争，吴大澂毅然奏请率军抗敌。

吴大澂为什么要奏请率军抗日呢？有的官吏说“不过虚张声势，意存觊觎之见耳”，这是对吴大澂的恶意诽谤。著名学者俞樾在他撰写的《前湖南巡抚吴君墓志铭》里说，“愤外侮之侵陵，感中国之积弱，抚膺太息，毅然请缨”，这个看法，基本上是符合实际的。

是年7月25日，日本侵略军在朝鲜突然袭击中国军队。8月1日，光绪皇帝下诏对日宣战，饬令各军“迅速进剿”。吴大澂激于爱国义愤，于8月15日“电请统率湘军赴韩督战”。第三天（8月17日），他再次奏请率军“航海助战”。8月19日，清政府批准了他的请求，令他“带勇北上”。可是吴大澂接旨后，感到“海军船坚炮利”，对扭转战局有利，于是再次上奏，要求“率同丁汝昌出洋力战”。吴大澂率军进扎榆关后，加紧备战，急切希望能早日出关杀敌。他盼望钦差大臣刘坤一能来山海关坐镇，他自己可“率队前进”。他去函给好友江宁张制台，说自己“有志出关，尚未奉命”，愿“公能为我一奏”。盖平失陷后，他“愤填胸臆”，立即上书奏请拔队出关杀敌。他担心“上意不允”，第二天又特给钦差大臣刘坤一发去电函，询问谕旨是否“准其亲赴前敌”；又给前敌帮办宋庆发去电函，表示愿“并力同心，平此倭寇”，并恳求“再为电奏”。他认为钦差督办和帮办，如能为他进奏，“上意必准其临敌”。可是刘坤一虽身任钦差大臣，却龟缩在关内，“拥兵不救”。然而吴大澂却“有进无退”，毅然奏请“督师出关”。吴大澂为了挽救民族危亡，可以说已把自己的安危置之度外了。

牛庄溃败的原因在哪里？其原因是多方面的，绝不能归咎于吴大澂一人。吴大澂出关时，中国败局已定，“大厦之倾也，非一木所能支”。当时会攻海城的各路大军有两将军（依克唐阿和长顺）、一巡抚（吴大澂）、一提督（宋庆）、一藩司（魏光焘），以及李光久、徐邦道、吴凤柱等各军，还有一些地方部队，“共百余营，六万余人”。可是这些军队群龙无首，互不相统，不仅“客兵”不听他指挥，就连“主兵”也不服从他领导。吴大澂虽身为“帮办”，可是不能指挥全军，归他节制的军队才二十营，其中炮队四营，护卫、忠信两营又拨给了宋庆，实际归吴大澂节制的仅有十四营。他依靠的湘军将领又“多不得力”。当初吴大澂奉旨调遣这些将领时，他们消极应付，“迟不赴命”，及至拔队出关，又迟不进发。吴元恺统领的炮队在会攻海城后才赶到，魏光焘统领的武威军在日军偷袭牛庄前夕始到达。不少将领贪生怕死，亲军统领刘树元，“临敌则恇怯不前”；炮队统领吴元恺，未经战阵，“相率而退”。吴大澂部的粮饷和武器也接济不上。与洋商满德订购的枪弹，“仅来百万”，其余七百万仍无音信。“前敌需弹甚急”，吴大澂心急如焚，给天津水师营务处罗道台去电，令其遵守合同，找满德追缴，并警告：“误我军事，吾弟亦不能当此重咎！”可是罗道台仍不从命。驻防山海关负责后路的余虎恩不运粮饷，不供枪弹。吴大澂十分气愤，去电斥责：“前敌盼饷未到，盼粮不继，兵单不能调，炮少不能添，日惟焦急，视公如神仙中人。”而“总握军符”的钦差大臣刘坤一，则“衰病恇怯，嗜好甚深”，对军事漫无调度。他把主要兵力驻扎在山海关，拥兵五十余营（一说七八十营）“只以自卫”，扣留吴大澂奉调的主力部队——“虎”字军和“熊”字军，不让拔队。前方鏖战时，不仅拥兵不救，反而迟发粮饷，克扣枪械，这实际是有意破坏会攻海城。日军利用清军的弱点，采取了“佯攻辽阳，实取牛庄”的战略。清政府中了敌人的诡计，抽调长顺“助守辽阳，以保沈阳门户”。依克唐阿未接到谕旨，也“以援辽为名，率军而去”。依、长不仅自带兵北走，还请旨“饬下吴大澂移师东扎”，李光久、徐邦道两军“随行援辽”。当时，吴大澂去电告诫清政府：“倭兵虑我力攻海城，意在牵制，似未可中其诡计！”可是清政府没有理睬。结果会攻海城的各路大军相继动摇瓦解。依、长两军“全拔援辽，海城北路空虚”，日军纠集两个师团，乘虚而入，直扑牛庄。往援牛庄的湘军，“据住民房死守”，展开了顽强的巷战。但终因应援不及、寡不敌众而溃败。牛庄溃败，在某种程度上，反映了作为军事帮办的吴大澂缺乏实战经验等弱点。

至于“吹牛皮”、“说大话”，这要具体分析。据历史档案记载，当时谴责吴大澂“言大而夸”的不过有三种情况：一种是每当帝国主义发动侵华战争的时候，吴大澂必奏请率兵杀敌，而其言往往有些夸张；一种是甲午之役，吴大澂率军到达前线，过早宣布“抗日必胜”；一种是对敌宣传，虚张声势，以大话吓人。当时攻击吴大澂最有代表性的观点，是给事中余联沅提出的：“既无宏济艰难之才，自不合奋投笔请缨之志。”我们对这些必须进行实事求是的分析。以对敌宣传而言：他进扎田庄台，给占据海城的日军写了劝降书，又张贴了“劝降告示”。他在“劝降告示”里大讲“本大臣讲求枪炮准头十五六年”，所练之兵，“能进不能退，能胜不能败”。又说“本大臣自有七纵七擒之计”。这的确是用大话吓人，可是历史上哪一个讨逆檄文不是如此呢？何况这些劝降书和告示，大篇幅写的是瓦解敌军的话。再以过早宣布“抗日必胜”而言。吴大澂在约同各路大军会攻海城前四天，在给友人的电函中声称“会攻海城，月内当有捷音”。吴大澂没有实战经验，过高地估计了清军的实力，他以为百营大军会攻海城，必会获胜，他哪里知道，人数虽多，但互不相统，一盘散沙，毫无战斗力。这是吴大澂军事思想上的错误，不能因此就说他在“吹牛皮”。再以余联沅的攻击而言，这是把吴大澂诬为“骗子”最典型的看法。我们能因为吴大澂“不能军”，打了败仗，就说他请缨抗日是错误的吗？

二

对吴大澂这个历史人物应当全面分析。吴大澂从同治末年起一直到光绪二十一年（1895）交部议处止，这二十多年里所进行的一切政治活动，都跟反对帝国主义侵略紧密结合在一起。

同治十年（1871）沙俄出兵占领伊犁，又在吉林东部边疆增加兵力，蚕食我国的领土，叫嚷要进犯我东三省。清政府为了巩固东部边疆，于光绪六年（1880）将吴大澂派去帮办宁古塔、三姓、珲春防务和屯垦事宜。吴大澂在东陲，为了抵御沙俄的侵略，与吉林将军铭安一起开始了“移民实边”和编练防军的工作。

他奏请开放了与沙俄接界的珲春、三岔口、绥芬河、穆棱河等地，动员当地民众并从关内招募垦民到这一带领地垦荒，又奏请撤销了严禁朝鲜难民越界私垦令。为了鼓励垦民扩大开垦，吴大澂奏请施行了许多奖励政策，规定“本年领地之户，一概不取押荒钱文，并酌量给以工本”，垦民的耕牛、农具、车辆和口粮都按规定发给。在这同时，他又编练了巩、卫、绥、安四个防军共十三个营，分别驻扎在宁古塔、三姓、珲春以及其他垦区。防军的营制，皆“仿照直隶练军章程”，装备皆为洋枪洋炮，改八旗军世袭兵制为招募制，由单一旗兵制改为满汉各半。又奏请在吉林省城创设机器制造局，“于三姓、珲春各地，兴筑炮台”，在边防要地广建驿站，开辟驿道。他针对沙俄蚕食领土、迫害华民的行为，他进行了坚决的斗争。

吴大澂在东陲进行的这些活动，为抵御沙俄侵略，保卫祖国边疆领土作出了贡献。首先，“移民实边”的结果，使东部边疆得到了一定的开发。据统计，光绪七年（1881）招垦当年，珲春、南岗、五道沟新垦土地27000多垧（不包括旗地与朝鲜族垦地），而过去人口稀少的三岔口，新开土地12000多垧。招垦又使得人口不断增加。据光绪十七年（1891）册报，仅珲春城就有5800余户，29000余人。随着土地的开发和人口的增多，在广阔的土地上逐渐出现不少城镇，这就在东部边疆建立起政治、军事、边民三位一体的边防线。其次，吴大澂发现了“土字牌”立错。“土字牌”是咸丰十一年（1861）勘界时，根据《中俄勘分东界约记》附图竖立的。这个“土字牌”位置与《中俄北京条约》不符，清政府一直没有发现。吴大澂到达后，始发现“土字牌”有误，后来又进行了核查，证实“土字牌”确实立错。这对收复失地是一大贡献。最后，吴大澂为收复黑顶子失地做了大量的工作。黑顶子地方濒临图们江，与朝鲜庆兴府相望，周围百余里，按《中俄北京条约》规定本系中国领土，却被沙俄非法强行霸占。吴大澂到达东陲后进行了一系列的调查，“查明该处地方，实系俄人侵占珲春之地”，并发现俄人“于黑顶子地方安设俄卡”。吴大澂为了索要黑顶子失地进行了大力交涉。光绪八年（1882）他指示知府李金镛给沙俄发去照会，又亲自与珲春副都统带同随员去交涉，次年又派代表会同沙俄进行实地履勘。以上这些活动不仅强化了边防，而且为光绪十二年（1886）中俄勘界收复黑顶子失地奠定了基础。吴大澂作出的这些贡献，受到当地人民的称颂，“边民言吴钦差，以为天人也”。

光绪十二年（1886），中俄派遣代表在岩杵河会谈勘界，这次中俄谈判勘界是经过吴大澂多年来反复奏请才得以实现的。在谈判中，吴大澂为了收复国土下了最大的决心。他既顶住了来自沙俄的压力，又不顾清王朝投降派势力的阻挠，据理力辩。吴大澂有诗云，“一寸河山尽寸心”，充分表现了他为了抵御沙俄侵略、寸土不让的爱国精神。

中国通过这次谈判，收回了被沙俄非法霸占去的黑顶子地方，纠正了“土字牌”位置，将其向图们江口“挪前十八里”，又争得了中国船只在图们江口的航行权。这些成就的取得都跟吴大澂多年来的努力分不开。

光绪九年（1883），法国从越南向中国扩张侵略的时候，吴大澂正在吉林督办防务和屯垦事宜，他闻讯后，百般焦急，几次上表，要求清中央政府抽调大军抗法，并恳请自带所练防军三千，“乘轮南下，以备征调”。与此同时，他又极力反对投降主张，提出“和议不能允从”，反对李鸿章出卖基隆和淡水，提出了《援台十策》。这充分表现了他的爱国热忱。

次年，朝鲜发生了甲申政变，日本密谋控制朝鲜，吴大澂奉命赴朝，“闯然与会”，抵拒日本对朝鲜的侵略。光绪十一年（1885）三月，中日两国代表在天津举行关于朝鲜问题的谈判，吴大澂参加了会议。他不同意李鸿章的妥协政策，提出了“草拟四条”以对抗日本特使提出的“伊藤五条”。当时虽未被采纳，可是却体现了他对祖国的忠诚。

光绪十三年（1887），吴大澂调任广东巡抚，又投入反对葡萄牙强占澳门和香山七村的斗争。鸦片战争后，葡萄牙殖民当局驱逐了中国的官吏，拒交地租，并用武力侵占了澳门附近香山七村及诸岛屿，几次迫使清政府订约都未得逞。中法战争后，葡萄牙趁机勾结总税务司赫德，以协助缉私为名，诱使清政府订约。吴大澂到达广东后，坚决反对与葡萄牙订约。他乘兵船亲往香山七村及诸岛屿进行实地调查，到澳门进行交涉，又上奏清政府，要求与葡萄牙谈判勘界，收回失地。吴大澂的努力，虽然没有挽回澳门被割占的命运，可是却争得了勘定澳门界址的条款，使葡萄牙妄图侵占香山七村及附近诸岛屿的侵略行为，得不到条约的肯定。吴大澂又一次为保卫祖国神圣领土作出了贡献。

中日甲午战争爆发后，吴大澂请缨抗日，虽兵败被革职，但仍然表示“四夷未靖，犹切卧薪尝胆之忱”。吴大澂“罢官后，贫甚，售书画、古铜器自给”，于光绪二十八年（1902）病逝。

以上事实说明，吴大澂在中华民族遭受帝国主义侵略的危急关头，为挽救民族危亡进行了不懈的斗争，特别是在开发祖国边疆、保卫神圣国土方面作出了重大贡献。吴大澂爱国之志不可泯，这样的历史人物应当在中国人民反帝斗争史上享有一定的地位。

（原载于《北方论丛》1979 年第 6 期，收录本书时有删改）

吴大澂在三姓、宁古塔

董万仑

吴大澂，字清卿，号恒轩，又号窸斋，江苏吴县人，清末金石学家、文字学家。光绪六年（1880），清政府曾派吴大澂到东北，帮办三姓、宁古塔、珲春等地的屯垦和防务事宜。吴大澂到东北以后，即进行“移民实边”，试办屯田，编练近代化东北边防军。

一、“移民实边”，试办屯田

光绪六年，吴大澂至东北，与吉林将军铭安一起，开始“移民实边”，试办屯田。由于清初的封禁政策，黑龙江东部边疆“人烟稀少，土地荒漠”。咸丰十年（1860），沙俄割占乌苏里江以东地区后，趁三姓、宁古塔等地“地旷人稀”之机，不断侵边。因此，废除封禁，“移民实边”，试办屯田，对巩固边防有着重要意义。

吴大澂在三姓、宁古塔等地推行“移民实边”，试办屯田，是从光绪七年（1881）开始的，重点地区是与沙俄接壤的三岔口、绥芬河、穆棱河、蜂蜜山和珲春一带。他曾向清廷奏请将这一地区全部开垦。宁古塔与珲春之间，“山荒地僻，人马不通”，“居民不便，视为畏途”，吴大澂决定“按三四十里招民居住”，进行开垦。穆棱河的钓鱼台，是宁古塔去三岔口必经之路，该地无一户居民，车马往来均须“野宿”。他决定从钓鱼台至三岔口招民垦种。穆棱河以东至边境万鹿沟三百余里，“山泉漫衍，土脉肥润”，他也决定在该地“兴沟洫之制”，广为开垦。同时，又开放了宁古塔属界之铁岭河、八里岗、密江屯子、骆驼磊子、抬马沟等地。他还奏请清廷开放“三姓属界倭肯河等处”，招民开垦。据三姓副都统调查，“倭肯河东南百余里至巴胡力河，又南至奇胡力河，均有可垦荒地……约略核计不下二三十万垧”。

由于这一带地旷人稀，吴大澂除动员当地民众领地开荒外，又从关内大量招募垦民，以实边荒。他奏请朝廷派官员“前赴山东登、莱、青各属招募”，并上书请拨京旗苏拉（闲散人口）二百户，到穆棱河附近之钓鱼台，“妥为安插，试办屯垦”。复招引流落到俄境的流民回来垦荒，让他们“自立村屯”，开荒种田。对这些归国的华民，“配给牛马籽种，以示体恤”。流落到俄境的朝鲜人，在东陲开放的促动下，也“不愿为俄境之流民，而愿入中原之故土”，纷纷相继归来。

招垦的形式，除个人领荒外，主要是“试办屯田”和驻军屯垦。“试办屯田”的地区，在穆棱河到三岔口一带。光绪八年（1882），吴大澂奏明试办屯田，拟自穆棱河以东至三岔口分设十屯，每屯招募五十人为屯兵。后来在这一带共分设十一屯，每屯分三棚，每棚有屯兵十人，每屯共有屯兵三十人。据吴大澂《自订年谱》记载，“上年十一月，札委尽先副将吴永敖，前赴山东登、莱、青各属，招募屯兵二百名，于本年四月到吉，分拨桿面石、穆楞河、马桥河、细鳞河、小绥芬河、三道冈子等处，分作六屯”；“委吴永敖管带，以细鳞河新盖官房作为管带公所”。另据吴大澂《北征日记》记载该年五月十八日：“赴关帝庙点屯兵名，共募一百五十人，令分十五棚，三棚驻扎一处为一屯。共分五屯，第一屯驻抬马沟，第二屯驻胡密力岭，第三屯驻细鳞河，第四屯驻小绥芬河，第五屯驻三道冈子。”屯兵的职责是从事农业生产和守卫疆土，即所谓“且耕且守”。吴大澂在奏请试办屯田折里说：“并令于冬春农隙之时，派员教习枪刀阵法，无事则各安其业，有事则守望相助，亦古人寓兵于农之义。”

驻军屯垦是在个别地区试办的。据《珲春宁古塔招垦章程》规定，各招垦地区，皆拨官兵，“前往驻扎”，如该处土质肥饶，“可令各兵就近试垦，或兼种菜蔬，所收粮菜暂不归官，免其扣饷”。光绪七年（1881），调遣靖边亲军左营在蜂蜜山一带进行屯垦。光绪九年（1883），因边防形势紧迫，防军“难以兼顾”，又将该地屯垦之兵，“即行撤回”。

为了鼓励垦民扩大开垦，吴大澂又奏请朝廷施行了许多垦荒政策。规定“本年领地之户，一概不取押荒钱文，并酌量给以工本”。特派人从朝鲜购垦民所需耕牛一千头，拨给新招之户，“收其半价，令三年内全数缴清”。为开辟宁古塔至珲春交通要道，全垦民每隔三四十里，盖房十间，“每户或盖二间或盖三间”，“每间给津贴银八两”。

"移民实边"，试办屯田，使三姓、宁古塔等地得到了开发。据《吉林通志》记载，光绪八年（1882）三岔口居民之户，约有六百余家，"每户各领十垧至二三十垧不等"，光绪十八年（1892）册报，垦地一万二千四百余垧，同年还册报穆棱河基地六百余垧。另据《清实录》记载，"三岔口、穆棱河等处设立屯田，招民开垦，已成熟地一万三千四百垧"；"三姓江北五站，招民承领，陆续垦成熟地二万二千三百十七垧"。

随着土地开发和人口的增加，在垦荒的中心地区逐渐出现了不少城镇。如今天的宁安县、依兰县、穆棱县、密山县、东宁县以及三岔口镇，就是从这一时期的八旗驻地和招垦区发展起来的。

二、编练近代化边防军

吴大澂在三姓、宁古塔等地进行"移民实边"、试办屯田的同时，又进行了编练近代化边防军的工作。

三姓、宁古塔早在清初即驻防八旗，鸦片战争以后，清政府为了防范沙俄侵略，又从各地调来不少八旗"兵丹"。太平天国运动爆发后，又将这些"兵丹""大半征调远出"。

吴大澂抵达后，即与吉林将军铭安着手编练近代化的巩、卫、绥、安四个防军。这四个防军，部分归朝廷直接调遣，但大部分由各地招募。

绥字军由戴孝侯为统领，在三姓编练。戴未到任前，吴大澂鉴于"三姓江防紧要"，亲赴松花江，"先行招练步队一营"，驻扎在巴彦通。后来戴孝侯亲督在天津挑选的营哨各官和淮军教习、兵勇，以及在吉林添募的"西丹民勇"到达三姓，开始了绥字军的编练。

巩字军由刘俊卿为统领，在宁古塔编练。在他未到任前，“先经宁古塔副都统就地挑选披甲西丹演练”。

此外，卫字军由郭梯阶为统领，在珲春招募编练；安字军由富贵在省城（今吉林市）“招募勇丹，督率训练”。

巩、卫、绥、安四个防军共十三个营，于光绪六年（1880）十月编练完成。据吴大澂奏报：绥字军共五个营，其中步队（步兵）三个营，马队（骑兵）二个营，“驻防三姓之巴彦通”，防御俄军从松花江进犯；巩字军共三个营，其中步队二个营，马队一个营，“驻防宁古塔之乜河”，防御俄军从三岔口进犯；卫字军四个营，其中步队二个营，马队二个营，“驻防珲春”，防御俄军从珲春进犯；安字军仅有马队一营，拱卫省城。巩、卫、绥、安四个防军的营制，步队每营五百人，马队每营二百五十人，每营分五哨，每哨分十队。武器装备皆为洋枪洋炮。改单一旗兵制为满汉各半，改世袭兵制为招募制。

同年，参赞喜昌奏请添练靖边军马步九营二哨共五千人。其中靖边军左右两路五营二哨，驻扎在宁古塔，靖边军中路中左右三营驻扎在珲春。光绪七年（1881）四月，清政府下令“将喜昌补授库伦办事大臣，着将所部新军酌带一千人前赴库伦”，“其余现扎宁古塔、珲春各营，均归吴大澂节制”。从此，所有三姓、宁古塔、珲春防务，皆由吴大澂督办，巩、卫、绥、安四个防军和靖边各军全由吴大澂统辖。

吴大澂还奏请在吉林省城创设机器制造局，并于三姓、珲春各地，兴筑炮台。吉林机器制造局于光绪九年（1883）竣工，这是东北建立最早的近代化兵工厂。三姓炮台，为光绪八年（1882）由吴大澂亲至“巴彦通沿江一带勘定”，光绪十年（1884）建成，有炮台五座。珲春炮台亦由吴大澂会同珲春副都统依克唐阿勘定修建，光绪十二年（1886）建成。吴大澂还在边防要地广建驿站，开辟驿道，修筑渡口，兴造桥梁。三姓、宁古塔等地，在清初就建有驿道，沙俄侵入黑龙江、乌苏里江地区后，清政府在这个地区又增设了不少台卡。可是，由于清初封禁，道路十分梗塞。再加上东部边疆招垦、设防以后，人口不断增加，新编防军驻扎各地，公务日繁，“文报络绎不绝”，旧设台卡已不敷用。为适应新的形势，光绪八年（1882），吴大澂奏请改台卡为驿站，将宁古塔到珲春的台卡，“改设正站、分站各五处”。北路至三姓，“添设苇子沟一站”，又给各站增添额丁二百三十七名，牛马各二百三十七匹。宁古塔至珲春之间，共设置通沟镇、玛勒瑚哩、萨奇库、哈顺、穆克德赫、珲春六个“正站”，新官地、老松岭、胡珠岭、密山、大坎子五个“分站”。此外，于大绥芬河、小绥芬河、穆棱河“水深丈余，中流甚急，非船不渡”之处，“安设渡口，添造大船”，以便在夏秋涨水时节，驿道畅通无阻。

吴大澂在三姓、宁古塔等地施行的这些措施，对加强东北边境的管理和抵抗沙俄侵略，是有重要战略意义的。

（原载于《黑龙江文物丛刊》1982 年第 1 期）

“韩边外”与“安分务农”匾

乔　钊　胡维革　宋　抵

19世纪七八十年代，中国发生了边疆危机，东北边疆自然也不安宁，清政府鉴于这种形势，谕旨河南河北道吴大澂为钦命边务大臣，驰赴吉林，以巩固边庭。当时，在柳条边外吉林南部的长白山区，盘踞着一伙以开矿挖金为生的流民团伙，其首领人称“韩边外”。本来，清政府一向认为“金匪”是不安分因素，并一再通缉其首领“韩边外”。可是，吴大澂到达吉林后，对“韩边外”不但不剿，反而与之握手言和，并为其亲自题写了一块“安分务农”匾。下面将其经过作一介绍。

“韩边外”原名韩宪宗，生于嘉庆二十四年（1819），卒于光绪二十三年（1897），祖籍山东省登州府文登县，嘉庆年间随父到吉林省九台县木石河谋生。宪宗少时，嗜赌成性，曾多次因赌负债出逃。道光二十六年（1846），韩宪宗又因赌负债出走，逃往吉林南山夹皮沟，与当地采金工李成、李茂林等十余人结为异姓兄弟，采金谋生。时有匪徒梁才一伙，横行沟里，鱼肉金工，人们敢怒不敢言。一天夜里，梁才一伙又来掠夺，韩宪宗挺身而出，率领众金工以“火绳之计”，将梁才一伙全部歼灭。由是，韩宪宗脱颖而出，被众金工推为首领。

咸丰四年（1854），韩宪宗当上夹皮沟金矿首领后，对原来群龙无首的众金工进行了组织整顿。他首先颁布沟规，明确首领的责任和成员的义务，将司法、行政、财务、军事诸大权集于一身。其次，他在当地金工中每十五六户设一“什长”，每十五六个“什长”中设一“牌头”，类似保甲，使其互有统属，守望相助。此外，他还从金工中抽出身强力壮者，组成“护矿队”，执枪持械，维护地面。经过韩完宗的组织整顿，原来活跃在夹皮沟一带的金工、参夫、猎户等分散流民逐渐形成了一个有首领、有组织、有武装，抗官拒匪、以劳动谋生的流民团体。“自是金工日集，产量日丰，商贾日辏，加级沟（夹皮沟——引者注）之金场随之名闻远近。”

东北是清朝的发祥之地，为清政府的封禁之区，政府禁止民人到此落脚谋生。以韩宪宗为首的流民团体骤然在夹皮沟一带兴起，当然很快引起了官府的注意。几乎从它刚一兴起，吉林将军就屡派兵丁进山追剿。可是，韩宪宗率领众金工采取“官来我走，官走我来”的策略，“屡抗大军不出”，对此，吉林官府“既畏于冒险，更恐获罪疏察”，只好故作不知了事，而“韩氏乃得恣意南山，历久未败”。

同治初年，有关“韩边外”的传闻传至朝廷，清政府大为震怒，严令吉林地方官查办。同治五年（1866），富明阿新任吉林将军，时值李凤奎、“马傻子”率领农民举义，攻破昌图，逼近长春厅，吉林省城为之震动。富明阿深恐韩宪宗率众响应，因而决定对其实行“剿抚兼施”的政策。富明阿派兵入山搜剿，同时又派协领那斯洪阿对韩宪宗“善为诱导，安抚归农”。这时，韩宪宗感到躲避或抵抗官兵总不是长久之计，再加上吉林将军又有招抚之意，因而便顺水推舟，表示受抚。最后双方议定：韩宪宗带领部众停止采金，移出深山；官方将葳沙河、色勒河、穆齐河、溧河一带闲荒交给流民自行开垦，三年后每垧交地租六百六十文。随后不久，富明阿便奏报朝廷，声称吉林“金匪”已经受抚，出山务农。朝廷不知真相，也便就此罢论。其实，韩宪宗并未完全就范。他一面“仍采金如故”，一面招民垦荒，而且还将“招民垦荒”、“与民同耕”的木牌钉在路口上，大造声势，以垦荒掩盖采金，从而使采金更不为人注意了。至此，韩宪宗不仅拥有二十余处金场，而且还占有万垧良田，成了吉林南山的地道霸主。他甚至得意忘形，自书一门额曰：“威震江东”。后来，吉林将军得知此事后，不得不再次通缉韩宪宗。

光绪初年，一方面由于沙俄加紧侵略东北，另一方面也由于镇压了太平天国和捻军起义，清政府开始回过身来巩固其“根本重地”东北地区。光绪六年（1880），清廷谕旨吴大澂以三品卿衔，驰赴吉林，协助吉林将军铭安“帮办一切事宜”。吴大澂来到吉林后，“周历要隘”，四方巡视。他发现，韩宪宗势力不仅统辖着今桦甸、靖宇、抚松、安图、敦化等县的广大区域，地方安宁，秩序井然，而且还拥有近千名家兵，训练有素，战斗力很强。对此，他深深感到，眼下对付沙俄侵略“非口舌可以与抵当”，而吉林又“武备久弛，涣散已形”，如能将韩宪宗“抚而训之”，“化私为官”，必能获得一支抗击外敌、安定地方的重要力量。因此，他一改吉林将军的剿捕政策，决定彻底招抚韩宪宗。同年十一月二十一日，吴大澂令勇目牟振邦为向导，改装易服，单骑入山，微服私访韩宪宗。二十四日，到达桦甸夹皮沟。本来，韩宪宗对官员历来避而不见。这次，他见吴大澂不带一兵一卒，便不再躲避。吴大澂对其“开诚布公，晓以大义，宣播朝廷德意，不追既往之咎”，劝其改邪归正，报效朝廷。结果，韩宪宗“感激涕零，惟愿力图报效，以赎前愆”。最后，吴大澂劝韩宪宗出山，与他一起去见吉林将军铭安，协商具体归顺办法，这时，韩宪宗有些犹豫不决。见此，吴大澂急忙问道：“我不疑若，若反疑相诳我耶？”韩宪宗答道：“非有疑于公也。……某死不恨，如辜公意何？”吴大澂明白原委后，表示愿以自己性命担保他的安全。在吴大澂的感召下，韩宪宗终于从命，临行前，吴大澂见韩家宅院的大门上挂有“威震江东”一横匾，便对韩宪宗说“此非庄稼佬所宜言也”，并表示愿意为他另题一块。韩宪宗求之不得，急忙笔墨侍候。吴大澂挥毫泼墨，当即写下“安分务农”四个大字。随后，又以此为横批，写下一副楹联：“知命乐天安其田里，服畴食德宜尔子孙。”这便是“安分务农”匾的来历。二十六日，韩宪宗与吴大澂一起出山。在吴大澂的斡旋下，铭安奏请朝廷，改韩宪宗为韩效忠，赏给他五品顶戴，命其为南山练总，招募壮丁，举办团练，保卫闾阎；并准其在吉林省城西关修建一处住宅，作为“寄庐”。而韩宪宗对官府则要“输租赋，赴征发，领地设分检员”。对此，“韩皆如约”。从那以后，韩宪宗由“匪”转而为“官”，雄踞南山，家势一直延续到九一八事变。

吴大澂招抚韩宪宗及亲题“安分务农”匾一事虽不惊天地，但在东北近代开发和保卫边疆的历史上留下了深远的影响。首先，它使韩宪宗这股自治的流民团体被纳入封建统治体系，并将这块“化外之地”置于清朝政府的直接统治下。原来，夹皮沟一带是清政府的封禁之区，也是封建统治者鞭长莫及的“化外之地”。以汉族为主体的广大劳动人民为了摆脱封建统治阶级的剥削和压迫，越过柳条边，来到这里落脚谋生，过着自食其力的自由生活。韩宪宗为了使广大分散的流民在抗官拒匪和与大自然作斗争的过程中更有力量，将其组织起来，形成一个有组织、有首领、有武装的稳固团体。在这里，人与人的关系是平等的，“事皆咨而后行，严约束”，没有封建的剥削和压迫，人人以劳动谋生。吴大澂招抚韩宪宗之后，韩宪宗不再是流民团伙的首领，而成了受清廷册封的地方官，代朝征租税、行徭役的执行者，并将原来流民共有的土地、矿山变为私有，成为吉林南山一带最大的地主和矿主。他对广大金工、猎户、参夫征以赋税，而对清政府则“输税赋，赴征发”，惟命是从。从此，这里被纳入清政府封建统治的轨道。其次，它变相解除了清政府对这一带的封禁。东北原是清政府的封禁之区，不允许民人越界私垦。吴大澂让韩宪宗“安分务农”，使广大流民垦荒种地合法化了。而且，韩宪宗还将吴大澂的题字视为“法宝”，制成一块蓝底金字的木匾，上款“大清三品卿吉林帮办边务大臣吴大澂题”，下款“先锋官五品顶戴韩效忠立，光绪七年五月敬立”，中间“安分务农”四个金色大字。韩氏将匾挂在吉林西关的宅院门上，后又复制一块挂在桦树林子地窨子屯宅院的门上。以此为招牌，韩宪宗广招流民，开荒种地，使沉睡的长白山区出现了阡陌纵横的景象，开了东北柳条边外开发的先河。再次，它为巩固东北边疆组织起了一支有生力量。本来韩宪宗与清朝统治阶级处于矛盾的，至少是“不即不离”的状态，这对于巩固东北边疆是极其不利的。吴大澂招抚韩宪宗，调和了关系，使韩宪宗获得了合法的生存地位。这样一来，既坚定了韩宪宗的内向之心，同时也激发起他爱家园、保国土的民族感情。后来，在吴大澂与沙俄谈判期间，韩宪宗成了吴大澂勘界立碑、收复失地的重要后盾。此后，韩宪宗的后人，其长孙韩登举甲午赴辽抗日、庚子南山拒俄，在保卫边疆的战斗中作出积极的贡献，吴大澂亲题“安分务农”匾成了这段历史的实物见证。

（原载于《北方文物》1987年第4期）

吴大澂在吉林

孟东风

吴大澂，字清卿，号恒轩，又号窸斋。江苏吴县（今苏州）人。同治七年（1868）中进士，十年（1871）授翰林院编修。后曾任陕甘学政、河南河北道、太仆寺卿、左副都御史、广东巡抚、湖南巡抚等职。在任期间，曾两次受命至吉林办理防务，会勘边界，在加强吉林边防、开发祖国边疆，以及收回被沙俄蚕食的国土等方面作出了一定贡献。

一、“移民实边”，开发边疆

19 世纪六七十年代，帝国主义列强加紧了对我东三省的经济、文化侵略。尤其是沙俄，其利用与东三省毗连的自然条件，不断蚕食我东部边疆。同治十年（1871），沙俄出兵占领我国的伊犁，又在吉林东部边疆增加兵力，蚕食领土，叫嚷“三路进兵”，致使我东北边疆出现了严重危机。为抵御沙俄侵略，巩固在东三省的统治，清政府于光绪六年（1880），派吴大澂来吉林随同吉林将军铭安办理防务。

由于清初的封禁政策，吉林东部边疆“人烟稀少，土地荒漠”。沙俄利用第二次鸦片战争占领了乌苏里江以东大片中国领土后，又利用三姓、宁古塔等地“地旷人稀”之机不断侵犯蚕食我领土，因此“移民实边”、试办屯田，对于防御沙俄侵略、加强边防具有重要意义。吴大澂奏请朝廷废除吉林边疆的封禁政策，在南岗、三姓等处荒地试办招垦，实行“移民实边”政策。“移民实边”的重点地区是宁古塔至珲春之间与沙俄接壤的地方。吴大澂除动员当地人领地开荒外，又派人“前赴山东登、莱、青各属招募”。光绪八年（1882），吴又上书请拨京旗苏拉（闲散人口）二百户，到穆棱河附近之钓鱼台，“妥为安插，试办屯垦”。还招引流落到俄境的流民回来垦荒，“自立村屯”，并“配给牛马籽种，以示体恤”。同时奏准朝鲜难民垦荒种地，“领照纳税租”，规定这些朝鲜难民“即为中国之民”。致使流落到俄境的朝鲜人，也“不愿为俄境之流民，而愿入中原之故土”。

吴大澂在开发吉林东部边疆上采取了三种形式。一是“试办屯田”。光绪八年（1882），吴大澂“奏明试办屯田，拟自穆棱河以东至三岔口分设十屯”。后实设十一屯，每屯招募屯兵三十人，“冬春农隙之时，派员教习枪刀阵法，无事则各安其业，有事则守望相助，亦古人寓兵于农之义”，即所谓“亦耕且守”。二是举办军屯，派官员前往各招垦地驻扎。据《珲春宁古塔招垦章程》载：“令各兵就近试垦，或兼种菜蔬，所收粮菜暂不归官，免其扣饷。”三是建立垦荒社。根据垦民分布情况成立垦荒社，如珲春有春和等六社，南岗有志仁等六社。为鼓励垦民扩大开垦，吴大澂奏请朝廷施行了许多有利于垦荒的政策，规定“本年领地之户，一概不取押荒钱文，并酌量给以工本”。垦民的耕牛、农具、车辆和口粮都按规定发给。如派人从朝鲜购牛千头，拨给新招之户，“收其半价，令三年内全数缴清”。此外，对垦民新盖房屋，“每间给津贴银八两”。这些募民垦荒政策深得人心，促进了三姓、宁古塔、珲春等边陲地区的开发。到19世纪90年代，吉林东部土地开发已达52518垧。随着土地的开发，吉林东部边疆人丁户口有了显著增加，在“六十里中无人烟”、“膏腴一片空弃捐”的土地上，出现了“朝出耦耕荷锄便”、“鸡犬家家相毗连”的新气象。这里再也不是“山荒地僻，人马不通”的边地了。随着土地的开发和人口的增加，在垦荒的中心地区逐渐形成了不少城镇，像今天的宁安、依兰、穆棱、密山、东宁县以及三岔口镇等，就是在这一时期的八旗驻地和招垦区基础上发展起来的。

吴大澂“移民实边”的结果，大大促进了吉林东部边疆的开发建设，加强了边防实力。

二、编练防军，加强边防

沙俄对我吉林东部边疆领土的侵略和蚕食，使清廷认识到“中国边境与俄毗连，必宜慎固封守，以为思患预防之计，吉林之三姓、宁古塔、珲春等处，防务尤关紧要”。为加强边防，吴大澂会同铭安奏请朝廷编练近代化防军，编成巩、卫、绥、安四个防军，计五千人，大部分是从各地招募来的青壮年。绥字军由戴孝侯为统领，在三姓编练；巩字军由刘俊卿为统领，在宁古塔编练；卫字军由郭梯阶为统领，在珲春编练；安字军由富贵为统领，在省城“招募勇丹，督率训练”。

巩、卫、绥、安四个防军共计十三营，于光绪六年（1880）十月编练成军。其中绥字军五个营（步二骑三），“驻防三姓之巴彦通”，防御沙俄从松花江进犯；巩字军三个营（步二骑一），“驻防宁古塔之乜河”，防御沙俄从三岔口进犯；卫字军四个营（步二骑二），“驻防珲春”，防御沙俄从珲春进犯；安字军仅有骑兵（马队）一营，保卫省城。步兵每营五百人，马队每营二百五十人。武器装备皆为洋枪洋炮。改单一旗兵制为满汉各半，改世袭兵制为招募制。

同年，乌里雅苏台大臣喜昌带兵前往吉林帮办防务，又奏准编练五千人的靖边军。其中靖边防军左右两路五营二哨，驻扎在宁古塔，靖边军中路左中右三营驻扎在珲春。光绪七年（1881），清廷下令“将喜昌补授库伦办事大臣，着将所部新军酌带一千人前赴库伦”，“其余现扎宁古塔、珲春各营，均归吴大澂节制”。从此三姓、宁古塔、珲春的防务，皆由吴大澂“督办”。

与此同时，吴大澂在吉林东部还进行一系列边防建设。首先，在珲春、宁古塔要隘地方分筑小炮台数处，于三姓之巴彦通东面沿江南北两岸，仿照天津大沽式样，各筑炮台一座，以备江防。光绪十二年（1886），吴大澂又会同珲春副都统依克唐阿奏请自筹经费，对光绪七年（1881）修筑的炮台进行改筑。这就是今天尚存的珲春东西两炮台。炮台由靖边军统管，专事防俄。其次，在穆棱河至三岔口一带，“相度地势，安设屯兵”，又将居住在乌苏里江流域的鄂伦春“牲丁”，“编旗分管”，进一步充实了边疆防御力量。再次，吴大澂还在边防要地广设驿站，开辟驿道。由于东部边疆的开发、人口的增加，新编防军驻扎各地，“文报络绎不绝”，旧设台卡已不敷用。为加强省城和边防各地的联系，适应防务的需要，吴大澂于光绪八年（1882），奏请改台卡为驿站，将宁古塔至珲春各台改为驿站，共设正站、分站各五处，“省垣到宁古塔一路九站，今于通沟镇添设一站”，“省垣至三姓共十四站，今于苇子沟添设一站”。并在大小绥芬河、穆棱河水深流急“非船不渡”之处，“安设渡口，添造大船”，以便在夏秋涨水时节，驿道畅通无阻。

吴大澂采取的这一系列措施，使吉林东部边疆的防务力量大大加强，在较长的一段时间内，有效保卫了祖国东疆的安全。

三、创办机器局，招抚“韩边外”

光绪七年（1881），吴大澂在督办宁古塔、三姓、珲春边防期间，奏请朝廷在省城创办机器局：“吉林全省为国家根本重地，东北与俄境处处毗连，新练防军规模甫具……目前所紧要者，制造军火应设机厂，扼守要隘须筑炮台。”由于军队增加，武器更换、弹药供应就更显急迫，正如吴大澂在上谕奏折中所讲：“吉省防军现已兼用后门枪炮……不能自制子弹，购运稽时，难乎为继。即洋药、钢帽，亦须由外省机局购运到吉。道远费繁，终非长策。若在吉林省城开设机厂，制造洋药钢帽，配合枪子炮弹，不独本省练军可以源源接济，并可兼顾黑龙江各军之用。”由此可见，吴大澂创办机器局的目的，就是抗御沙俄的入侵。

吴大澂的奏请被批准之后，光绪八年（1882）三月，在距省城东南八里的松花江北岸建厂设局。秋，由德、英等国所购机器运抵吉林，次年九月竣工投产。这时，吴大澂由宁古塔来到吉林，亲自验收剪彩。建吉林机器局所用白银约二十四万两。机器局主要生产枪炮子弹等。光绪十一年（1885），又制造出二百五十吨汽艇，由松花江运往黑龙江使用。次年，又在松花江南岸建成火药厂。为确保枪炮质量，吴大澂从沪、津、宁（波）等地聘用司事、工匠多人，又奏调曾在天津机器局任职的宋春鳌为总办。同年十一月十四日，吴大澂在为宋春鳌等请奖的奏折中说“臣今春奉命勘界道出吉林，见该厂自行创造新式枪炮，机括极灵，施放亦准，足为临阵冲突之利器”，并派人将吉林机器局生产之枪支送北京神机营试用。有位名叫哲姆士的英国人考察吉林机器局之后，写成《长白山下》一书，其中这样写道：“全部都由中国人装配管理，没有任何外国人的协助，这会使得那些自认为只有西洋各国才具有技术和管理才能的欧洲人感到惊奇。”

吉林机器局是东北第一个近代军火工厂。它的创办，不仅为吉、黑两省的边防军解决了急需的枪支弹药，而且促进了当时东三省近代工业的萌发。

为加强边防，对付沙俄，吴大澂还招抚了所谓“金匪”头目“韩边外”。

“韩边外”即“韩宪宗者，登州人，傭于复州侯氏，负博进，循往吉林夹皮沟”。自咸丰末年到清末，“韩边外祖孙冒清廷的例禁，率众淘金开荒，拥武力，擅生杀，行御役，课租税，独霸一方”。他的势力所及，东至敦化县富尔河，西至官街（今桦甸县城），南至抚松，北近蛟河。“自牡丹岭西暨省南松花江上游左右，并辉发河两岸，皆为韩氏声势管领”，控制地域约占今桦甸东部大半个县。其统领的“垦丁、矿夫至四五万人”。

桦甸地处“柳条边”外，故时人把这位称霸一方的韩宪宗称为“韩边外”。

对于这样一个小型割据政权，清政府虽不能容忍，但却难以剿灭。同治五年（1866），吉林将军富明阿决定招抚韩宪宗，但未成功。

光绪六年（1880），吴大澂受命帮办吉林边务，决定再次对“韩边外”进行招抚。他改装易服，“单骑抵其巢，留宿三日，劝效忠出”，“开诚布公，晓以大义，宣播朝廷德意，不追既往之咎。韩效忠感激涕零，惟愿力图报效，以赎前愆”。吴大澂进入韩氏领地察看，“识韩材具非常”，奏请委韩以“南山练总”，奏给“五品顶戴，子七品，孙登举有平寇功，授太仆寺卿”。吴大澂会见韩宪宗时，见其门匾“威震江东”，言其“非庄稼佬所宜言也”，劝其摘下，亲笔书写了“安分务农”小篆匾额和“知命乐天安其田里，服畴食德宜尔子孙”的楹联。“韩边外”“于省垣西关构居悬之”。吴大澂还督促“韩边外”“清查户口，编立保甲”，“举行团练，保卫闾阎”，从而实现了清廷的“抚而训之”，“不至为敌所诱”的目的。

吴大澂对“韩边外”的招抚，实际上加强了吉林边疆的防务力量。后来，在东北人民反抗日本和沙俄入侵的斗争中，韩宪宗祖孙率部积极参战，抗击侵略，就是力证。

四、会勘边界，收回被蚕领土

咸丰十一年（1861），清政府派遣户部侍郎成琦、吉林将军景淳和沙俄代表勘查吉林东部中俄边界，双方签订了《中俄勘分东界约记》。按“约记”规定，在这段边界上竖立了八个界牌，即“耶、亦、喀、拉、那、倭、帕、土”等字界牌。

由于清朝会勘官吏的昏庸，沙俄借这次勘界将兴凯湖的大半及其相连的领土攫为已有，将图们江沿岸一带本属中国的领土纳入了自身的版图。后来，沙俄偷移界牌，不断蚕食、鲸吞中国领土，“珲春城与朝鲜毗连之地，大半为俄人窃据”。

光绪六年（1880），吴大澂奉命第一次来吉随同将军铭安办理边务。他“周历要隘，始知珲春黑顶子地久为俄人侵占”。他奏请朝廷，“派员赍赴珲春，照会俄官廓米萨尔订期会勘，按照旧图所定红线，将沿江地段，画清界址，于明年二月内限令俄官撤去卡伦，将从前侵占珲春地方一律交还。庶图们江口二十里以内，仍为珲春管辖之地，俄界与朝鲜不复接连，借以杜俄人窥伺之意，实与吉林边界地方大有关系”，“请饬发原图会勘划清”。后因中法战争爆发，吴大澂奉调带兵赴津，对俄交涉暂停。由于吴大澂反复奏请，清廷也感到问题严重，光绪十一年（1885），光绪帝再次命吴大澂来吉，会同珲春副都统依克唐阿勘验中俄东部边界。

次年四月二十二日，中俄双方在岩杵河开始谈判，史称“岩杵河勘界会议”。吴大澂据约揭露沙俄偷移界牌的侵略行径，认为“‘土’字界牌最关紧要”。吴大澂坚持“土字牌”应按《中俄北京条约》立于距图们江口二十里的地方。沙俄代表强词夺理，胡说“海口二十里海水灌入之地，当谓之海口，除去海河二十里，才算图们江口”，妄图继续霸占我沿图们江土地，吴大澂对俄方“海口非江口”谬说给予有力回击，最后将“土字牌”立于距江口二十里处。

吴大澂又收复久被俄占的黑顶子地方。黑顶子地方为中、朝、俄彼此间的要冲之地，具有重要的战略地位。由于吴大澂据理力争，最后迫使沙俄不得不同意将侵占多年的黑顶子地方归还中国。中国立即“于山前玉泉洞地方添修卡伦，轮派官兵常川驻守”。

此后，吴大澂在与巴拉诺夫会商中“亲自履勘”，发现在宁古塔境内的“倭”字、“那”字界牌均被沙俄移动。为维护国家主权，他寸土不让，迫使沙俄同意将新刻之“倭字牌”立于瑚布图河口原处，错移的“那字牌”也按约移回了原处。

在吴大澂的坚持下，还补立了新界牌。经过这次谈判，在吉林东部中俄边界上共竖有耶（E）、亦（Й）、喀（K）、拉（Л）、玛（M）、那（H）、倭（O）、帕（П）、啦（P）、萨（C）、土（T）等十一块界牌。它们像一排哨兵矗立在边境线上。随后，吴大澂又在长岭子中俄交界处竖立了一座铜柱，刻下了“疆域有表国有维，此柱可立不可移”的铭文，表达了他维护祖国领土的严正立场和坚定决心。

关于图们江口中国船只出入的问题，由于吴大澂不懈的交涉，终于迫使沙俄让步，允许中国船只自由出入图们江口，俄国“不得拦阻”。

吴大澂受命“会勘边界”，夺回了被沙俄蚕食的部分领土，这是吴大澂保疆卫国的一大贡献。吴大澂在交涉中能取得胜利，虽然与当时俄英矛盾十分尖锐也有关，但主要还是因为吴大澂竭尽全力，寸土必争，与俄方进行了有力的交涉和斗争。

总之，吴大澂两次来吉林，在开发吉林、保卫祖国边疆方面作出了卓越贡献，他的名字理应载入史册。

（原载于《吉林师范学院学报》1989 年第 3 期）

吴大澂东调帮办吉林边防小考

陈勇勤

吴大澂是晚清在吉林政绩卓著的省级大员，他曾创办机器局，编练边防军，为东北地区步入洋务运动行列，向近代化迈进，作出过贡献。吴的这番成就，首先应归功于直隶总督李鸿章的保举，众论所及，无可非议。问题在于，李保举吴的动机何在？此与当时政局有何关系？等等，皆无人揭示。笔者试以管见议之。

李鸿章保举吴大澂帮办吉林边防，时在光绪六年（1880）。当时棘手的伊犁交涉使中俄关系极度紧张，西北和东部边防同时告急。就东北局势而言，俄国将边防驻军大批调集三姓、珲春界外，其“东方政策”的野心已暴露无遗。对此，清廷开始在珲春设边防督办，置副都统，练军招垦，积极防范。光绪五年（1879）底，吉林将军铭安以珲春一带边废待兴，奏请简派贤员赴吉差遣。铭安在其疏中“饬阎敬铭荐举贤员”。阎敬铭为官“廉正耐劳”，颇获时誉。但清廷指示“所请饬阎敬铭保员之处，着毋庸议”，谕令：“李鸿章于直隶候补人员内遴选为守兼优之道府州县各员，奏明发往吉林交铭安差遣委用。”东北是清廷的发祥地，这道谕旨，表明清廷对京畿官员的重视，对李鸿章声望以及李保员可靠性的信赖。显然，吴获重任，又是直接受益于清廷全力让李举贤。清廷将李鸿章作为稳定时局的关键人物，是吴大澂得以赴吉一个不容忽略的因素。同时，李鸿章力保吴大澂可资重用，即已鉴定了吴是个“为守兼优”的人才。因此清廷立即授予吴大澂三品卿衔，令其赴吉治边。

李鸿章为何保举吴大澂赴吉呢？答案是李、吴私交。李鸿章与吴大澂初识于同治九年（1870），李时任湖广总督。不久，李鸿章调任直隶总督，后又兼任北洋通商大臣。吴便与李同行至天津。几经往谈，李鸿章看中了这位具有洋务思想芽子的翰林书生。光绪初，山西奇荒，“赈灾为救急”。光绪三年（1877）九月，清廷命吴大澂赴天津，协助李鸿章“筹办一切赈务”。吴办事认真果断，筹划精细，解决了不少难题，深得李之青睐。光绪四年（1878）八月，清廷又根据左宗棠“军务需才孔亟，请调员差遣，借资历练”奏，令吴大澂“赴甘肃军营，交左宗棠差遣委用”。又指示“吴大澂并着俟办理赈务完竣后，再行前往”。左、李矛盾，有目共睹，无须赘言。李鸿章岂肯让人才为私敌所用。于是利用谕旨“俟办理赈务完竣后，再行前往”的余地，暗中拖延，阻挠吴大澂赴甘。该年底，吴大澂获阎敬铭、曾国荃保举，“以道员发往山西差遣委用”。李鸿章仍不愿吴为湘系集团所用，因而力保并促使清廷授吴大澂为河南河北道员，再次成功地阻止了吴赴晋。至此，吴大澂终于留在李辖区，辅佐其政务。如此而言，为了防止吴被入湘系集团怀抱的可能性再度出现，李鸿章亟盼吴能东调吉林：一是东北为清廷防务重地，吴他日高升，可为政治奥援；二是东北、直隶互为犄角，军事上可协同设防。光绪九年（1883），西南边陲中法剑拔弩张，清廷以“天津密迩京师，防务关系尤重”，调吴大澂率所练吉林防军三千人拱卫京师门户，“与李鸿章会商，妥为布置”，即证实了李鸿章的远见。

综上所述，可以看出，吴大澂东调帮办吉林边防，是由清廷关注东北、重视李鸿章、早存用吴之意，以及左李矛盾、湘淮矛盾等诸多因素，合力促成的。

（原载于《社会科学战线》1993年第1期）

吴大澂与图们江

傅朗云

近代史上图们江多次遭受列强侵略和战争的摧残，也有一批历史人物为这一条锦江秀水作出巨大的贡献。儒将吴大澂就是其中的一位。

吴大澂字清卿，号恒轩，又号愙斋，江苏吴县人。同治七年（1868）考中进士，同治十年（1871）授职翰林院编修，历任陕甘学政、河南河北道员、太常寺卿、左副都御史和广东巡抚、湖南巡抚等职，亦是清朝末年著名的金石学家。他在图们江的历史上占有不寻常的一页。

光绪六年（1880），多灾多难的中国，面临被帝国主义瓜分的厄运。沙皇俄国公开叫嚷要“三路进兵”东三省。值此边疆危急时刻，吴大澂受命赴吉林会同吉林将军铭安办理防务，翌年又以“督办”身份主持三姓、宁古塔、珲春防务和屯垦事宜。在这里，他先后结识了曹廷杰、李金镛、胡传等爱国人士。

光绪七年（1881），吴大澂委派珲春知府李金镛就地“设局招垦”，成立珲春招垦总局和南岗、五道沟招垦分局，并立即从“山东登、莱、青各属招募屯兵二百名”，相继在图们江左岸的珲春、南岗、五道沟等地安排山东饥民和来自朝鲜半岛的流民。

吴大澂采取传统的“寓兵于农”措施，将垦民组织起来，“且耕且守”，规定“每名每月给口粮银二两，并发农具耕牛，每棚十人，给车三辆”，每“三棚驻扎一处为一屯”，形成一股强大的边防武装力量。

清末地理学家胡传预测中俄战争必于东三省爆发，故立志自费游历东三省，测绘一份精确的东三省舆地图，以备作战需要。光绪七年（1881）胡传到达宁古塔，吴大澂当即妥善安排胡传遍历三姓、珲春等地。次年冬，胡传在东三省跋涉数千里，走访要塞，访问老兵，纠正旧图讹误，另绘新图。是年三月，吴大澂命胡传踏查十三道嘎牙河，为广建驿道提供了蓝图。珲春周围出现不少新修的驿道，各村镇之间道路畅通，据说是珲春在历史上“第一次开通道路”，由宁古塔至珲春计“设驿站十一个”，据载“南起珲春，北至密山，开驿道八百里”，既加强了国防，又有利于边疆的经济建设。

吴大澂驻军屯垦从试办到推广，均依《珲春宁古塔招垦章程》实施，规定驻防军“就近招垦，或兼种菜蔬，所收粮菜暂不归官，免其扣饷”，凡“本年领地之户，已奏请免缴押荒，应收大小租每垧六百六十文，须俟五年后再令纳租……其余一概官钱均不摊派”。又由官方派人从朝鲜购牛一千头，拨与新招垦户，“收其半价，令三年内全数缴清，将未缴之半数，匀作两次分缴”。

吴大澂垦荒实边的举措既安顿了黄河下游的一部分逃荒者，又安顿了一批在沙俄侵占区被排挤的华人。李金镛就曾一次性安排乌苏里江以东地区“愿迁移内地”的一百户人民于珲春境内。苏城、海参崴、双城子的中国百姓也相继迁至图们江流域定居。为安抚朝鲜流民，又设越垦局，“将越垦之地编甲升科，领照纳租，归地方官管辖”，特“划图们江北长约七百里，宽约四五十里为收纳韩民之地”。光绪十七年（1891），吉林将军以抚垦局取代招垦总局和越垦局，总管屯垦汉人、旗民和越垦朝鲜人的垦荒事务。

吴大澂的垦荒实边措施，在图们江流域收到了实效。据《吉林通志》记载，珲春于光绪七年（1881）垦出熟地5620垧，五道沟垦出3073垧，南岗垦出18937垧。在此期间，镇远堡（今珲春市敬信乡）、定远堡和宁远堡（均在今和龙县）的朝鲜垦民共垦出熟地11700余垧。图们江流域共开垦出熟地40000多垧。土地开发，经济繁荣，图们江流域出现了“朝出耦耕荷锄便”、“鸡犬家家相毗连”的景象。随着垦地升科（新垦荒地开始征收钱粮），租赋收入递增。如敦化县，光绪六年（1880）征银700两，光绪九年（1883）即增至5000两，光绪二十一年（1895）征银7000余两，“扣抵应支薪饷，尚余五千余两，已于公家大有裨益”。同时，城乡工商业也有了相应的发展。

吴大澂推行建设边疆与保卫边疆并重的策略，于光绪七年（1881）计划修筑珲春炮台，至光绪十二年（1886）筑成炮台两座：东炮台建在“城东十二里之阿勒坎”，西炮台建在“城西南之外郎屯”。史载“两台之设，一阻敌军由岩杵河入珲之路，一阻敌军由黑顶子入珲之路”。光绪二十六年（1900）沙俄入侵时，珲春两炮台曾发挥了威力。吴大澂十分注重图们江流域的防务，在珲春驻扎靖边军中路三营，加上原有四营卫军，东西填扎。光绪十年

（1884），以靖边军前路四营和中路三营一哨“仍驻珲春”；右路三营“驻珲春之烟集冈”，另有亲军三营三哨可随时调往图们江前线，对沙俄入侵保持高度警惕。

吴大澂对中俄边界非常关心。光绪初年，沙俄又侵占了中国的黑顶子地方。光绪八年（1882），吴大澂奏云：“臣因亲至……黑顶子，确切查明该处地方，实系俄人侵占珲春之地。”他在给吉林将军铭安的信中强调，若“稍一松劲，彼必多方狡展，一时未必退还。盖俄人占据黑顶子，则图们江一百余里不复为珲春所有……此黑顶子关系甚大，不能不及早清理也”。随后，吴大澂奉旨要求俄方限期交还黑顶子地方，几经交涉，才于光绪十二年（1886）“交接明白”，立即“于山前玉泉洞地方添修卡伦，轮派官兵常川驻守”，专调靖边军一个营前往驻防，由李金镛负责“试办屯垦”。此举不仅收复了中国的部分失地，还遏制了沙俄对朝鲜半岛的侵略。

吴大澂在“督办”任内，十分关注中俄边界东南端的“飞地”问题，即咸丰十一年（1861）五月二十一日签订的《中俄勘分东界约记》及其附录《旗户渔猎居住册》所开列的“渔猎之地”或“渔猎之处”的归属。但在离任前，他不曾找到收复的机会。光绪十二年（1886），吴大澂以中俄勘界会谈中方首席代表身份，重返中俄边界。二月十五日，“自书铜柱铭交渤生代刻”，有“曹彝卿别驾（廷杰）以手拓混同江东岸古碑四纸见赠”。曹廷杰有《条陈十六事》，慷慨激昂，其云：“今惟于图们江口决计照约归中国，彼如许我，我则移置水师铁甲，辅以陆军，隔断朝鲜，绝其狡谋，庶乎东三省可守，即旅顺、烟台、大沽各口亦无旦夕之惊。彼不许我，不如及此一战，尚可操必胜之权。语云地有必争，我得之则为要，彼得之则为害者，其此之谓乎？”又指“必争”之地为当时俄人“占据之蒙古街、阿济密、岩杵河、摩阔崴等处重镇”。其依据是《中俄勘分东界约记》，条约规定：“自白稜河口，顺山岭至瑚布图河口，……再由瑚布图河口，顺珲春河及海中间之岭，至图们江口，其东皆属俄罗斯国，其西皆属中国。两国交界图内，红色处与图们江会处及该江口，相距不过二十里。……图们江左边距海不过二十里，立界牌一个，牌上写俄国‘土’字头，并写上界牌汉文。”定界后的绥芬河以西、山岭以南至图们江口的地域内，均为中俄两国插花式的飞地，沿海“十四岛”或“十六岛”一直是“旗人渔猎之地”，仍归中国政府管辖。收复“飞地”曾是中国东疆官民的心愿，吴大澂也曾设想收回罕奇海口和图们江口。

罕奇是摩阔崴的海口，附近海滩是东方有名的盐场。图们江流域居民的食盐多来自罕奇。吴大澂考虑到先易后难，计划在争回图们江口以后再谈判罕奇的归属问题，因而先提出“图们江出海之口应作中俄两国公共海口”问题。谈判期间，中国的定远、镇远、济远、威远、超勇、扬威等兵舰驶入摩阔崴港口停泊，还有几十营的陆军接应，若清王朝决策人物能以国家为重，能尊重曹廷杰、李金镛、胡传等人的建议，收复图们江及其以北附近领土是完全可能的。但清王朝的腐败，致使在有利的形势下吴大澂仅争得图们江口出海权。据《清季外交史料》卷六七所收《中俄勘界大臣吴大澂等奏与俄勘界员会商图们江及宁古塔界牌片》云：“再，图们江‘土’字界牌以南至海口三十里，虽属俄国辖境，惟江东为俄界，江西为朝鲜界，江水正流全在中国境内。中国如有船只出入海口，非俄国一国所能拦阻。”九月十八日，沙俄东海滨总督来电：“图们江海口中国有船只出入，俄国并不拦阻。”吴大澂十分高兴，他认为“得此转机，虽不能作中俄公共海口，而珲春本地商船、渔船，可以出入自由”，这实为今日中国保留通往日本海航路的希望。

重竖“土字牌”、重提“乌字牌”问题，为今日中国领土的合理疆界提供了历史依据。“土字牌”和“乌字牌”首见于咸丰十年（1860）十月初二签订的《中俄北京条约》，再见于咸丰十一年（1861）五月二十一日《中俄勘分东界约记》，第三次见光绪十二年（1886）九月十五日签订的中俄《珲春东界约》。据《清季外交史料》卷五七所载吴大澂的意见：“尤可异者，‘土’字界牌一带地方，其西北正当珲春河流入图们江之处，其正西与朝鲜之庆源府陆路相接。‘乌’字界牌系图们江出海之口。该二处尤关紧要，乃中俄互换之定界记文内所列八界牌，止于‘土’字，置沙草峰以南之地于不论。而图内于图们江口仅写‘界牌乌’三字，红线则仍画江心。当时若据理力争，校订画一，何至贻误若此！”第一个条约的“乌字牌”位于“土字牌”之后，即图们江入海处。吴大澂依约重竖“土字牌”保存到现在。“乌字牌”当立于图们江口附近水域，其具体位置，可按俄国文献《1860年中俄设立乌苏里河至图们江口国界牌博记》表第七栏“土”字后尾记：“图们江出海口之位置，于1855年经巡航舰巴拉达号的若干军官确定，其纬度为42° 19'5"，经度为148° 18'42"（以费罗岛为0度）。”这一位置，在当时的技术条件下，无法立牌，只好留给后人解决。

吴大澂的《皇华纪程》一书，是后人评价吴大澂于光绪十二年（1886）奉使勘界的历史功过的主要文献根据。他不能集中精力阅读有关文件，致使俄方单方篡改条约条文的卑鄙伎俩未被完全揭露、纠正；又因其勇气不足，没能发挥自己的军事优势多争取到一些外交上的优势。吴大澂在甲午战争中的军事失败，似乎与此不无关联。

（原载于《文史知识》1994年第6期）

吴大澂与吉林机器局

栾学钢

在洋务运动中，从咸丰十一年（1861）开始，清政府在全国陆续兴办了四十多个军工厂局。其中，光绪七年（1881）由钦差吴大澂奏请创办的吉林机器局，虽然只是一个中型地方军火工厂，但作为东北第一个引进西方先进技术和设备、完全依靠中国人独立自主建立和发展起来的近代化机械工业，无论是在政治和军事上，还是在经济和技术上，都有重要的研究价值。

一、吴大澂奉命赴东北筹边

（一）李鸿章举荐　帮办吉林边防

自《瑷珲条约》和《中俄北京条约》这两个不平等条约签订后，沙俄不仅割去了黑龙江以北、外兴安岭以南和乌苏里江以东一百多万平方公里的中国领土，而且企图攫夺松花江航行权，多次派遣船队非法驶入松花江，调查水系，强行贸易，均遭到当地官民的拦截。

光绪四年（1878），清廷派内大臣崇厚赴俄谈判收回伊犁问题，次年，他在沙俄胁迫下擅自签订了《里瓦几亚条约》，丧权辱国，朝野纷纷反对。针对俄方提出松花江航行权的无理要求，张之洞指出："东三省，国家根本；伯都讷（今吉林松原——引者注），吉林精华。若许其乘船至此，即与东三省任其游行无异……是于绥芬河之西，无故自蹙地二千里。且内河行舟，乃各国积年所求而不得者，一许俄人，效尤踵至。"清廷迫于舆论，拒绝承认该条约，崇厚被革职拿问，从而激怒了沙俄政府。沙俄除在我国西北新疆边界附近调集九万兵力外，还新建了东西伯利亚步兵旅，装备新式枪炮，派驻南乌苏里江地区。我国东北边疆处于危机之中，中俄关系趋于全面紧张状态。

面对沙俄的侵略威胁，清廷于光绪六年（1880）初作出一系列防御性军事部署，下旨"河南河北道吴大澂，着赏给三品卿衔，前赴吉林，随同铭安帮办一切事宜"。随后，又命直隶总督李鸿章筹议在吉林造船。

吴大澂，道光十五年（1835）五月十一日生于江苏吴县双林巷，字清卿，号恒轩，又号窸斋。同治进士，授编修，后出为陕甘学政。曾因同治帝大婚典礼隆缛而疏请裁减繁费，后又言时事艰难，建议停止圆明园工程。

光绪五年（1879）底，吉林将军铭安以珲春一带边废待兴，奏请简派贤员赴吉差遣。清廷谕令李鸿章"于直隶候补人员内遴选为守兼优之道府州县各员，奏明发往吉林交铭安差遣委用"。李鸿章与吴大澂初识于同治九年（1870），吴专程赴鄂谒见时，被时任湖广总督的李鸿章收入幕府。半年后，李鸿章赴天津任直隶总督，吴大澂随之同往。在此期间，创办江南机器制造总局和金陵机器局的李鸿章的洋务思想，深刻地影响了吴大澂这位翰林书生。光绪三年（1877），李鸿章奏调吴大澂赴天津会办赈务，吴一向乐善好施，以其办事认真果断、筹划精细、善解难题而深得李的青睐。次年，清廷令吴大澂“赴甘肃军营，交左宗棠差遣委用”，该年底，清廷又令“吴大澂着以道员发往山西差遣委用”，可见清廷早存用吴之意。由于左李矛盾、湘淮矛盾等因素，李鸿章先后成功地阻止了吴大澂赴甘和赴晋，光绪四年末（1879年初）力保并促使清廷授吴大澂为河南河北道员，使其留在自己的辖区辅佐政务。李鸿章这次举荐吴大澂东调吉林，一因东北为清廷防务重地，吴他日高升，可为政治奥援，二为东北与直隶互为犄角，军事上可协同设防。

（二）建立防军　屯垦实边

光绪六年（1880）三月初一，吴大澂“卸篆北上”。他在给老母的家书中说：“窃思俄人议约一事，不过以口舌相争，断无启衅之理；而各口边防不能不为预备。吉林为北口藩篱，颇为紧要。乃蒙圣眷优隆，破格擢用，以道员职分较卑，特晋卿衔，并加帮办名目，得与统兵大臣参赞机宜。倚畀如此之重，自当感激图报。”由此可见，吴大澂对吉林的战略地位和清廷的重用是心领神会的。四月初七日吴大澂到京，次日便受召见。吴“本拟回籍省亲，因吉林事务紧要，未敢乞假”，因此得到慈安皇太后的称赞：“忠孝本是一样。”在京师稍事准备后，吴大澂于四月十八日出京，五月十七日抵达吉林省城。

吴大澂到吉赴任之时，沙俄的侵略气焰更加嚣张。“俄兵船十五只泊日本长崎附近，预备战事”，扬言将封辽海，并“拟由烟台至大连湾、日本海口、黑龙江三路进兵”，清廷命李鸿章、曾国荃、岐元、铭安、吴大澂等“密筹严防”，后再谕东三省各将军及沿海督抚将应办防务赶紧认真筹划。受命于危难之际的吴大澂，根据吉林防务的实际情况，着重抓了建立防军、屯垦实边和创办机器局这三件密切相关的大事。

吴大澂到任时，吉林的军队主要为八旗营兵和地方练军，没有专门用来保卫边防的军队。八旗营兵实行世袭制，待遇优厚。由于久居城镇，武器落后，缺乏训练，昔日的战斗力几乎丧失殆尽。地方练军计有马队、步队、洋枪队、抬枪队，共二千一百余名，分驻各城。显然，从兵员的数量、质量到建制、装备都不足以抵御沙俄的侵略威胁。吴大澂立即与铭安商练巩、卫、绥、安马步四军，分别驻扎于吉林三大战略重地和省城。绥军马步五营，驻防三姓巴彦通；巩军马步三营，驻防宁古塔乜河；卫军马步四营，驻防珲春；安军马队一营，留扎省城。共练马队六营，每营二百五十人；步队七营，每营五百人，总共马步十三营，计五千人，每年由户部拨领防饷银五十万两。光绪七年（1881），又添练靖边各军四千人，并由户部增拨饷银三十二万两。后来，裁去巩、卫、绥、安名目，统称为“靖边军”，分中、前、左、右、后五路，扼要镇守，另有亲军驻省，总兵力已逾九千。吴大澂多次前往上述重地，察看山川地势、往来要隘，勘定营盘，督练防军。他还奏陈俄情叵测，预筹防御意见。

（三）筹边得力　擢升督办

光绪六年（1880）底，吴大澂在查阅防军途中，因“山高水滑，屡次坠马，左腰跌伤，坐卧不能灵动”，加上不久前他微服单骑，入桦甸深山，近乎神奇地招抚了靠聚众私挖金砂起家而独据一方的“韩边外”（韩宪宗），威望骤增，使以武力缉拿韩而未果的铭安不免尴尬。铭安以将军之尊，万事独揽，而吴位居帮办，往往不能行使职权，办事颇受掣肘之苦。另外，清廷在“赔偿军费”等方面有所让步，“中俄改订条约”签订在即，中俄边境紧张气氛有所缓和。鉴于上述情况，吴大澂于次年初告假一个月，后又因病续假二十天。此间，他奏请开朝鲜通商口岸，以防俄制日；二月初又赴宁古塔督办军务，并没有完全休息。

清廷似乎看出吴大澂告假的个中原委，连发上谕。二月十三日上谕称：“吴大澂帮办吉林一切事宜。所有该省办防及地方诸务，均属责有攸归，务须往来查察，严加督率，不得稍涉诿卸。”四月初八接到的上谕更为明确：“现在俄事虽已定议，惟念中国边境与俄毗连，必宜慎固封守，以为思患预防之计。吉林之三姓、宁古塔、珲春等处防务，尤关紧要。该将军驻扎吉林省城，相距穹远，恐难兼顾。所有三姓、宁古塔、珲春防务，即着责成吴大澂督办，并将各该处屯垦事宜妥为筹办。铭安身任将军，于通省防务及地方一切事宜，亦当认真讲求，力图振作，毋致日久懈生。……现扎宁古塔、珲春各营，均归吴大澂节制，应需饷银，仍照旧由部分别给领。”由此分析，清廷对吴大澂与铭安的权力关系有所考虑。将吴由“帮办”名目改为“督办”，使其由配角变成主角，既肯定了吴大澂一年来的筹边业绩，又削弱了铭安在吉林防务中的地位，这是一项重要的决定。从此，吴大澂督办吉林边防的配套工作全面展开。

由于清廷长期封禁东北，推行虚边政策，造成边防废弛，边界空虚，土地荒芜，人烟稀少，交通闭塞，经济萧条，兵源不足，饷源匮乏，武器陈旧，使沙俄蚕食我领土的侵疆犯界行为容易得逞，加重了边防危机。针对上述状况，吴大澂主张：购利器以讨军实，招屯户以实边土，通道路以便商旅。实践证明，这些主张极具战略眼光。

吴大澂十分重视改善边防军的武器装备，认为“文字尚古，器用尚新”，他所著练兵教材《枪法准绳》二十五条，其中“练枪之法有四：要眼明，手稳，心细，气平。兼此四者，方有进益”等要领至今看来仍很正确。他在任期间，从防饷中提出部分资金，用于引进和购置新式武器，其中有格林炮四尊、克虏伯大炮二十尊、哈乞开斯枪一千杆、来福枪四千杆、毛瑟枪三千杆。以当时吉林边防军约九千兵额计，几乎都改用了“洋枪洋炮”。如此规模的武器更新，弹药的供给就成为当务之急。

二、吴大澂奏请创办吉林机器局

经过一年的努力，建立防军、屯垦实边均初见成效。吴大澂认识到“吉林全省系国家根本重地，东北袤延二千余里，处处于俄境毗连，东南直出图们江口，内拱皇畿，切近肘腋，边防关系亟于他省，机器制造尤为当务之急”，“从前东三省需用军火，动由内地各省接济，转运需时，仓促恐难应手”，光绪七年（1881）五月二十二日，他会同吉林将军铭安，就在吉林省城创设机厂，在三姓、珲春、宁古塔等地修筑炮台一事上奏清廷，这是关于创办吉林机器局的重要奏折。

（一）筹划从容　批复迅速

吴大澂在奏折中首先分析了建机厂、修炮台的时机："维吉林全省为国家根本重地，东北与俄境处处毗连，新练防军规模甫具，尚宜实力讲求，以期缓急可恃。目前所最要者，制造军火应设机厂，扼守要隘须筑炮台。二者皆久远之图，自当乘此闲暇及时兴举。上年屡奉谕旨，修筑炮台必须坚固合法；筹办机器总期制造合用。圣训周详，实皆当务之急。臣等未敢率议举行者，诚以机厂、炮台非巨款不能集事，非得人不能见功，又非仓猝所能开办。现在防务稍松，事机已定，正可从容区画，择要以图，为日后自强之计。"这说明吴大澂对建机厂、修炮台筹划已久，只是事关重大，一直等待时机而已。

然后，吴大澂阐述了开设机厂的理由："从前中国所制枪炮，多造土药，引用火绳。即或购备洋枪、洋炮，均系前门进子。近年外洋利器愈制愈精，土药不如洋药之净，火绳不如铜帽之便，前门进子又不如后门之快且远。一经比较，利钝显然。练兵欲求实际，其势不能因陋就简。吉省防军现已兼用后门枪炮，尚须陆续购求利器。然既用后门快枪、开花利炮，不能自制子弹，购运稽时，难乎为继。即洋药铜帽，亦须由他省机局购运到吉，道远费繁，终非长策。若在吉林省城开设机厂，制造洋药铜帽，配合枪子炮弹，不独本省练军可以源源接济，并可兼顾黑龙江各军之用。"

接着，吴大澂又列举了创办机厂的资源优势："臣与铭安前派候选知府李金镛访求铅铁各矿，觅得矿洞山铁矿一处，交河铁矿一处，栗子沟铅矿一处。据李金镛亲自履勘，采呈铁样、铅样，成色颇佳。闻铁矿、铅矿尚不只此三处，须俟奏调熟悉矿务之员，雇工采炼，必可广开利源。向来东三省所用铁货，皆获鹿贩运而来，价值异常昂贵。今拟以西法炼铅、炼铁，又得近地煤窑，足供熔化之资，可便民用，可制军器，可济饷需。即机器购自外洋，陆路稍形跋涉，而本省有铁有铅有煤，弃之不用，未免可惜。此机厂之不可不设也。”

关于所需的款项，吴大澂也提出了具体建议：三姓、宁古塔、珲春三处防兵，“现有九千余人，分布要隘，并不为多。所需防饷，每年八十余万，皆仰给于他省。骤增巨款，恐部拨饷银时形支绌，不能按月济用，办理转行棘手。再四思维，惟有仰恳天恩，饬部通盘筹划，每年另拨银十万两，为创设机厂、建造炮台之用。臣亦明知十万金实不敷用，惟有于各军防饷内，力求撙节，设法腾挪。或同时并举，又恐顾此失彼。即可先尽设厂经费，购买机器，盖造房屋，逐渐经营。更以余力修筑炮台，于兼筹并顾之中，略分缓急。总期工归实用，费不虚糜，以仰体圣怀垂廑边围，慎重库储之至意”。

仅仅事隔八天即五月三十日，吴大澂会同铭安的奏折就得到清廷批准：“所筹尚妥，即着照所请行。惟事属创办，必须审慎精详，以期久远可恃。着吴（大澂）、铭（安）妥为筹划，次第举行。所需经费，即着户部每年另筹拨银十万两，俾资应用。余着照所议办理。”

设厂的奏折如此迅速地得到批准，绝非偶然。除吉林防务事关重大、奏请有理有据外，还有两个因素不可忽视。其一，明永乐和清顺治年间，都曾在吉林省城兴兵造船，该城故又称“船厂”，向来是抗击沙俄侵略的重要军事基地；清雍正年间吉林城北即设火药局，至清乾隆年间除供给吉林外，还兼顾黑龙江部分需要。可见设厂于吉林有一定的历史渊源。其二，李鸿章奉命筹议在吉林造船，选址在三姓，推荐广东道员温子绍“酌带造船得力工匠，并将俊启上年代购神机营设厂之机器，选择合用者，由海道运至奉天营口，再由陆路运吉，以资创设船厂之需”。事实上，温因母病未能前往，机器仍存广东。可见设厂于吉林有一定的现实基础。总之，设立吉林机器局体现了清廷对吉林防务中军备供给问题的重视。

（二）工程告竣　又设分局

接到上谕后，吴大澂立即着手筹建，亲自勘定了吉林机器局的厂址。由于该厂址位于吉林省城东部松花江北岸，东莱门外约 2.5 公里处，故人们将此处称为“东局子”，这一称呼沿用至今。

吉林机器局于光绪八年（1882）破土动工。

在吉林机器局动工不久，吴大澂考虑到在省城应酬很多，公事繁缛，认为“防务屯田均须就近督饬办理，远驻省垣，殊不放心也”，于正月二十六日启程，前往并常驻宁古塔，以督屯防。当然，此举还另有他因。吴大澂精于金石学和古文字学，“惟劝农治军，驰驱鞅掌，头绪纷纭，日不暇给。古文字辄置高阁，或数月不触手。《说文古籀补》编至第一十卷，去夏至今，未续一字，不知何日成书”。《说文古籀补》是吴大澂搜集钟鼎、玺印、陶器、货币等文字所撰的古文字学重要著作，他很想利用这个机会，抽暇完成此著。次年八月，该著全书十四卷及序言、附录在宁古塔全部完成付梓。因法国入侵越南，同年五月二十一日和七月二十五日，吴大澂两次上奏清廷，条陈利害，请缨抗法，反映出他对列强侵略的一贯抵抗精神。

历时一年半的吉林机器局建厂工程，光绪九年（1883）八月次第告竣。八月二十四日，吴大澂专程由宁古塔赴省城，九月初二行抵吉林，下榻于吉林机器局，亲自主持验收，吉林机器局正式投产。

赴省途中，吴大澂接到六百里密谕，为防御法兵船寻衅，命吴大澂统率三千兵马，航海赴津，以备调遣。吴大澂率部到津后，于光绪十年（1884）夏为吉林机器局奏请经费银十万两内，每年分拨银二万两，设立乐亭行营制造分局，派员专司其事，购用装子小机器，酌雇匠工装配门火铅丸，直接为抗敌前线服务。

吴大澂因在开发边疆、督办防务中政绩显著，得以连续擢升：光绪七年（1881）八月补授太仆寺卿；光绪九年（1883）二月补授太常寺卿，十一月补授通政使司通政史；光绪十年（1884）九月补授都察院左副都御史。

三、历尽边陲创业之艰辛　首开东北近代化之先河

吉林机器局的创办，西方先进技术和设备的引进，对比较封闭和落后的吉林省城来说，既是石破天惊的大事，又是障碍重重的难事。然而，吴大澂在创办吉林机器局的过程中，历尽艰辛，终于闯过了调员、建厂、选匠、购器、转运等难关，开创了东北近代军工生产的先河。

（一）筹调科技和管理人才

吴大澂深知在偏僻的边疆省份兴办近代机器工厂的艰难，万事待举，而人才最为首要。他在奏请设厂的同时，另附片请求调员。他说：“近来西法讲求算学、测量、制器、开矿，日精一日。中国风气渐开，东南各省人才辈出，竞为有用之学，于军中制造尤多裨益。吉林边土，八旗子弟不乏可造之材，自宜仿造各省，延师教习，

口讲指画，心领神会，日久自能贯通。现拟创设机厂，需才孔亟，臣于机器、矿务素未究心，茫然不知其源委，自应奏调谙练西学之员，以资臂助。查有总办天津机器局候选道王德均，老成练达，熟谙机务，综核名实，条理精详，在李鸿章所设机器局中最为得力之员，未必能久离津局，拟请暂行奏调来吉。所有应盖厂房，应购机器，应储物料各事宜，臣与王德均逐事筹商，布置一切，酌带委员工匠，以供策遣，略有头绪，即令回津。此创办之初，不能不求助于津局也。”吴大澂对依靠津局力量建厂寄予很高期望，清廷也同意此请：“着李鸿章即饬该员前赴吉林。”可是，督办天津机器局的李鸿章在所呈王德均暂缓赴吉片中称：“旋据王德均禀称，‘凡事创始维艰。制造门类纷繁，尤难罄述。惟有紧要数端，不能不为代筹者。一，须因地制宜。吉林水道不能直达，陆路运重，糜费稽时。一，械器重过数千斤者，即难运行。吉省购器，应择轻小之件为宜。一，须筹经费。沪津各局皆有指定巨款，积久经营，规模始见宏敞。吉省无此物力，器料骤难全备，只可酌量购用。如足搭、手摇及汽炉之类，仅备随时修理军械。他如储料、造药、建厂用匠各事宜，已会同津海关道郑藻如及机器局员酌拟办法，开折寄达吴大澂察核。并称由津局就近照料较易设法，即亲自前往，亦不过如此办理’等语。”可以看出，王德均身为津局总办，对在吉林建厂的规模、水平及前景持怀疑和观望态度，对吴大澂建厂的能力没有把握。李鸿章出于对津局人才的重视和保护及自身利益考虑，也认为：“盖以该局与机器局互相附丽，诸务均可通融。而王德均又能精心擘画也。诚如吴大澂所称为臣处得力之员，未能久离津局。因思吉林经费既形支绌，运路又极艰难，经始之初，尚难仓猝就绪，王德均所拟各条，切中事理。吴大澂循照筹办，当可渐入门径。况吉林运器购料，必由天津，王德均在津代筹，尽可随时照料。俟各种紧要机具物料稍备，再令王德均等选派熟习委员、工匠前往，不致误事。”后来，也许是吴大澂迎难而上的精神感染了王德均，他虽未来吉，却在选购机器设备等方面给予吉林机器局有力的支持和帮助，为吉林机器局的创办发挥了作用。

吴大澂还“访得候选通判徐华封，识别矿产，精于制器；候选知县丁乃文，于算学、机器制造枪炮，均极明晰；候选县丞游学诗，精通西国语言及文字算学、机器，皆不可多得之才。徐华封现在上海机器局，丁乃文现在江宁当差，游学诗现在福建船政局，相应请旨饬下直隶总督、两江总督、江苏巡抚、福建船政大臣分别饬令该员等来吉差委”。实际上，与李鸿章奏留王德均如出一辙，徐华封和游学诗也经该处督臣奏留。吴大澂与李鸿章商议奏调广东道员温子绍，该员也请辞未赴任。以上吴大澂拟调五名要员，只有丁乃文独自到任，也就是说，吉林机器局的创办，不仅没有外国人介入，也没有已建厂局的现职人员直接参加（王德均属兼职）。

吴大澂建厂出师不利。他描述当时的处境说：“臣心焦灼万分，有寡助之憾。幸同知宋春鳌等数员，经臣往复缄商，情词恳切，该员等谅臣之苦衷，不惮跋涉，航海而来。其情可感，其志亦可嘉。”此调员之难也。宋春鳌来吉后，不负吴大澂所望。光绪七年（1881）吴大澂在请调宋春鳌来吉片中写道：“查知府用江苏候补同知宋春鳌，前在天津制造局提调局务，于机器中委曲繁重事宜，考核精详，才明心细。除大宗机器仍由道员王德均在津购运外，所有局中应办事宜，自应责成宋春鳌悉心筹议，次第举行。现既札委该员总办吉林机器制造局务，应请将知府用江苏候补同知宋春鳌留吉差委，以资臂助。”如果说吴大澂是吉林机器局的创办者，那么，任总办长达15年的宋春鳌则是吉林机器局最有功劳的经办人。他在吉林机器局的发展中发挥了重要作用。吴大澂和吉林将军希元曾多次奏请表彰及破格提拔宋春鳌。

（二）吉林机器局的建设规模及其施工要求

吉林机器局是中型军火工厂，目前尚未发现当时的平面布置图等设计施工图样，仿照天津机器局的格局设计施工的可能性较大。结合吉林机器局旧址的实地考察及现存相关资料的分析和推算，吉林机器局分东、中、西三个部分，平面呈东北较狭而西南尚宽的卵形，占地约15公顷。中部为厂房，计104间又烟筒3座；西部为公务房，计113间；东部为表正书院，计26间。光绪九年（1883）竣工投产后，又有多次续建，次年添建厂房10间。光绪十年至十三年（1884—1887），添建厂房22间又烟筒2座、公务房20间。以上共建各类用房295间又烟筒5座。房舍间种植树木，现仍存多株参天的古榆。厂区周围筑有约3米高的土围墙，墙顶设有木柱栅栏，墙外有宽4.8米、深2米的护墙壕。有东、南、北3个大门，门上为城楼，布有炮台，每门前设有吊桥。南门为正门，悬挂书“吉林机器局”5个大字的匾额。吉林机器局的庞大建筑群，远望似城堡，因而有“东局子古城”之称。

光绪十年至十二年（1884—1886），为扩大生产并安全考虑，在机器局江对岸南山又增建火药局，前后计建厂房78间、公务房52间，共130间又烟筒4座。火药局内有隔墙、外有围墙，墙高约4米，总长达1100延长米。火药局占地约12公顷，与机器局间的往来运输，由渡船承担。

对吉林机器局规模极宏敞的建筑群，吴大澂提出了很高的施工要求："所盖厂房一切做法，悉照外洋新式加料加工，不能与寻常之例相符。即表正书院与机厂相连，盖造之法亦与外洋机器学堂相似。"吴大澂在验收时，"逐一查勘，均系工坚料实，墙脚地身多用木桩密钉，层垫层碱，自可经久不隳。"要求如此之高，而吉林的施工条件却很差。吴大澂回顾说"吉林地气早寒，十月封冻，三月始开，土木之工及砖瓦各窑较他省尤为费力"，而且"吉林工匠起造房屋与南省不同，而机厂之墙壁门窗烟筒水道，尤与寻常衙署不同，该匠等目所未见，语之亦茫然，稍一迁就，工料不坚，贻误匪细。其砖窑、灰窑、应用物料，均须加工定制，审曲面执之方，非该员（指宋春鳌——引者注）等巨细躬亲，昼夜督率，不能建造如法，非若津沪各局土工木工各有专责，不劳而理，此建厂之难也"。

（三）选聘熟练工匠和培养技术人才

吴大澂认为："一厂之中，以匠头为最要。众厂之中，以机器为最要。安设锅炉，非熟手不可，装配机器，非良工不就。教授学徒，钩心斗角，规划图样，置范成模，皆匠头之是赖。该匠头等久在津局沪局，资格尤深，工食亦厚。调赴吉林苦寒之地，视为畏途，人人裹足。或来一两月即托病而归，诸多掣肘。现在局中不乏良材，皆宋春鳌等设法招徕，苦心孤诣，此选匠之难也。"

据光绪十年（1884）的统计，吉林机器局及营口转运局并留驻津局以及表正书院，所有各委员、司事、书识等共33人；吉林机器局各厂工匠、小徒、长夫等，以及火药局工匠、长夫，营口转运局护勇，表正书院夫役等共398名；两项合计431人。到光绪十七年（1891），仅各厂局工匠、匠徒及小徒就增至507人。据光绪二十四年（1898）的统计，吉林机器局各委员、司事、书识等共46人；各厂局工匠、匠徒、小徒、护勇等共782人；两项合计828人，无疑是东北最大的近代军工厂。

据对吉林机器局的工资待遇分析，可知当时采取了高级差和工种差的政策。建厂初期，厂级管理人员月银一般30两，是普通工匠的2.5倍；匠目月银一般20—30两，是普通工匠的1—2倍；工匠月银一般10两，是徒工的5倍，差距较大。后来，工种间的工资差距也进一步拉大，关键岗位和危险岗位的日工资为1.3—1.5两，其他为6—9钱，而非重要岗位的工匠日资只有3钱多。实行高级差和工种差，对于稳定外省工匠起了一定的作用。

从长远看，机器局的技术力量还要依靠本地培养。吴大澂早在奏请设厂之时就考虑到这个问题，准备建立一所培养机器局所需技术人才的“表正书院”，并亲拟了“表正书院告示”稿，专门修建了校舍。在当初拟调五员中惟一来吉的丁乃文，被吴大澂委任为表正书院总教习。丁乃文月薪水伙食银80两，仅次于月薪水银100两的总办宋春鳌，可见翰林出身的吴大澂对教育的重视程度。吴大澂建议：“由吉林府教授衙门送满汉生童三十余名住院肄业，专令学习算法。数月以来，该生童等有志向学，渐入门径，颇有可造之材。将来日进有功，与机器制造测量诸法触类可通。该令丁乃文数理精深，又能循循善诱，暇时则令诸生童兼习诗文，并行不废，日久必有成效可观。”表正书院中所用书籍及算学测量各器，并添置一切器具，都实用实销。

表正书院的设立，对于在东北边陲传播自然科学知识、消化西方先进技术、掌握先进的机器设备、开启民智，本应发挥积极的作用，产生深远的影响。遗憾的是，好景不长。在吴大澂调离吉林后的光绪十一年（1885），吉林将军希元竟为了节省每年约2500两的办学经费，裁撤了开办已两年的表正书院。由此所带来的损失，无论对于吉林机器局的发展，还是对于东北的近代化进程，都是难以估计的。

（四）引进和自制机器设备

吉林机器局所需的机器设备并非一次性购入的成套设备，从现存档案中分析，大致有如下四个来源：

1. 粤海关监督俊启代购神机营设厂的机器

李鸿章奏请在吉林三姓设厂造船事搁浅后，他认为“吉林创设机厂，理大物博，经费甚形支绌，应需机器势难全在西洋订购，且恐缓不济急”，原拟设厂造船与“今吴大澂设厂制造军火，情事相同，器具亦可通用，应令将前项机器运解应急，其余应添各件，容饬王德均察酌代购。将来如经费较充，厂务逐渐开拓，再由臣随时缄商吴大澂筹造轮船”。从现存档案看，从光绪七年（1881）底开始，这批机器设备陆续运到吉林，是最早的一批，多属通用型。主要有汽炉一台，车床三台，刨床二台，剪板机、汽锤、钻床、螺纹车床、汽机床各一台及机床零部件，还有钳工、铸工、锻工工具及起重和运输用车辆。这批机器设备是惟一捐购的一批，“其价银数目毋庸查照开报”。

2. 出使德国大臣李凤苞代购的机器

李凤苞曾绘地球全图，译西洋诸书，经办过江南机器制造总局和吴淞炮台工程，熟悉洋务。光绪四年至光绪十年（1878—1884）任出使德国大臣，光绪十年兼署出使法国大臣，光绪七年至光绪十年（1881—1884）还兼使意大利、荷兰、奥地利。他所代购的机器主要出自德国，少部分出自欧洲其他国家。如从“中国人认为德国机器比英国机器工作迅速、精巧，但英国机器坚固、准确”中分析，也有英国产品。这些机器设备分四批运到，经对清单的归纳，主要有冲压、剪切、装药、烘漆等军火专用设备及零部件；车床、刨床、虎钳等通用机床及零部件；汽机、汽锅等动力设备及起重设备。

3. 天津机器局代购及代造的机器设备

代购主要由上海三家洋行进行，从新载生洋行购入的有四十马力锅炉一台、压水柜机器一台、造子撞模全副、造前门枪铜帽手器一具、钻床一台、螺纹车床一台、测试仪表、弯腹小车床六台、小刨床四台、六尺径开口车床一台、弯腹车床二台、三十马力康弹纯汽机一台、二十五马力锅炉二台等，大多为动力设备、军火专用设备和通用机床；从顺记洋行购入的主要有大小铁砧九台、熟铁英虎钳三台等少量设备；从慎裕洋行购入的有吸水机器一副、四十马力重汽轮机一台、立式锅炉二台、打眼剪铁机器一台、造锅炉用冷水磅机器一件、一千二百磅磅秤二架、各类虎钳和阀门及量具、六尺车床十台、十二吨起重神仙辘轳一副、六吨起重神仙辘轳一副、十马力机器一副、四吨神仙辘轳一副、造毛瑟枪子机器九具、装开斯枪子机器三十三副、装士得枪子机器一百副等，基本为动力、起重设备和军火专用设备，还购入了一些电气设备。津局代造的多为锅炉和专用炕炉的附件。

4. 吉林机器局自制的机器设备

主要有水龙一架、铁水抽一副、小车床二台、卷铁皮床一台、起重架一副、车螺丝盖小车床一台，以及各种用途的炉门、炉盖、锅、盘及大小生铁沙箱、马口铁火药箱等数百个，均根据各厂实际需要随时添造。这表明，由于通用机床的引进和熟练工匠的招聘，吉林机器局已具备了一定的机械制造能力。

5. 设驻津局办事处

王德均为吉林机器局驻津局办事处代办物料等事总理，月薪水银 50 两。办事处共有 3 名管理人员，负责机器设备和物料的选购及由津局代造器械等事宜。最后一批购入设备的记载是光绪二十三年（1897）六月，这表明吉林机器局是经历多年才不断发展成熟的。

（五）设营口转运局专事转运机器设备

吉林机器局所购机器设备和部分原料，都从津沪等地由海上运到营口，为此在营口设有转运局，负责到港物资的储运，兼购物料。转运局有 6—7 名管理人员，12 名护勇，还雇用了多名长夫。光绪二十四年（1898）的统计资料中仍有此机构，可见转运持续时间之长。吴大澂谈道："吉林并无海口可通轮船，购运机器物料皆须由营口起岸，陆路转运一千一百二十余里始达吉林省城，较之天津、上海、金陵各机局多费运脚，机器繁重，搬运尤为费力。"雇用的大车载重约 2 吨，超过此限时，或者拆开分装而运，或者由特制的四轮大车承运。有时一批物资要雇用 70 辆大车，可谓浩浩荡荡。吴大澂回忆运输途中的艰险情况说："营口初无码头，轮船不能傍岸，非若天津、上海就船起运，人力易施。自营口至吉林，有山路崎岖，高坡上下，霪雨之后，积潦满途，覆辙之车，伤人及马，以数千百斤之重，载行千数百里之长途，仆夫惊怖，津吏骇闻。他省机器局创办之初，无此艰险，此转运之难也。"

（六）吉林机器局的经费及其管理

吉林机器局创办阶段，自光绪七年至十年（1881—1884）六月底，经吴大澂办理，共收户部拨领库平银350000两，支出289761两，余60239两移交吉林将军希元管理。在支出经费中，勘买地基、修造房屋及建表正书院39443两，占13.6%；购买机器物料131393两，占45.3%；水陆转运费41058两，占14.2%；机器局、营口转运局委员、司事、书识、匠工、差弁、长夫等薪水工食36151两，占12.5%；表正书院教习、学生、司事、书识、夫役等薪水4716两，占1.6%；建三姓、珲春炮台经费37000两，占12.8%。由此可见，购买机器物料所费最巨，水陆运费超过全部工薪，也高于买地建房费用，反映出转运之艰难。

吴大澂为使吉林机器局“工繁费省，确有明效”，加强了对经费使用的管理。“局中出入款目，按月皆有详细清折，随时申报，一木一板必稽其丈尺，一器一料必核其轻重，分款分开，不稍紊乱，讲求稽察，事在平日，此实报实销之根本。”我们从光绪十一年（1885）初“吉林机器局营口转运局及表正书院章程清册”中看到创议定章共15条。关于薪水工食，规定：“除委员应禀请宪台酌定数目遵照外，其司事、工匠薪工即由局总按事之繁简、才之优绌，随时酌定”；关于采办物料，规定：“凡须购自外洋者，固须先期预筹。即购自上海，亦必半年以前预为筹办。一物缺之往往束手。如吉省有可采取者，就近购办，省费自多。惟采办人员，必须考核精细，评定价值，毋稍蒙混，以昭核实。”吉林机器局采用由松花江上游运来的廉价木炭为主要燃料，比用煤更为节省。可见，创办之初的吉林机器局在各项管理方面还是有章法可循的。

四、吉林机器局的生产及变迁

（一）吉林机器局的主要产品

1. 成批生产弹药

吉林机器局的主导产品是枪支、炮弹和火药。从现存档案中可查出格式、造法、尺寸、分量的有 21 种：开斯子母，毛瑟子母，士得子母，噶尔萨炮子，两磅、四磅、六磅克虏伯炮开花弹，前膛铜钉开花弹，十二磅前膛园开花弹，子母炮群子弹，两磅、四磅铜拉火，子母炮拉火，十二磅园开花子，铜钉开花子，四开花大铜帽，来福铅丸，洋抬枪铅丸，福机开斯开花弹，五子洋抬枪子母，洋式火药。

这些产品的生产数量，依形势之急缓和经费之多寡而变化。从现存档案中初步分析，吉林机器局的月生产能力为：哈乞开斯枪子 4 万—12 万颗，来福枪子 4 万—90 万颗，呍啫士得枪子 1.8 万—4 万颗，毛瑟枪子 6 万颗，十二磅克虏伯开花炮弹 400—1700 枚。这些产品在光绪十六年（1890）以前只供给吉林省的边防军，当年起也供给维持地方秩序的军队，但数量不多，在无碍于筹边的原则下进行；次年开始还供给黑龙江省的边防军，相应由该省每年拨经费三万两。吉林机器局基本满足了吉林、黑龙江两省边防军的日常操练和战时对弹药的需求。

吉林机器局注意吸收西方先进技术。如“现查奉省由外洋购到新式炮弹用铜六件，外用铜箍。而细加考验，较铜五件外包铅者尤为灵捷。故将现造之炮弹，已均改用铜六件外包铜箍，而资精益”。

2. 试制新式枪炮

吉林机器局在宋春鳌总办的精心组织下，试制了新式枪炮，其中有呼敦洋枪、五子洋抬各炮、噶尔萨炮、子母炮、两磅克虏伯炮、西林炮等。吉林、黑龙江以及奉天三省损坏的枪炮等军械，也由吉林机器局在局内或派人前往修理。

光绪十二年（1886）夏，吴大澂奉使勘界，参加中俄勘界谈判，收回了被沙俄非法侵占多年的珲春附近黑顶子地方，纠正了“土字牌”位置，争得了中国船只在图们江口的航行权，使吴大澂“一寸河山尽寸心”的名诗变成现实。这次勘界的成果，今天看来意义尤为深远。奉命勘界途经吉林时，吴大澂二月十三日来到阔别两年多的吉林机器局。“渤生（宋春鳌——引者注）又出示局中自造单筒小炮，一与俄登飞炮弹大小相等，名曰西林炮；一与格林炮相类，惟用单筒旋转，顷刻可放数十子，炮筒外包一蓄水筒，水热可换，亦简易灵便之法。”吴大澂“见该厂自行创造新式枪炮，机括极灵，施放亦准，足为临阵冲突之利器，上年曾经臣希元派员解送神机营试演。是其（宋春鳌——引者注）潜心机学，不屑沿袭泰西之明验”，神机营验收后评价称：“吉林机器局创造各式枪炮，颇极精巧，具见实力讲求，深明制造之理。”

光绪十二年（1886），英国驻营口领事哲姆士参观吉林机器局后留下了一段关于试制机关枪的记录：“宋氏（宋春鳌——引者注）还给我们看了一杆机关枪，是他们的一个工头仿着西洋形式发明改造的。这杆枪很轻便，两个人便能抬，上面的三脚架也很灵活。我们看了试演，它每分钟能发八十响，没有任何障碍。”这距英籍美国人 H. 马克沁创制成功最早的机枪仅两年之隔，吉林机器局成为清末为数不多的能仿制机枪的军工厂局之一。

光绪十九年（1893）末，后来升任直隶提督的聂士成奉李鸿章之命，率武备学堂学生考察东三省边境地区时来到吉林机器局，称该局："仿照克鲁森以独料改造背闩子母炮。其炮水陆兼用，陆路用车轮，水路用中架，身长英尺三尺五寸，闩长十八英寸，口径一寸五分，来复线十二条，及远一千码，子药膛连炮闩，先装药，次装子门。背有铜环二，以待闩柄，后督有螺丝一，以待紧闩螺丝。每尊有炮闩三，临时更换，每分钟可放五出。考克鲁森零件甚多，不善管理，易于锈坏。此厂改造子母炮，炮闩连子药筒，除铜环外别无他物，易装卸，亦易揩试，但恐取准不能及克鲁森耳。"

从档案和有关资料分析，仿制及改进新式枪炮均系吉林机器局自行组织的研制，没有得到清廷应有的重视与必要的经费支持，因而仅限于少量试制，没有形成生产能力，使吉林机器局失去了进一步发展的契机。

3. 试造内河轮船

为节省军火物资转运之费，吉林机器局光绪十三年（1887）试造小轮船成功，并仿此建造一大轮船，以便行驶松花、黑龙二江；光绪二十年（1894）造康济轮船一艘拨交水师遣用，还制造舢板炮船两艘、舾板炮船六艘。上述船舶中，最大的已达 250 吨。

4. 率先机铸银元

吉林机器局光绪十年（1884）铸造的"吉林厂平银元"，共有壹钱、叁钱、半两、柒钱和壹两五种，正面铸有"厂平 × 两（钱）"，背面铸有"光绪 ×× 年吉林机器官局监制"字样，是我国采用正规机器铸造银元之始。光绪二十四年至三十四年（1898—1908），铸造了大量"吉林光绪元宝银元"，"惟均银色较逊，仅能在东三省通用，而版别至多，每种币各有数版别，均系花纹、字体及星点上的区别，至为复杂”，此外还铸造了多种铜币。吉林机器局的铸币对于疏通钱法，抵制外币，维护国家权益起了积极的作用。

（二）吉林机器局的变迁

甲午战争期间，吉林机器局满负荷投入军火生产，产品供给赴奉参战的吉、黑两省军队，实际年经费支出达到二十五万两，是历史上的最高峰。光绪二十年（1894），吉林机器局“南山火药局因筛药房失火，轰毁板房，伤毙匠役十四名”，造成严重事故。次年末，北洋大臣王文韶委派吉林机器局总办宋春鳌办理吉林三姓等处矿务，宋氏机器局职务由会办达桂接任，使机器局经营管理力量大为削弱。不到半年，达桂便因渎职被吉林将军延茂撤职查办。延茂对吉林机器局采取了整顿措施，由内阁中书容贤接替达桂。后来，又由春海、德荣先后任总办。这正说明，“官营工厂的命运在一定程度上取决于官员的见识、用人方法、权力甚至官场的荣辱，工厂之间的关系取决于官员之间的个人关系。主持人的更换可能使工厂的规划随之而变。各厂的生产技术不能长期有计划有步骤地改进”。

1900 年 8 月 14 日，八国联军攻陷北京。沙俄军队十多万人入侵东北。吉林机器局除供吉、黑两省军火之需外，还为奉天省赶造了枪支和弹药，支持了前线抗俄。不久，三路俄军分别攻下了三姓、珲春和宁古塔。由于吉林机器局不能批量生产枪炮，“分给各营之枪，持用年久，亦多窳败，且有不堪修理者”，吉林将军长顺急忙奏请“筹拨精利快枪一万杆，行炮数十尊，以资制敌御寇之用”。但在瞬机万变的战场，此请不过废纸一张。9 月 22 日，东路俄军派官兵六人先行进入吉林省城。23 日，二百多名俄军在任宁坎夫指挥下闯入城内，清军被陆续解除武装，长顺成为俄军控制下的傀儡。吉林机器局是东北抗俄最重要的军火基地，俄军岂会放过！24日，俄军扑向吉林机器局，“将局员、司书、工匠、护兵悉行驱出，即将银元厂收发处存储本厂并铺商兑换及俄铁路公司之银元、银条、银坯计重不下百数十万两，抢散大半，余银封存，派兵看守。枪炮及子母悉行毁弃”。25日，“将武库所存枪械子母尽弃江中。晚间又将江南火药两库轰毁”，“全城皆震，毁房屋甚多”。就这样，仅仅两天时间，由吴大澂一手创办、宋春鳌等悉心经营、耗银数百万两的吉林机器局，二十年功业就毁于一旦了。不久，俄军进驻吉林机器局，将机器运走。

光绪二十七年（1901），长顺与俄伯力总督交涉，索回吉林机器局中的银元厂，专铸银元，并将吉林机器局改为制造局——吉林造币局。1911年，吉林造币局改为吉林军械专局，修理枪炮、添配子弹，供军警使用。1922年改为吉林军械厂。1928年，奉系军阀张作霖令吉林督军张作相对军械厂进行改建。在土墙内原以厂房为主的中部围筑约四米高的青砖墙（今大部尚存），四角筑有两层炮楼（现存三个），并在院内重建六栋军火仓库（大部尚存），修南大门一座（现存），门上刻有竣工年份“1929年”（字迹仍存）。

1931年，日军侵占吉林，厂内机器被全部拆走，余下设备也被捣毁，吉林机器局又遭洗劫。之后作为军品仓库，储蓄枪支弹药，修配军械，改称“吉林军械支厂”。

1945年，在国民党统治下，厂名又改为“吉林保安司令部修械所”，主要修理冲锋枪、装配手榴弹和迫击炮弹。

1948年3月9日吉林市解放后，吉林机器局回到人民手中，初为军工部第七办事处吉林三厂，继为军工部第四一工厂，现为兵器工业部国营江北机械厂。

五、吉林机器局的成效和吴大澂的功绩

（一）国内外对吉林机器局的评价

吉林机器局及附设的火药局、营口转运局、驻津局办事处、边防军械库及表止书院等机构，基本构成了从机器设备和原料的采购、转运，到军火产品的生产制造、发放及技术力量培养的相对完整的近代化工业体系，分工明确、联系紧密、效率较高、成效显著，当时在国内外都引起了反响。

当年相关的海关报告评价说："吉林机器局与火药厂全部是在中国人监督下建造的，没有雇用外国人。两厂都使用蒸汽机，装配着最好的西洋机器，用以制造火药、枪弹和小型军器，就此厂全部系在中国人管理之下这一点来说，我们可以认为它的出品是上等的。"

哲姆士在所著《长白山》一书中写道："在吉林最值得注意的是吉林机器局，在宋氏（宋春鳌——引者注）的督率下最近业已建成。宋氏曾在津沪两地机器局中受过训练。他很和蔼客气，领着我们参观了厂地。一座大的厂房装满了英国和德国机器，有锅炉、汽锤和各种机器，看着好像到了乌理治或爱尔士维克一样。全部都由中国人装配管理，没有任何外国人的协助，这会使得那些自认为只有西洋各国才具有技术和管理才能的欧洲人感到惊奇……在河对岸，已建立起来了一个火药厂，简直像我们在伊利斯或克尔奇所看到的一样，厂中用最新的科学方法在制造火药。"

（二）吴大澂功载史册

光绪九年（1883）九月，清廷命吴大澂率部分吉林所练防军，“航海来津”，拱卫京师，从此他结束了约四年的吉林防务生涯。但他一直关注着吉林机器局的发展，仅光绪十二年（1886）三月至八月间，忙于勘界谈判的吴大澂就给宋春鳌致书三封，复函六封。该年底，吴大澂因勘界有功，被擢升为广东巡抚，他坚决反对葡萄牙强占澳门和香山七村。光绪十四年（1888）七月，吴大澂奉命治河，十二月被实授河东河道总督，加头品顶戴。光绪十八年（1892）闰六月任湖南巡抚。光绪二十年（1894）甲午中日战争爆发，年已花甲的吴大澂奏请出关抗战，光绪帝赞扬他“奋勇可嘉，着照所请”。后吴因兵败被革职。光绪二十八年（1902）正月二十七，吴大澂卒于家中，时年 68 岁。

吴大澂是中国近代史上屈指可数的爱国官吏之一。他受命于危难之际，在开发吉林边疆，防御沙俄入侵，捍卫国家领土等方面立下了不朽的功绩。吉林机器局的创办，作为吉林防务的重要组成部分，以抵御外侮为宗旨，是吴大澂秉承“师夷长技以制夷”思想的成功实践。虽然受时代和历史的局限，吉林机器局的作用没有得到完全正确和充分的发挥，但毕竟是在引进西方先进技术和设备后，由中国人独立自主地建成和发展起来的，是东北最早的近代化机械工业，也是洋务运动开设的众多军工厂局中较有成效的一个地方机器局。

吴大澂为吉林机器局的创办和发展，为保卫边防、抵御外国势力的侵略作出了贡献，功不可没。

（原载于《中国科技史料》1996 年第 3 期）

吴大澂评价问题浅议

张志坤

光绪二十年六月二十三日（1894年7月25日），日本海军在丰岛海面，突然炮击中国海军舰船，悍然挑起中日甲午战争。清政府被迫于七月初一正式对日宣战。这时正在湖南巡抚任上的吴大澂，虽年逾花甲，但仍以极大的爱国热忱，两次上疏，请求率湘军赴朝作战。七月十九日，朝廷批准了他的请求，称许“该抚自请带兵助战，奋勇可嘉，着照所请行”。吴大澂接旨后，于七月底离湘赴沪，从海路抵达山东威海。不久奉调山海关，负责京、津、榆防务。十二月十九日，清廷电旨吴大澂，命其率二十余营湘军，“即日拔队出关……会合宋庆等军，相机进剿”。次年正月十四，吴大澂进至位于辽河下游的田庄台镇。随即发起对盘踞于海城的日军第三师团的围攻，结果未能攻克。正月三十，清军再次攻打海城。这时，日军第五师团从岫岩出发，绕过大高岭，攻占辽阳东南四十公里的吉洞峪。清廷急令长顺、依克唐阿率吉奉两军回援辽阳，海城之围遂解。困守海城的日军第三师团趁机北上，并与第五师团会合一处，于二月初六、初七奔袭牛庄。湘军魏光焘、李光久率部由海城后撤回援，双方激战两昼夜，清军终因寡不敌众而溃败。牛庄的失陷，导致了清军的全面崩溃，营口、田庄台相继不守，吴大澂、宋庆率残部退守双台子、石山一带。二月二十一日，吴大澂奉上谕“撤去帮办军务，来京听候部议”。

吴大澂兵败革职后，被一片谩骂声包围。有的指责说辽河东岸溃败，“全坏于吴清帅（吴大澂，字清卿，故称——引者注）一人”。有的诬称他自动请缨到前线杀敌，是怀有拜相封侯的利己动机。有的说他只会吹牛皮、说大话，是“未经战阵，以虚骄之气，作夸大之词”的空谈家。有的说他战前慷慨激昂，临战胆小如鼠，是“弃冠脱剑”的逃将。也有的埋怨他“既无宏济艰难之才，自不合奋投笔请缨之志”。还有的把他同李鸿章、叶志超等人划为一类，斥之为“卖国求荣的衣冠禽兽”。这些讥讽和指责，如果是出于对吴大澂这个败军之将的一时义愤，尚情有可原，若是用来对他一生的功过进行评价，则难免陷入偏狭。毋庸置疑，海城、牛庄之败，作为前线指挥的吴大澂是难辞其咎的，但把战败的责任全推到他一个人身上，也是不公平的。笔者认为，吴大澂一生中有功有过，功大于过。其在甲午战争中的表现总体上是好的，对国家和民族是有贡献的。因此应该以历史唯物主义的观点和实事求是的态度，全面地、客观地、公正地评价他的功过是非，恢复其爱国官员的应有形象。

（1）吴大澂本是一个文官，甲午中日开战之际，在处于大后方的湖南任职，既无带兵打仗之责，又无守边保土之任，为什么放着清福不享，舍易就难，主动请缨，慷慨从戎，甘冒矢石呢？他这样做是被封侯拜相的利己动机所驱使，还是为保卫祖国的历史责任所感召？这是评价吴大澂时必须首先搞清楚的问题。

在吴大澂请缨赴难的当初，清廷的一些官员就存有微词，私下议论说他得到了一块刻有“度辽将军”字样的古印，自以为是万里封侯的吉兆，因此才积极请求率湘军出关作战。后来诗人黄遵宪根据这一传说，曾在《度辽将军歌》中着力进行渲染：“闻鸡夜半投袂起，檄告东人我来矣。此行领取万户侯，岂谓区区不余畀。将军慷慨来度辽，挥鞭跃马夸人豪。平时蒐集得汉印，今作将印悬在腰……”在黄遵宪的笔下，吴大澂以“度辽将军”自比，完全是不可一世的野心家。但文学终究是文学，史实毕竟是史实。笔者认为，吴大澂在历史上是否得过“度辽将军”古印，什么时候得到古印，这件事本身并不重要，无须考证，也无须争论，重要的是说吴大澂从一开始就想当“度辽将军”，因而才主动请战，这是与事实相悖的。首先，吴大澂请求出兵之日，甲午陆战仍局限在朝鲜境内，黄海海战尚未发生，所以他几次上书朝廷，均是请求带兵从海路入朝助战，并无“度辽”之说。其次，吴大澂北上的第一站是山东威海，被李鸿章委派襄助山东半岛的防务。后来清军在平壤战役中溃败，北洋海军在黄海海战中失利，战火燃烧到中国境内，安东（今丹东）、凤城相继失陷，辽沈动摇，京畿吃紧，清廷才将他从山东调到山海关，以军务帮办的身份，负责京、津、榆一线防务，也未让他立即赴辽参战。再次，吴大澂驻榆期间，屡屡上奏朝廷，表示要以山海关防务为己任，“断不使倭兵越关一步”。清廷也曾电谕：“该抚当此重任，务宜督率将士勤加侦探，昼夜严防。”最后，直到日军相继占领辽南军事重镇金州、旅顺、海城，辽河下游防务告急，守将宋庆电请朝廷派兵增援，朝廷才命吴大澂率军出关作战，而此时距他请缨赴难已有近半年。从以上情况可以看出，所谓吴大澂想当“度辽将军”的说法，缺乏事实根据，很可能是当时一些人穿凿附会。那么，吴大澂请缨赴难的真正动机到底是什么呢？关于这一点，清末经学大师俞樾在他撰写的《前湖南巡抚吴君墓志铭》中说：“愤外侮之侵陵，感中国之积弱，抚膺太息，毅然请缨，诚古人臣急病攘夷之义也。”笔者认为，俞樾的看法基本上是符合历史实际的。吴大澂在国难当头的情况下，大义凛然，他的这种爱国主义思想及行为，不仅反映在甲午战争中主动要求抗日上，在他以往的仕宦生涯中也有足够的证明。光绪六年（1880），吴大澂被清政府任命为吉林帮办，协助吉林将军铭安办理宁古塔、三姓、珲春等地的防务。其时，中俄东段边界从乌苏里江口到图们江口千余里，仅设立八块木质界牌，边境管理十分混乱，沙俄趁机蚕食了大片中国领土。为改变这种有边无防的局面，吴大澂一面加强武备，移民实边，一面轻骑简从，深入山林，寻觅界址。他在掌握大量第一手材料的基础上，多次上书朝廷，建议派员与俄方交涉，重勘边界。后来吴大澂与俄方经过艰苦谈判，签订了中俄《珲春东界约》，收复了黑顶子地方等被沙俄侵占的部分领土。重立“土字牌”，纠正了错立或被沙俄私移的界牌，争得了中国船只出入图们江口的权利。他还在中俄交界的长岭子竖起一根铜柱，亲自写下“疆域有表国有维，此柱可立不可移”十四个大字，以表达其维护祖国领土完整的坚定决心。光绪九年（1883），中法战争爆发，正在吉林督办防务的吴大澂闻讯后，心中十分焦急，几次上奏朝廷，建议派大军进行抗击，并自请率吉林练军三千人赴滇桂抗敌。吉军入关后，因中法战事结束，清廷任命他为北洋会办大臣，留驻昌黎、乐亭、芦台一带，负责京东沿海防务。次年，日本趁中国忙于处理中法战争善后事宜之机，在朝鲜策划了“甲申政变”，并派人赴朝会谈，密谋控制朝鲜。清廷派吴大澂入朝查办。日使井上馨傲慢无礼，根本不把中国使臣放在眼里。十一月二十三日，吴大澂带亲兵数十名，直闯谈判会场，仗剑而立，怒目逼视。井上馨惊惶失措，半天才嗫嚅道：“今日本大使与朝鲜政府议事，贵大臣忽来此地，有何干涉？”吴大澂义正辞严道：“使者奉命来朝查办事件，本与政府自有应议之事。”当时站在旁边的德国人穆麟德插言指责吴大澂，吴大澂厉声斥道：“你是何人，干你何事？”穆麟德面红耳赤，唯唯而退。吴大澂此举，捍卫了祖国的尊严，同时迫使日本政府放弃许多无理要求，把索赔款由原来的三十万元，减为十一万元。光绪十三年（1887），吴大澂就任广东巡抚。时值清政府准备与葡萄牙政府签订割让澳门条约，他坚决反对，并多次上奏，请求暂缓订约，或竟作罢论。同时，他亲自到澳门附近香山七村及诸岛屿进行勘察，并与葡萄牙殖民当局进行交涉，强烈抗议其强占中国领土的侵略行径。随后他将调查情况上报朝廷，建议先与葡萄牙勘定澳门界址，后与之谈判订约。因昏聩的清政府签约心切，这些正确建议未被采纳。吴大澂虽未能阻止《中葡和好通商条约》的签订，但在条约中却明确写上了“澳门界址待勘明再定”的条款，从而使葡萄牙侵占香山七村及附近岛屿合法化的图谋未能得逞，为保卫祖国神圣领土作出了贡献。

纵观吴大澂反对帝国主义侵略的种种经历，可以看出他的爱国主义思想的坚定性和连续性。同时也证明他在甲午战争中自请率军抗日，绝非一时心血来潮，去捞取政治资本，而是他一贯反帝爱国从思想到行为上的延续和发展。所以，说吴大澂自请参战，动机不纯，是投机分子，这种评价的偏见性再明显不过了。

（2）海城会战失败后，清廷给吴大澂定下的罪名是“徒托空言，疏于调度”。时人也认为他只会高谈阔论而不务实际，是一个“空谈误国”的历史罪人。笔者认为，不应以空谈误国来否定他在甲午战争中的作用和贡献，更不应以历史罪人来歪曲他的爱国官员形象。吴大澂虽是败军之将，但他在战略防御和战役进攻的组织实施方面还是做了大量工作的。

第一，甲午战争爆发后，吴大澂在负责京、津、榆防务期间，殚精竭虑，日夜筹划，认真部署，为确保京畿地区安全，作出了积极的贡献。

从光绪二十年（1894）七月吴大澂率军北上，到该年底出关，在长达五个月时间内，他除在威海稍作逗留，协助筹划防务外，有四个月驻在山海关，负责津、唐、榆一线防务。这期间，吴大澂曾多次赴大沽、北塘、秦皇岛、山海关进行实地考察。同时，制定了相应的应急措施：一是根据津榆沿海原驻防各营纷纷调往前敌，五百里海防线仅有马步兵十营，防务十分空虚的实际情况，急调二十六营湘军，担任津榆防务，随后又招募新军数十营，在较短时间内解决了兵力短缺的问题；二是针对津榆驻军大部分是新募之兵的特点，号令各营认真演练阵法，学习枪炮射击技术。经过一两个月的基础训练，清军的军事素质有了明显提高；三是着眼于津榆地区主要防敌从海上登陆的作战需要，督促沿海军民构筑了大量的预设阵地，仅在山海关一处就挖堑壕三千七百弓；四是以极大的精力投入后勤补给工作的调度与组织，如订购外国八千支小口径枪、一百万发子弹事，从订货、催领到起运、发放，光是往来交涉的电报就有四十余封。这样，经过吴大澂的辛勤布署，津榆防线才初具规模，京畿安全才有了基本保障。

第二，海城会战期间，吴大澂在上受制于朝廷、钦差，下受梗于同僚、部属的情况下，仍为战役的实施做了大量的组织协调工作。

海城会战是各系清军的协同作战，总指挥为钦差大臣刘坤一，前敌指挥为吴大澂和宋庆。尽管整个战役的组织协调存在极大困难，但吴大澂却不辞其难，尽职尽责地做了大量工作。①赈济灾民，以固邦本。光绪二十年（1894），辽河下游和辽西地区遭受严重水灾，有的地方甚至颗粒无收。吴大澂率军出关后见沿途饥民遍野，便立即上书朝廷，请求官赈。他在给李鸿章的电报中说："宁远州灾区甚广，贫民掘高粱根为食……能否筹拨银二万两？救灾恤邻，我师之福，饥民之幸。"他还致电天津帮办王文韶："田庄台附近村庄，饥民遍野，有十余日不得食者……澂目击心伤，攘外必先安内，何忍漠视？"后来吴大澂见官赈无望，百姓嗷嗷待哺，便下决心进行私赈，以个人名义，向亲朋借银五万余两，购买粮食，解救灾民燃眉之急。吴大澂的私赈义举，深受战区百姓感戴，在牛庄抗敌时，湘军以劣势装备抗击数倍于自己的日军，给敌以重大杀伤，这与当地百姓的大力支持是分不开的。②朝廷失机，敢于直谏。海城会战期间，清政府在军事部署上有两次重大失误。一次是调聂士成淮军二十营入关，其防守摩天岭任务，由湘军陈湜部接替。聂士成是辽东战场上的一名骁将，多次击败向摩天岭进攻的日军，使敌未能前进一步。陈湜也是一员宿将，驻守鞍山，担负辽阳、海城之间的机动作战任务。当时吴大澂正在向田庄台开进途中，接到电报后立即电奏："聂士成一军碍难移动。"而李鸿章则坚持说："欲留聂士成守岭，殊属不顾大局，应请朝廷主持，勿为摇惑。"清军的这次调动，是战略上的一次重大失误，对海城会战来说，无疑是釜底抽薪。如果没有这次移防，日军第五师团绝不敢前出攻占鞍山。就是冒险出兵，聂军可绕至敌后攻其老巢，陈军则可在鞍山、辽阳一带进行阻击，使其腹背受敌，困守海城的日军很可能被聚而歼之，这样清军就掌握了辽东战场的主动权。清政府的第二次失误，是命吉奉两军回援辽阳。当海城激战正酣之时，日军第五师团示形进攻辽阳。清廷十分恐慌，下令长顺撤海城之围，急救辽阳。吴大澂当即电告清政府："倭兵虑我力攻海城，意在牵制，似未可中其诡计！"对此建议，清廷非但不予采纳，反而再次急电："辽阳屏蔽沈阳，根本重地，最为紧要。目前，贼踞海城，量久难下，亟应先顾辽沈，刻不容缓。着宋庆、吴大澂、依克唐阿力顾大局，速派兵合力援救，以保完善，不得稍有推诿，致误戎机。"此举等于宣告海城会战的失败。吴大澂在朝廷出现两次重大失误的时候，敢于提出意见和建议，虽未被清廷采纳，但作为前敌指挥官来说，是尽到了自己的责任的。③顾全整体，积极协调。海城会战中，吴大澂具体负责海城方向，担任主攻任务；宋庆负责营口方向，担任钳制任务。在战役打响后，吴大澂看到营口方向的大平山战斗吃紧，就把一部分湘军调归宋庆指挥。当他得知日军第一师团前出盖平，营口防务压力增大时，又把刚到田庄台的吴元恺四营炮兵派往营口，加强宋庆所部的防御力量。为尽快攻克海城，他不顾个人安危，冒险将担负警卫任务的七营亲军，从田庄台调到海城前线，致使自己身边"一营俱无"。吴大澂的这些做法，尽管对海城会战产生了一些消极影响（后面将论及），但对维护湘、淮、吉、奉各军的协同作战，是有积极作用的。

第三，牛庄失陷后，吴大澂在身边无一营之兵的紧急形势下，适时将前敌指挥所后移至双台子，重新部署防御力量，防止敌向山海关长驱直入，从全局上看，这样做是完全必要的。

二月初，日军两个师团侵袭牛庄时，吴大澂命亲军刘树元率部驰援，调吴元恺炮队速回田庄台，“再图进援”。同时，吴大澂仍思固守田庄台，电商宋庆派数营，会同刘树元、吴元恺部，在“牛庄南面竭力防御”。直到他获悉牛庄失陷，魏光焘、李光久生死不明，刘树元部亲军不知去向，吴元恺尚在开进途中，才电请宋庆分兵防守田庄台，自己率前敌指挥所的幕僚，于二月初九撤退到双台子。而后，吴大澂整顿溃散湘军，会合从田庄台败退下来的宋庆淮军，共二十余营，在石山一带组织防御，以固锦州门户。关于这次撤退，吴大澂在给苏州老家的兄长的电报中说：“初十移住双台子，十四至石山站，从容整队而行，毫无惊恐。此间山险可扼，弟与祝帅（指宋庆——引者注）合力，二三十营镇守有余。”对吴大澂退守双台子的举措，清廷是赞许的，电旨：“锦州之防，实惟宋庆、吴大澂专责，务须同心合力，保此一路。”钦差大臣刘坤一也认为：“现在惟有北固辽沈，西防宁锦，以保大局。”然而，有人对此提出非议，认为吴大澂是未经接敌而率先逃跑的逃将。笔者认为，撤退和逃跑是两个概念。吴大澂在前敌指挥所面临强敌威胁，身边没有护卫力量的情况下，主动实施转移，与叶志超、卫汝贵等逃将是有区别的。叶、卫等人的临阵脱逃，是因为贪生怕死，而吴大澂绝非贪生怕死之人。他在退至双台子后，见清军全线崩溃，自感上对不起国家，下对不起百姓，曾欲拔剑自刎，以死谢罪。参军王同愈奋力夺下剑来，并劝他身为前敌统帅，应以大局为重，重整旗鼓，扼守石山，担起守卫京畿门户的责任，这才鼓起吴大澂重新生存下去的勇气。所以，绝不能简单地把吴大澂归于逃将类中。

（3）清政府的腐败是海城会战失败的根本原因。甲午战争中，以慈禧太后为首的主和派，一味妥协投降，根本无心战事。海城激战方酣，他们却派人去日本求和。同时，还以加强京畿防御为由，将淮军聂士成部调回天津，极大地削弱了辽东清军的作战力量。以光绪皇帝为首的主战派，虽想在辽东战场打一个胜仗来挽回面子，但决断屡屡失误。日军佯出辽阳，便急命长顺等回师救援，海城之围不战自解，以致出现全线崩溃局面。清军的腐朽落后，是海城会战失败的重要原因。当时，湘军与淮军一样腐朽，钦差大臣刘坤一奉命率军东征，却把指挥机构设在远离战场的山海关，并将湘军主力五十余营留在自己身边。吴大澂屡请增兵，他却坐视不救。前线清军，互不统属，矛盾重重。有的将领名义上受吴大澂节制，但因吴是文官，素不知兵，无不心怀抑郁，且时有鄙薄之词。像这样士气不扬、人心瓦解的军队，去与装备精良、训练有素的日军作战，怎能取胜呢？我们分析海城会战失败原因，并非有意为吴大澂开脱罪责。作为前敌指挥官，他当然负有不可推卸的责任。他的主要问题是“不谙军旅，疏于调度”，指挥无方，用人不当。具体表现在：一是骄傲轻敌，思想麻痹。吴大澂率湘军出关后，以为“大军一到，便可奏捷”。因此过早地宣传抗日必胜，缺乏长期作战的思想准备。他缺乏对敌情的周密侦察和分析，没有制定出相应的作战方针和各种应急措施。二是部署失误，疏于调度。吴大澂的作战指导思想是“毕其功于一役”，因此，在兵力部署上，前重后轻，把主力全置于作战一线，缺少纵深和梯次配备，大本营不掌握预备部队，无法实施机动作战任务。甚至连牛庄这样的战略要地都不设重兵防守，致使日军奔袭成功，出现一溃皆溃的局面。三是用人不当，指挥不力。吴大澂派得意门生晏安澜到前敌节制诸军，而自己则在田庄台，靠一纸文书，以简单规定一下攻击方向、出击时间的方式指挥作战，从而使湘、淮、吉、奉各军组织协调不够有力。四是战术呆板，墨守成规。吴大澂虽曾提倡研究战法和掌握军事技术，但在实践中却不会运用长途奔袭、迂回包抄、围点打援等战术，仍墨守老一套阵地战法，极大地限制了清军的攻击力量。更能说明问题的是，湘军吴元恺炮队，装备着比较先进的大炮，但吴大澂却不将其放在海城这一主攻方向，而是配属给宋庆，使其担任营口的防御任务。结果，反攻海城的清军在炮火上无法压制住日军，造成人员的大量伤亡，进攻迭次失败。

综上所述可以看出，我们在评价吴大澂这个历史人物时，既不能以“大厦之倾也，非一木所能支”来减轻吴大澂所应负的责任，也不能过分夸大吴大澂的罪责，抹杀他在甲午战争中的爱国主义思想和行为，更不能因他是败军之将，埋没他在反对帝国主义侵略、保卫祖国领土主权方面的作用和贡献。总之，吴大澂这样的爱国官员，应当在中国人民反帝斗争史上享有一定的地位，而不应以所谓“历史罪人”来继续妄加鞭挞。

（原载于《辽宁大学学报（哲学社会科学版）》1996 年第 4 期）

近代中韩关系史的一段内幕

——介绍在韩国发现的吴大澂佚文三篇

权赫秀

一、发现吴大澂佚文史料的经过

吴大澂是晚清著名清流派官员及著名金石学家，关于他与沙俄会勘吉林东段边界、争回被占领土，以及甲午战争时期率领湘军出征等事，学界已有若干研究，而他与近代朝鲜的关系，尤其是光绪十年底（1884年底至1885年初）奉命赴朝查办甲申政变之事，则仅见其《自订年谱》及顾廷龙撰《吴愙斋先生年谱》之片段记录，此外迄今未见任何研究。至于他在朝鲜期间先后转呈朝鲜国王的《辨党论》及“求贤、育才、恤民、缓刑、节用、练兵六篇”等文字，仅在吴大澂上光绪皇帝奏折及上述《自订年谱》与《吴愙斋先生年谱》中略有提及，其原文则不见于吴大澂个人著述乃至清政府相关文献，韩国方面相关文献中亦只记吴大澂等与朝鲜国王高宗会见等事，仍不见上述文字。因此，上述文字可以说是吴大澂一生众多著述中“只闻其名而不见其文”的散佚文献。

至2000年，笔者于韩国精神文化研究院担任研究员期间，先后在该研究院藏书阁及韩国国立汉城大学奎章阁、韩国国立中央图书馆等处发现以“吴清卿献策论”等为题之前述六篇文字以及《辨党论》上、下两篇，并曾向韩国学界撰文介绍其主要内容。而后，笔者又于韩国精神文化研究院藏书阁进一步发现吴大澂与当时朝鲜政府兵曹判书金允植的笔谈记录片段，其内容即上述文字转呈之后朝鲜国王高宗及政府方面的反应。至此，不仅发现了吴大澂在朝鲜期间留下的两篇散佚文字，且进一步得到可以印证该文字对朝鲜国王及政府之影响的笔谈记录，其意义自然不仅在于吴大澂个人散佚文献之“重见天日”，亦将有助于对甲申政变之际中朝关系的深入研究，因撰拙文，以向国内学界介绍上述两篇佚文及笔谈记录。

二、关于吴大澂佚文史料的历史背景

在中法战争的战云日渐浓密的光绪十年（1884）四月十四日，吴大澂被任命为钦差会办北洋事宜大臣，并获准“专折奏事”。于是，吴大澂得以同直隶总督兼北洋大臣李鸿章一道，担负起保卫中国北部沿海地区安全的责任，并开始介入清政府的对朝鲜政策事务。是年十月十七日，金玉均等近代朝鲜急进开化派势力在日本公使竹添进一郎支持下，在首都汉城（今韩国首尔）发动甲申政变，诱杀守旧派大臣数人，随后建立由开化派势力主导的新政权。当时驻扎汉城的清军在袁世凯等指挥下出兵干涉，使得这场政变于三天后旋告失败，史称“三日天下”。

李鸿章与清政府于五天后获悉政变消息，并随即确定派吴大澂与续昌前往朝鲜“查办”的对策方针。十一月十三日，吴大澂与续昌率领四百名清军士兵乘“富有号”轮船抵达朝鲜西海岸之南阳府马山浦，并于十一月十六日进入汉城，开始为期一个多月的“查办”，主要包括调查甲申政变真相、同朝鲜政府交涉以及同日本政府代表交涉三项内容。就在到达汉城的第二天，吴大澂一行第一次会见朝鲜国王高宗并进行笔谈，商讨朝鲜政府对日交涉方针。

根据吴大澂《自订年谱》记载，吴大澂于十一月二十九日，先后将所作“辨党论二篇”及“求贤论、育才论、节用论、恤民论、缓刑论、练兵论六篇”，交朝鲜政府“转呈国王”，同时亲书“节用爱人”与“民为邦本”两幅字转送国王。至十二月十九日，朝鲜国王高宗到南别宫下榻处第二次会见吴大澂一行并与之道别，吴大澂还向高宗赠送了古铜镜及枪法册子。二十四日，吴大澂一行“启程内渡”，从而结束了为期一个多月的“查办”之行。吴大澂上奏光绪皇帝详细报告“筹办朝鲜善后事宜并启程日期”，可以说是关于此次赴朝“查办”之行的最终总结报告。该奏折中提到“转呈”朝鲜国王的上述文字，要谓：

臣等先以辨党论二篇，剀切晓谕朝鲜臣民，痛戒其党同伐异之见，由朝王刊刻颁示，并拟养贤、育才、恤民、缓刑、节用、练兵六条，按时立论，救偏救弊，大旨以培养寒士、体恤民艰为最要。若专任阀阅，不能破格用人，则士无进身之阶；若苛敛民财，不能量入为出，则民无藏富之日。士不自爱，农不安业，而不士不农不工不商之民，日习于游惰，即不免于饥寒，此民俗日偷而犯上作乱之机所由伏也。

可见，吴大澂是从劝诫朝鲜王朝努力消除如甲申政变之“变乱”根源的角度来提出善后对策建议，其内容涉及政治、经济、军事、法律、教育等诸多内政问题，实际上反映出当时清政府对朝鲜的积极干涉政策。其中，“辨党论二篇”与吴大澂《自订年谱》记载并无二致，而所谓“六篇”之内容顺序与《自订年谱》记载有所不同。鉴于上述奏折为吴大澂本人当时留下的第一手原始史料，而《自订年谱》记载系吴大澂年届六旬之际“追想之事，间有讹误，仅属初草，而未经润色者也”，因而所谓“六篇”文字的内容顺序无疑应以上述奏折为准。至于奏折中使用“臣等”字样，似乎表示吴大澂与续昌联名提出，应是吴大澂于上奏之际有意顾及与自己同行之“满员”续昌的缘故。事实上，该奏折本身就是吴大澂的单独上奏，其《自订年谱》则根本没有提及续昌参与撰写上述文字之内容，韩国藏各印本均称“吴清卿”即吴大澂之名，其文风亦吴氏特有议论风格，因而完全可以断定为吴大澂个人作品。

仍由笔者发现于韩国的笔谈记录，根据其中“昨日国王拜领大人法书”等内容，其时间应是在吴大澂将上述文字及亲书两幅字转呈朝鲜国王高宗的第二天。至于自称“允植”之笔谈对象，则是时任朝鲜王朝高宗政府兵曹判书的金允植。金允植，字洵卿，号云养，出身名门世家，为近代朝鲜汉诗文大家，在政治上则是近代朝鲜稳健开化派的重要代表人物。至 1881 年，金允植以领选使资格率领朝鲜学生到中国天津学习“军械学造”，并奉命同李鸿章密商朝美条约等事，从此长期负责朝鲜王朝对华外交事务，不仅同李鸿章等清政府负责对朝鲜事务的主要官员保持书信联系，与当时驻扎汉城的清军指挥官袁世凯等人也有密切来往。

甲申政变爆发之后，金允植没有接受金玉均等急进开化派势力所任命的官职，并积极要求袁世凯等出动驻朝清军进行武装干涉，因此政变失败后他重新得到国王重用，被任命为掌握兵权的兵曹判书。《清季中日韩关系史料》第 4 卷收录吴大澂致总理衙门报告中就附有光绪十年（1884）吴、金二人在汉城笔谈记录，内容为商讨朝日谈判对策。可见，当时金允植已成为朝鲜国王及政府与吴大澂进行沟通的一个主要渠道，同时也是吴大澂代表清政府影响当时朝鲜政府对日决策的一个渠道。因此，这份吴、金笔谈，也应看作是上述沟通与影响过程的一个继续。

在笔谈过程中，金允植首先奉国王之命来转达对吴大澂“转呈”上述文字的感谢，并进一步商讨整顿朝鲜吏治与开办书院之事，即对上述“转呈”文字中所提建议表现出积极采纳的诚意。此次笔谈内容，不仅不见于清政府文献及吴大澂个人著述，亦不见于已刊之金允植各种著述，如《阴晴史》、《续阴晴史》、《云养集》及《金允植全集》。因此，这一笔谈记录，不仅是吴大澂的一份散佚文献，同时也可以视作有关金允植的一份散佚文献，因而也是近代中朝关系史的一份重要文献。

简言之，在韩国发现的上述吴大澂三篇佚文史料，是反映甲申政变之后中朝关系内幕的重要史料，对于进一步深入研究甲申政变之后中朝关系乃至分别在近代中朝两国历史上占有重要地位之吴大澂、金允植两位人物，提供了新的文献资料基础。

三、吴大澂佚文史料在韩国的收藏情况

根据笔者调查，韩国精神文化研究院藏书阁藏有分别以《吴清卿献策论》及《吴长卿献策论》为题之两个活字印本，其中前者于第一篇“求贤论”右上方钤盖“藏书阁印”章。至于后者所谓“吴

长卿”显系“吴清卿”之误。该两印本的内容，就是吴大澂于上述奏折及其《自订年谱》中所称“六篇”文字。该研究院藏书阁目录中记载《吴清卿献策论》之书志事项则如下：

《吴清卿献策论》，吴清卿（清）撰，再铸整理字版，高宗年间—光武10。1卷1册（16张）。四周单边，半郭21.3cm×14.2cm，有界。半页10行19字，29.2cm×18.1cm，线装。

印：藏书阁。

纸质：楮纸。

内容：一张1—2，求贤论；一张3—7，育才论；一张8—9，恤民论；一张10—10，节用论；一张11—14，练兵论；一张15—18，缓刑论。

系中国人吴清卿向韩国政府献策者。

上述记录中，所谓“吴清卿”即指字清卿之吴大澂，该印本无疑就是朝鲜王朝高宗政府印行的吴大澂“六篇”文字。此外，韩国国立汉城大学奎章阁藏有《吴清卿献策论》及《时弊献言》两印本，于第一篇“求贤论”上方分别钤盖“学部图书”、“朝鲜总督府图书之印”、“编辑部保管”三印及“帝室图书之章”、“朝鲜总督府图书之印”二印。其中后者之题经笔者确认，原作“求贤论”，书作“时弊献言”之题签系后人黏贴于原题“求贤论”字样之上，应是收藏或整理者所为，至于其内容及书志事项则与前者完全相同，实际上可以看作《吴清卿献策论》的相同印本。另于韩国国立中央图书馆亦藏有《吴清卿献策论》印本两册，文字内容和书志事项与前述各印本并无区别，惟无任何收藏印。简言之，目前韩国共藏有

《吴清卿献策论》六个印本，其文字内容与书志事项基本一致，应能视作同出一处的印本。

藏书阁与奎章阁曾是朝鲜王朝专门负责整理并保管王室文献的部门，近代以来该两处所藏档案与图书文献先后归属大韩帝国政府帝室、学部及日本殖民统治机构——朝鲜总督府图书馆等处，如今则分别隶属于韩国精神文化研究院与汉城大学。至于上述印本所使用之再铸整理字，是近代以来朝鲜王朝主要用来印刷官报及外交文书等官方文献的一种铅活字。综上所述，应能作出如下结论：朝鲜王朝高宗政府曾将吴大澂于此次出访中“转呈”之上述六篇文字加以印刷，并主要保存于宫中而没有予以广泛传布，《吴清卿献策论》之题应是由朝鲜王朝官员于印刷之际所添署。现藏韩国精神文化研究院藏书阁等处的六个印本，大都盖有帝室或朝鲜总督府收藏印，即表明该印本一开始就基本没有流传到民间。

韩国藏《吴清卿献策论》印本，均为铅印线装本，系前后两面印刷，包括封面在内，共计 16 张 32 页，全文计 4346 字。该文字中所陈“六篇”之顺序，根据吴大澂上光绪皇帝奏折而重新确定，已如前述，惟原文各条并无一、二、三之序号，现由笔者添加于各条题目之前。

至于吴大澂当年同时“转呈”的另一篇文字即《辨党论》上、下二篇，亦由笔者发现于汉城大学奎章阁，其书志事项则与《吴清卿献策论》基本相似：

1 册（4 张），古活字本（整理字），29.4cm × 18.4cm。四周单边，半郭 21.5cm × 14.4cm。10 行 19 字，注双行。版心：鱼尾无。

该印本于第一页上方钤盖有“帝室图书之章”、“朝鲜总督府图书之印”及“汉城大学校图书”（按：“汉城”两字为韩文）三印，第一页“辨党论上”之行下则明确署有“吴县吴大澂清卿著”，其内容与吴大澂在前述奏折及其《自订年谱》记载完全符合，因而可以断定为吴大澂所著文字。该印本亦为铅印线装本，所用活字与上述《吴清卿献策论》相同，惟使用单面印刷，于一大张分左右两面，中间版心部分标注一、二、三页码，共4张8页，全文计1193字。原文分“辨党论上”与“辨党论下”之两篇，与吴大澂本人作“辨党论二篇”之记载恰相符合。根据其书志事项以及收藏印等情况，“辨党论”上下两篇之印刷及收藏过程应与《吴清卿献策论》大体相同，即由朝鲜王朝官方印刷并保存于宫中，后经大韩帝国帝室及朝鲜总督府而最终收藏于汉城大学奎章阁。

吴大澂与金允植笔谈记录，则以写本形式见于韩国精神文化研究院藏书阁藏“李鸿章等书牍”之中。全文2张4页，于“李鸿章等书牍”件内列为第10—11两张，共计36行291字。该笔谈记录于“国王”、“朝廷”等字样均用抬头格式，语及朝鲜国王高宗时亦于“病”、“来”字前空出一格，应是笔谈原件之抄本，惟其内容似非完全结束，疑为原记录之片段，笔谈各句前吴大澂、金允植之题，系笔者所加。至于该笔谈记录应单独整理而不应收入“李鸿章等书牍”件之中则自不待言。该三件史料原无标点，由笔者加以断句标点，其中涉及朝鲜历史人物或事件者亦加以简单注释，至有关中国古代历史文化内容则不另注，以省篇幅。

吴清卿献策论

一、求贤论

自古国家之盛衰，视乎贤才之消长。天地交泰之时，内君子而外小人，有拔茅遮茹之象焉。然必上以实求斯，下以实应。商汤建国，立贤无方，诗美周文，济济多士。汉高大度，下诏求贤，文帝即位，右贤左戚，诏举贤良直言极谏之士。武帝诏曰：进贤受上赏，蔽贤蒙显戮。载之史书，传为盛德。知古之圣帝明王，思贤如渴，在下不遗，未尝拘一格以用人。以齐桓之霸主，犹曰：士无世官，官事无摄，取士必得，何也？盖世禄之家，未必尽贤，不得不广其途以罗致之。醴泉无源，芝草无根，魁奇特出之士，大都从艰难困苦中来。若谓草茅无豪杰，岩穴无英俊，则传说终于版筑之野，胶鬲没于鱼盐之中，吕尚老于渭滨而周文无王佐，诸葛卧于隆中而蜀主无良相。使积行之君子壅于上闻，天下又安有崛起之士哉？

魏晋之时，立九品官人之法，州郡皆置中正，吏部不能核天下之才，一凭诸诠次等级而奸弊日滋。刘毅所谓上品无寒门、下品无势族者，诚以大臣子弟多列高叙，寒素真才不获上考，专以权势用人，不以优劣取士。此汉以后晚季之风，不可以为训也。考朝鲜故国川王十三年，王命群臣曰：近者官以宠授，位非德进，毒流百姓，动我王家，此寡人不明所致，汝四部各举贤良在下者。于是，共举东都晏留，留言于王曰：臣庸愚不足以参大政，西鸭绿谷左勿村有乙巴素者，性质刚毅，智虑渊深，不见用于世，力田自给，大王欲理国政，非此人不可。王卑辞重礼以聘之，拜中畏大夫，旋除国相，大臣宗戚皆疾之，王独信之，笃任之专。巴素感王知遇，明政教，慎赏罚，人民以安，内外无事。王以为荐贤当受赏，拜晏留为大使者，其犹有古先王之遗风欤。

今朝鲜自壬午之变，不三年而祸乱复萌，辅国大臣多被戕害，邻邦交谪，朝野群疑。欲御外侮，必先修明内政，亟宜下诏求贤，以广登进之路，勿拘资级，勿限门第，勿尚词华，则延揽广而人才出焉。国无以为宝，惟善为宝，为善不同，同归于治。今日当务之亟，莫先于此矣，爰作求贤论以备采择。

二、育才论

荆山之璞，不雕不可以为器；峄阳之桐，不琢不可以为琴。山川钟毓之灵，磅礴郁积数十年而后发，其根茂者其实繁，而培植之玉成之。其功得于父兄者半，得于师友者亦半，故天下无不可学之才。不学之才非才也，无本之学非学也，独学无友，则孤陋而寡闻。乡曲之士，目不睹汉唐以后之书，耳不闻名师益友劝善规过之言，终其身碌碌无所短长，岂造物之生才有厚薄哉？或限于所生之地，或限于所处之境，或限于所见所闻之偏狭而不广，上之人无以启迪而鼓舞之，人才亦终于寥落而不足以供国家之用。昔宋胡瑗为苏湖教授，设经义斋、治事斋，诸生各有所成就，远近学者翕然从之，称为安定先生。仁宗皇祐四年，以瑗为国子监直讲，瑗居太学，其徒至，不能容，取旁官舍处之。礼部所得士，瑗弟子十居其四五，衣服容止往往相类，人遇之不问可知为瑗弟子也。

今苏州、湖州及各省大都会皆有书院，延请绅士之有乡望者为主讲席，名曰山长，院中别举斋长数人分理其事。如京师之金台书院、苏州之正谊书院、杭州之诂经精舍、上海之龙门书院、天津之问津书院，诸生住院者最多，虽与安定先生之教授不可同日语，而规模、课艺皆有可观。书院之设，实与学校相辅而行者也。但须山长得人，循循善诱，造就人才，其效甚速。小成大成，课功于三五年之间，而学问、文章、经济各有师承，收效在数十年以后，不亦培养人才之一助哉？

朝鲜为礼教之邦，文人学士与中华风气相近，切磋砥砺之益不限于方隅，他山之石可以攻玉，特无人导之先路耳。兹拟于朝鲜国都设一大书院，请由中朝简派翰林中博通古今、有体有用之编检官一员为大教习，别选举人、秀才有文学者五六人为分教习，处以宾师之位，不干预朝鲜国政，免滋流弊，似亦卫文公敬教劝学之意。三韩士大夫闻之，当必有欣然乐从者矣。酌拟规条数则，分列于后：

一　拟于汉城建造书院一所，名曰友仁书院，分经义、治事、格致为三斋。每斋约可容生徒百人，愿学经义者，于四书五经、周礼、仪经、尔雅各经中专习一经，或于本经之外兼习一经；愿学治事者，于水利、农田、刑律、兵制及经世文编各书，或专习一事，或专读一书，不得流观泛览，博而不精；愿求格致之学者，先由算学入门，推而至于天文、舆图、海道、制造、轮船、枪炮之法及各国语言文字，皆可循序渐进，各随其才之高下，专力讲求，而诗赋词章之学无裨实用者不与焉。

一　拟请国王咨明礼部，奏请简派翰林中博学能文、通达时务之编检官一员为书院大教习，略仿中国各省山长之例，专司讲席，不得干预地方政事。准由该员随带举人、秀才五六人，分置经义、治事、格致各斋为分教习。国王有所咨访，亦可由政府与大教习随时问答，如该员等有请托公事、在外招摇、行谊不端、士论不治等情，由国王咨明礼部，请旨更换。

一　送院肄业之士，以三百人为定额。由八道观察使挑选聪颖之资、不拘门第、曾读四书五经、粗通文义者，年在十八九岁以上至三十岁左右，造册咨送书院。一道以三十人为率，其余六十名或由诸生中援引同志，呈请大教习考试补录，或有乡僻之士好学不倦而不在咨送之列，由大教习随时采访，招致院中，以补八道观察使见闻之所不及。

一　大教习、分教习薪水、公费，由中国筹款支给，毋庸由朝鲜津贴。如国王雅意，每年酌送米若干石，亦可不辞，仍不得需索供应，致滋纷扰。在院生徒应给膏火之资，每名每月约给钱五六千文，由朝鲜户部拨款，按月给领，以示体恤。

一　书院规条及应购各种书籍，俟大教习到院后自行拟定。三年以内，诸生有学业精进、经明行修者，可由大教习照会朝鲜礼部，以备录用。如大教习尽心启牖，为诸生所信服，三年以后由国王咨明礼部，奏请降旨再留三年。如无请留之咨，由礼部仿照各省学政三年更换之例，请旨简放。或数年以后诸生学业有成，无须再由中朝派员，亦由国王咨明礼部奏请停止。

一　书院中春秋二季，由大教习出题考试各一次。应请国王派大臣赴院会同监试，由大教习评定甲乙，前列诸生应请国王酌给奖赏，以昭激劝。

三、恤民论

君以民为本，高以下为基，基不厚则危，本不固则摇，民贫则君不能独富。有若对鲁公曰：百姓足，君孰与不足；百姓不足，君孰与足？旨哉言乎。周易之义，损下益上谓之损，损上益下谓之益。所谓损下者，掊克聚敛之风，凡有损于民者，皆损也；所谓益下者，轻徭薄赋之政，凡有益于民者，皆益也。

古之循良吏，爱民如子，民亦爱之如父母，召信臣何以称召父，杜诗何以称杜母，惟事事求益于民而已。古之为大臣者，得志则泽加于民，宣上德而通下情，一夫不获，时予之辜。利何以必兴，弊何以必除，惟事事求益于民而已。古之圣帝明王，躬行节俭，为天下先，赋税有常经，贡献有常度。岁或不登，则议蠲议缓，民食不足，则有赈有贷。周之成康、汉之文景、唐太宗、宋仁宗之德政，何以足为后世法，亦惟事事求益于民而已。

今闻朝鲜之俗，民有余粮，官必取之，官有妄索，民必供之。器用之精者，不敢私蓄，畏官之豪夺也；货物之贵者，不敢论价，惟官之强买也。农不尽力于田亩，而国无藏富之农；工不尽力于制造，而国无致富之工；商不尽力于市鬻，而国无殷富之商。民之惰，官之咎也。官黩则民累，累则惰，民惰则贫，贫则弱，贫与弱相因而上下交困。谓民之不知习勤，谓民之不知生聚教训，夫岂民之过哉？欲恤民困，必先正官方。请下一令曰：今而后大臣法小臣廉，正供之外，一丝一粟不许苛派，一器一物不许强取，平卖平买，不许短给。农有余粟听之，工有余利听之，商有余财亦听之，有不从令者，事觉免官。将见民情大悦，下舞上歌，不数年而家给人足，上不蓄财而民各私其财，既庶且富之象，蒸蒸然日新而不已，此损上益下之要道也。

四、缓刑论

刑者，不得已而用之也；刑之重者，非用刑者之本意也。国家无百年不弊之政，圣王无百年不变之法。天地之气，遇秋而肃，遇春而温，惟适其时而万物和，刑罚世轻世重，惟适其时而万民安，是以霜雪之中生理伏焉，变乱之后新政出焉。汉承秦弊，治狱不得其平，而文帝除诽谤去肉刑，景帝改磔为弃市，与民休息，几致刑措，宣帝好用文法吏，而路温舒上尚德、缓刑之书，帝善其言，卒为刘氏中兴之主。深察古今治乱兴衰之故，未有不以嗜杀人而乱、行仁政而兴者也。

夫人孰不贪生而恶死，而有时严刑峻法不足以禁暴止邪，奸宄日生而民不畏死者，何哉？非律令之不严，乃教化之不明也。教化不明则民无廉耻，无廉耻则攘夺矫虔无所不为，而犯法者众。虽武健严酷之吏，不能平其政，祛其弊。故曰法令者，治之具而非制治清浊之原也。今中国之律例，轻重得其平，泰西各国大率用轻典而死罪少。惟朝鲜之用刑为独重，情有可原者，法无可贷，无知愚民辄抵于死罪。执法之吏曰：此邦国之律也，不可易。定谳之官曰：此先王之制也不可废。当此祸变甫息、天心厌乱之时，亟宜兴上德之风，为更新之化，法文景之治，布宽仁之政，除车磔之刑，去腰斩之律，设原情之法，定减等之科。法不必纵惟其平，罪不必赦惟其允，安见唐虞三代刑期无刑之化，不可复见于今日哉？

五、节用论

汉文帝惜百金之费而罢露台之工，慎夫人衣不曳地，帏帐无文绣，天下称其俭而不以为吝，不伤财不劳民也。夫节用与爱人相为表里，用不节则征敛必烦，取于民者无常度而民必困矣。泰西各国练兵、制器、造船之费，往往借贷于民，按年计息，谓之国债。又有借债于他国，以资国用者，此不得已之举，不可以为法也。若称贷于他邦，以供玩好之用，则国债之流弊为无穷矣。国之所入，岁有常经，用不足而债日增，日增不已，不得不敛民财以塞其漏卮。挖肉补疮，无所不至，民力安得而不竭，民情安得而不解体，可不惧哉，可不惧哉?

六、练兵论

国家兵、农、礼、乐，去古本不甚远也。独练兵之法，至今日而一大变，愈变而愈新，愈用而愈精，与二三十年前战阵之事大不相同矣，即二三十年前知兵之将，有可用有不可用矣。撮其大要，不外良将、精兵、利器三者，而器不利兵不精，虽有良将亦不足恃。汉晁错论兵法曰：器械不利以其卒予敌也，卒不可用以其将予敌也。论今日器械之利，水师则有练船、快船、铁甲船之制，有沉雷、碰雷、杆雷、鱼雷之用。巡海防敌，非巨炮不能致远，欲以巨炮攻敌之水师，非用铁甲船不可，欲破敌之铁甲，非用鱼雷不可。以朝鲜之度支竭蹙，力不能购铁舰，即鱼雷之用，费重而事繁，操演精密亦非易易。海防无事，水师尚可缓图，姑不具论也。

陆军之器械，昔有弓矢、有长矛、有刀、有剑、有盾，今有前门洋枪、后门洋枪，附于枪者，有刺有刀。炮有前膛铜炮、有铁炮、有后膛钢炮。自后膛枪炮出，而前门洋枪远不如后门快枪之便捷，前门旧炮亦不如后门新炮之灵准；同一后门枪，而美国之林明敦不如英国之马梯呢，英国之马梯呢又不如美国之哈乞开斯；同一后门炮，而英国之瓦瓦司炮、阿姆斯脱朗炮不如德国之克虏伯炮。克虏伯厂制造之精，甲于欧罗巴。中国所购七个半生的密达后膛过山炮、七个半生的密达陆路轻炮，皆克虏伯厂所造，为行阵最利之器。朝鲜尚无炮营，宜就新募之兵添练炮队一营，定购七个半生的密达陆路轻炮十六尊，选用中国熟习炮法之教师勤加训练。于用药之轻重、表尺之高下、弹落之远近，皆须考究详明，何时应用开花弹，何时应用子母弹，何时应用群子炸弹，亦须细心探讨，随时试验。将来操演精熟，陆续添购，数年之后，炮队必有可观。今左右两营所用之马梯呢枪练习已久，各队打靶多有准的，再加精练，日起有功，毋庸换购他枪，盖专一则精，爱博者不精。此用枪用炮之大略也。

至于操队之要，惟手法、脚步、口令三者，手法贵灵，脚步贵齐，口令贵壹，一言以蔽之曰熟而已。而临敌应变之方，亦有三要，有三忌：

站队之要，以疏为贵，疏则可避炮弹之远击；

进队之要，以稳为贵，稳则可防敌兵之埋伏；

放枪放炮之要，以缓为贵，缓则从容而不迫，不致虚发。

一　忌大队麇集一处也。炮弹所落，前后左右必有数丈之远，弹之大者可及数十丈之远。如以一营五百人团作方阵，譬立数丈之大靶，敌炮所击无不中靶者，一弹可伤数十人，十弹可伤数百人，受伤愈多，兵气愈馁。往往炮声方震而全营俱溃者，皆列队太密，伤兵太多之故。

一　忌冲锋陷阵也。骁勇之将，大率以冲锋为能事，一鼓作气奋不顾身，长矛短刺直入敌垒，因而敌势披靡，一战获胜者，气足以夺之耳。然今日之利器，非昔日之枪炮可比，数十步内百发百中，昔之拼死者未必死，今之拼死者未必不死，血肉之躯，岂可与枪子炮弹相抵？不如稳进稳扎，整队而前，胜不追敌，败不乱阵，此以气静为主，不以气盛为胜，今昔情形之不同如此。

一　忌枪炮早发也。炮表有定准，枪线有定码。如炮弹能及三千密达，须至五里乃发，火枪子能及六百码，须至一里乃发。机早放无益，徒糜子药，尤在测量远近，算至极准，无过不及之弊，方足以制敌之死命。若发之太早，一再发而不中，心必慌手必战，平日所练准头到此皆不准，虽有利器与空手同，虽放数百枪、数百炮，与不放同。

知此三忌，而后可与言兵，而后可与言战守之略。然朝鲜之练军，不患无利器，不患无精兵，而患无良将。甚矣，选将之难也。

辨党论

上

水至柔也，积而不消，可以坏堤防而使之决。蠹至微也，积而不散，可以啮栋梁而使之折。人心至隐也，积而不平，可以倾国家而莫之测，其机甚微，其祸则甚烈也。一家之中，父子兄弟，无畛域之分，则家必和，一国之中，大小臣工，无畛域之见，则政必和。家国之所以不和，只此各分畛域之一心，积而久之，为乖戾之气，为争讼之端。朋党由此起，变乱由此生，好恶、是非由此而不公，人人各挟偏私之见而不归于一，是终至于抵牾龃龉而不相安，风俗人心之大患也。

孔子曰：君子群而不党。宋儒欧阳文忠公曰：君子与君子，以同道为朋；小人与小人，以同利为朋。自古朋党之祸，如汉之李固、杜乔，宋之元祐党，明之东林党，皆君子不容于小人而以朋党陷君子，虑君子之互相援引与小人为敌，必欲网罗之而芟夷殆尽，此君子之不幸也，非君子之自为党也。然则，君子与君子，独无党乎？曰：宋儒程伊川先生与眉山苏文忠公，论事偶有异同，其门弟子从而和之，好事者遂目之为洛党、蜀党，此非伊川、眉山之过也。

然而，君子之党与小人之党自有辨，君子之过近于偏，小人之过涉于私，偏之流弊小，而私之为患大。一念之歧，至于犯上作乱而无所不为，犹得谓之君子乎哉？书曰：无偏无党，王道荡荡；无党无偏，王道平平；无反无侧，王道正直。吾愿世之贤士大夫，慎其所趋向，而共归于一道同风之化，斯家齐国治而无不和矣。

下

大澂奉使来韩，查办乱臣滋事之罪，入国问禁，即闻有开化党、守旧党名目，或云守旧党诚服中国，开化党依附日本。噫，异矣。中国与日本有邦交之谊，朝鲜与日本亦有通好之情，亚细亚、欧罗巴各国通商日久，中西联络为一大和会之天下，何党之有焉？为此说者，必系好事之人造言颠弄，为立党争权之渐，使我两国不睦，其情已不辨而自明。然开化、守旧之名，不可以不辨。

开化云者，今日泰西各国所行之法，如汽学、重学、化学、轮船、铁路、电线、枪法、炮法、陆军水军操演之法，开煤、开铁、镕铜、镕铁之法，善善从长，有可仿效则仿效之。若知古而不知今，则不足以自强。

守旧云者，先王之大经大法，用人、理财、兴利除弊之大端，正朔不必改，服色不必易，官制、刑罚不可以变乱，学校、田赋不可以纷更，君臣、父子、兄弟、夫妇、朋友之伦，孝弟忠信之道，恭敬撙节退让之礼，历万古而不可革者，皆当遵守古训，确乎其不可移。若事事喜新而厌故，好异而反常，则亦不足以自立。故斤斤于守旧而不知开化者，是守经而不达权也，汲汲于开化而不知守旧者，是逐末而忘其本也。合之则两相济，分之则两相悖，此非开化、守旧之为患，而各党其党之为患也。

夫儒者读周孔之书，往往执用夏变夷之说，言及西学则愕然以为骇异，见西人之器用、军火，以为异邦之风气不可学，不知今日之行楷非周孔时之文字也，今日之纸墨非周孔时之漆简也，日用饮食之杯盘非周孔时之尊彝也，军中之鸟枪、铁炮非周孔时之干戈也。三代、秦汉以后，世变之迭出而不穷者，服物、器用亦与之日新而月异，少见而多怪，习惯若自然。即今日泰西各国，皆改前门枪为后门枪，改前膛炮为后膛炮，以快船为不足恃，又有大小铁甲船之制，与二三十年前之泰西各国，亦迥乎不同，此又不可泥乎守旧之说矣。

闻四书五经，近日西人亦有翻译之本，特行之未广，声教未讫于四海。西方学者各守其各国之文字，而吾道不明于天下，安知圣人之教、汉宋诸儒之书，他日不偏行于泰西各国哉？然则，中国之旧学，行之泰西，为新化矣，吾故曰一大和会之天下也。特书之以告世之党同而伐异者。

吴大澂与金允植笔谈记录

金允植：昨日国王拜领大人法书，非徒宝墨之是敬，所书诸幅均系古人良箴、今日药石，深为感叹，俟病有间，即来鸣谢，命臣允植先达此意。

吴大澂：国王病体甫痊，不可以风，不敢劳驾。妄论未免激切，实出于心之不自己。惟愿君臣交儆，一靓中兴之盛业。韩民安，则朝廷无东顾之忧，此使臣所以日夕跂望耳。国家恤官，即所以恤民。官足以自给，方可言廉，天下亦无饥寒交迫之循吏。

金允植：敝邦官俸，惟外官稍优于内，然计一年之俸，铜钱百万文为厚，其余不过几千万钱。近日沽名者，或割此薄俸以施少惠，殊可悯也。

敝邦学政久废，养才是急，书院章程，正宜讲究。但经乱之余，经费愈绌，欲有小小施措，辄多碍难。现欲开兴学政，宜先少试于京城，渐次扩充，伫见一国兴仁。未知卓见以为何如，愿闻。

吴大澂：鄙意士为四民之首，宜有以培养。月给膏火，一士与一兵相埒，亦不为优。若少练一营兵，以养二百寒士，费亦相等，而士林之被泽者多矣。此培补元气之举，亦鼓励人才之道，似不可缓。

癸酉年蒙恩简授陕甘学政，驰驱三年，不遑休息。陕西三原之宏道书院、泾阳之味经书院，皆归学政经理，两书院经费支绌，均为设法筹足。

（原载于《文献》2003 年第 1 期）

吴大澂评述

曹立前

吴大澂，字清卿，号恒轩，又号窸斋。江苏吴县人。在中国近代历史上，吴大澂可以说是一个具有浓厚悲剧色彩的人物。他因治理黄河决口成功而盛负时誉，登上政治生涯的顶峰，旋又因甲午援辽战役失败而身败名裂，政治生命彻底终结。一成一败，真可谓差若天渊。《清史稿》论曰："大澂治河有名，而好言兵，才气自喜，卒以虚骄败。"不仅如此，中日甲午战争还极大地影响了当时乃至后世对他的评价，使他一生的事业都因此而黯淡无光。

同治七年（1868），吴大澂考中进士，从此开始步入仕途。他先后担任过翰林院编修、陕甘学政、河南河北道、吉林边防会办、北洋事务会办、广东巡抚、河东河道总督、湖南巡抚等职，侧身官场几近三十年，仕途顺达亦颇有政绩。光绪二十年（1894）中日甲午战争爆发时，吴大澂正在湖南巡抚任上。面对日本侵略者的嚣张气焰，一贯坚持主战而又以“知兵”自誉的吴大澂激于爱国义愤，“自请赴敌”，连续电奏清廷，要求“统帅湘军赴朝督战”。日军侵入辽东后，吴大澂奉命督师出关，但结果却是在辽东前线一败再败，不仅丧师失地，给战争全局带来灾难，也使自己身败名裂，遗羞后世。诚然，辽东战役失败的原因是多方面的，但就吴大澂个人来看，则主要是其自誉知兵而实际上并不懂军事，“言大而夸，不谙军旅”。早年，吴大澂虽曾办理过东陲边防，也曾赴朝鲜处理过甲申政变，“然实浅于尝敌，未经战阵，徒以严部勒，勤训练，号能驭兵”。他之所以自请赴敌，除自认知兵外，还因为担任湖南巡抚后，“习湘军旧将李光久、魏光焘、余虎恩辈，信湘军犹可用，遂自请督赴前敌，为北洋军援”。再就是盲目虚骄、“自负不凡”。在辽东前线，他不去了解和研究敌情，不认真作战布置，而是幻想以大话吓退敌人。战前，他派人给日军送去劝降书，吹嘘“本大臣精练枪法十有三年，教习军士百发百中，与尔军对阵，尔辈必无遗类。悯尔辈虽生岛国，性命则同，因偏谕尔等，观本大臣于战场立免死牌数面，尔等走跪牌前，即不加刃，事定送还本国”，并宣称他有“七纵七擒之计”。同时，他还派人到处张贴投诚免死告示，令部下多制白旗，均写“吴”字，将旗插于山上，认为日军看到就会被吓跑。吴大澂的自大虚骄和狂妄无知，不懂近代战争的战略战术和战阵布置，是援辽湘军一败涂地的原因之一。吴大澂羞愤之下欲拔剑自裁，被部下劝阻。至此，他才开始意识到自己在军事上的无知与无能，自叹：“余实不能军，当自请严议。”

甲午战后，吴大澂作为败军之将，不仅受到了革职永不叙用的严厉处分，而且也成为当时乃至后世诟病的对象，痛遭贬斥和否定。但是，从其一生的政治活动来看，吴大澂并非一无是处，其所作所为有很多值得肯定的地方，尤其是在治理黄河方面成绩卓著，可以称得上是一个敢于直言、体恤民生、勤政廉洁、具有强烈爱国热情的封建官吏。

青年时代的吴大澂就怀有“经世”的远大志向，二十八岁“入都，应京兆试”之时，即大胆上书，指陈时政，认为“致治之本，在兴俭举廉，不言理财而财自裕。若专务掊克，罔恤民艰，其国必敝”。在任翰林院编修时，吴大澂曾因同治皇帝举行大婚，“典礼隆缛，疏请裁减繁费，直声震朝右”；任陕甘学政期间，还以“时事艰难”为由，上疏朝廷请求停修圆明园。成为一品大员后，吴大澂仍然保持着敢于直言的特点，并因此触怒慈禧太后而遭“严谴”。

光绪四年（1878），吴大澂出任河南河北道。当时，河南由于连年灾荒，饥民遍野，为求生存，很多饥民被迫低价贱卖土地，以暂度饥荒或远走他乡，但当丰年来临时所卖土地却难以赎回。时任河南巡抚涂宗瀛虽然明令允许荒岁贱价之田由贫民备价取赎，但因世家大户的阻碍，大量贫民无法赎回土地，生活难以为继。吴大澂到任之后，亲自审理贫民赎地案件，妥善解决了农民以原价赎回土地的问题，稳定了民情。他不但自己秉公断案，还告诫所辖各县官吏，“勤于审理，以此等事为善举，而勿视为词讼，则穷民不致向隅矣”。该道所辖武陟县，长期以来一直采取摊派形式，向当地征收车马差费，每亩制钱三百文。百姓负担沉重，怨声载道。吴大澂将其减为每亩五十文，虽未能全部裁除，但也使民众负担大为减轻。不仅如此，吴大澂还对当时官场上盛行的陈规陋习进行了抵制。他上任之初，不仅拒绝了属下官吏进献的“例规”，还对此加以申斥：

“大荒之后，十室九空，正善后需款，尔辈既富于官囊，盍各捐若干以济贫黎。”居官之廉，由此可见一斑。

光绪六年（1880），吴大澂以三品卿衔，奉旨随吉林将军铭安帮办防务。他到任后，一面协助铭安仿照湘淮军营制编练军队，在三姓、珲春等战略要地修筑炮台；一面查勘荒地，募民开垦，并奏请设立屯兵，“俾户口渐增，荒芜渐开，粮草渐足，商旅渐通，近可为边氓生聚之计，远可备岩疆捍卫之资”。这些活动对开发、建设和保卫祖国边陲无疑是积极的和有益的。与此同时，吴大澂还从巩固和加强东北边防的目的出发，奏请在吉林省城设立机器制造局，开采当地的煤、铁、铅矿，制造枪支、火药和子弹，供本省和黑龙江各军使用。在他的努力下，吉林机器制造局很快于次年破土动工，建成后成为开东北地区风气之先的一个重要的省办军工企业。尤其值得称道的是，吴大澂还代表清政府收回了被沙俄长期非法霸占的我国黑顶子地方，维护了祖国领土的完整。他在巡视中俄边界的过程中，注意到珲春中俄交界处竖立的“土字牌”位置有误，根据咸丰十年（1860）签订的《中俄北京条约》，吴大澂又提出，黑顶子地方应在中国境内。为此，他一面与沙俄守边官吏进行交涉，一面禀请朝廷速派大员与俄使勘界，以收回被占领土。旋因中法战起，清政府谕令吴大澂带兵赴津，交涉暂时停止。中法战后，吴大澂奉旨会同珲春副都统依克唐阿继续与沙俄交涉，并于光绪十二年（1886）作为中国首席代表与沙俄代表举行勘界会谈。在谈判过程中，吴大澂据理力争，反复与俄使辩论，终于签订《珲春东界约》，亦称中俄《重勘珲春东界约记》，纠正了先前错立的“土字牌”，并收回了被沙俄长期非法霸占黑顶子地方。随后，吴大澂“添立铜柱，勒铭于其上，铭曰：‘疆域有表国有维，此柱可立不可移’”。

对此，名士钱恂曾说：“溯自咸丰八年至光绪十年，凡中俄立约勘界，无不削地，惟此一次为展界，非蹙界。”

光绪九年（1883）中法战争爆发后，吴大澂坚决主战，反对向法国妥协，并自请抽调所练边防军至广西前线筹办边防。次年，朝鲜发生“甲申政变”，吴大澂奉命率兵赴朝，并帮助朝鲜政府抵制了日本使臣井上馨向朝鲜勒索巨额兵费的无理要求。光绪十一年（1885），日本宫内大臣伊藤博文来华，吴大澂又奉旨协助李鸿章与其谈判朝鲜问题。为了抵制和粉碎日本向朝鲜扩张势力的野心，他在所拟条款中提出了“朝鲜本国如有乱党滋事，该国王若请中国派兵弹压，自与日本无涉”的主张。但李鸿章计不出此，反而“曲循日意”，签订了对日本有利的条款，从而为日本出兵朝鲜，进而发动对朝鲜和中国的侵略战争提供了依据。

光绪十三年（1887），吴大澂调任广东巡抚。当时，已占据澳门的葡萄牙又企图侵占香山七村，而清政府出于堵塞走私渠道和增加鸦片税收的目的，则准备与葡萄牙订约，允许其永驻澳门。对此，吴大澂表示坚决反对，他与两广总督张之洞联名上奏，建议朝廷“暂缓议约，或竟作罢论”。此举尽管未能阻止清廷与葡萄牙签约，但其主张和维护祖国领土主权的爱国精神无疑值得肯定。

同年秋，河南郑州段黄河发生罕见的大决堤，决口宽至五百余丈，全河为之断流。清政府调集了大量的人力物力，前后撤换了成孚、李鹤年两任河督，历时将近一年，亦未能堵住决口。值此紧要关头，清政府谕令正在广东巡抚任上的吴大澂署理河东河道总督，即刻前往河南治理决口。吴大澂临危受命，不辞辛劳，悉心筹划调度，仅用四个多月的时间就堵住了决口，且费用也比预算用银节省了六十多万两。清廷以吴大澂“不负委任”，治河“克期告成”，不仅实授河道总督，而且赐“头品顶戴”，加兵部尚书衔。至此，吴大澂进入了其政治生涯的巅峰时期。但是，对于吴大澂治河的活动尤其是治河的思想，史学界却没有引起足够的重视，再加上资料的缺乏，对此研究至今仍是空白。吴大澂一生虽然著述颇多，有《字说》、《说文古籀补》、《权衡度量考》、《恒轩所见所藏吉金录》、《愙斋集古录》、《古玉图考》、《愙斋诗文集》等著作问世，但并没有像其他河臣那样，留下有关治河的文章或专著。因此，我们只能从吴大澂治河期间的有关奏折中，初步考察和了解其治河的见解与思想。

总的来看，吴大澂治河的见解与思想主要表现在以下几个方面：

第一，注重调查研究和实地考察，善于总结吸取前人治河的经验教训，从而找出和抓住治河的关键问题，总结和制定出一套既治标又治本的切实可行的治河方法与措施。吴大澂认为，治河如同医生医治病人一样，“医者治病，必考其致病之故。病者服药，必求其对症之方。前事之师，即后来之鉴”。关键是找准原因，抓住要害，对症下药。他通过走访黄河附近富有治河经验的乡亲父老，查阅前人治河的资料记载，认识到“豫省黄河之患，非不能治，病在不治而已”，也就是说没有抓住治河的关键问题，只治标而没有治本。进而提出治河的关键在于“建坝以挑溜，逼溜以攻沙，溜入中泓，河不着堤，则堤身自固，河患自轻”。建坝挑溜是一种标本兼治的正确方法，是吴大澂在总结前人经验的基础上，经过自己的“躬历而目视”，证明是切实可行的方法，被其视为“以战为守”的治水之策。他在给朝廷的奏折中说：“兵家御敌，必能战而后能守，臣于河工亦创以战为守之说……对症发药，一年而小效，三五年后必有大效。”这种标本兼治、对症下药的治河思想，奠定了他治河成功的基础。对此，《清史稿·吴大澂传》亦有比较和评论："河患日棘，而河臣但岁庆安澜，即为奇绩，久未闻统全局而防永患，求治难矣。鹤年以善治河称，文彬论治河改运口，复淮流，亦颇有识。道镕剔河工积弊，务节减，振袆督工严，尽革中饱，尤以勤廉者，皆足收一时之效，然徒治标，非治本计也。"吴大澂治河抓住了要害，达到了治本的目的，从而获得了巨大的成功。另外，在具体施工的过程中，吴大澂则强调和重视实地勘察，通过实地勘察来确定施工方案，不盲目动工。他认为，"接办大工，必先将引河挑坝方向确切勘定，使之针锋相对，方能入手筑做，施工挑挖"。为此，吴大澂会同其他治河官员，"亲赴东西两坝及引河头地方确切履勘，互相讨论，并就黄河形势之趋向逐细端详"，最后才制定出施工的具体方案，从而确保了筑坝的一次性成功。

第二，做好扎实充分的准备工作，不打无准备无把握之仗。吴大澂认为，治理决口，"所有秸料一项，为大工需用正宗"；"两坝开工以后，其势不能停工待料……惟有宽筹秸料，不误工需，庶可克期竣事"。因此，他到任以后，即专派人员，广设料厂以收买民料，前后所设料厂共达八处之多。鉴于以往河工用料由各州县购运所出现的苛派现象，吴大澂规定，"不经地方官役之手"，由料厂"明定价值，公平收买"。为了使乡民踊跃卖料，吴大澂还"亲赴各厂稽查勤惰，谕令委员宽定价值，随到随收，随时发价，不令乡民守候赔累，亦不准料户囤积居奇"。由于准备充分，物料充足，从而保证了河工的顺利进行，而吴大澂在治河过程中的这种恤民之举，也和当时许多河官借治河之机盘剥人民的行为形成了鲜明的对照。

第三，兼收并蓄，思想开放，既能吸取前人治河的成功经验，又能将当时先进的科学技术和产品应用于治河。在施工过程中，吴大澂了解到“西洋各国有塞门德土（水泥——引者注），拌沙黏合，不患水浸，较诸中国之三合土尤为坚结”。他立即决定试用塞门德土筑坝，并电商直隶总督兼北洋大臣李鸿章，请其先将旅顺所存的三千桶塞门德土发往治河工地使用，同时派人去香港、上海等地继续购买。通过治河，吴大澂对“近世舆图之学”，尤其是河图的重要性也有了深刻的认识，认为讲求河务，必须有测算精密、绘制准确的河图，“而黄河之曲直宽窄，与河防关系尤重。向来绘图，多出吏胥之手，仅知大略，并不开方记里。河臣治河，求一详细河图而不可得”。为此，他提出了设立河图局用科学方法测量绘制黄河河图的主张，并通过北洋大臣、两广总督和船政大臣，选调津、沪、闽、粤等地熟悉测绘的专业人员，分段测量，绘制出了河南至山东利津海口的黄河全图。

综上所述，吴大澂在近代中国政治舞台上活跃了二十多年，是非功过兼而有之，仅从甲午战败出发，一概予以否定，甚至把他骂为“卖国求荣的衣冠禽兽”，不是客观公正和实事求是的态度。就其一生的政治活动来看，吴大澂应是一个值得肯定的人物。

（原载于《山东师范大学学报（人文社会科学版）》2004 年第 2 期）

黑龙江省宁安市发现的吴大澂刻石与中俄东部勘界

韩亚男

2004 年 7 月，在黑龙江东南部张广才岭南麓，当地农民在进行生产活动时，发现了清朝同光名臣吴大澂的石刻文字。

刻石原位于宁安市沙兰镇二吕村二道岭的古代驿道旁，现移至宁安市沿江带状公园西段，宁古塔历史博物馆楼前。刻石文字分布在一块天然花岗岩上，在长 1.5 米、宽 1 米的范围内，分为两部分，均为篆字。右上部为“光绪九年八月太常寺卿吴大澂过此驻马”17 个大字；左下部为“十二年二月奉使勘界重过此山”13 个小字。保存情况较好。

刻石的书写者吴大澂，初名大淳，后避清穆宗讳改名大澂，字止敬，又字清卿，号恒轩，又号白云山樵、愙斋、郑龛、白云病叟等。江苏吴县（今江苏苏州）人。历任翰林院编修，陕甘学政，河南河北道员，太仆寺卿，太常寺卿，通政使，左副都御史，广东、湖南巡抚等职。

吴大澂是清代学者、同治七年（1868）进士，金石学家、书画家。精于金石学和古文字学，毕生搜集与研讨钟鼎、玺印、陶器、货币等文字。书法精于篆籀。一生喜爱金石，并工诗文书画。少从陈硕甫学篆书，中年后又参以古籀文，益精工。他的篆书大小参差、渊雅朴茂，在当时是一种创造。题跋多用行楷，方正流丽，独树一帜。兼长刻印。作山水、花卉，用笔秀逸，尝仿恽寿平《山水花卉册》，及临《黄易访碑图》尤妙。精鉴别，喜收藏，尤能审释古文奇字，又以诗词及散文著称。著有《愙斋诗文集》、《说文古籀补》、《字说》、《愙斋集古录》、《古玉图考》、《权衡度量考》、《恒轩所见所藏吉金录》、《十六金符斋印存》等。其中《字说》考释文字，颇有创见。

新发现的吴大澂刻石，见证了中国近代史上的一次重大事件。

光绪六年（1880）三月，吴大澂赴吉林随同吉林将军铭安“帮办一切事宜”。吴大澂于五月抵吉林，即与铭安商酌防务事宜，于吉林建立边防军队。改原有八旗兵，废除世袭制，改为招募制，共建防军马步十三营，五千人。次年防军增至九千人，后统称“靖边军”，经严格训练后“悉成劲旅”。在珲春开始修筑东、西炮台。为加强江上防御，创建图们江、松花江水师营。他经过实地勘查，确定以珲春和三岔口所属边地为招垦中心，设立珲春招垦局，下设五道沟和南岗分局。招垦范围广泛，且出台许多优惠政策。为给垦民、商旅和军队提供方便，是年底，修筑从宁古塔至吉林省城长达三百公里的大道及北、东线大道，建有百余座木桥，同时还增加许多驿站，加强了边疆的防务力量。

光绪十二年（1886），吴大澂会同珲春副都统依克唐阿，与俄使巴拉诺夫重新勘查中俄东部边界。经吴大澂、依克唐阿再三辩驳，根据原约据理力争，终于达成协议。于十月十二日正式签订中俄《珲春东界约》，补立“土字牌”；添立“啦”、“萨”、“玛”字界牌；收回被俄方侵占的黑顶子地方。勘界完成后，在边界立铜柱，自篆铭曰：疆域有表国有维，此柱可立不可移。此次会谈还使沙俄承认了我国在图们江口的出海权。清末以来，清廷对外交涉多失权益，这次中俄勘界，是少有的一次胜利，捍卫了祖国领土。

这次新发现的刻石，是吴大澂在上述活动期间，于光绪九年（1883）和光绪十二年（1886）在宁古塔地区活动时留下的，虽然历经一百二十多年风雨，仍然十分清晰。吴大澂在东北地区活动留下的遗迹还有当年他办理公务与居住过的宁古塔“钦差行台”望江楼，如今仍完好无损地屹立在宁安市的牡丹江畔。其在中俄勘界时于珲春县凉水南山脚下选定一块天然古石，亲书的“龙虎”二字，今天依然矗立在吉林省珲春市市区。

吴大澂为中国东北的开发和边疆事务作出了重大贡献，受到广大人民爱戴。1931年，吴大澂督办吉林边务五十年后，穆棱县兴源村民任承沆、顾次英等二十余人，为纪念吴大澂筹边之功绩，联名立下“吴愙斋中丞筹边遗迹”碑，并以记述兴源的开发。现石碑保存于兴源镇人民政府院内。

吴大澂刻石的发现，对中国近代东北史和吴大澂书法的研究，有着较大的意义，是黑龙江近代考古的重要发现。

（原载于《北方文物》2011年第1期）

吴大澂与中俄《珲春东界约》

张宗海　张临北

光绪十二年（1886），会办北洋事宜大臣吴大澂奉清政府之命与俄方的勘界大员滨海州军政首长巴拉诺夫重勘兴凯湖至图们江口的一段中俄边界，并签订了中俄《珲春东界约》。这一事件虽然已经过去了一百二十多年，但笔者在研究中俄东段国界的形成和演变历史的过程中，觉得仍然有诸多的历史经验和教训可以记取。

一、中俄重勘兴凯湖至图们江口一段边界的背景与吴大澂其人

19世纪60年代中期，中亚浩罕汗国军官阿古柏趁中国西北地区内乱之机，侵入新疆南部地区，先后侵占了喀什、英吉沙、莎车、和田、阿克苏、库车和焉耆，并建立了反动政权。此时，内外

交困的清政府对大半个新疆已失去了控制能力，这又给沙俄掠夺中国领土、蓄意改变刚刚按其意图确定的边界提供了时机。同治十年（1871），沙俄大兵入境，侵占了中国伊犁地区。

从沙俄侵占中国伊犁地区之始，清政府就曾遣署理伊犁将军荣全多次与之交涉，遭到了对方所谓“俄国并无久占之意，只以回乱未靖，代为收复，权宜派兵驻守”的无理拒绝。

面对新疆危机，以左宗棠为代表的部分朝中之士力排非议，坚持“宜全力注重西征，西北无虞，东南自固”，否则“我师日迟，俄人日进，宜全力注意西征，俄人不能逞志于西北”。他们认为只有进军新疆，收复失地，才能使海防、塞防得到巩固。这一主张，在当时竟出人意料地被清政府采纳了。

光绪元年（1875），清政府命陕甘总督左宗棠以钦差大臣督办新疆军务收复失地。清军进军新疆之前，左宗棠做了精心的策划和充分的准备。阿古柏匪帮此时在新疆十几年，所犯下的暴行早已天怒人怨。所以，阿古柏虽有俄、英两国的荫庇，也已无力再苟延。清军在很短的时间内就在新疆南部连克数城，到光绪三年（1877）底基本收复阿古柏分子盘踞的新疆土地，为中国政府索还伊犁创造了条件。

次年，清政府派钦差大臣崇厚出使沙俄谈判归还伊犁问题。谈判代表崇厚的误国，从一个侧面证明了清王朝的腐败和低能。这位对国际外交上的错综复杂情况和伊犁的地理状况一无所知的满洲贵族，被清政府的决策者视为“向能办事，于中外交涉情形亦俱熟悉”。他抵俄以后，一方面被俄国人的阿谀逢迎“弄得晕头转向”，另一方面“看来还有点畏惧那些俄国人”。再加上他“急于回国以料理紧迫的家务”，于是便按照沙俄的要求，匆匆与之签订了《里瓦几亚条约》。伊犁名义上交还了中国，实际上“却将十分之七的土地割给了俄国”。其中包括“具有战略意义的特克斯河流域和木扎提山口”。另外俄国还得到“五百万卢布的赔款”，并有权“在七个重要地点设置领事馆”，以及“可以沿松花江航行直至满洲的伯都讷”等特权。消息传来，朝野震动。有识之士均痛斥条约的危害和崇厚的误国。清政府被迫将崇厚革职拿问，交刑部治罪，并拒绝承认和批准这一条约。清政府惩办崇厚本属中国内政，而俄国驻华公使竟对此无理取闹，横加干涉，并威胁说：“俄国并非无力量。至于条约准与不准，在俄国总是一样。”沙俄此时又故技重演，一面对清政府实施外交恫吓，一面又在中俄边境地区集结军队，进行武力威胁。

于是骤然间中俄战争的风云密布。后来任俄滨海州督军的翁特尔别格在他的《滨海省 1856—1898 年》一书中写道，“1880 年，当俄国和中国在伊犁问题上发生严重纠纷时”，符拉迪沃斯托克（海参崴）和阿穆尔河（黑龙江）口不得不“处于防御状态和增加军队的数量”。此外，在继续通过陆路移民的同时，开始从欧俄经海路向南乌苏里地区迁移农业居民，以尽快“使这里繁荣起来”，随时随地“向军队保证供应粮食和补充人员”。边疆的危机，再次威胁到清王朝。

清王朝经历了西方列强两次鸦片战争的打击和瓜分，掀起了标榜“自强”的“练兵制器”活动和以“求富”的经济活动为中心内容的洋务运动。清王朝的军备实力有所增强。光绪元年（1875），李鸿章受命督办北洋海防事宜，向英、德两国购买军舰，“先练北洋水师一支”。最为重要的是，在密封得像罐头盒子一样的大清朝野，睁开眼睛看世界的人开始出现。这些人对边防、海防和边界的认识，与咸丰年间清王朝那些所谓的精英相比，已有了长足的进步。吴大澂，就是当初此类为数不多的有识之士中的一员。

吴大澂，江苏吴县人，字清卿，号恒轩，又号窓斋。同治进士，授编修，后出任陕甘学政，光绪四年（1878）授河南河北道。他最初被起用到吉林帮办边防，也是时势使然。在东北边疆，面对邻国的备战，吉林将军铭安感到了巨大的威胁。他以吉林珲春一带地近俄、朝，边务百废待兴，奏请“简派贤员赴吉差遣”。直隶总督李鸿章“力保道员吴大澂可资重用”。于是在光绪六年（1880），清廷赏吴大澂三品卿衔，命其赴吉林帮办防务。

光绪八年（1882），吴大澂赴珲春校阅防军，得知“俄人侵占珲春黑顶子地方”。黑顶子位于图们江下游北岸，处中、俄、朝交界要冲，北距珲春八十里，与俄界岩杵河隔界相望。俄国人当时已改称此地为“萨维洛夫卡”。吴大澂深感事态严重。当年十二月，他即“片奏查明俄人侵占珲春黑顶子地方，请颁发咸丰十一年原定旧图，由将军派员与俄官订期会勘更正”。他认为，“中俄东界界限轇轕不清”，主要是吉林将军衙门存档的地图所画红线“不以所谓海中间之岭为界，是地图与条约显有不符之处”。他指出：该段边界“若不及早清理，珲春与朝鲜毗连之地，大半为俄人窃据，其隐然觊觎朝鲜之意，已可概见”。光绪九年（1883），中法战争爆发，清政府深恐“法夷”又像当年那样打到北京，命吴大澂率吉林防军三千增防京畿，吴大澂因此离开吉林。

光绪十年（1884），吴大澂奉派会办北洋事务。但他仍不忘吉林勘界之事，“订明派员会勘日期，知照吉林将军遴派妥员前往，会同俄使，按照两国画押钤印之旧图，勘明黑顶子地方与图们江口相去几里，由两国会勘之员，将黑顶子字样添注图中，知该处显然在红线界内，确系中国地方”。

当时，吴大澂面临的困难实在很多。咸丰十年（1860）签订的《中俄北京条约》推翻了《尼布楚条约》条文，重新规定了中俄两国东部边界的走向。按照《中俄北京条约》第三款规定，同年末，恭亲王奕䜣遂向咸丰皇帝推荐曾随同他“办理俄国事宜”的成琦，前往勘界，并于次年五月二十一日签订了《中俄勘分东界约记》。但此次中俄勘界，实在是一场极为荒唐的“糊涂勘界”。清廷代表成琦等对边界的具体走向并未实际踏勘，仅按俄方单方面绘制的地图及要求画押钤印。从乌苏里江口到图们江口设立的八个木质界牌，其中六个界牌由俄方单独设立。到19世纪80年代初，仅有的八处木质界牌或被水冲，或毁于荒火，残留的几处也多糟朽不堪，字迹模糊，有些还被俄人私自搬迁。在八处界牌中，诚如吴大澂所说：“其末处‘土’字界牌最关紧要”，但却“不知何年毁失，遍寻土人，无从查究”。珲春副都统依克唐阿到任以后查阅边界，发现自珲春河源至图们江口五百余里，竟无界牌一个。黑顶子山濒江一带，久被俄人侵占。吴大澂初来之时，曾多次“照会俄员索还占地”，并“迭次面商”，“据约辩论”。俄方不仅一味支吾延宕，甚至在黑顶子地方添设卡兵，接通电线，有“久假不归”之意。后来，吉林将军希元专派协领穆隆阿、双寿等约同俄员会勘，但“仅至沙草峰”就被俄方阻挡，“未经勘毕而归”。

二、吴大澂受命与俄方勘界并签订《珲春东界约》

光绪十年底（1884年底至1885年初），吴大澂奉命赴朝鲜办理交涉甲申政变事宜。全部“办结”之后，他于翌年春就吉林边界重勘一事，再次“奏请饬总理衙门商同俄方处理”，并陈述，当年所立吉林边界牌均为木质，年久即告朽毁，如小孤山上“倭字牌”仅粘纸写牌文，经风雨剥蚀，所存不过数字，无法辨认。此外，图们江口沙草峰“土字牌”虽经光绪三年（1877）重建，也已踪迹全无。“乌字牌”为中俄东界界牌之首，然地图中虽经注明，交界记文却无，显然二者必有一误。次年秋，俄东西伯利亚总督照会吉林将军，同意“中俄互派妥员”，于第二年重勘吉林中俄边界。清总理衙门顺水推舟，吴大澂奉命与珲春副都统依克唐阿会同勘界。

光绪十二年正月十七（1886 年 2 月 26 日），吴大澂仅带随员沈韵松、吴文伯及同文馆俄文翻译庆锡安三人，轻车简从自天津启程向吉林进发，以便在春暖解冻后即与俄方进行勘界。途中，吴大澂在吉林城参观了宋春鳌“一手布置”的机器局，见识了吉林的“自造单筒小炮”。他还会见了去岁在俄界探察 129 天的曹廷杰。曹廷杰“以手拓混同江东岸古碑四纸见赠，其一大碑正书上有‘重建永宁寺记’六字横列”。吴大澂称赞曹廷杰“探访俄事至此，并手拓二碑以归，亦可谓壮游矣”。经过一个半月的晓行夜宿，吴大澂于三月初二抵达珲春。

吴大澂向俄方的勘界大员滨海州军政首长巴拉诺夫发出了进行会晤的照会。此前，巴拉诺夫曾在俄阿穆尔州任军政首长，与中国人打交道很有经验。俄方的界务官马秋宁携翻译来珲春会见了吴大澂。他向吴大澂通报说，巴拉诺夫“须俟北路乌苏里江、兴凯湖冰冻全消，方可乘轮而来”，时间约在四月初十后。马秋宁向吴大澂索阅汉文“条约及《交界道路记文》”，吴“饬文案房抄一分与之”。吴大澂也向马秋宁索俄文文本，马秋宁因未随身携带，吴“允俟归后寄来”。在等候巴拉诺夫的日子里，吴大澂一面将“预拟边界事宜应议各条”交庆锡安译成俄文，“以便临时辩难”；一面检阅边防军的军事演练，亲自观看他们演放水雷、地雷，演放格林炮，并打二百步枪靶。

此次勘界要解决的问题，用吴大澂的话说：首在重立“土字牌”于交界之处，次则归还黑顶子要隘之地。吴大澂始终在为此做着细致、充分的准备。

四月十九日，吴大澂与依克唐阿前赴岩杵河，会晤将在此处与之进行谈判的巴拉诺夫。在吴大澂一行“未至卡伦五里许”，俄方官员持巴拉诺夫名片带领“马队六十名”前来迎接，“及抵俄卡，又有俄国统领克拉多在卡迎候”。次日，吴大澂抵岩杵河，“俄兵站队迎道旁，观者如堵”，晚7时，巴拉诺夫设宴“招饮”。俄方对待勘界大臣吴大澂的态度，与二十五年前对成琦之辈相较，已经发生了根本的变化。

四月二十二日，中俄岩杵河会议开始。吴大澂首先提出，按照《中俄勘分东界约记》之规定，在距图们江口二十华里地方补立“土字牌”。这一即使是承认了当年沙俄强加给中国的不平等条约的合理要求，也遭到了巴拉诺夫的反对。巴拉诺夫坚持将“土字牌”补立在当年由俄方单方所立之地，此地距图们江口四十四华里。他手执当年中俄勘界时由俄方单独绘制，并由回宁古塔去过大烟瘾的吉勒图堪事先“具结”的旧图，毫不退让。参与谈判的俄方勘界第二号大员、俄总参谋部军事地形测绘局局长舒利经就是当时亲自绘图竖立界牌之人。他“言之确凿，并呈出大小图稿”。吴大澂始终坚持所订条约是勘界的根本依据，与巴拉诺夫进行辩驳。他强调：“应照条约记文，由海口量准中国里二十里，即在江边补立‘土字牌’，方可与条约相符。”巴拉诺夫狡辩说：“海口二十里海水灌入之地，当谓之海河，除去海河二十里，才算图们江口。”吴大澂反驳说：

“海口即江口，有何分别？若论海水所灌，潮来时海水进口，不止二十里，潮退时江水出口，亦不止二十里。所谓‘江口’者，总在海滩尽处，仍须照约由海口量准二十里，方为妥恰。”吴大澂的辩驳有理有据，巴拉诺夫最后无言以对，只得应允“电报总督转达俄廷，请示办理，俟有回电，再行续议”。中俄岩杵河首次会议到此结束。

四月二十六日，中俄双方举行第二次会议，所议问题逐步展开，并取得以下初步成果：

（1）按照“俄国新画界图”，自长岭分水岭以下各河，“水归图们江者属中国，水归海者属俄国”。

（2）巴拉诺夫已奉上方指令，“土字牌”，“从前既未立妥，自可酌量更改”。于是，双方拟定：“土字牌”由原来的地方向沙草峰“挪前十八里”，立于山南沿江高坡下，“约计离海口不过二十四五里”，再往前则“沙土浮松”，恐无法竖立。

（3）“土字牌”与“帕字牌”相距太远。双方拟定：在“蒙古街往来之道”补立“啦字牌”；在阿济密往来之道，补立“萨字牌”；将三岔口、小孤山上所立之“倭字牌”移至瑚布图河口；由“倭字牌”向北至“那字牌”，“那字牌”北至东大川一带，依“南北直线，划定小沟，庶无疆界不清、彼此争执之弊”。

在此次会议中，当吴大澂提出“图们江出海之口，应作中俄两国公共海口”时，巴拉诺夫遂以“未敢遽允”，“仍须电商总督，再行定议”作答。

四月二十八日，吴大澂返回珲春。翌日，令随员沈韵松至图们江勘明补立“土字牌”之地。五月初一，吴大澂拟就“《勘界记文》稿六条”。五月初三，巴拉诺夫带随员前来珲春。

五月初六，中俄双方在珲春开始第三次会议。会议首先逐条商酌了吴大澂拟就的“《勘界记文》稿六条”；然后议定了补立“土字牌”，增立“啦字牌”、“萨字牌”、“玛字牌”以及“收还黑顶子地方”。关于“收还黑顶子地方”，专款列入了中俄《珲春东界约》。规定：“中国界内黑顶子地方旧有俄国卡伦民房，议明于一千八百八十六年六月，既光绪十二年五月，迁回俄境。两国勘界大臣各派委员前往该处交接明白。”关于“那字牌”，双方又产生争议，“辩论未决”。

巴拉诺夫谈及，咸丰十一年（1861）所立“那字牌”早已不知去向，后来的界牌是由俄方界务官马秋宁于光绪三年（1877）与宁古塔副都统双福所补立，与旧图不符，主张重新派员查勘，并照原图将“那字牌”立于横山会处。巴拉诺夫之意，由“那字牌”画一直线，与“倭”字界牌南北相对，“方是照约办理”。吴大澂认为：旧有之界牌若已缺失，“自应补立”，“未设之牌，亦可添设”，但原有之界牌，则“不可稍移”。巴拉诺夫答道：“那字牌”的位置若不更正，那么“倭字牌”也应照旧址设立，这样，“界线挪西不少”，中国将会“吃亏”。即便如此，吴大澂亦毫不松动，坚持“那字牌”“无论与旧图准与不准，总是两国派员监立之牌”，并非中国官员私立，因此，“实不能应允”。也就是说，“那字牌”即使立错了地方，也不能更改。巴拉诺夫质问说：“两国派员会勘，原为更正错误，若有错误而不更正，何用查勘？”吴大澂的回答让我们找到了他这次与俄勘界，为何只到“喀字牌”就止步的缘由所在。他说，他这次前来会勘边界，“专为图们江一带补立‘土’字界牌，并收还黑顶子地方。但将此一段地方分好，绘图画押，即可还京复命。东大川之事，不过顺道一往查勘。此事本归地方官办理，大澂可不问也”。闻听此言，巴拉诺夫遂不再辩驳，双方相约“再行订期，同至图们江会勘‘土’字界牌设立之地”。翌日，巴拉诺夫返回岩杵河。

吴大澂与巴拉诺夫原来约定五月十六日启程赴图们江沙草峰南竖立“土字牌”，因大雨而延迟一天。十八日，中俄双方勘界大员如期出发。二十日，吴大澂、依克唐阿与巴拉诺夫监立石质“土字牌”。新立石质“土字牌”距海口13.5俄里，即27华里。至此，吴大澂的两项主要任务已经完成。

五月二十四日，中俄双方勘界大员在岩杵河进行第四次会议。商定记文内“七条事宜”。其中五条均已议定，交笔帖式阿察木译成满文，再由满文译成俄文。其余两条暂时未获结果：一是关于“图们江口中国船只出入，俄国不得拦阻一条”，巴拉诺夫“已函商俄京外部大臣，尚无复音”。二是“倭字牌”和“那字牌”“须俟履勘明白，再行定议”。

六月初三，吴大澂与巴拉诺夫在岩杵河举行第五次会晤。先将“记文”（《珲春东界约》）“画押钤印，彼此互换”。至于各段道路记文及地图，尚需具体实际工作，因此“尚未画押”。初七日，“中俄交界第一段地图及《道路记文》画押钤印，两国各存一分”。同日，吴大澂乘俄船与巴拉诺夫至摩阔崴，由此经绥芬河口、双城子，初十至三岔口。光绪八年（1882），吴大澂曾在三岔口“起盖官房，招商招垦”。重来此地，看到“不数年间”三岔口竟然“农工商贾，各有欣欣向荣之意”，他“不觉喜形于色”。十三日，吴大澂与俄官马秋宁“同至小孤山查阅‘倭’字界牌”。十五日，吴大澂在瑚布图河口找到俄方界务官与宁古塔副都统双福所补立之“那字牌”。在用指南针“测对方向”之后，他指出：“从前宁古塔查界委员皆称'那'字界牌之西北为东大川，亦约略之词，未用南针逐段测准也。"可见，光绪三年（1877）在补立此界牌之时，对其方位没有进行准确的勘测。

六月二十六日，吴大澂与巴拉诺夫在岩杵河进行第六次会议。双方议定：其一，在原"那字牌"之地，先"掘地数尺"，"用碎石坚筑台基"，待"冬令冰坚"，再将"那"字石质界牌运至该处。届时"再由两国大员另派妥员，公同监立"。其二，小孤山上"倭字牌"与咸丰十一年（1861）成琦所定记文不符，应改设瑚布图河口。所议定之事，俄方"均由舒利经一手经理"，中方在吴大澂与依克唐阿商议后，决定由托伦托勒、永顺"随同照料"，"期于一月内妥速办竣"。会议之后，吴大澂经双城子赴海参崴。

七月初一，奉直隶总督兼北洋大臣李鸿章之命，丁汝昌率"定远"、"镇远"、"济远"、"威远"、"超勇"、"扬威"六舰由朝鲜元山驶抵海参崴。初三日，巴拉诺夫与参与勘界的俄方人员登"定远"舰参观。在"定远"舰上，"俄官周历炮台及机器舱，皆啧啧称羡不已"。初七日，吴大澂与巴拉诺夫等乘"定远"舰与其他五舰返摩阔崴。丁汝昌定于次日率"定远"、"镇远"、"济远"、"威远"四舰开往日本长崎"上油"，留"超勇"、"扬威"二舰停泊在摩阔崴。吴大澂不无得意地写道："候界务事竣，即可乘轮回津也。"清王朝首次向北方的强邻展示了自己的海上实力。

七月二十六日，吴大澂由珲春再抵岩杵河。二十七日，吴大澂与巴拉诺夫举行第七次会议。此会议的主要议题是"图们江口中国行船，俄国不得拦阻"。巴拉诺夫以前总是回说"已函商俄京外部大臣，尚无复音"，这次竟又提出，让清廷的总理衙门与俄国驻北京的公使去"商议"。吴大澂不允，此案又告悬置。此次会议，吴大澂与巴拉诺夫还讨论了一个看似与本次勘界无关的问题，即英国占据朝鲜南部的巨文岛，“扼海参崴俄船出入之路”。清政府多次敦促英国退出巨文岛，英方总以其若退出，俄国必占为由一再推诿。讨论至此，巴拉诺夫说俄国没有觊觎朝鲜寸土之心。吴大澂答曰“俄国并不欲占据朝鲜之岛，可否立一私约为据”，这样，中国可以借此谴责英国人，促其退出巨文岛。巴拉诺夫认为没有必要立约，英国人若退出巨文岛，俄国人不会去强行占有，“此可以一言为信也”。因此，后来有的中国学者认为，“沙俄企图利用清政府对抗英国”，所以才在“归还黑顶子地方、图们江口行船问题上，对中国做了一些微小的‘让步’”。

自七月二十七日与巴拉诺夫会晤之后，直至九月十九日，吴大澂始终未离开岩杵河。其间，他亲自做了一些具体工作：阅读“交界”图稿，草拟《交界道路记文》，观看“各俄员所绘地图稿”，书写交界地图汉字，到绘图处“校对第六段记文山水名”，等等。此外，他于九月初五，再次与俄方“会议图们江口行船事”。

九月十八日，“巴使接东海滨总督来电：图们江口中国有船只出入，俄国并不拦阻”。同日，将已经准备多日的所订六段《交界道路记文》及交界详图，由双方签押各自收存。至此，此次中俄勘界，经历近四个半月共八次会议，终告结束。

九月十九日，吴大澂由海参崴乘船返回天津，十月初三日进京复命。此次勘界中，中方在长岭子中俄交界处立铜柱一座，高 4.15 米，宽 1.05 米。立此铜柱，本是吴大澂预先策划。他在由天津赴珲春经过吉林时，曾“自书铜柱铭”交宋春鳌代为刻制。吴大澂的篆书铭文如下：“光绪十二年四月，都察院左副都御史吴大澂、珲春副都统依克唐阿奉命会勘中俄边界，既竣事，立此铜柱，铭曰：疆域有表国有维，此柱可立不可移。”中国素有铸鼎、立碑记事之传统。吴大澂作为一个精于金石学和古文字学的封建官僚自不例外。但他亲书的铭文似乎不像反映了他“对沙俄随意移动界标、蚕食中国领土的忧患心理”，而像在为自己表功。可叹的是，根据1924年梅文昭编纂的《宁安县志》的记载，此铜柱后来“竟为邻俄窃移伯利博物院中”。

此次中俄重勘珲春东界的成果，全部记录在六段《交界道路记文》之中。其六段边界，从图们江口“土字牌”到白稜河口“喀字牌”除重新补立、增立石质界牌外，又增设界标二十六处。第一段自“土字牌”至长岭天文台，界牌一座，界标八处；第二段自长岭天文台至蒙古街“啦字牌”，界牌两座，界标八处；第三段自“啦字牌”至瑚布图河口，界牌两座，无界标；第四段自瑚布图河口至“那字牌”，界牌两座，界标四处；第五段自“那字牌”至“玛字牌”，界牌一座，界标三处；第六段自“玛字牌”至“喀字牌”，界牌两座，界标三处。

近年来，在中俄关系研究领域成果颇丰的俄罗斯学者B.拉林教授对中俄本次勘界作出这样的评述：光绪八年（1882），“清政府明显不满意1860年边界划界的结果，它特别忧心的是，帝国的东北各省已经失去了前往日本海的出海口，于是对波谢特湾沿海部分提出了要求”。清政府的计划包括，“占有整个图们江左岸至江口的地区，不仅要恢复通向日本海的直接通道，而且切断俄罗斯同朝鲜的联系。争论的中心是萨维洛夫卡平原（中国称之为黑顶子），在这块肥沃的土地上住满了朝鲜人”。这样，“为了调解1883—1884年间发生的冲突，从图们江口到兴凯湖的这一段边界又重新进行了划分。某些点的天文坐标重新进行了计算，并绘成了新的边界地图，木质的界牌换成了石头的”。双方全权大员依照《中俄北京条约》，对边界线的走向进行了查验，尤其是“针对最初竖立的界牌做了非常重要的修正和补充：‘土’字界牌、‘那’字界牌和‘倭’字界牌变动了位置；在‘土’字界牌和‘帕’字界牌之间设置了‘萨’字和‘啦’字石质界牌；在‘那’字和‘拉’字界牌之间又补设了‘玛’字界牌。除了新增设的石质界牌之外，原有的木质界牌全部换成了石质。这在实际上意味着，俄罗斯被迫放弃了黑顶子平原，而‘土’字界牌则设在了与1861年的位置不同的地方。此外，备忘录的第四款还确认了中国船只沿图们江航行的权利”。

三、吴大澂此次与俄勘界的局限及后果

就吴大澂本人的这次勘界而言，相关学者曾说，本次吉林东界交涉一案，其最大意义在于，“除吉林兴凯湖至图们江一段中俄界线得因此详予勘定，减少两国界务纠纷外，双方在交涉中均无巨大得失可言。中国方面，论者多有谓吴大澂争回黑顶子地方，为近代交涉中稀有之成就，谅以仅系指交涉精神而言”。至于图们江口行船权利之取得，无非使“珲春本地商船渔船可以自由出入，不必定向俄方取照而已；何况此所谓航行之权，仅止于地方官互为约定，约无明文，俄国可随时废弃承诺，禁止中国船只使用该段介于俄、韩间江口航道”。此外，吴大澂只是具体勘明了自从图们江口“土字牌”到兴凯湖的边界，从“喀字牌”越兴凯湖至乌苏里江口一段水路边界，因吴大澂“未能亲往履勘”，致使后来“产生若干问题”。

咸丰十一年（1861），按照成琦同卡扎凯维奇“应立界牌，各差小官竖立”的约定，三姓副都统富尼扬阿同俄官吉成克设立的“耶

字牌”，从一开始就为后来的所谓“黑瞎子岛问题”埋下了隐患。当时所立木牌，就以“江口地址低洼”，未按条约规定竖立。此次重勘边界，吴大澂又未能亲躬，他当时就没有做此打算。在与巴拉诺夫第三次会晤时吴大澂曾强调：他这次前来会勘边界，“专为图们江一带补立‘土’字界牌，并收还黑顶子地方。但将此一段地方分好，绘图画押，即可还京复命”。这就让精明的俄国人在乌苏里江口补立“耶字牌”时，成功地施展了一场骗术。换立界牌（将木质换为石质）的俄官“勾结俄籍华人纪凤台等”，诡称在通江子（靠中国一侧连接黑龙江和乌苏里江的一条水道，又称抚远水道）流入乌苏里江之处，卡扎凯维奇“发现木牌，乃就该处换立石牌”。根据日后俄方出示的“耶字牌”的换文记录，“文尾署名中国方面勘换界牌官员，竟为协领顺凌、通事佟敖三、纪凤台三人”。此后，“耶字牌”又被“俄人由乌苏里江东岸移至华界乌苏里镇，旋不知去向”。“耶字牌”失踪后，“中俄双方均不承认对方所指立界处所”。

纪凤台，这个在中俄关系史上备受争议的人物，还在曹廷杰光绪十一年（1885）考察黑龙江下游和乌苏里地区时，就给后人留下了对其印象不佳的文字。曹廷杰说，纪凤台是山东黄县人，在伯力“交结俄官最密”，“各处俄人无不知有纪凤台者”，“华人贸易下江，不经其手以分利，每被俄害”。尽管曹廷杰曾三次到伯力，纪凤台都“款洽殷勤”，又送礼给他，又“代觅轮船”，然曹氏“以大义揆之”，还是认为此人是“华貌俄心”，“实为边防大患”。

纪凤台最初由烟台来到伯力做买卖、搞工程承包。在曹廷杰赴俄考察之时，他已是黑龙江中部地区最大的毛皮收购商之一。日俄战争期间，纪凤台为俄国作出了巨大牺牲。日本当局曾缺席“判他死刑”，并“没收他在满洲和关东省的全部财产”。尽管如此，纪凤台死后，其亲属提出对死者按照东正教仪式进行祭祷的请求，还是遭到俄东正教会的拒绝。其理由是“纪凤台始终是忠于孔夫子的”。宣统二年（1910）1月12日，纪凤台的遗体由彼得堡运回哈尔滨安葬。有俄罗斯学者说，“尽管他对俄罗斯一往情深，但他始终是中国的儿子”。纪凤台由于在俄方就“耶字牌”的位置所施展的骗术中做了伪证，永远背上了“汉奸、卖国贼”的骂名。但令人痛心的是，俄国人的偷梁换柱、指鹿为马，不但违背了不平等的《中俄北京条约》，也违背了通行的国际法。它使中国后来再次在领土方面和乌苏里江口的行船权利受到损失，极大地伤害了中华民族的自尊。如果说19世纪60年代以肃顺、成琦为代表的清王朝的精英们对此还一无所知，那么到了80年代，吴大澂等人在这方面的认识已经有了长足的长进。只是吴大澂等人的长进，是与其前辈肃顺、成琦比较而言的。在抢占领土、边界划分等问题上，与以俄国人为代表的列强的多多益善，寸土必争相比，吴大澂等人的思维定式，仍然停留在作为天朝之国、礼仪之邦对“外藩”施恩、施德进行感化的层面。

在吴大澂与巴拉诺夫的第六次会议上，双方曾议定小孤山上“倭字牌”与咸丰十一年（1861）成琦所定记文不符，应改设瑚布图河口。此事连同竖立“那”字石质界牌，俄方“均由舒利经一手经理”，中方决定由托伦托勒、永顺“随同照料”。托伦托勒与舒利经在瑚布图河口一同勘定了竖立“倭字牌”的地点，并做了标记。托伦托勒在原地等待竖立石牌之时，舒利经竟然私下指使俄国边民“将原标西移，几逾四里有余”，强行把已经制好的石质“倭字牌”竖立。此时，愤怒至极的托伦托勒跳入坑内，大声疾呼：“我身可埋，界不可移！”此事闹到在岩杵河的吴大澂那里，吴安慰托伦托勒说：“界已定矣，何必拘此微末！”清王朝的精英们就是如此“不拘微末”地把大好河山先后送给俄国一百五十多万平方公里。对一个小小佐领的如此壮举，后人感叹说：“清疆吏倘尽如之，边陲土地何致损失尺寸耶？”吴大澂的这次勘界，是纠正“耶字牌”错立的绝好机会。由于他没有亲自继续勘定自“喀字牌”至“耶字牌”这段水路边界，终于使俄方有机可乘，造成了无可挽回的历史遗患。对此，也不能苛责于他。对勘分这段水上边界的认识，吴大澂或许同当年的成琦一样，认为“乌苏里江口而南上至兴凯湖”，“界限分明，无多勘议”。再说，吴大澂已经声明，此次他来与俄方勘界的主要任务，专为图们江一带补立“土字牌”，并收回黑顶子地方。一旦任务完成，即可还京复命，其他之事，由地方官员办理。

吴大澂及其身后的李鸿章，直至大清朝廷更不可能采纳曹廷杰“彼若不许我，不如及此一战”的直谏。清王朝继承并发展了历代中国封建王朝对内乱残酷镇压，对外侮“妥为羁縻”、隐忍求全、韬光养晦、以和为贵的政治文化。在当时清王朝的官员队伍中，吴大澂可谓既有见地、又务实能干的一员，但他绝不会跳出朝廷画定的圈圈，像与清政府签订《瑷珲条约》的俄国的穆拉维约夫之辈，只要他们认为对俄国有利，在山高皇帝远的地方，就先斩后奏，大胆去干。而吴大澂之辈，若不与清朝廷保持一致，丢官事小，落个满门抄斩，岂不更不划算。而不谙中国大皇帝“德化”的“俄夷”，若触怒了沙皇，至多流放冰天雪地的西伯利亚而已。所以，谨小慎微，明哲保身，多一事不如少一事，成为历代中国封建官僚的护身武器，并非偶然。

（原载于《俄罗斯学刊》2013 年第 6 期，收录入本书时略有删改）

吴大澂恢复中国图们江出海权再探讨

于逢春

引　言

历史回溯到咸丰十年（1860）前，中国是日本海与鄂霍次克海的沿岸国，数千年来不间断地拥有此二海域。惟因《中俄北京条约》签订及后来清朝勘界大臣成琦颟顸无能，加之沙俄强横狡诈，中国最终丧失了通往日本海的出海权。所幸光绪十二年（1886）中俄再次勘界时，中国谈判代表吴大澂与沙俄谈判代表斗智斗勇，中国最终恢复了由图们江东出日本海的权利。从此，被俄罗斯封闭的中国东北东部陆疆的尽头虽止于距离日本海3.5公里的珲春防川，但中国有权借助图们江进入日本海的航道也始于斯。那么，中国图们江出海权问题究竟有着怎样的来龙去脉呢？

原来，通过咸丰八年（1858）《瑷珲条约》与咸丰十年（1860）《中俄北京条约》，沙俄将黑龙江以北、乌苏里江以东一百多万平方公里的中国固有领土侵占。但沙俄并不以此为满足，仅仅过了十数年后的1870年代末期，在占领中国西北的伊犁的同时，还将其军队大批调集到东北的三姓、珲春界外，屡屡蚕食中国东北领土，严重威胁清皇室发祥地的安全。光绪五年（1879）底，吉林将军铭安以珲春一带边防废弛、景况堪忧为由，奏请朝廷简派贤员赴吉林，协助其守边。清廷谕令“李鸿章于直隶候补人员内遴选为守兼优之道府州县各员，奏明发往吉林交铭安差遣委用”。李鸿章自然明了东北边疆的重要性，故力保可资重用的吴大澂前往赴任。

吴大澂，字止敬，又字清卿，号恒轩，又号窸斋，江苏吴县（今苏州市）人。同治七年（1868）进士，同治十年（1871）授编修。先后任陕甘学政、广东巡抚、河东河道总督、湖南巡抚等职，后因在中日甲午战争中兵败辽南而被革职。

吴大澂首次赴吉林是光绪六年（1880），朝廷授其三品卿衔，以帮办身份协助吉林将军铭安办理宁古塔、三姓、珲春等处防务及对俄交涉事务。光绪九年（1883），法国占领越南后北窥中国，清廷以“天津密迩京师，防务关系尤重”，调吴大澂率所训练的吉林防军三千人拱卫京师门户，并“与李鸿章会商，妥为布置”。

吴大澂离开吉林期间，沙俄步步为营，不断侵占东北领土的行径没有丝毫收敛。光绪十一年（1885）底，清廷决定派遣吴大澂与珲春副都统依克唐阿勘验中俄边界。光绪十二年（1886）正月十七日，正当辽东大地千里冰封的季节，吴氏由天津启程。从天津到盛京的道路尚属平坦，容易行走，但从盛京到宁古塔的路途却是山高路陡，人烟稀少，加之经常风雪交加，馆驿窄小而难寻，偶尔“觅一小店暂宿，有人满之患，半夜不得眠，亦不得食，苦不胜言”。经过近一个半月的长途跋涉，吴氏一行终于在二月二十三日翻过长白山脉与张广才岭，到达宁古塔城西，与前来迎接的宁古塔副都统容山一行相见。二位抗俄战友分别三年后再次相见，自是分外亲切。一番酣畅淋漓的豪饮后，吴氏回到官邸，乘兴泼墨，题写了一首慷慨豪迈、饱含深情的《题宁古塔行馆抱江楼兼呈容峻峰都护》：

忆昔临江筑小楼，与君樽酒话中秋。
自从一去三年别，那想重来两日留。
旧事思量纪龙节，新图商榷定鸿沟。
国恩未报归程远，敢把闲情寄白鸥。

抱江楼，亦称望江楼、褒江楼，系宁古塔副都统容山于光绪八年（1882）特意为吴大澂在牡丹江畔建造的官邸。吴大澂两次赴东北办理边防、查勘边界之事迹，均与此楼有关。当然，论及吴大澂查边与图们江出海权问题，需从东北疆域之奠定与中俄东段边界之变更谈起。

关于上述问题，从晚清至今已有多人研究。其中，陈复光、刘家磊、中国社科院近代史研究所、佟冬、赵中孚等成果，征引文献比较全面，内容也相对翔实。本文拟在充分汲取上述先行研究成果基础上，结合一些新开放的档案，着重于图们江出海权问题的探讨，以期有些新意。

一、清朝东北疆域的奠定、划定与变更

（一）清朝东北疆域的奠定

天聪七年（1633），清统一之东北疆域大致范围：东北起鄂霍次克海，沿库页岛东岸，顺宗谷海峡，傍鞑靼海峡及日本海北部、日本海西岸以至图们江口一线，西越大兴安岭，接蒙古喀尔喀部牧地；北逾外兴安岭以北一线，南抵黄、渤海沿岸。

崇德八年（1643）春，以俄国雅库茨克总督文书官瓦西里·波雅科夫为首的一支132人的哥萨克武装队伍，初次翻越外兴安岭，进入清朝辖境黑龙江中游之精奇里江。接着进入黑龙江中游，沿江而下，一路侵扰，烧杀抢掠。

顺治九年（1652）二月，清军开始反击入侵俄军，迨顺治十七年（1660），入侵黑龙江流域之俄军基本被肃清。康熙四年（1665），一支俄军复沿黑龙江窜犯，并在上游雅克萨城旧址修筑塞堡。康熙二十四年（1685）及次年，清军先后两次击败入侵俄军于雅克萨城。康熙二十八年（1689），中俄正式签订《尼布楚条约》，规定了中俄两国东段边界，以额尔古纳河、格尔必齐河、外兴安岭至海为界，线之南归属清朝，线之北归属俄国。

（二）清代中俄东段边界的变更

沙俄因战败而签订边界条约，但其觊觎中国黑龙江流域领土的野心从来都没有熄灭。从《尼布楚条约》签订到道光二十年（1840）第一次鸦片战争中国败北，经过一个半世纪的等待，沙俄终于等来了可以公开染指中国内河黑龙江的良机。这也应了俄国的谚语：“坐

岸静候，可得顺风。”道光二十七年（1847），沙皇尼古拉一世任命穆拉维约夫为东西伯利亚总督，强行在中国内河黑龙江流域实施扩张。自咸丰二年（1852）开始，由于洪、杨起事于广西，旋即占领南京，加之不久第二次鸦片战争爆发，关内清军屡屡败北，逼得清廷不得不从其根本重地——吉林、黑龙江征调八旗劲旅入关作战。当时东北的主要驻军为满洲八旗，其额设官兵，吉林为10100名，黑龙江为10300名。而数量本来就少的官兵因“征调频仍，官弁兵丁效命疆场者，十居七八，生还故里者，十仅二三”。与之相反，当时沙皇为了侵略中国，于19世纪50年代起开始在外贝加尔征兵，仅一年多时间，用来入侵中国的军队总人数已达48000余名。一俟准备完毕，俄军便于咸丰四年（1854）四月入侵黑龙江，逮翌年底，基本上完成了对黑龙江下游之非法占领。咸丰七年（1857），俄国又侵占了黑龙江上、中游北岸大片清朝领土，并将之与此前占领的黑龙江下游连成一片。

咸丰八年（1858）四月八日，英法联军攻占大沽。穆拉维约夫闻讯后于四月十一日兵临瑷珲城下，要求与黑龙江将军奕山进行边界谈判。四月十六日，奕山与穆拉维约夫订立《瑷珲条约》。该条约的签订使中国内河黑龙江成为界河，清廷丧失了黑龙江以北六十多万平方公里固有领土，乌苏里江以东四十万平方公里的中国固有领土成为“中俄共管”之地；此外，俄国还获取了在黑龙江、乌苏里江的航行权。中俄东段法定边界随之变更。

咸丰十年（1860）十月初二，俄使伊格纳切夫利用英法联军占领天津、北京之机，以所谓“调停有功”，诱迫清廷签订《中俄北京条约》。该约使得两年前签署的《瑷珲条约》得到清政府的确认，将原约内“中俄共管”的清朝乌苏里江以东四十万平方公里的固有领土变为俄国占有。与《尼布楚条约》所规定的中俄东段边界相比，清东北边疆百万领土丧失殆尽。

（三）清勘界大臣成琦昏聩，致使中国乌苏里江、图们江流域领土损上加损

根据《中俄北京条约》第三条规定，清朝钦差大臣成琦与沙俄全权代表卡扎凯维奇于咸丰十一年（1861）在兴凯湖举行会议，会勘中俄东界。五月二十一日，双方签订《中俄勘分东界约记》，作为《中俄北京条约》补充条款。同时，还签署并交换了《乌苏里江至海交界记文》，此"记文"又称《中俄东段交界道路记文》，规定了此段已勘中俄边界设立界碑之数目及其位置。

按照《中俄北京条约》规定，白稜河为划分两国东段边界兴凯湖段的依据之一，清谈判代表认为兴凯湖西南之白珍河乃白稜河，俄方则强指位于兴凯湖西北之奎屯河支流，即土尔河口为白稜河口。清代表成琦颟顸无能，加之俄方强行派兵侵入中国境内奎屯必拉西北，蜂蜜山至穆棱河一带，丈量地亩，刨土立堆，插牌为界，在既成事实和军事压力下，成琦最终接受俄方之讹诈，从而使得兴凯湖之大半落入俄国之手。

同时，即使签订了《中俄北京条约》后，图们江口与日本海沿岸一带仍属中国。其法律根据来源于该条约第一条之规定：中俄东段边界之东南段，"自白稜河口，顺山岭至瑚布图河口，再由瑚布图河口，顺珲春河及海中间之岭，至图们江口。其东皆属俄罗斯国；其西皆属中国。两国交界与图们江之会处及该江口，相距不过二十里。且遵天津和约第九条议定，绘画地图，内以红色分为交界之地，上写俄罗斯国阿、巴、瓦、噶、达、耶、热、皆、伊、亦、喀、拉、

玛、那、倭、帕、啦、萨、土、乌等字头，以便易详阅”。在成琦与卡扎凯维奇签订的《自乌苏里江至海的边界地图》上，亦标明耶、亦、喀、拉、玛、那、倭、帕、啦、萨、土、乌十二个俄文字头之界标。“乌”字界标在图们江入海处的江口东岸、日本海边。中文分界地图于图们江口亦标有“界牌乌”三字。“乌字牌”之设，意味着图们江下游入海段，自珲春河注入图们江处到海中间之岭一线以西（南）属于中国，以东（北）属于俄国。换言之，图们江下游北岸一线与珲春河入图口至海中间之岭一线之间的土地——罕奇海岸仍归属中国。也就是说，按照《中俄北京条约》之条款，俄罗斯与朝鲜之间并不以图们江为界，中国通过图们江下游东（北）岸狭长的沿江之地分割着俄朝两国。前面提到的罕奇海岸系指图们江口左（北）岸至摩阔崴（今波谢特湾）之间的濒海地区。摩阔崴系满语汉译地名，又译称窝阔崴，或毛口崴，是中国人世代居住的小渔村。摩阔崴也是有唐一代从渤海国上京龙泉府到日本国的“日本道”陆路终点与海路起点。

令人沮丧的是，咸丰十一年（1861）俄罗斯交换给中国的《乌苏里江至海交界记文》中只规定设立八座界碑，少了“乌”字等界碑。此“乌”字界碑之遗漏，使清朝丧失了对图们江口与日本海沿岸一带的罕奇海岸主权。此诸遗漏，源于清朝勘界使臣成琦犯了大烟瘾，亟须到吉林城补充大烟，将立碑之事托付给俄方勘界代表包办。俄方代表获此良机后，单方面绘制了交界图，并在该图上着意地将罕奇划于“红线”之外，将中国在日本海海岸仅存的一小块土地也抢走了。对俄国而言，得此海岸地带便可以与朝鲜半岛隔江相连，在封锁中国出海通道的同时，获得了侵略朝鲜的立足点。

二、吴大澂着手珲春界务交涉与勘界的准备工作

光绪元年（1875）前后，俄国人并不满足于从成琦手里额外获得的大片领土，又派兵侵入珲春所属黑顶子地方，并建立哨所。同时，白棱河至瑚布图山顶一段中俄边界中国一侧以及图们江口以北，沿江岸长一百三十余里、宽十余里至四五十里不等的地方，多为俄国人侵占。

光绪六年（1880），吴大澂初次赴吉林协助吉林将军铭安办理边务后，“始知珲春黑顶子地久为俄人侵占”，遂上奏朝廷，请“派员赍图前往珲春，照会俄官廓米萨尔订期会勘，按照旧图所定红线，将黑顶子一带沿江地段，画清界址，于明年二月内限令俄官撤去卡伦，将从前侵占珲春地方一律交还”。但经过与沙俄几次直接交涉之后，吴大澂领教了俄国人的强横与狡诈，基于上述认识，吴大澂从光绪六年着手改变东北没有近代边防军的历史，光绪十二年（1886）再到吉林后继续执行以前的政策。这一点也得到了吉林将军铭安的认同。为此，二人采取了以下措施。

（1）建议朝廷将珲春协领衙门升格为副都统衙门，以扩大其权限，增加武备。

（2）面对吉林兵少将寡、边防空虚的局面，二人于光绪六年联名上奏，请求在吉林建立边防军，旋即获准。于是，二人改革八旗兵丁世袭制，实施募兵制，设巩、卫、绥、安马步四军，十三个营，共五千人。次年，边防军扩大到七千人。光绪十年（1884），裁去巩、绥、卫、安名目，统称“靖边军”。

（3）重视改善边防军武器设备，除购置“洋枪洋炮”，吴大澂在吉林的两年多时间里，先后从国内国外为吉林边防军至少购置了

格林炮四尊、克虏伯大炮二十尊、哈乞开斯一千杆、来福枪四千杆、毛瑟枪三千杆。

（4）光绪九年（1883）在吉林城设立吉林机器局，为新编的靖边军提供新式的自制火器。这些军队与火器是后来保证吴大澂与沙俄谈判时少受讹诈的后盾。光绪二十六年（1900），沙俄趁八国联军攻陷北京之机，出兵占领包括珲春在内的东北许多地方，靖边军面对强敌，奋力反击，给沙俄侵略军以重大打击。

（5）为防御沙俄溯松花江而上，从珲春东面来侵，吴大澂分别在三姓和珲春增设卡伦，修筑炮台，开辟道路。

（6）在珲春设立招垦总局，派遣珲春知府李金镛主持招民垦荒事务。李氏为推动此事，又在南岗、五道河设置招垦分局，在和龙峪设立通商总局，以期通过招徕农民前来垦荒与生产，巩固边疆。

一俟准备完毕，吉林将军铭安与吴大澂便多次奏请与沙俄勘界。光绪十一年（1885）底，吴大澂奉命与珲春副都统依克唐阿“会同勘界”。

三、岩杵河勘界会议

光绪十二年（1886）三月初二日，吴氏抵达珲春，初四日给俄国勘界大臣巴拉诺夫发去照会。三月初六日，吴氏“接总署公函，属查宁古塔东大川界址，即复”。初九日，查阅珲春东西两座炮台。二十一日，将拟谈边界事宜交给庆锡安翻译成俄文，“以便临时辩难”。经过精心准备，吴大澂与依克唐阿于四月十九日启程，二十日至岩杵河，二十二日与俄方代表巴拉诺夫等在岩杵河会同商谈东部边界问题，史称“岩杵河勘界会议”。

（一）关于重立图们江口“土字牌”问题

《中俄北京条约》规定：“两国交界与图们江之会处及该江口，相距不过二十里。”但咸丰十一年（1861）中俄兴凯湖会议后，清朝谈判代表成琦将添立界碑工作委托俄方后，俄方将“土字牌”埋设于距离图们江四十五里的地方，使中国丧失了大片领土。

在岩杵河勘界会议上，吴大澂认为解决这个“土”字界牌问题，“应照条约记文，由海口量准中国里二十里，即在江边补立‘土字牌’，方可与条约相符”。巴拉诺夫则拿着沙俄单方绘制的地图，认为“海口二十里海水灌入之地，当谓之海河，除去海河二十里，才算图们江口，彼国所谓二十里如此核计”。吴大澂据常识与条约反驳了巴拉诺夫的说法：“海口即江口，有何分别？若论海水所灌，潮来时海水进口，不止二十里，潮退时江水出口，亦不止二十里。所谓‘江口’者，总在海滩尽处，仍须照约由海口量准二十里，方为妥恰。”巴拉诺夫明知理亏，推说发电报给总督，请其上奏俄廷，有回电后再继续商议。

光绪十二年（1886）四月二十六日，吴大澂与巴拉诺夫等人再次举行勘界会议。巴氏称接到总督复电，认为该“土字牌”，“从前既未立妥，自可酌量更改”。鉴于此，吴大澂建议向沙草峰前方挪动十八里，将该界牌立于山峰南麓沿江一侧的高坡下面，不致被江水冲塌，约计离海口不过二十四五华里。巴拉诺夫表示赞同。

四月二十七日，吴大澂派春雨鹏、廖子忠会同俄方代表到图们江口测量土地。二十九日，让沈韵松到图们江口勘明补立“土字牌”的地方。五月十九至二十日，吴大澂、依克唐阿与巴拉诺夫同至图们江口，共同监立“土字牌”。具体方法是，先在立碑之地挖一个二尺深的土坑，“四面皆用碎石填筑，中起石台，用土坚硪”。根据《珲春东界约》记载：新立的“土字牌”，如顺图们江至海滩，则俄里十五里，折合为中国里三十里；径直到海口的话，则俄里十三里半，折合为中国里二十七里。

吴大澂鉴于以往从珲春到俄国岩杵河的要道——长岭子口，即中俄交界第八记号处向无边界标志，故建议添立铜柱，“以期经久”。巴拉诺夫表示同意。五月二十日，一个“高十二尺一寸五分，宽三尺零三分”的铜柱，矗立于今珲春东南二十公里的板石乡境内天文台旧址上，吴大澂亲笔篆书其上，共计四行五十八个字：“光绪十二年四月，都察院左副都御史吴大澂、珲春副都统依克唐阿奉命会勘中俄边界，既竣事，立此铜柱。铭曰：疆域有表国有维，此柱可立不可移。”光绪二十六年（1900）沙俄侵略珲春时，该铜柱被盗走，现藏于俄国哈巴罗夫斯克博物馆。

（二）黑顶子地方主权问题

黑顶子地方位于今珲春市敬信乡境内，满语称为夏渣山，或乌尔浑山，与朝鲜庆兴府隔江相望，为中、俄、朝三国交界要冲。根据《中俄北京条约》规定，黑顶子地方本系中国固有领土，但被沙俄于同治七年（1868）前后占领，在那里建立卡伦，“结幕处东边不远之地，又为构屋，时月之间，工役已讫，间架比前稍长”，“留连屯守，广聚人口”。光绪八年十二月（1883 年 1 月），吴大澂“片奏查明俄人侵占珲春黑顶子地方”，“若不及早清理，珲春与朝鲜毗连之地，大半为俄人窃据”。面对沙俄“将图们江东岸百余里误为俄国所辖之地，并于黑顶子地方安设俄卡”的情况，黑顶子问题被吴氏列为岩杵河勘界会议的另一个主要议程。在勘界会议上，吴大澂用自己亲自查勘来的确凿证据，据实辩驳，意志坚决，迫使沙俄不得不将黑顶子地方归还中国：“黑顶子地方既旧中国界内，从前俄国误设之卡伦电线，应即撤回。”吴氏收复黑顶子地方后，马上于山前玉泉洞地方添修卡伦，轮派官兵驻守，并派遣靖边军前路石营步队一营进驻黑顶子。同时，在黑顶子设招垦分局，招民垦荒实边。吴大澂曾赋诗表述收复黑顶子地方的战略意义：“防患尤宜策未然，强邻渐与外藩连。欲从两界留中道，直为三韩计万年。铸铁岂容成大错，临机只在着先鞭。珠椠玉敦雍容会，袖里乾坤要斡旋。”关于“强邻渐与外藩连”一句的内涵，吴氏自注曰，“俄人所占黑顶子地方与朝鲜仅隔图们江一水，有觊觎小邦之意”，寓吴氏执意收回狭长的图们江地带，不让俄国领土直接连接朝鲜，以杜绝沙俄进一步蚕食、吞并朝鲜之心。

关于图们江口出海权问题在下面专题探讨。

四、中国恢复图们江口出海权

在人们尚未认识到海疆与海洋重要性的时代，吴大澂已经察觉到海洋及出海口的重要性。在岩杵河勘界会议上，吴大澂首先提出“将罕奇海口归还中国”议题。后因该议题一时间难以谈拢，吴氏又提出“图们江出海之口，应作中俄两国公共海口”议题。

四月二十六日的勘界会议刚开始，吴氏首先就“俄国新画界图自长岭至图们江一节，弯曲太多，应照旧一律取直”一事，“略与辩论”。巴拉诺夫则不以为然，说“此岭是顺分水岭而下，水归图们江者属中国，水归海者属俄国，新图详细，较旧图尤准”。其对吴氏提出的“图们江出海之口，应作中俄两国公共海口”的建议，“未敢遽允，仍须电商总督，再行定议”。迨至五月二十四日，多数议案都达成共识且写入界约草案，“惟图们江口中国船只出入，俄国不得拦阻一条，巴使已函商俄京外部大臣，尚无复音”。

在谈判期间与其后，吴大澂又数次将图们江口为中俄共同海口问题作为议案，反复辩驳。九月十八日，巴拉诺夫接东海滨总督来电，同意图们江口为中俄公共海口，今后中国船只可以自由出入图们江口，俄国“并不拦阻”。俄东海滨省总督根据上述指示，向巴拉诺夫下达了“饬令本属各官，如有中国船只由图们江口出入者，并不可拦阻”的命令。尔后，沙俄勘界官员以照会形式将该命令发给珲春副都统衙门，并称“愿此事我两国和好益敦可也”。经双方谈判代表议定，同意将这份俄方递交的照会作为《珲春东界约》的附件，纳入该界约体系之中。该照会具体内容如下：

大俄国乌苏里界廓米萨尔照会与大清国珲春副都统

为照知事：现于我们本月三十日接准东海滨省固毕尔那托尔札文内开：饬令本属各官，如有中国船只由图们江口出入者，并不可拦阻等因，札饬前来，将此照会贵副都统，愿此事我两国和好益敦可也。

对于收回图们江口出海权一事，吴大澂本人亦颇感欣慰，曾做过一首七绝抒发胸臆：“词锋敢骋笔如杠，圣德怀柔逮远邦。牛耳当年盟未久，犬牙何事气难降。分流溯到松阿察，尺地争回豆满江。我欲题铭铜柱表，问谁来遣五丁扛。”

结　语

钱恂在《中俄界约斠注》一书中曾对吴大澂在吉林勘界立碑

及恢复中国图们江口出海权一事予以中肯的评价："溯自咸丰八年至光绪十年，凡中俄立约勘界，无不削地，惟此一次为展界，非蹙界。"应该说，此评价客观且一语中的。

遥想当年吴大澂乃一介书生，两度仗笔负笈前往东北边陲，在国家积贫积弱，东北领土面临着被沙俄蚕食的窘境中，以极少量弱兵为后盾，词锋敢骋笔如杠，从侵略成性的沙俄手里，为国家收回丧失的领土，以及图们江口出海权。他敢死赴难的意志、高瞻远瞩的目光、寸土必争的精神，实在是令人感佩不已。

关于吴大澂负面事迹，黄遵宪曾写了一首《度辽将军歌》，描述他不去学习现代军事科技，只是希冀凭借迷信来建功立业，结果在中日甲午战争的辽南重镇——营口、田庄台、牛庄攻防战中，"徒托空言，疏于调度"，导致损兵折将，连失要地。辽南之败，吴大澂作为前敌指挥是有责任的，说他"既无宏济艰难之才，自不合奋投笔请缨之志"是有道理的；说他是"未经战阵，以虚骄之气，作夸大之词"的空谈家也是符合实情的。但甲午之败，绝非是一两个杰出将领所能阻挡的，因为当时的清廷已是"大厦将倾，独木难支"。

对于吴大澂"失足"于中日甲午战争一事，俞樾在为他撰写的墓志铭中予以另行解释："愤外侮之侵陵，感中国之积弱，抚膺太息，毅然请缨，诚古人臣急病攘夷之义也。"每每读此，诚以为窓斋先生有知己、不孤独也。实际上，吴大澂之败，不惟是吴氏个人之败，而是中国自北宋以来防范武人、重文轻武、每每以文人墨客带兵的体制之败。

即便如此，每临国难当头之际，吴大澂均能慨然赴难是不争的事实。特别是吴氏与俄国勘界立碑，据理力争，为中国收回失去的领土、恢复中国图们江口出海权，不惟是其人生最辉煌的风景，也是中国近代史上的亮点之一。

吴大澂能做到这点既取决于个人才干与爱国意志，也得益于当时的国内外环境。就前者而言，吴氏经过潜心经营，手上已有近万名装备比较精良的正规边防军，足以抵制沙俄的军事讹诈。同时，吴氏有着为国慷慨赴死的士大夫情怀，为了收复国土，真可谓“一寸河山尽寸心”，面对蛮横无礼的沙俄从不畏惧。就后者来说，当时中国因洋务运动而拥有了比较强大的海军。谈判期间，北洋水师六艘战舰借赴朝鲜巡操之机，到达海参崴。后留下“超勇”、“扬威”二舰为吴大澂谈判助威。

另外，吴大澂招民垦荒，劝农讲武，使得昔日人烟稀少的吉林边疆出现大批聚落、村镇乃至市镇，这不但方便为中国军队提供充足的给养，而且还使边防军拥有了熟悉当地情况的后备军。

自吴大澂收回图们江口出海权后，中国最北面的出海口得以恢复，珲春成为中国惟一的一个沿日本海的城市。嗣后，中国船只曾长期由此出入日本海，从事海上捕鱼、运输和远距离贸易。

光绪三十一年（1905），清政府根据《中日会议东三省事宜条约》（附约）之规定，同意将珲春开放，光绪三十四年（1908）清廷宣布珲春为商埠。宣统元年（1909），清廷在珲春设海关总管，统管吉林东部边境涉外事宜。宣统三年（1911）初，吉林省度支司、劝业道与上海商人朱江等合作，筹集银两，成立图长航业股份有限公司。其中，吉林省认购 2400 股，邮传部认购 1300 股，其余为商股，公司总部设在上海，在珲春设立分公司，主要经营从图们江发运土产、木材等商品到上海港的航运业务。1915 年，北洋政府将珲春正式开埠事宜提上了议事日程。1918 年划定埠址，翌年成立商埠事务所，开埠营业。根据珲春地方史志等史料记载，1912—1919年，经图们江输出的大豆为5987吨，豆粕为26万吨，木材为28.5万立方米；1929年进出船只1469艘；1920—1930年的11年间，输出总额共达835.4万海关两，输入总额达1022万海关两。这些船只北抵符拉迪沃斯托克（海参崴），南达上海，并横穿日本海，向东往来于日本各港口。直到1938年“张鼓峰事件”爆发，上述各类出海活动才暂时中止。

（原载于《东北史地》2014年第6期）

洋务运动背景下吉林机器制造局近代军事工业遗址内涵与价值研究

朱海玄　吕　飞

前　言

咸丰十年（1860），清廷为“靖内患，御外侮”，开始洋务运动，创办近代军事工业，追求“自强”、“富国”理想。19世纪80年代，因交收伊犁问题，中俄关系再次紧张。清廷授吴大澂三品卿衔，含其帮办吉林东疆防务。吴氏实施“屯垦戍边”策略，编练近代化边防军，筹建东北第一座近代军事工业——吉林机器制造局。这标志着洋务运动在东北进入实施阶段。吉林机器制造局作为东北近代工业的先声，不论是在政治和军事上，还是在近代化和城镇化上，都具有重要的历史价值和社会意义。但因对其研究的缺失，其遗址内涵和价值未得到完整、客观的评价。基于此，本文以近代东北洋务运动为视角，以吉林机器制造局自创建至“庚子俄难”被毁为研究阶段，运用田野调查法和文献分析法，系统探讨其遗址内涵和价值，为其遗产保护和展示利用提供理论借鉴。

一、吉林机器制造局的创建背景

（一）清末洋务运动

鸦片战争的失败，松动了传统“祖宗之法不可变”观念的束缚，纠正了对西洋近代工业技术为“奇技淫巧”、“末业”的偏见，在对“船坚炮利”的反思中逐渐形成了清末近代军事工业思想。咸丰十年（1860），英法联军攻占北京，全面激发了近代中国“军事自强”思想，使清廷开始谋求“练兵”、“制器”的“自强”之道。次年，曾国藩创建安庆军械所，开启了洋务运动创建近代军事工业的序幕。1870年代，边防危机，东北因地理区位重要，被李鸿章纳入“海陆一体筹防”，所需军火皆由津局领用。嗣后东北边防吃紧，津局供给略显支绌，李鸿章建议在内省设立军事工业，以满足军火需求。

（二）清末东北边防危机

东北是清王朝“龙兴之地”，厉行封禁，以固“根本”。1860年代，因频繁征调八旗军入关，造成边防空虚，沙俄趁机强占黑龙江以北、乌苏里江以东广大地区，并以之作为进一步侵略的基础。特别是乌苏里地区接壤吉林东疆，水陆交通便利，可直达东北腹地，沙俄尤为重视，全力经营。光绪六年（1880），因交收伊犁问题，东北边防骤然紧张。吴大澂受命抵达吉省后，针对边防空虚情况，编练近代化马、步十三营，并大量配置来福枪、克虏伯炮等近代武器，随之新式弹药供给成为首要问题。次年，吴大澂奏请筹建机厂，“吉省防军……然既用后门快枪、开花利炮，不能自制子弹，购运稽时，难乎为继……若在吉林省城开设机厂，制造洋药铜帽，配合枪子炮弹，不独本省练军可以源源接济，并可兼顾黑龙江各军之用”。很快清廷准奏：“所筹尚妥，即着照所请行。”

二、吉林机器制造局的遗产内涵

光绪九年（1883），吉林机器制造局竣工投产，主要为吉省防军供给枪械弹药；光绪十七年（1891），经吉林将军长顺奏准“兼办黑龙江机器制造局关防”。光绪二十二年（1896），由吉林将军延茂奏准试铸银元“以疏钱法”。光绪二十六年（1900），沙俄入侵东北，强占并捣毁吉林机器制造局。经吉林将军长顺“兹行文俄伯力总督，尚妥已允让出银元厂、专铸银元……将机器局改为制造局，迅速开铸”。吉林机器制造局从此更名“吉林造币局”，专铸银元。

（一）机厂规划创建

吴大澂奏准创设机厂后，因“吉省并无宽大庙宇可以借用应度厂机，拟择江南隙地高燥之处”，且“离江近而不受水患者”，作为厂址。因吉省缺少技术人员，吴大澂致函李鸿章请调津局总办王德均来吉筹建机厂，“窃拟暂调小云观察（即王德均，字筱云——引者注）来吉略为布置，应度地基、应盖房屋、应购机器、应用委员、应调工匠，均须与小云观察详细讨论，方可得其要领”。经李鸿章同意，王德均在天津代筹机厂规划及机料购置，“奉到惠缄，并承寄示机厂图稿及购器储料建厂各事宜清折一扣，规画井井，详审精密”。光绪八年（1882）机器局破土动工，翌年吴大澂亲临验收，“开工制造”。一期工程“共造大小各房二百二十七间，又烟筒三座”。其中机器正厂房、机器西厂房、汽炉房等一百一十四间，委员、司事、工匠等住房九十七间，其余为门房、厨房、马厩。光绪十二年（1886），添建机器东厂，“房屋共四十二间又烟筒二座”。机厂总平面为长方形院落，东部为表正书院，中部为厂房，西部为公务房。四周筑有土墙，高一丈，上设木栅栏，外设护墙壕。东、南、北设三个出口，筑有门六，布有炮台吊桥。现存机厂遗址大门和角楼系1928年张作相任吉林督军时在土墙内修建。光绪十年（1884），吉林将军希元在江南“饬令创设药厂，添造机器，制造洋式火药”。先后添造“房屋共一百三十间，又烟筒四座”。筑有一丈四尺五寸高围墙，同时设有木桥二架、渡船二只、木码头一道，中跨松花江，构成一体。

（二）机厂军工技术

1. 子母炮弹制造技术

机厂制造子母炮弹，创设之初，主要为“制造子母炮弹……并修理损坏枪械等项，仅供边军操防之需”。光绪十一年（1885），七响快枪子母“仍由天津购办”，“局内现无此项机器，如须由局制造，则非另购机器不可”。至光绪二十四年（1898），机厂已可制造当时最先进枪械炮位的子母炮弹。“复查边练各军，现时所使枪械，则以开斯、毛瑟、土得等名目为最也……而所用炮位，则以六磅、四磅、两磅之克虏伯炮，以及噶尔萨炮、子母炮为致胜也。应需弹药，照此数种枪炮之口径尺寸备造。”并有明确的“军火格式造法尺寸斤重”，如六磅克虏伯炮开花弹，“园径三寸五分，长七寸五分，内堆十层，如梅花式，用松香水烤，外用生铁灌铸，重十一斤，装炸药五两，俾易开花。包紫铜箍二道，重八两，免伤炮膛。用铜六件，火引一付，重四两，成个共重十二斤零一两”。

2. 枪械炮位制造技术

机厂制造枪械炮位，始于光绪九年（1883）吉林将军希元接办防务之后。光绪二十四年（1898）吉林机器制造局送天津机器局文称：“嗣经前将军希饬令……制造噶尔萨炮、子母炮、两磅克虏伯炮、西林炮，又造呼敦洋抬、五子洋抬各枪，均经边练各军先后领用报明在案。”特别是总办宋春鳌，“其创制军械，实能壮边防而御外侮”。经神机营考验评价曰：“吉林机器局创造各式枪炮，颇极精巧，具见实力讲求，深明制造之理各等因在案。”光绪十二年（1886），英国传教士詹姆斯参观机厂时，“宋氏还给我们看了一杆机关枪，是他们的一个工头仿着西洋形式发明改造的。这杆枪很轻便，两个人便能抬，上面的三脚架也很灵活。我们看了试演，它每分钟能发八十响，没有任何障碍”。同年，吴大澂奉命重勘中俄边界，道出吉林，“渤生又出示局中自造单筒小炮，一与俄登飞炮弹大小相等，名曰西林炮；一与格林炮相类，惟用单筒旋转，顷刻可放数十子，炮筒外包一蓄水筒，水热可换，亦简易灵便之法”，并赞赏曰：“见该厂自行创造新式枪炮，机括极灵，施放亦准，足为临阵冲突之利器。”

3. 船只炮舰制造技术

机厂制造船只炮舰，早在筹建之时，李鸿章在“筹济吉林机器片”中奏曰：“将来如经费较充，厂务逐渐开拓，再由臣随时缄商吴大澂等筹造轮船。”至光绪十三年（1887），始试制小轮船，随后“饬令照式造一大船，以便行驶松花、黑龙二江，借省转输之费”。光绪二十年（1894），造成“舢板炮船二只，每只周身尺寸：身长四丈五尺，底长三丈二尺，头宽五尺，中宽九尺，尾宽八尺，舱深二尺八寸”，“舢板炮船六只，每只周身尺寸：身长四丈二尺，底长二丈九尺，头宽五尺，中宽八尺二寸，尾宽七尺，舱深二尺四寸”。光绪二十四年（1898），机厂移交松花江水师营康济轮船，艘。“职局现准该营周营官宝麟承领前来。当即将头号康济明页小火轮一只，及管驾、管轮、舵工、水手等，一并移交该营管带去讫”，以备江防。

4. 银元铸造技术

早在筹办阶段，吴大澂曾致函津局王德均代制银元模具，“再前恳代制银饼模子，想已鉴及”。随着“屯垦戍边”政策实施，吉地人口增加、商业繁荣，货币需求大增。光绪二十二年（1896），吉林将军延茂奏请，按“定部颁式样分两”试铸银元，“以辅制钱之不足”。次年，吉林将军关于行使银元的札文称：“盖以僻在边隅，制钱来源本少，今年勘荒辟土流民云集，商贾逐渐辐辏。生齿既众，需用日多，现钱因之益见缺乏。”光绪二十四年，中东铁路修筑，大量羌帖流入，急需银元维持经济稳定。“故俄人在吉修造铁路，需款甚巨，均系以洋条兑换吉省银元使用……则全赖此项银元抵制，得免羌帖俄元杂沓灌入，似裨益地方尤非浅鲜。”机厂铸造银元，另一重要原因为筹备经费。光绪二十三年（1897），吉林将军希元奏准，“抽收四厘铸捐”，补贴经费。仅光绪二十五年（1899），“由银元盈余项下提拨制造靖边新军军火吉平银二万两，又拨制造武备军军火吉平银四千两”。

三、吉林机器制造局的遗产价值

吉林机器制造局的创建，不仅在军事上有效地强化了东北地区的近代化边防，而且在社会发展方面开启了吉林地区的近代化进程；在城市空间生产方面促进了吉林地区的城镇化进程和建筑形态的近代化，具有重要的历史价值和社会价值。

（一）吉林地区近代化进程的启蒙

1. 近代工业技术人员的引进与培育

吉林机器制造局是吉林地区最早使用机器生产、设立书院培育技术人员的工厂，对吉林地区近代化具有重要的启蒙意义。19 世纪末，吉林地处边陲，文化落后，人才匮乏。吴大澂奏调“谙练西学之员”，津局宋春鳌等，“不惮跋涉，航海而来”。宋春鳌被委为总办，在机厂筹建运营中发挥了重要作用。同时，“所用委员、司事、工匠，大半由津沪各局挑选熟手，招徕至吉”。光绪十年（1884），“机器局匠目、工匠、小徒及各夫等，旧募新招，总共三百七十八名”，“又营口转运局护勇二十名，表正书院各夫等共八名”。至光绪二十五年（1899），在册人员达八百三十一人之多。再者，表正书院是东北最早传播近代科学知识、训练操作近代工业设备的实业学校。“由吉林府教授衙门送满汉生童三十余名住院肄业，专令学习算法。”总教习丁乃文“数理精深”，著有《子药准则》、《炮法画谱》。表正书院的设立，对于开启民智、学习西方技术，发挥了积极作用。“两三年吉林本省旗员旗民，耳濡目染，遇事讲求，精益求精，渐开风气。”为吉林地区近代化积淀了必备的文化基础。

2. 近代民族工业的产生与发展

吉林机器制造局，对东北防军新式枪械弹药的供给，特别是对来福枪、克虏伯炮等当时先进武器的仿制，代表着机厂军工装备的近代化水平。《海关十年报告（1882—1991）》曾记载："两厂都使用蒸汽机，装配着最好的西洋机器，用以制造火药、枪弹和小型军器。"机厂对吉林地区工业近代化的意义：其一，购置西洋先进军工器具，制造子母枪炮，改变了手工制造落后状态，迈出了机器军工生产的第一步。其二，机厂的创建和运营，促进了相关近代产业的产生与发展，如煤炭等采矿业、炼铁等冶金业。"今拟以西法炼铅、炼铁，又得近地煤窑，足供熔化之资，可便民用，可制军器，可济饷需。"其三，对民族工业的示范促进作用。随着吉林机器局的诞生，吉林各项近代工业开始发展起来：各种矿藏的开发、发电厂的创建、吉胜火磨公司的开办都是受机器局的直接影响。此后，造纸厂、工艺总厂、水泥公司、林业局、制糖公司、缫丝厂、玻璃厂、磁业公司、玻璃灯罩公司、机器制砖厂等近代工业陆续出现。由此可见，吉林机器制造局，不仅军事上"自强"，还经济上"富国"，促进了吉林地区近代民族工业的产生与发展。

（二）总体布局与建筑形态的近代化

1. 功能导向的规划布局

吉林机器制造局布局，从表面上看，仍然采用了传统的多路多进模式。实际上，却隐含着一种新的规划理念。其一，空间满足功能需求的规划原则。中国传统礼制思想体系下，等级观念是建筑布局的重要依据，形成严谨的中轴对称、重视空间方位、庭院尺度匹配的布局模式。机厂空间形态虽然采用行列式布局，相互围合形成院落，如东路为表正书院，中路为厂房，西路为公务房，但该布局在弱化建筑礼仪的同时，强化了功能对空间布局的主导。同时，两厢建筑的部分取消，进一步模糊了空间等级，并形成了良好的采光和通风效果。其二，功能分区协作的规划原则。机厂总体布局被规划为表正书院、厂房区、公务房区和火药局四个功能区。合理的规划布局，功能上相互支持。如为了更好地促进机厂技术人才的培养，表正书院采用学、练结合的教学方法。在空间布局上，通过教学空间——表正书院与实践空间——厂房区紧邻布置，在空间规划上对培养人才予以配合。

2. 近代工业建筑技术的引入

吉林机器制造局以宏大的规模、先进的技术、优良的质量，成为中国近代重要的军事工业建筑。其艺术价值和科学价值主要体现在：其一，西方工业建筑形态。“所盖厂房一切做法，悉照外洋新式加料加工，不能与寻常之例相符。即表正书院与机厂相连，盖造之法亦与外洋机器学堂相似。”建筑平面以矩形为主，立面多采用清水砖砌筑，不做任何饰面，简洁朴实。其二，近代建筑结构与材料。机厂建筑在结构选型上，均采用屋架与砖墙混合承重结构，在较大厂房中，也有在中央布置一排或多排柱子，形成屋架、柱和墙体综合承重的结构形式。为了增加墙体承载能力，在承托屋架处，增设扶墙垛于外墙。既符合结构要求，又可将立面做竖向划分，增加纵向立面的韵律感，使结构处理与建筑造型结合起来。其三，近代采光通风建筑技术。厂房为工业建筑，跨度较大，采光与通风是评价其优劣的重要指标。通过在扶墙垛所划分出的开间上，设置尺寸较大的侧窗，进行侧向采光，同时，通过在屋架上弦另设天窗架形成双侧矩形带状采光窗，不仅提高了采光效果，也可满足通风要求。

（三）促进吉林市城镇化进程

从吉林市近代城市发展来看，吉林机器制造局的创建，见证了近代工业发展对城镇化的促进作用，使吉林旧城东厢迅速发展。顺治十四年（1661），清廷于吉林建船厂，修战舰，故旧称船厂。康熙十五年（1676），“移宁古塔将军驻镇于此。建木为城，倚江而居，所统新旧满洲兵二千名，并徙直隶各省流人数千户居此”。机厂创建之前，吉林旧城西厢，临江有船厂，西北山上有多处寺庙，因人员往来和商贸繁盛，优先城镇化。而此时东厢尚是农地，分布着昌邑屯等自然村落。机厂创建时，为便于利用松花江航运，选址城东南江左，毗邻东厢繁华地区，在松花江上游放木停靠地，东大滩空旷地建厂。机厂“飞地”式的近代工业建设，促使人口增加，物资运输繁荣，拉开了吉林东厢城镇化序幕。自此，吉林由“向不讲习制造之事”的狩猎农牧之地，逐渐成为地区政治、军事、工业和经济中心。

四、结论

18世纪工业革命后，西欧诸国借助近代工业走上了强国之路，其“坚船利炮”从根本上震撼了中国“祖宗之法不可变”的传统思想，激发了“师夷长技以制夷”，追求“自强”、“富国”的洋务运动。光绪六年（1880），中俄关系再次紧张，具有洋务思想的吴大澂受命到吉省帮办东疆防务，为满足新编近代化边防军新式弹药需求，奏准参照沪局、津局章程，购置器具，招揽工匠，建厂设局，创建了能够生产新式弹药、枪械、炮舰的近代化军事工业基地——

吉林机器制造局。机厂近代军工技术和近代教育的引入，不仅保障了东三省军队新式枪械弹药供给，有效增强了边疆防御能力，同时，近代科学思想的导入，也开启了民智，促进了吉林地区近代民族工业的发展，实践了洋务运动“自强”、“富国”思想。机厂基于功能需求的总体布局以及近代工业建筑技术的引入，对东北地区近代工业建筑的发展具有重要的示范作用；机厂近似“飞地”式的选址建设，有效地促进了产业集聚、人口增加、商贸发展，使吉林东厢地区城镇化快速推进。由此可见，机厂的创建和发展，有力地推动了吉林地区的近代化和城镇化，具有重要的历史价值和社会价值。

（原载于《建筑与文化》2018 年第 1 期）

吴大澂与晚清东北边务

陈可畏

光绪五年（1879），清廷出使俄国钦差大臣崇厚与俄国签订《伊犁条约》（也称《里瓦几亚条约》）时订立了《瑷珲专条》。专条规定："瑷珲和约（即《瑷珲条约》——引者注）准其行船、贸易，仍旧全留不改，今欲遵照此章，如有开办行船、贸易等事，于两国未经商定之前，准许俄民在松花江行船，至伯都讷并与沿江一带地方居民贸易，或运货前往，或由该处贩运各种土产货物亦可，中国官员并不阻止俄民与该处居民贸易。"此专条不仅重申了《瑷珲条约》的相关内容，而且还对俄国进一步开放了吉林最富庶的地方之一伯都讷。消息传到国内，马上引起了强烈反响，并很快在朝野上下形成了加强东北边疆防务的共识。吴大澂就是在这一背景下被清政府派往吉林，随同吉林将军铭安“帮办一切事宜”，从而开始了他经略东北边务的生涯。

一

吴大澂之所以被清政府派往吉林经略东北边务，是与他此前的人生经历与政治生涯密切相关的。吴大澂，字清卿，号恒轩，为江苏吴县人氏。“幼慧，年十三能文，十七入县学，即慨然有经世之志。”同治元年（1862），二十八岁的吴大澂入都应京兆试，次年通过都察院上书言事，认为“致治之本，在兴俭举廉，不言理财而财自裕。若专务掊克，罔恤民艰，其国必敝”。此次上书，初步表达了他的经世主张。同时，在此前后的几年时间里，他先是为遭遇“庚申之难”的乡民“倡议捐米抚恤”，而有了他的“生平创办善举之始”；再是为同治四年（1865）因江北清水潭决口而遭灾的难民，“邀集郡绅，创议劝捐”，以寒士之身份办理赈济，显示了他的济世才能。同治七年（1868），三十四岁的吴大澂得中进士并被钦点翰林院庶吉士。同治十年（1871）散馆考试，他名列第三，授职编修而成京官中的一员。同年，因“穆宗（同治帝——引者注）大婚典礼隆缛”，“疏请裁减”，而“以一词臣，言人所不敢言，风采震动朝右”。次年，吴大澂创慈幼堂于京城铁老鹳庙，以收留流落京城各处的儿童，并“赁屋一所，延师四斋”，生徒均住堂中，衣食亦由堂中供给。这年，吴大澂还为遭受严重水灾的直隶文安、大城等县募捐赈济，从而在京城逐渐树立起了其经世、济世能手的形象。也正因为如此，当光绪三年（1877）山西发生特大旱灾饥荒时，吴大澂便被直隶总督李鸿章举荐“会同前任天津道丁寿昌、津海关道黎兆棠等，筹办一切赈务”。他因筹办赈务出色加侍读学士衔，还于光绪四年十二月（1879年1月）补授河南河北道员缺。

吴大澂虽任职河南河北道仅一年，却展示了他较强的处理地方事务的能力。譬如，对于所辖地区因连年灾荒，“贫民乏食，辄以田亩贱价出售”以“暂度目前”，“及岁丰归里”却“无地可耕”而造成的重重诉讼案件，吴大澂都不厌其烦地一一提审，令“贱价出售”者当堂缴价领回原田，“一年以内，贫民赎地之案，断结二千余起”。又如，河南省徭役繁重，所属武陟县等，每年县吏科派的车马之费，就达“一亩钱三百（文）”。百姓怨声载道，多年求减而不得。吴大澂则在听取各方意见和建议后，果断裁定每亩派钱五十文，并“设局，由绅士经理。岁入有余，而民不困”。吴大澂在河南河北道任内的这些作为，不仅深为当地百姓称颂，也为京城内外的当政者们，如李鸿章、左宗棠等所赏识。

正因如此，当东北边务警钟敲响，当张之洞等呼吁“东三省内抚外攘，断非长才不办，现任各将军，才皆不逾中人，恐不足以备缓急”，望朝廷“敕下各部堂官、各省督抚，就属员中访求志节可造之人，有愿讲求边事者，即行奏请发往东、西两边以资练习”，清廷“敕李鸿章、左宗棠切实荐举以备录用”的时候，吴大澂就成了李、左等人极力向朝廷推荐的人选。光绪六年（1880）正月朝廷颁布谕旨：“河南河北道吴大澂，着赏给三品卿衔，前赴吉林，随同铭安帮办一切事宜。”三至四月间，吴大澂交卸河南河北道篆并入都陛见，然后前往吉林任职。五月十七日，吴大澂行抵吉林省城，并开始“随同铭安帮办一切事宜”。

二

其实，还在吴大澂前往吉林之前，朝廷已有谕旨下达吉林将军铭安：“东北为根本重地。吉林、黑龙江两面与俄接壤，俄人近在海参崴地方着力经营已成重镇，其意存窥伺。可知尤应规划防守，备豫不虞。”而吴大澂刚到吉林之时，也有传闻：“俄派前战胜土耳其之某将军赴黑龙江、吉林带兵，并先修垫该处行军道路，又添调兵船、铁甲船多只，往日本、海参崴一带驻泊，有窥犯高丽、烟台之意。”又闻“俄国调拨军舰，将于八九月间封锁辽海，并且珲春、宁古塔、三姓等处已有俄船驶往”，情势十分紧张。所以，吴大澂一到吉林省城，便被清廷授命与吉林将军铭安着手规划编练防军之事。那时吉林原有的军队主要是八旗营兵和地方练军。八旗营兵由于久居城镇，平时缺乏训练且武器落后，早已不具备防守能力，地方练军也是零零散散分驻各地无战斗力可言。吴大澂与铭安规划编练防军只得完全另起炉灶，最后拟定编练巩、卫、绥、安四军。巩军由刘俊卿（超佩）统领马步三营，驻防宁古塔之乜河；卫军由郭梯阶（长云）统领马步四营，驻防珲春；绥军由戴孝侯（宗骞）统领马步五营，驻防三姓之巴彦通；安军只有一营为马队，委任协领富贵（锦堂）为营官，留扎省城。“一切营制均照湘淮各军，参用直隶练军章程。”所拟定编练的四军，有马队六营，每营二百五十人；步队七营，每营五百人，总共五千人。另外，他们还奏明由户部每年拨发饷银五十万两，使四军的训练经费有较充分的保障。当时，由于所奏调的绥军统领戴孝侯尚未到吉林，吴大澂决定先由他自己前往督练。光绪六年（1880）七月，吴大澂从省城出发，乘舟沿松花江绕道伯都讷至三姓，再由三姓到巴彦通的绥军营盘基址，亲自督兵训练。待戴孝侯到后，吴大澂就带着随从，不辞辛劳地跋山涉水，周历与俄交界之边境各要隘地方进行细心考察。在这个过程中，吴大澂“始知珲春黑顶子地久为俄人侵占，因请颁旧界图，将定期与俄官抗议”。此事虽然没有得到朝廷的及时回应，但为他日后处理此地与俄国的界务打下了基础。

吴大澂与铭安在编练防军的同时，还着手招抚“金匪”头目韩宪宗以安边境。“金匪”，所指的是那些在宁古塔、三姓一带，靠近俄国边境地方以盗开金矿为生的无业流民。他们流窜聚集于“宁古塔、三姓东，万山环绕，广袤七八百里”的地域空间，人数约有“四五万，咸受效忠约束”。“效忠严而不扰，众服其公允，屡抗大军不出”。很长一段时间以来，地方政府抚之不能得力，逐之又恐其为俄方所诱而激化矛盾，为此只能抱无为态度。此时，清政府出于加强边境防务的需要，“着铭安、吴大澂妥筹经理，以弥隐患”。于是，吴大澂在督练边防军的同时也开始为解决这个问题想办法。经过一段时间的考虑和准备，吴大澂决定改装易服，单骑入山。出行之日，吴大澂身边除了一向导，不带一兵一卒，直奔韩宪宗驻地木其河。韩宪宗得知吴大澂单骑而来，也不再躲避，且出迎数里，道旁叩见。当晚，吴大澂宿韩宪宗家，两人开诚布公，痛快畅谈。吴大澂一面向韩宪宗仔细询问从前金矿开采经营的情况，一面又推心置腹地劝其出山，并明确表态他会向朝廷奏请，“为之奏明免罪，终其身为安分良民，子孙也永无后患”。韩宪宗为吴大澂的坦诚所动，便决意出山随吴大澂进省城吉林。进城后，为了更进一步安抚韩宪宗，吴大澂又上奏朝廷赏给其五品顶戴，其一子、二侄为七品顶戴，并得到了朝廷肯定的批复。吴大澂在招抚韩宪宗整个过程中所展示出来的能力、魄力，得到了李鸿章等的充分肯定。李鸿章致函吴大澂，认为此举使得“数年积匪巨患，一旦革面洗心，远近感悦”，且“内患消则外辱自弥，风声所附，贤于十万师矣”。相信此后对“金匪”“操纵驾驭”，若“惟大才是赖，庶不至有反侧耳”。为进一步消除“金匪”隐患，吴大澂随后还向朝廷奏明“金厂地方，仍照向章封禁，不准偷挖，以免匪徒聚众滋事”，以将此次招抚之事作彻底了断。

吴大澂在招抚韩宪宗过程中所展示出来的能力、魄力，也得到了朝廷的充分肯定。光绪七年（1881）四月，吴大澂接奉上谕：“现在俄事虽已定议，惟念中国边境与俄国毗连，必宜慎固封守，以为思患预防之计。吉林三姓、宁古塔、珲春等处防务，尤关紧要。该将军驻扎吉林省城，相距穹远，恐难兼顾，所有三姓、宁古塔、珲春防务，即着责成吴大澂督办，并将该处屯垦事宜，妥为筹办。”是月，吴大澂启用“钦差督办宁古塔等处事宜之关防”，他因此从吉林将军“帮办”，成为督办东北边防事务的钦差大臣。

吴大澂受命督办东北边防事务后，先是奏请于省城开设机器局，制造新式弹药，并于珲春、宁古塔要隘地方修筑炮台数处，于三姓之巴彦通东面沿江南北两岸，仿照天津大沽口式样各筑炮台一座，以加强防务。接着把主要精力放在筹措边地屯垦事宜上。九月，他自省城启程赴宁古塔，一边校阅防军，一边于何处安设屯兵、何处做屯垦点等进行实地考察。在“轻骑简从，携带帐篷，裹粮而行，往返二十余日”后，吴大澂了解到“由塔城至穆楞河之钓鱼台二百四十里，尚有住宿之处。由钓鱼台至中俄交界之三岔口三百五十里，并无一户居民”的具体情况，便决计在三岔口设招垦局，并任命之前奏调而来的江苏阳湖人氏，拣选知县潘民表负责筹办该局。之后，由李鸿章举荐来吉，“在直办赈数年，实心爱民，洞达政体”的李金镛，奉吴大澂之命，设立珲春招垦总局，并下设五道沟和南岗招垦分局。此外，吴大澂委派副将吴永敖赴山东登州、莱州、青州各属招募屯兵。同时，还奏请划出宁古塔防兵一营的饷银作屯垦之用。经过一段时间的考察和部署，吴大澂的边地屯垦准备工作基本就绪。

位于中俄交界的三岔口，是自宁古塔到珲春边地巡防必经的要地，早在19世纪60年代便设有边卡。它与俄境仅以瑚布图河（绥芬河支流）相隔，也是中俄边境的交通要塞。光绪七年（1881），潘民表到三岔口后，作为招垦局主办委员，一边落实设立招垦局的具体事项，一边着手改善三岔口周边的交通条件，以招徕垦民。他在任期间，主持修建了三岔口到珲春及俄国境内的双城子的两条可以通行马车的道路。这两条道路的修建，于吸引珲春驻民甚至俄国境内的华民前往三岔口垦荒起了很大的作用。一年后，潘民表"辞差"，继任主办委员者，先后有胡传（胡适父亲）和曲作寅。在他们任期内，三岔口附近的泡子沿、八家子、团山子、大城子、小城子等处的大片土地得到开垦。李金镛到珲春承招垦事后，先是对珲春附近的土地闲荒情况进行调查，再就是"仿汉人募民实塞之法"招徕流民进行垦荒。在他任事期间，原"界外苏城沟垦户数千"，"苦俄人侵略，相率来归"。

光绪八年（1882）四月间，副将吴永敖从山东登州、莱州、青州各属招募而来的屯兵二百名到达吉林。吴大澂将他们"分拨桿面石、穆楞河、马桥河、细鳞河、小绥芬河、三道冈子等处，分作六屯，每名每月给口粮银二两，并发农具耕牛。每棚十人，给车三辆"。吴永敖则被委为管带，以细鳞河新盖官房作为管带公所。细鳞河管带公所不仅管理此六处二百名屯兵，此后凡新招募而来的屯兵也在其管辖的范围。各处屯兵，每年的夏秋时节各安其事，从事农业生产；冬春农隙之时则跟随所派教员练习刀枪阵法，以便守望相助。边境屯兵，兼具了防守与垦荒双重功能，不仅加强了东北边防的实力，还为日后东北边疆的开发打下了一定的基础。

三

吴大澂在光绪六年至八年（1880—1882）筹措东北边务的过程中，从为吉林将军铭安规划边境防务的帮办，成为独当一面的督办吉林东部边防事务的钦差大臣。在这个过程中，他还从边境设防的实际出发，对这一时期的中朝、中日间的关系予以高度关注，对中俄边境出现的一些问题提出了相应的建设性主张。

中俄《伊犁条约》签订后，中俄双方兵事渐息，边务渐松。尽管清政府以“思患预防之计”，作出了加强吉林三姓、宁古塔、珲春等边地防务的决策，并谕令吴大澂筹办屯垦事宜以加强边地防务。然而，朝中却有人认为，以当时中国的实力，虽进取不足，但可自守有余，东北边地的防务不必太用心用力，甚至“有人言宁、姓、珲一带练兵开荒为多事”。针对时人的这些言论，吴大澂指出：俄国虽然暂时不会对东北边地有所行动，但已开始对当时中国的藩属国朝鲜有所企图。“闻该国（即朝鲜——引者注）有海湾土名薄老滕，俄语谓之拉沙刺夫，其港口可泊轮船，隆冬不致阻冻。俄人隐图侵占，蓄意已久。现在俄国兵轮耀威东海，大小船只亦不少，既不与中国构衅，难保无觊觎朝鲜。”而边地珲春，“与朝鲜庆源府所辖之地处处毗连”；“朝鲜之图们江各口，亦与吉林唇齿相依”，“是中国防守珲春，实为朝鲜之庇护”，既强调了在珲春设防的必要性，也指出了俄国对东北边地仍然存在威胁的事实。

与此同时，吴大澂也关注到了日本将对东北造成的威胁。那时的日本已通过迫使朝鲜与其签订不平等的《江华条约》，从朝鲜获取了通商贸易等种种特权，并开始滋长吞并朝鲜领土的野心，破坏朝鲜与清王朝的宗藩关系。吴大澂认为：“日本与朝鲜近在邻封，素不辑睦。朝鲜富强，足与日本抗衡，在我多得一助，即在彼多树一敌，此尤中国之大幸而倭人所深忌……是保护朝鲜之计，即钤制日本之图。以后珲春防务亦可联作声援，不分畛域缓急，足以相助。平时会哨，不敢有名无实，似与奉、吉两省边防均有裨益。”他把珲春设防与保护朝鲜、钤制日本以及奉、吉两省的整个边防事务联系在一起，甚而向朝野上下发出了“目前要务，尤以保护朝鲜，钤制日本为中国自强之策”的呼声。

吴大澂将边境设防与保护朝鲜、钤制日本关联，一方面固然是为了突出边境设防的重要性，另一方面也反映了他对东北亚地区国际形势的清醒认识。不过，就当时的清王朝来说，能够守住边防已经是很不容易了。至于以保护朝鲜来钤制日本，愈益不可能。光绪八年（1882），朝鲜发生了“壬午兵变”。清政府虽然应邀派兵平定了此次变乱，日本却以驻朝使馆遭乱兵焚毁为借口而派兵入朝，并迫使朝鲜签订了《济物浦条约》（又称《仁川条约》），取得了在朝驻兵的权利，从而加强了在朝的势力。光绪十年（1884），日本趁中法战争发生，清政府撤回部分在朝驻军的机会，策动朝鲜亲日派发动甲申政变，组成傀儡政权。不久，朝鲜国王在清军的帮助下镇压了政变。事后，日本政府以此事相要挟，分别对朝鲜、中国进行外交讹诈，最终迫使清政府签订了《天津条约》。根据该条约规定，中日两国军队同时撤出朝鲜；日后朝鲜若有重大事情，中日两国派兵入朝前应相互知照。吴大澂的“以保护朝鲜，钤制日本”的自强之策，从此便没有了付诸实施的机会。

另外，吴大澂在督办宁古塔、珲春边务的过程中，还提出了在海参崴设中国领事公所的主张。海参崴在划归俄国之前，初由宁古塔副都统管辖，后又归珲春副都统管辖。咸丰十年（1860）划归俄国后，这里的居民也仍以中国人为主。这些生活在已成为他国土地上的中国人，与中国境内的珲春、宁古塔等地的居民多有往来。两边若有什么风吹草动之事，往往会相互产生影响。光绪七年（1881）初，吴大澂发现“该处赌风甚炽，胡匪甚多，俄官不遑治理，以致劫案累累，并有零匪窜入珲塔交界之青林子，边界隐受其害”。于是，他便派李金镛前往海参崴与俄方相商禁赌治匪方略，但俄方认为赌徒、胡匪多为华民，“非华官不能管理”。当地的一些商民甚至联合起来禀请吉林地方派理事官保护，以免他们的财产遭到洗劫。这使得吴大澂产生了奏设海参崴中国领事公所的想法。此外，吴大澂还了解到：居住在海参崴以北的苏城沟、绥芬河一带，从事渔猎农耕的中国原住民刘贵等，因听闻宁古塔、珲春均已设防，担心将有战事发生，开始举办团练，制造武器，甚至有与我边防官兵联合抗敌之愿。俄方也得知了这一情形，担心刘贵等势力壮大而成隐患，于是在各要口派兵盘诘，到处搜查那些参加团练的乡民。刘贵等因此纷纷逃匿，有相当部分逃到了中国境内。那时刘贵等人，既不归吉林地方官管制，又不听俄官方钳束。俄国方面如果胁迫刘贵等服从，则容易引发事端；中国方面若接受进入境内的乡民，又势必使俄方怀疑中国官员为之提供庇护而横生枝节，最终成为边境的不稳定因素。正是出于对中俄边境各种实际问题的考虑，吴大澂向朝廷奏请“由中国派员在海参崴一带设立公所，仿照领事官之例，遇有商务及词讼事宜，由该员就近经理，或会同俄官秉公商办”，明确提出了在海参崴设中国领事公所的主张。同时还把日后在海参崴建置馆舍、刊刻关防、选派委员以及筹备各事项所需经费等的设想，也都一一上表。

吴大澂提出的于海参崴设中国领事公所的主张，得到了总理衙门及李鸿章的肯定和支持。总理衙门大臣奕䜣等，先是要求当时的驻俄公使曾纪泽就于海参崴设中国领事公所之事与俄国外交大臣吉尔斯相商，吉尔斯却声称："该处系屯兵海口，非通商口岸可比。如允中国设立领事，英、法各国必请援照。既中国为保护华民起见，若作为办理商务之官，不提领事名目，本国仍以客礼相待，均可与地方官办事，则他国无可借口，自可商量。"还说得请示沙皇，咨询主管俄国远东地区事务的东悉毕尔总督后再定。结果，曾纪泽迟迟得不到俄方的回复。奕䜣等也试着与当时的驻华公使布策就此事进行沟通，亦无结果。因此，总理衙门也无法对此事作下一步决策。李鸿章基本肯定了吴大澂的主张，但对吴大澂的关于建置馆舍等设想，则提出了自己的看法："海参崴奏派员管理汉民一节，应建公所，须酌核估计。各国出使领事，皆系租赁房屋，似无建置馆舍成案。"而对将来委员出使所需经费则建议："可奏明在各关出使经费内提支，免由吉省另筹，缘出使经费沪道存储尚多也。"李鸿章虽对吴大澂设领事公所具体的设想给予积极的关注，但由于总理衙门大臣尚不能对此事作出及时决策，他的关注也只能是与吴大澂作私下的交流而已。因此，吴大澂提出的于海参崴设中国领事公所的主张，在当时无法付诸实践。

吴大澂立足东北边务，放眼东北亚地区国际形势的变化，所提出的这些有针对性和建设性的主张，虽受种种因素的限制未能付诸实践，但这并不影响他对国家边疆、边防事务继续关注的积极性。正因如此，在光绪八年至九年（1882—1883）间，当法国向清王朝的藩属国越南北部接连发起多次军事进攻，相继占领越北重镇河内、军事要地南定以及首都顺化，并危及中国西南边疆之际，吴大澂毅然"具折条陈保护越南事宜"并"附片陈明吉林所练防军，尚可抽拨民勇三千人，由营口乘轮南下，以备征调”。光绪九年（1883）八月，吴大澂接上谕：“即行统率此项勇丁，航海来津，以备调遣。”九月，吴大澂统率三千防军离开吉林前往天津，从而结束了前后四年的经略东北边务的生涯。

吴大澂经略东北边务的四年，是他整个官宦生涯中最重要的四年。正是有了这四年的经历，吴大澂率军到天津后，便为清廷重用：同年底，被补授为通政使司通政使；次年，受命为会办北洋事宜大臣，随后补授都察院左副都御史，同年底被派往朝鲜查办甲申政变；光绪十二年（1886），奉命会同珲春副都统依克唐阿与俄国就黑顶子地方等界务谈判履勘，经过近五个月的努力，收回了被俄国侵占的黑顶子地方，勘定了中俄珲春东界，还在边界立下了刻有“疆域有表国有维，此柱可立不可移”铭文的铜柱，争得了中国渔船、商船自由出入图们江口的权利等。清廷基于吴大澂在这个过程中所取得的成就而擢其为广东巡抚，吴大澂也因此实现了从京官到封疆大吏身份的转换。当然，更为重要的是，他在经略东北边务和中俄勘界过程中为开发东北及捍卫国家主权作出的贡献，至今仍被人们所铭记，相信也将为后人所铭记。

（原载于《清华大学学报（哲学社会科学版）》2018 年第 5 期）

从吴大澂致宋春鳌信札看吉林机器局的筹建

李文君

吉林机器局是近代东北地区最早的军工企业，是洋务运动在东北地区的重要成果，为近代东北工业发展培养了技术人才，积累了管理经验，在抗击沙俄入侵、巩固国防方面，也发挥了重要作用。因其特殊的地位，长期以来，学界一直对吉林机器局关注较多，资料整理与研究成果也很丰富。

资料整理方面，中国史学会主编的《中国近代史资料丛刊·洋务运动（四）》一书中，"谕折"部分专门设一小节，辑录中国第一历史档案馆所藏涉及吉林机器局的上谕与折片；孙毓棠编《中国近代工业史资料（第一辑，1840—1895年）》中，在第二章"清政府经营的近代军用工业"第六节"各省机器制造局（下）"，有专门部分涉及吉林机器局，材料主要从公开出版的报刊及西洋人著述中摘录；吉林省档案馆选编的《清代吉林档案史料选编·工业》一书，选取吉林省档案馆所藏清代档案九十余件，这些档案基本能反映出吉林机器局从筹建、发展、兴盛到被沙俄毁坏的全过程；兵器工业出版社组织编写的《中国近代兵器工业档案史料》第一册，收录大批中国第一历史档案馆与吉林省档案馆所藏与吉林机器局相关的档案；作为国家清史编纂委员会档案丛刊的一种，由吉林省档案馆编撰的《吉林省档案馆藏清代档案史料选编》一书，以影印的形式，公开了吉林省档案馆所藏清代档案史料，其中的“吉林实业史料”与“吴大澂档案”两个专题，收录有不少与吉林机器局相关的档案史料。

专题研究方面，学术成果较多，兹选比较重要的阐述如下。马国晏、张本政的《东北第一个近代军火工厂——吉林机器制造局》一文，论述了吉林机器局的成立背景与发挥的作用，是较早开展吉林机器局研究的重要成果；张万鑫的《洋务派创办的吉林机器局》一文，利用大量档案材料，从建立、生产和经营等方面，对吉林机器局进行了全面研究；刘学军、黄海泉的《吉林机器局的创办及其历史作用》一文，论述了吴大澂为防备沙俄入侵，筹办吉林机器局之事；栾学钢的《吴大澂与吉林机器局》一文，介绍了吴大澂在吉林机器局的创办和发展中作出的重要贡献；彭传杰的《论清末吉林机器局及其在加强东北边防中的作用》，从吉林机器局的创建背景、发展过程、对东北边防的影响等方面进行了论述；孟东风的《吴大澂在吉林》一文，论述了吴大澂在吉林通过移民实边、编练防军、创办机器局、会勘边界等，对吉林开发功不可没；柳成栋的《吴大澂在督办吉林边务中的历史贡献》一文，主要论述了吴大澂开发吉林东部地区，特别是创办机器局、发展军事工业的贡献；陈可畏的

《吴大澂与晚清东北边务》一文，论述了吴大澂在东北招垦、练兵、对俄谈判等过程中对维护边防作出的贡献，也涉及机器局的相关情况。这些研究，从各种不同的角度，基本将吉林机器局的发展全过程反映出来。因材料所限，对吉林机器局的一些细节，还有进一步研究的必要。

故宫博物院藏有吴大澂致宋春鳌的信札十一通，此前从未对外公开刊布。这些信札，作于光绪七年至八年（1881—1882），内容均与吉林机器局有关，对了解机器局筹建过程中的一些细节，很有帮助。

一、吴大澂、宋春鳌与吉林机器局

寄信人吴大澂，江苏吴县（今苏州）人，本名大淳，因避同治帝载淳名讳，改为大澂，字清卿，号愙斋。清同治七年（1868）二甲第五名进士。吴大澂在吉林任职，先后有两次。第一次是光绪六年至九年（1880—1883），吴大澂帮办、督办吉林三边地区（三姓、宁古塔、珲春三副都统辖区）的防务。光绪六年（1880）正月，在李鸿章推荐下，河南河北道吴大澂被赏三品卿衔，前往吉林，随将军铭安帮办边防事宜。在吉林，吴大澂常驻宁古塔，主要负责督办三姓、宁古塔、珲春等处的移民垦边及对俄防务。光绪七年（1881），吴大澂补授为太仆寺卿。光绪九年（1883），因中法战争爆发，吴大澂被调回天津，拱卫京师门户。第二次是光绪十二年（1886），吴大澂赴珲春与俄国谈判，有力地维护了国家主权。创设吉林机器局，是吴大澂第一次在吉林任职期间完成的。

李鸿章曾提议在三姓设厂造船，后因拟请的负责人广东道员温子绍不愿北上，遂作罢。光绪七年（1881）五月二十二日，吴大澂与吉林将军铭安联名上书，正式建议在吉林省城创设机器局，并在三姓、宁古塔、珲春等处构筑炮台，请求每年由户部筹拨经费银十万两。六月初一日，获旨允准。同时，吴大澂请求从天津制造局调王德均、从江南制造局调徐华封、从福建船政局调游学诗北上。这三人均不愿赴任。最后，吴大澂选择从天津机器局请宋春鳌来主持吉林机器局。

收信人宋春鳌，字渤生，一作渤臣，安徽怀远人，帝师孙家鼐的内侄。早年经历不详，后成为李鸿章的幕僚，以知府用江苏候补同知的身份在天津机器局提调局务，“于机器中委曲繁重事宜，考核精详，才明心细”。经由吴大澂邀请，从光绪七年（1881）起任吉林机器局总办，光绪二十一年（1895）调任三姓等处矿务总办。因兴办实业有功，授二品衔记名海关道员衔。光绪二十六年（1900），因丁忧去职。光绪二十九年（1903）返回吉林，出任吉长铁路局总办。光绪三十二年（1906）六月，前工部侍郎盛宣怀拟请其重新出任三姓金矿总办，收拾残局，宋氏没有接受这一邀请。入民国后，宋氏任吉林交涉局总办，后被东三省总督徐世昌弹劾去职，在家闲居。

对吉林机器局，吴大澂只是在建立初期予以关注，主要建设与生产工作，均是宋春鳌在经营。宋春鳌人才难得，铭安与吴大澂调离后，继任的几位吉林将军也对他信任有加，仍然委托其总办机器局。宋春鳌在机器局任职长达十五年，机器局从筹建、发展到兴盛，均与其密切相关。在他调离五年以后，吉林机器局就被入侵的沙俄军队毁坏殆尽了。可以这样说，宋春鳌是吉林机器局的主要经办人，在机器局的发展壮大中发挥了重要作用。

对宋春鳌其人，学界目前还没有专文进行研究，仅在《东北人物大辞典》与《中国近代的兵器工业：清末至民国的兵器工业》两书中，有百余字的词条介绍他。目前见到吴大澂致宋春鳌信札，只有中国国家博物馆所藏的若干。这些信札作于光绪十二年（1886），主要涉及吴大澂请吉林机器局帮助绘制地图与铸造边界铜柱等事，但并未能引起学者们的注意。希望本文的梳理，能引起学者们对信札的关注。

二、信札中关于机器局内容考释

因吴大澂常驻宁古塔，吉林机器局之事，交由宋春鳌负责。吴氏主要通过书信方式，与宋春鳌沟通相关事宜。吴氏为人精细，对机器局的人员招募、经费开支、厂房设计、建材选择、机器购买、原料开采等，都关注有加，这些细节，在致宋春鳌的书信中均有反映，为我们解读吉林机器局留存了难得的资料。现以时间为序，将相关信札考释如下。

（一）

渤生仁兄大人阁下：

接奉华缄，猥以晋秩冏卿，辱承饰注，感愧莫名。承示机厂基址，将姚姓地三垧一并购妥，业由鼎帅处咨来印契一纸，昨已备文递去，想达览矣。所需木料已派人入山砍伐，并谕韩效忠协同照料。须属森堂严饬瑞麟，不准借端需索。恐若辈以此为优差，多派一员即多一分费用也。窑户烧砖烧灰，须与言明不折不扣，砖质均要一律青坚，石灰以大块者为上，窑底散灰，多杂煤土，经水不发，此石灰窑之弊端。总之，衙门官役人等，不可令其经手。敝处官参局所盖房屋，砖灰无一不劣，费亦不减，此工司承办之故耳。前阅尊处开来木植丈尺，厂房自有一定进深，弟不甚明白。惟公事厅进深，不宜过大，北地天寒，住房宜紧凑为贵，过于宽廓，过冬不暖，大约进深以一丈四五尺为度，若过二丈，便不相宜。即客厅均须间壁，不能如南中衙署之三大间也。筱云观察来信，述及粤中机器即能抵津，已不及转运。营口子卿前去，年内一无所事矣。弟于月朔由塔启程，初十前可抵珲春。手复，敬颂升祺，借缴芳版不具。

愚弟吴大澂顿首。

十月初三日望松写途次

此信作于光绪七年（1881）十月初三日，吴大澂当时正在从宁古塔赶赴珲春的途中，当天住望松窝（黑龙江宁安市马河乡境内）。此信主要谈及机器局准备建材及公事厅房屋设计之事。光绪七年八月，宋春鳌抵达吉林。九月初一日，吴大澂上书，“所有局中应办事宜，自应责成宋春鳌悉心筹议，次第举行”。晋秩冏卿，指本年八月十七日，吴大澂升任太仆寺卿，宋春鳌致信祝贺。本年六月，吴氏请开机器局的呈请得到同意批复，此时机器局选址及设计已完成，进入备料阶段。鼎帅，指吉林将军铭安，铭安字鼎臣，故称。韩效忠，原名韩宪宗，俗名韩边外，原籍山东登州，本为吉林桦甸夹皮沟一带的头领，聚众几万人，采挖金矿，自给自足，不受朝廷管束。光绪六年（1880）十月，吴大澂单骑入山，将其招降，并改其名为“效忠”。森堂，指富尔丹，满洲正红旗人，世居吉林，从光绪十一年（1885）开始，先后任阿勒楚喀副都统，宁古塔副都统，吉林副都统。瑞麟，应为在机器局负责采木的当地旗人。对砖瓦与石灰烧制，吴大澂深知其弊，建议要保证质量，必须放手让民窑烧制，官人不必过多干预。吴大澂曾在致王德均信中说：“建厂所用砖瓦，必须就近自开砖瓦窑较为省便。”而厂房所需耐火砖，在离城百余里的缸窑（今吉林市龙潭区缸窑镇）烧制。筱云，指王德均，字筱云，安徽怀远人。长期在李鸿章幕府，早年在江南制造局协助翻译西学书籍，后因老成练达，精研机器，调任天津机器局总办。吴大澂原本欲请王德均来吉林主持机器局事务，但李鸿章以王德均为“得力之员，未能久离津局”予以回绝。作为补偿，李鸿章向吴大澂推荐了王德均的同乡宋春鳌，并承诺让王德均在天津协助吉林选购与运输机器设备。在筹建吉林机器局过程中，王德均在厂房设计、建材选择、机器选购、人才推荐等方面，发挥了极其重要的作用。吴大澂对机器局的设计、建设与运行情况的构思，很多都是直接来自王德均的建议。粤中机器，指李鸿章先前准备在三姓开办船厂，朝廷将粤海关从国外替神机营代购的一批机器，划拨给三姓船厂。后因三姓船厂之事作罢，这批外洋机器滞留广州。此次吉林开办机器局，为节约成本，在李鸿章的建议下，这些机器从广州一并被运抵吉林。子卿，指沈子卿，游击衔，由李鸿章推荐，负责营口转运局事务。吉林机器局所购机器与物料，均需从海路运至营口码头，再改由马车运抵吉林。为此，专门设置营口转运局，负责物品转运。吴大澂光绪七年（1881）九月二十一日致王德均信：“粤省机器年内不及转运营口，惟子卿已由省启程前赴营口设局，俟其到彼布置周妥，明春开冻后陆续转运，较觉从容。子卿或回吉省度岁，亦未可知也。”

（二）

渤生大兄大人阁下：

十月十九日接初二日来缄，二十五日续得十七日手书，均悉。

壹是适在珲春道上，屋小墨冻，未能料理积牍。到塔以后，旋赴营中阅操，日不得闲，是以迟迟未复。承示砖样，未能过大，酌量改小，已定八十万块。瓦式亦照寻常小瓦定烧一百万，限于明年九月烧齐。石灰先定二千石，又嘱波泥河一带窑户添定一千七百六十石，并添盖灰房数间，以便存储，均极妥协。公事厅进深丈尺，略为变通，可就厂中另购木料，亦不甚昂。原定三丈四尺之木植，将来自可留作船厂之需。局房北面，尚有熟地二垧，即可向地主购定，后面较为宽展，望与议价立契可也。添雇长夫十五名，每名每月给银三两，瓦匠、更夫兼而有之。俟开春开办工程，再行添用若干名，亦不可少。吴从九士沂既系老成可靠，留局差遣，当可得力，即日尊处禀留，酌给薪水。江少谷计已到厂，与阁下必可相得。此外投效人员，于机务并不熟悉者，均不委令赴局也。弟自初十日由塔启程，行五昼夜赶至三姓。十五日赴营阅操，昨日回城。仆仆奔驰，殊形劳烦，公事亦积压不少，兹拟憩息三四日，再行旋省。手泐布复，敬颂台祺不具。

愚弟吴大澂顿首。

冬月十九日

前恳筱云观察代制银饼模样，复书云："制造洋钱之机器，所费不赀，万做不到。查定购此分造子机器内，原有碾铜之器，以之碾银板，自属易易，惟钱之大小轻重，须视板之厚薄，毫厘之差，轻重悬殊云云。"前与阁下商及，可用手器钢模，未知有何简便之法？如函致筱翁，乞为一商可也。

再颂升祺，弟大澂又顿首。

此信于光绪七年（1881）十一月十九日作于三姓，主要是就兴建机器局所用物料、人员之事，与宋春鳌交流。此时，吴大澂于宁古塔，督办宁古塔、三姓、珲春三处的军务与垦荒，宋春鳌在省城吉林，具体负责机器局事务。机器局所需砖瓦，均就地烧造。石灰在波泥河烧造，波泥河在吉林城西一百八十里，今属于长春市九台区，当时有煤矿开采。人员方面，因吉林天寒，冬季不能施工，故只留技术匠人等骨干，普通民大需待正式施工时再行招募。吴从九士沂，吴姓官员，字士沂，从九品衔，由宋春鳌推荐，可能系掌管文案事务的中书科中书吴江，待考。江少谷，指江煇，由吴大澂举荐，后任吉林机器局局务委员。银饼，即银元，吉林机器局建立之初，拟铸造银元，以促进地方商贸发展。吴大澂同年九月二十一日致王德均信："再前恳代制银饼模子，想已鉴及。"腊月初九日致王德均信："承示银饼制造铜模之法，至为详细，惟大小轻重之间如何校准，自非易易，弟于此中甘苦，茫然不解其故，幸随时赐教之。"但因技术不够成熟，机器铸造银元之事，暂时未能实现。直到光绪十年（1884），机器局才成功铸造"吉林厂平"银元。从光绪二十二年（1896）十一月起，正式试铸银元一年，光绪二十四年（1898），正式兼摄铸造银元一事。到光绪二十六年（1900），吉林机器局改为造币局，专司铸造银元。

（三）

渤生大兄大人阁下：

前日面谕韩效忠承办开矿事宜，许其借给银两，以千金为度，应候履勘铁苗稍有头绪，再行由局给领，令出具借领一纸，如何？分期归还之处，或由所缴矿石价内陆续扣还，望与约定可也。至领开煤窑，似可无须借款，乞斟酌行之。今日宿五道河，明早过岭。

手泐即颂升祺。

弟大澂顿首。

正月二十七日

此信于光绪八年（1882）正月二十七日作于五道河（今属吉林蛟河），主要就韩宪宗借款一事作指示。铁苗：即铁矿。在上书开办机器局之前，吴大澂已委托李金镛（秋亭）访求铅铁各矿，觅得矿洞山铁矿一处，交河铁矿一处，栗子沟铅矿一处。因熟悉地理，有采矿经验，又有人望，韩宪宗主动请缨，为机器局勘察铁矿与煤矿。光绪八年正月二十六日，吴大澂由吉林启程，于二月初五日到达宁古塔，以后常驻于此。

（四）

渤生大兄大人阁下：

十四日接颂初八日来缄，借悉种种。建棠到省，憩息数日，须俟江冰全解，方可东行。履勘铁苗，大约亦在三月初旬。一切布置，当俟建棠来，与之商定，酌拟章程，再行布闻。今日接津信，附有尊处二函，兹特加封寄上，乞詧收。筱翁来信，因前有酌贴公费之说，婉辞谦让。鄙意拟请阁下每月汇寄五十金（不出公款）区区微意，乞转告筱翁，幸勿固却为祷。

手泐敬颂台祺，大澂顿首。

二月十七日

此信于光绪八年二月十七日作于宁古塔，主要谈及刘建棠勘察铁矿与给王德均发放津贴之事。建棠，疑指刘树德，字建棠，后为戴宗骞麾下将领，待考。吴大澂光绪七年（1881）腊月初九日致王德均信中说：“再前月刘建棠进京领饷，并将明年春季应领机厂经费银五万两备文请领，未知年内能否领出。”据此，则刘建棠在光绪七年（1881）十一月代表吴大澂进京为吉林机器局领取户部官费，此时刚返回吉林省城。刘建棠是吴大澂信任的得力人物，此时先负责铁矿勘探，后又负责机器局经费管理。筱翁，即王德均。吴大澂以吉林机器局驻津代办物料等事总理的名义，每月给王德均津贴银五十两。除王德均之外，驻津代办处还有两名管理人员，主要负责机器设备和物料的选购及由津局代造器械等事宜。

（五）

渤生大兄大人阁下：

初七日接诵初二日来函，承示天津代雇之碱夫十名业已到局，仅给两月工食，发车价二十余两，筱翁事事撙节，可感可佩。瓦匠头秦广发既在山左机局多年，必可得力。仰瓦覆瓦，南北情形不同，自可变通办理，不必拘前说。犹记在京时，有粤东名士陈君以画图见示，余怪其屋瓦多画仰瓦。次日陈君遍访都门寓庐，皆作俯仰合瓦，自知误画。今日方知吾辈所见不广，必系粤中造屋，多用单瓦，画家亦非杜撰也。木植大者均可陆续运到，其小者更易购觅，四五月内可大兴土木之工矣。丁友云来吉，拟先属其到塔，与之考校炮法，测量准线，其所著《炮法举隅》，无从问津，非实验不知其优绌。将来拟在制造局内添筑算学馆十余间，为教习西学之地，何处相宜，乞为度定地势，次第经营。

手复敬颂台祺，大澂顿首。

三月初十日

顷接筱云先生来信，因营口无轮船码头，重大之器，各船多不愿装，已与唐景星商之，由招商局筑码头，机器局制造起重人字架及铁轮等件。彼此各费数千金，至为周安。已函复筱翁照办矣。致友云一信留之局中，俟其到吉再交复振之信附去。

大澂又顿首。

此信于光绪八年（1882）三月初十日作于宁古塔，主要谈及招募匠人、开办书院与营口转运局之事。吉林地区，人手短缺，尤其缺乏技术精湛的匠人，故吴大澂请王德均专程从天津代募硪夫（打桩做地基的匠人），为建厂房做准备。吉林本地，"木匠、瓦匠均可盖造，惟机器各房，非津地雇来熟手工匠，不能建造如式"。吉林只有一般的泥瓦匠，建造厂房，还需从天津等地聘请有经验的人才。瓦匠秦广发，曾在山东机器局任职多年，受宋春鳌引荐，来吉参与厂房建造。在信中，吴大澂还就南北方建筑用瓦形制不同，结合自己的绘画特长，抒发了感慨。丁友云，指丁乃文，江苏候补知县，精西学，撰有《炮法举隅》一书。吴大澂仿照江南制造局等开设附属学校之例，决定在吉林机器局附设表正书院。书院设在机器制造局东偏隙地，共有房屋二十六间，丁乃文任总教习，廖嘉绶为分教习，由吉林府学教授衙门送满汉生童三十余名住院，学习算法、机器、制造与测量等近代自然科学知识。丁乃文有才华有经验，但性格有特点，为此，李鸿章向吴大澂建议："丁乃文昨过此东去，其人略知算法、机器，颇有师心自用之病，幸翁意驱遣，勿为所蒙。"吴大澂也认为丁乃文"有才而不甚稳重，奏调来吉，拟令专司矿务或教习旗童算学测量等事，机厂事由渤生兄一手经理，可不掣肘"。不过，表正书院的事业半途而废，光绪十一年（1885）

十一月，因经费困难，书院被新任吉林将军希元奏请裁撤。唐景星，指唐廷枢，广东香山人，时任轮船招商局总办，曾办开平煤矿，修建唐胥铁路等，为李鸿章得力助手。振之，指陆保善，江苏吴县（今苏州）人，时以直隶候补知县的身份入吴大澂幕，负责机器局财务支发。光绪二十九年（1903），曾出任直隶望都知县。

（六）

渤生大兄大人阁下：

初十、十二日两缄，想均达览。昨日午后，建棠来塔，带到手书，知各厂基址，已丈量定准方位，于前月二十二日动土兴工。前后隙地宜稍宽展，贵姓（贵禄）地六垧，即可买定。筱翁实心任事，本可无须鼓励，惟区区微意，实出至诚，否则存心益不安耳。银饼用螺丝手器，即稍费力，亦可试办。矿铁经炼尚佳，殊堪欣慰。

手复敬颂台祺，大澂顿首。

三月十四日

此信于光绪八年（1882）三月十四日作于宁古塔。从信中可知，因天气回暖，二月二十二日，机器局已破土动工。铸造银元，因机器技术不成熟，暂时采用半手工的方式试铸。

（七）

渤生大兄大人阁下：

二十二日泐复一缄，谅已达到。前托卓友莲太守向王玉如观察开来铁匠工价单一纸附览，乞与竹坪斟酌定议。鄙意仿照清化向章，酌加十分之三四，创办之初，即为将来久远之计，亦不便过于放宽。

其山西招来之七人，或与言明开炉日起，照章给价，按季结算，获利多寡，酌给酬劳银两。至停炉之日，仍可每月另给工食。本地所用之小工，不得援以为例也。现委建棠、竹坪分任其事，仍须阁下总理一切，为弟分劳。应用司事、经理账目归建棠节制为妥。

手泐敬颂台祺，大澂顿首。

三月二十六日

上海运来十三响枪一百杆，天津运来钢靶，如到铁岭，拟由转运局派员领回也。

此信于光绪八年（1882）三月二十六日作于宁古塔，主要是就机器局的薪资与人事安排进行布置。吉林机器局的管理制度及薪资水平，全面借鉴了天津机器局的章程。吴大澂认为，因机器局刚刚开办，吉林又属于边远之地，为吸引人才起见，工匠薪资可比天津机器局略高。事实上，除部分山西铁匠外，吉林机器局的其他技术工人，多从天津机器局与江南制造局等处奉调而来，高薪资是留住他们的必要手段。吴大澂委任刘建棠与竹坪（其人待考）作为宋春鳌的副手，管理机器局事务。

（八）

渤生大兄大人阁下：

月朔接展来函，所绘教习算学馆应建房屋图，甚为妥协。三月望后，天津来信，知丁友云尚未抵津，不知何时可到？木料现成，砖瓦暂缓，俟其到吉，商定兴工，亦不为迟。大致规模，不过如是。

手复即颂台祺，大澂顿首。

四月初四日

此信于光绪八年（1882）四月初四作于宁古塔，主要就机器局附属算学馆工程，进行指导。此时算学馆还未兴建，教习丁乃文也未到任，把算学馆命名为表正书院，也还没有拟定。

（九）

渤生大兄大人阁下：

四月十五日，在三岔口接诵来函，二十七日回城，续接惠缄，均悉。壹是运用木植，购牛八头，并添雇民夫，自行起运较为简便。将来木料运完，牛条亦可变价，无须送至塔城矣。每日应用小工，添募四十余名，月给工食三两，硪夫十八名，月给四两，均极妥协，何从九朴实强干，留局当差，可资臂助，殊堪欣慰。现购解木九十根，可先摘用，原砍之木，如有赢余，留作算学馆兴工之用，亦必相宜。竹坪、建棠已带同韩效忠前赴交河采访铁矿，如有端倪，开厂安炉亦颇费经营也。贵禄所费之地六垧，每垧加给钱十吊，亦不为多，应即照给。营口解来机器铁料，有无安置之地？如库房五月内可以落成，收储各料较为宽绰矣。周少庭已于二十七日抵塔，带来竹根，知已留种局旁隙地。省中雨少，新竹须资灌溉，勿令干燥，笋苞必可长成。三岔口之行，往返二十余日，山荒路僻，又值夏雨时行，山水涨发之时，一路颇形跋涉。沿途屯垦，已安置四五处，俟吴副将招募人来，即可妥为布置矣。

手泐敬贺午釐，顺颂台祺，藉缴芳版不具。愚弟吴大澂顿首。

五月初三日

此信于光绪八年（1882）五月初三日作于宁古塔，主要就机器局人员与物料事宜作指示。本年四月初六日，吴大澂由宁古塔启程，渡穆棱河赴三岔口视察垦务，十四日行抵三岔口。四月二十一日，由三岔口返程，二十七日回到宁古塔。三岔口位于中俄交界，今属于黑龙江省东宁市，是从海参崴、双城子进入宁古塔的必经之地。吴大澂在此建立三岔口招垦总局，从山东、辽南招揽垦民，给予优惠政策，进行开垦实边。为此，吴大澂还专门刻“鸡林道劝农使者印”白文印一方。何从九，指何金生，有从九品衔，在营口转运局任职。

从信中可知，兴建机器局所用木料，由宋春鳌就地招募民夫运输。机器局先修盖库房等急需房屋，附属算学馆（表正书院）房屋修建得比较晚，此时还没有开工。周少庭应为吴氏幕僚，将从关内带到宁古塔的竹根栽种到吴大澂所居的官参局，使吴大澂找到了家乡江南的氛围。吴副将，指吴永敖。此前，吴大澂派吴永敖赴“山东登、莱、青各属，招募屯兵二百名，于本年四月到吉，分拨桿面石、穆楞河、马桥河、细鳞河、小绥芬河、三道冈子等处，分作六屯，每名每月给口粮银二两，并发农具耕牛。每棚十人，给车三辆。即委吴永敖管带，以细鳞河新盖官房作为管带公所”。光绪十二年（1886），吴大澂奉命去珲春与俄国谈判，再次路经细鳞河，作诗云：“征尘屈指到花朝，芳草无情马不骄。犹忆细鳞河畔路，海棠红掩绿杨桥。”

（十）

初三日曾复一缄，初四日接诵来函，所示煤铁各矿情形，交河之南既属奉界，应先咨商定议，方可开办。奉吉界址彼此纷争之际，能否不分畛域，尚未可知。东交河煤铁各矿，如尚合宜，不如就此先行试办，可无窒碍。营口运来铁靶五十块，未识有无铁架？俟何从九旋省，乞收铁靶交转运局派员解塔，留出绥军五营十块，安字一营二块，就近分交解去，其余均备珲、塔各军所用，一并运送塔城可也（内有尺寸较小者数块，系弟自备）。近日松花江曾否涨水？农田盼泽甚殷，已得透雨否？库房现已兴工，正厂墙基同时并筑，砖瓦不致迟误，至以为慰。皞民观察来信，有松江人马县丞籀图，曾在山东机器局经管库房，荐至局中，自可派充司事。

手复再颂台祺，弟吴大澂又顿首。

五月初九日

振之信乞转交，如少谷领饷回吉，无须赴塔矣。

此信于光绪八年（1882）五月初九日作于宁古塔，主要就煤矿开采与铁靶运输之事，进行通报。在上书开办机器局之前，吴大澂就派出李金镛等踏勘煤矿，其中重要的成果就是交河煤矿。但因此煤矿位于吉林与奉天的交界，涉及与盛京将军交涉，故需要吴大澂与吉林将军铭安出面协调。营口运到铁靶，是吴大澂托王德均在天津制造局铸造的。吴大澂在光绪七年（1881）九月二十一日致王德均信：“兹有恳者，敝步各军操演阵法粗具规模，鄙意枪法以准头为要，拟令各营专心练习打靶，比较优绌。闻盛军（淮军周盛传部——引者注）向有钢板铁靶（大约一尺六寸见方），比灰包尤为实在，丝毫不能含混，以此考校准头，可见真实功夫。费神代制钢板枪靶五十副，另制一尺见方者二板，俟明年二月间运至营口，不胜感祷。”吴大澂到吉林后，与将军铭安练“巩、卫、绥、安”四营。绥军马步五营，驻防三姓之巴彦通，统领戴宗骞；巩军马步三营，驻防宁古塔之乜河，统领刘超佩；卫军马步四营驻防珲春，统领郭长云；安字马队一营，留驻省城，委协领富贵为营官。吴氏将这些钢板铁靶下发给各军，供其训练射击。值得一提的是，两块一尺见方的铁靶，是吴大澂专门为自己定制的，由此可见吴氏对射击的关注。本年五月十六日，吴大澂赴宁古塔郊外的乜河营盘，亲自校阅巩军营哨各官枪靶。此后每隔一二日，必督阅戈什（侍从）打靶一回。皞民指顾肇熙，号缉庭，江苏吴县（今苏州）人，同治三年（1864）举人，经李鸿章保举，以直隶候补道员的身份，随吴大澂一同赴吉林，帮办防务。后升任吉林分巡道。在吉期间，撰有《吉林日记》。马籀图，名汝舟，号籀图，后专管库房司事。从信中来看，机器局库房已经兴工，厂房已经开始砌筑根基，整体工程正有条不紊地推进。

（十一）

渤生大兄大人阁下：

二十二日接二十日来函，详悉种种。机场须用铁件，招募匠工四名，在局起炉，自行监造，甚为妥协。铁靶五十块，想未配架，用木用铁，可由各军自行酌配。俟解到省城，即交转运局转解可也。江水略涨，木料仍难速运。想夏令雨多，六月必有盛涨之时，仍须派弁迎催，以免迟误。建棠、竹坪履勘煤铁各矿，单骑奔驰二十余日，至为辛苦。韩效忠以六十余岁之人，其不能耐劳，亦意中之事。钓鱼台煤线甚好，惟与石狭沟铁矿相距七八十里，山路稍近，陡如壁立，恐雇用驮骡亦非易易。如果煤铁均极相宜，只得先行试办。多积煤块，俟冬间雇用爬犁拉用到铁厂，必较合算。钓鱼台之煤线既看不准，每日仅挖尺许，将来能否畅旺，尚无把握。至韩效忠所用游手好闲之人，不甚得力，亦系实情，惟吉省傭工大半如此。即广为招雇，无非一班跑腿儿，工价每月六七千至八九千不等，均不肯自行炊爨，又须雇人代为煮饭。即挑选年力精壮之人，亦多习惯偷惰，不甚出力，约束稍严，以为从未受此苦累，十日半月即纷纷辞去，以后再招，又是此等积习。甚或闻风裹足，竟至无人受雇。鄙人所深知，故不敢自行雇工，而令韩效忠暂为试办。若多费人工而挖煤不多，该练总亦必乐于撤退，麾之使去，固不费事，但恐自行招募，所费更多。乌合之众，时来时去，未能一律认真。且挖煤挖铁等事，寻常工作人等多不肯干，其原来应募者，必系平口一无出息，游手好闲之人。建棠、竹坪皆于吉省民情不甚深悉，故不知用人之难。或令传谕韩效忠所派之管事郑姓转述鄙人之意，因做工人少，须由委员自行招募，若干人分段开挖，以免迟误。一面函嘱建棠试雇二三十人，仍论挖煤若干，给钱若干，一切应用器具及锅勺盆碗等件，由局自行制备。如雇人代为煮饭，每人每日酌扣饭食钱，即于应给工价内逐日扣除，或三日一收，或五日一收。收煤之日，按斤给钱，须立流水账一册，户头账一册，每名占两三页，所给钱文，即于各人名下逐日注明。此事甚属繁琐，恐建棠于账目不甚明白，另外派一司账之人（现有同乡申少彝与沈韵松同来，或嘱少彝前往助之，乞与振之一言）。姑令试办一月，如有成效，再行另议章程。韩效忠派来之人，皆不必撤。或日久无功，即令停止。所亏费用，由局酌认若干，亦不能概责赔偿也。总之，煤铁畅旺，则有利可图，不患人情不踊跃，多挖则多得钱文，安肯耽延误工？若煤铁不旺，妄费工力，利薄功艰，人心易于涣散，此一定之理。弟于四月内雇工二十余人，至细鳞河拓盖窝棚数间，垦地不及三垧，现已陆续辞退。若辈均不愿留，故知跑腿儿之不务正业，不可以理喻势禁，亦风气使然也。

手复即颂台祺，弟大澂顿首。

五月二十七日

此信于光绪八年（1882）五月二十七日作于宁古塔，主要谈及钓鱼台煤矿开采之事。钓鱼台位于今黑龙江穆棱市穆棱镇，韩宪宗参与煤炭勘察，但因年事已高，没能发挥太多作用。对如何管理煤矿工人，发挥他们的积极性，吴大澂可谓思考精细，不厌其烦。这些意见，在今天看来，也还有借鉴意义。申少彝，名丕鼎，后长期在机器局任帮办银钱账目委员。韵松，指沈庚垚，江苏川沙（今属上海）人，府学廪贡生，捐盐课大使，长期在吴大澂幕府任职，后由吴氏推荐，随山东巡抚张曜办理河工。

三、结语

吉林机器局的创办，是洋务运动深入发展的结果。最早提出在吉林设立工厂动议的是北洋大臣李鸿章。但因他选择好的负责人广东道员温子绍，以养母为由，不愿北上，建厂之事遂作罢。吴大澂帮办吉林边务，就是受到李鸿章举荐。他创办吉林机器局，也得到李鸿章与其主管的天津机器局的鼎力支持。可以这样说，李鸿章是吉林机器局的倡议者，吴大澂是主力筹办者，吉林将军铭安是协办者，王德均是前期技术指导与设计者，宋春鳌是具体管理与落实者。吉林机器局从生产技术到管理模式，再到技术人员，均受到天津机器局的影响。从人员构成来说，吉林机器局主要由三部分组成：技术人员，多是宋春鳌从天津机器局等处带来；文职管理人员，多出自铭安与吴大澂的举荐，主要由当地旗人与科场不售的江苏籍人士（吴大澂同乡）组成；一般工人与民夫，主要来自本地或山东等处。

吉林机器局筹建与决策中的很多细节，在吴大澂的书信中均有保留，这对还原历史细节，具有重要作用。吴大澂在光绪七年（1881）七月致王德均信中说："前拟厂屋图样规模稍隘，费神另绘一图。便中寄示为祷。筑窑造砖，当照来书所示尺寸先行开办。”据此可知，机器局厂房的设计图，出自天津王德均之手。又如致宋春鳌信中的“将姚姓地三垧一并购妥”，“局房北面，尚有熟地二垧，即可向地主购定”，“贵姓地六垧，即可买定”，“贵禄所费之地六垧，每垧加给钱十吊，亦不为多，应即照给”等，反映出机器局筹建过程中向民众征购土地的情况。再比如致宋春鳌信中“公事厅进深，不宜过大，北地天寒，住房宜紧凑为贵，过于宽廓，过冬不暖，大约进深以一丈四五尺为度，若过二丈，便不相宜。即客厅均须间壁，不能如南中衙署之三大间也”，“仰瓦覆瓦，南北情形不同，自可变通办理，不必拘前说”等，反映出吴大澂因地制宜，根据吉林的气候特点来安排建筑式样的情形。如光绪八年（1882）三月致宋春鳌信：“知各厂基址，已丈量定准方位，于前月二十二日动土兴工”，“库房现已兴工，正厂墙基同时并筑”，“俟其（丁乃文——引者注）到吉，商定兴工，亦不为迟”，可知机器局于光绪八年（1882）二月二十日正式破土动工，最先施工的是存放机器的库房，其次是厂房，表正书院兴工最晚。再比如吴大澂对砖瓦、石灰、木料等建材质量的关注，对民夫与矿工薪金的细致安排等，都是不见于其他史籍的材料，对研究近代吉林地区的建材业发展与人工价格，都是珍贵的一手资料。

吴大澂所书信札，具有重要的文献价值与艺术价值。因他是著名的收藏家与金石考古学家，学者更多关注信札的艺术价值。吴大澂履历丰富，宦迹遍布大半个中国，是许多重大事件的亲历者，这就决定了信札的文献价值；吴大澂又专擅篆书，他的书法作品，艺术性很高，在当时就颇受欢迎，因此之故，传世的吴大澂信札，保有量很大，在国家图书馆、上海图书馆、中国社会科学院图书馆、故宫博物院、国家博物馆、苏州博物馆等图书馆与博物馆（院）多有收藏。若能充分利用好这些信札，挖掘其中不为人注意的文献信息，对丰富晚清史研究，还原吴大澂的历史细节，具有一定的价值。

（原载于《通化师范学院学报》2020 年第 9 期）

1886年中俄珲春勘界再探

——论吴大澂的“进”与“退”

吕　漫

清代中俄吉林段边界的划界始于咸丰十年（1860）的《中俄北京条约》。次年，《中俄勘分东界约记》签订，此段边界线得以确定，并以法律条文的形式规定了边界走向。但中俄东段边界勘定后，沙俄并没有停止对中国吉林边地的蚕食。至光绪初年，俄人频繁越界使得中国东北边防形势愈加危急。光绪六年（1880），吴大澂被清政府派往吉林协助吉林将军戍边。在东北筹办边务的过程中，吴大澂得知沙俄长期侵占珲春边地并于黑顶子地方安设卡伦，于光绪九年至十年（1883—1884）多次请旨派员会勘，引起清政府重视。光绪十一年（1885）末，俄国照会派遣勘界大臣前来办理界务，会勘中俄吉林边地之事再起，吴大澂遂被委任赴吉林与俄方划定边界。

史学界称此次勘界为“1886年中俄珲春勘界”。这次边界划分在当时引起国内外的关注，不仅是中俄边界史发展进程中的重大事件，亦是中国近代史上具有一定影响力的一件大事。对于此次界务的研究，学界已积累了一定成果，如张宗海、张临北《吴大澂与中俄〈珲春东界约〉》、陈先蕾《吴大澂与晚清边疆问题研究》、董万仑《沙俄对我国东部边疆的侵略与吴大澂1886年珲春勘界》等，这些研究主要集中在此次勘界的具体过程上，通过分析吴大澂与俄国勘界官的交涉、实地勘界，进而论述此次勘界的成功之处抑或存在的问题。然而，对于勘界前黑顶子问题的发现、解决以及此次界务问题的由来尚缺乏深入的研究。因此，对于这次勘界的情况有进一步挖掘的空间。本文拟利用相关档案史料作进一步梳理与探讨，以期增进学界对此次勘界以及吴大澂其人的深入认识。

一、光绪初年中俄东北边地形势概况

《中俄勘分东界约记》签订，确定了从乌苏里江经松阿察河源至图们江一带的边界线。因为划界依据是不平等的《中俄北京条约》，再加之实地勘界时“中国官或惮跋涉，或示优容，未获照约划线”，以致最终的勘界结果不仅未达到《中俄北京条约》规定的边界线，还在此基础上又丧失了部分领土。按照《中俄北京条约》，中俄东界应立二十块界碑：阿—А、巴—Б、瓦—В、噶—Г、达—Д、耶—Е、热—Ж、皆—З、伊—И、亦—Й、喀—К、拉—Л、玛—М、那—Н、倭—О、帕—П、啦—Р、萨—С、土—Т、乌—У。但实际分界时，侍郎成琦与俄官仅立八块界碑，即耶—Е、亦—Й、喀—К、拉—Л、那—Н、倭—О、帕—П、土—Т。其中最为重要的“乌字牌”则未立，中国正式丧失图们江出海口。但沙俄并没有满足在此基础上获得的利益，在中俄东段边界确定后不仅未按约守界，反而多次违约越界，企图侵占更多土地。咸丰十一年（1861）七月，适逢中俄东界刚勘定不久，吉林将军衙门就多次上报沙俄在双城子、摩阔崴、绥芬河等要地肆意活动甚至携带枪支、机械等修建房屋，而吉林巡防之员却“毫无拒阻”，“竟至束手观望”。对此，清政府曾下令严惩失职官员，饬所属边地处处严防，务必防范越界之俄人。但吉林腹地封禁已久，边防松懈，以致俄人越界之事时有发生。

至光绪初年，沙俄在中国东北边地的越界行为愈加频繁。据黑龙江将军丰绅上奏，在中国黑龙江与俄罗斯接壤的卡伦处，“屡有不听拦阻，持照越界”者，如“前往呼伦贝尔贸易之飘斐拉尔塔等十起”，“往鄂尔顺河博木地方换鱼之拉琶郎奇等两起”，“往巴尔虎游牧界寿宁寺聚集地方贸易之阿哩克三达尔等七起”，“那木萨赖等十二起”。而中国吉林省与俄国接壤之地“自分界后，近年俄往里占据已进一二百里”。就此，总理衙门曾密函珲春副都统衙门“务须拣派妥干之员，变装详细探报”，查明俄国在中国东北边界一带有无侵占行为，“朝鲜有无奇异之状”，并将俄人究由何处占越、有何动作、所盖铁房堆系何物等一一探查，“飞行务于三、五日，由六百里密报一次，勿得延误泄露”。因此时正值中俄伊犁交涉之际，为加强中俄边防，除严密刺探边境情报外，清政府还谕旨派人就东北边防之事密速筹划并酌筹练兵章程。光绪二年（1876），侍郎袁保恒上奏称，“吉林边界时有俄夷增兵来往，举动叵测”，需派“知兵重臣，专办东三省练兵事务”。清政府遂又令崇厚、古尼音布、丰绅等悉心会商办理。光绪五年（1879），俄官驻摩阔崴边务委员马秋宁“请在宁古塔地方作为两国通商之区，与该国商人互相贸易”。清政府以宁古塔地方并非中俄条约规定的通商地点为由婉拒。为进一步扩大在中国东北地区的贸易范围，沙皇政府趁该年中国特派全权大臣崇厚赴圣彼得堡议还伊犁之机，与其签订《伊犁条约》，同时又订立《瑷珲专条》，其中规定“如有开办行船、贸易等事，于两国未经商定之前，准许俄民在松花江行船，至伯都讷并与沿江一带地方居民贸易”，“中国官员并不阻止俄民与该处居民贸易”。据咸丰八年（1858）中俄《瑷珲条约》所载，“由黑龙江、松花江、乌苏里河，此后只准中国、俄国行船”，这里的航行权应指各在本境之内。而此专条所规定之俄民可由松花江行船至吉林伯都讷，则不仅使俄国获得了在中国境内松花江上的航行权，还进一步扩大了其在吉林省内的贸易权。

此消息传到北京顿时引起朝堂内外的关注。与此同时，吉林将军铭安又多次上奏俄军入侵边境、戕害官民并在三岔口等处制造事端的行径。鉴于俄人欲侵占吉林边地的野心，朝野上下很快达成了加强东北边疆防务的共识。东三省为清朝“龙兴之地”，吉林将军治下三姓、宁古塔、珲春等多处与俄国壤地毗连。其中珲春城与朝鲜庆兴府仅隔一江，“地在省城东南一千二百里，南至海一百一十里，北至佛思恒山一百二十里宁古塔界，东至海二百八十里，西至图们江二十里朝鲜界，左环沧海，右带门江，外控高丽，内屏重镇”，尤为紧要。对此，铭安曾奏“珲春切近俄边，须先练马步队三百名”，并请派遣贤员赴吉林协助守边。此前，张之洞在奏陈驭俄之策时就指出应广泛储备文武之才，对于“隐逸之士及未仕者，亦许一体例荐”，“并请谕令疆臣，亟为物色，备行人之选”。于是，对于铭安之奏，清政府立即谕令李鸿章“于直隶候补人员内遴选为守兼优之道府州县各员，奏明发往吉林交铭安差遣委用”。而李鸿章所推选之人正是当时积极主张加强东北边防的河南河北道员吴大澂。

吴大澂，江苏人，同治九年（1870）二月，入李鸿章门下，成为其幕僚。之后即随同李鸿章一起办理天津教案并振襄灾务。同治十二年（1873），出任陕甘学政期间，与陕甘总督左宗棠共同商办筹饷、教育等事宜。光绪二年（1877），山西大灾，又帮助山西巡抚曾国荃筹购粮饷。因济世能力出众又多留心边务，“左文襄、曾忠襄交章荐君之才”。吉林为清朝根本重地，“筹边裕饷胥关紧要，向无汉员参赞之例”；吴大澂由此成为清朝派往吉林帮办军务的第一位汉族大臣。

二、黑顶子地方问题的发现及勘界由来

光绪六年（1880）正月，清政府谕旨“河南河北道吴大澂，着赏给三品卿衔，前赴吉林，随同铭安帮办一切事宜”。四月十七日，再颁谕旨：“河南河北道吴大澂，现在前赴吉林帮办一切事宜，着即行开缺。”吴大澂于四月十八日由京城出发，五月十七日抵达吉林省城。吴大澂在吉林期间，与吉林将军铭安编练靖边军驻扎三姓、宁古塔、珲春各处，并奏请设立吉林机器制造局、兴筑炮台、试办屯垦。对于沙俄侵占吉林边地之事，吴大澂早在刚到吉林不久就接到珲春协领的探报，说俄人在该年四月二十八日从岩杵河“拨兵五十七名，并携大炮二杆，赴双城子去讫”。之后，吴大澂便趁校阅边防军之机赴珲春要隘进行查看。在巡视边界的过程中，吴大澂“始知珲春黑顶子地久为俄人侵占。因请颁旧界图，将定期与俄官抗议，未得旨”。随后，吴大澂又与铭安商派李金镛等人赴图们江下游一带查勘界址。

据李金镛奏报，从珲春经黑顶子、引牛河至图们江一带界线，“沿江红线之内，自乌龙沟东起江口止，长约一百三十余里，宽约十余里至四五十里不等。照条约以海中间之岭至图们江口为证，长约一百三四十里，宽约四五十里至八九十里不等，并罕奇海口及盐场，亦在中国界内。职按图据约互证参稽，知该地多为俄人所占”。俄国人已在黑顶子地方建设卡房，“该处有朝鲜人一百三十余户，又有三十余户在引牛河，五十余户在图们江口，共开熟地将及千垧，被占红线内可垦之地约二三万垧”。此外，还查勘得知“距图们江口三十五里之广坪沟，实为要地”，而“距图们江口之二十里立有‘土’字头界牌一座，今已无有”。对此，李金镛请“按约划界，重立界牌，各守界址，而免侵越”。黑顶子地方又称为乌尔浑山，原为珲春围场，位于珲春市东南图们江下游北岸，距珲春城八十里，与朝鲜庆兴府隔江相望，距俄国屯兵要地岩杵河仅数十里，为中、俄、朝之间要冲之地，具有重要战略地位。黑顶子地方最初与沙俄国界并不接壤。《中俄北京条约》签订时，规定珲春东部中俄边界线为“顺珲春河及海中间之岭，至图们江口。其东皆属俄罗斯国，其西皆属中国。两国交界于图们江之会处及该江口，相距不过二十里”，使得黑顶子地方一跃成为中俄边界要地。

根据李金镛的上报，吴大澂于光绪八年（1882）末，第四次赴珲春校阅防军之时，就近会同珲春副统都依克唐阿赴摩阔崴俄官驻处质问越界之事。俄国边务委员马秋宁提出：“口说无凭，请缓至翌年三月初一日（俄历，中国阴历为二月初五日——引者注）由两国派员凭图会勘之后再为办理。”但随后竟率领马队将吴大澂派往黑顶子驻防的守备胡世贵驱回，指黑顶子地方为俄界。吴大澂遂亲至岩杵河摩阔崴沿海一带查勘，发现海中间之岭，并由罕奇海口绕至黑顶子，确系俄人侵占珲春之地。因此前请旨颁赐分界旧图未果，吴大澂便查阅吉林将军衙门存案地图，发现地图所划红线并不如条约所说“由瑚布图河口顺珲春河及海中间之岭，至图们江口，其东皆属俄罗斯国，其西皆属中国”，地图与条约显有不符之处。对此，为索还黑顶子地方，吴大澂再次上奏请颁咸丰十一年（1861）两国分界原图，并请派员按照旧图所定红线与俄官将黑顶了一带划清界址。光绪八年至九年（1883—1884），吴大澂先后八次就中俄黑顶子边地之事上奏，具体可见下表。

时间	奏折
光绪八年十二月二十一日（1883 年 1 月 28 日）	吴大澂奏报俄侵占珲春黑顶子地方应设法索还片
光绪九年三月初四日（1883 年 4 月 10 日）	吴大澂为向俄索回吉林黑顶子地方事致总理衙门函
光绪九年三月二十日（1883 年 4 月 26 日）	吴大澂为与俄官员会勘黑顶子界址事致总理衙门函
光绪九年四月初八日（1883 年 5 月 14 日）	吴大澂为俄官员违期不来会勘黑顶子边界事致总理衙门函
光绪九年四月十六日（1883 年 5 月 22 日）	吴大澂为中俄会勘黑顶子界址事致总理衙门函
光绪九年四月十九日（1883 年 5 月 25 日）	吴大澂为会勘黑顶子边界俄官多方支吾延宕事致总理衙门函
光绪九年六月十六日（1883 年 7 月 19 日）	吴大澂为被毁之中俄黑顶子界牌只可按据图约添补事致总理衙门函
光绪九年十二月二十一日（1884 年 1 月 17 日）	吴大澂为请派依副都护办理会勘黑顶子边界事致总理衙门函

吴大澂上奏的内容主要有三点：其一，黑顶子地方在旧图红线内，为中国之地，必须收回；其二，俄官主动约期会勘黑顶子地方，却多次借口违约不来；其三，俄国不愿与我方商办黑顶子地方之事，请派员与俄国据图约会勘。对于吴大澂的上奏，总理衙门曾致信俄

国驻华公使韦贝询以中俄定期会勘之事。但马秋宁与韦贝串通一气，不仅违约不来会勘，还增兵防守黑顶子地方，意图久占。至光绪十年（1884），由于中法战争爆发，清政府谕旨吴大澂即行统帅吉林所练边防军航海赴津，以备调遣。临行前，吴大澂奏请吉林未尽军务屯务“以后应即专归吉林将军主持”。黑顶子地方之事也便由吉林将军负责。光绪九年（1883）十一月二十三日，新任吉林将军希元接到俄国大臣照会，提出将勘定附近中俄交界事宜，中国官由吉林将军、俄国官由东海滨巡抚各自派往。于是，希元奏请清廷简派熟悉图约边界人员与俄会勘界务，同时致信吴大澂阐明此事。吴大澂遂趁机向总理衙门奏请派珲春副统都依克唐阿办理会勘之事，并指出：“明年会勘之期应请贵处与俄国驻京公使预为订定，免得临时推诿延宕。至吉林派员会勘，但须勘明黑顶子地方与图们江相去几里，即在原订地图内注明黑顶子字样。”

对于清政府的人事安排，新任俄国驻京公使博白傅却照会总理衙门称：“伊国所派勘界大臣不能与依副统都商办。”对此，吉林将军希元另专派协领穆隆阿、双寿等会同俄员会勘。光绪十年（1884）七月初六，俄国边务委员照会珲春衙门，“彼国分勘大臣现已赴交界地方去讫”，应请“大臣穆隆阿、双寿赴交界处，与彼之大臣相会分勘”。随后，穆隆阿、双寿在长岭子与俄官巴尔巴什会面，登山逐一勘毕后，即往黑顶子岭脊照图复勘。“至沙草峰将近，忽据俄官称以由此距沙草峰‘土’字界牌尚有三十里之遥，如到彼互换押结，两国大员即行同往划清界线，否则我们不去。”按照《中俄北京条约》，图们江口应立“乌字牌”一座，但成琦在与俄官实地勘界中并未竖立“乌字牌”。而且，此前据依克唐阿查明，从珲春河源至图们江口五百余里，没有一个界牌。俄官遂就此以图们江口原无界牌为由，拒不前往。对此，总理各国事务衙门谕令穆隆阿、双寿等将“土字牌”勘明之界先行照会，互换押结，以期迅速了结；至于“乌字牌”界址，则等面议帮办依克唐阿后再行办结。但针对穆隆阿、双寿就“土字牌”先行互换押结之事，马秋宁却照会珲春衙门，“当先行由你们吉林将军处请得结实文书，若无此结实之文，该二大臣将使结固之事不能办理”，并称“土字牌”以南地方系属俄罗斯之地，意欲“从‘土’字界牌划清界限而置‘乌’字于不论”。如此一来，由于俄国再次借故拖延，会勘中俄东界之事又无结果。

至次年初，总理衙门大臣奕劻等据吴大澂前奏黑顶子之事上奏，指出吉林东界牌博多有舛错，年久失修，“请简派大员会同履勘，据约立界”。会勘中俄吉林东界之事再起。此时，中法战争已经结束，再加之伊犁业已收回，中俄西段边界划分将告完成，清政府遂谕旨：“着派吴大澂、依克唐阿前往会勘，将图约参互考证，据以勘定界限。仿照西路办法，重立牌博，以巩边陲而昭信守。”吴大澂离吉赴津后一直关注中俄吉林界务，就此上奏指出：“成琦所立界牌八处，惟‘土’字一牌之外，尚有‘乌’字一牌。以交界记文而论，图们江左边距海不过二十里，立界牌一，上写俄国‘土’字头，是‘土’字一牌已在交界尽处，更无补立‘乌’字界牌之地。二者必有一误。又欲补立界牌，无论‘乌’字、‘土’字，总以图们江左边距海二十里之地为断。”同年，珲春副统都依克唐阿接到俄官边务委员照会，关于两国分界之事，该国派东海滨省固毕尔那托尔首长为首领大臣，拟于次年三月初间会勘。总理衙门遂就此请旨派吴大澂为勘界大臣，依时前往办理。至此，耽搁数年的中俄边界吉林段重勘之事才算正式确定。

三、实地勘界立牌与中俄吉林段边界的重新划定

光绪十一年末（1886年初），吴大澂入都陛见，并与俄国驻京公使博白傅约定于光绪十二年四月内，会同俄国所派固毕尔那托尔首长巴拉诺夫查勘图们江一带边界。次年二月十二日，吴大澂抵达吉林省城。四月二十二日，重勘吉林东界会议开始。在第一次勘界会议上，吴大澂与巴拉诺夫首先就补立中俄交界图们江左岸之“土字牌”进行会商。巴拉诺夫意欲在除去海河二十里之外处竖立“土字牌”，坚持以旧图所划红线为准。按咸丰十一年（1861年）所换地图，图上一寸系俄国二十五里，计中国里五十里。图上界线末处与海口相距系俄国里二十余里，以中国里数计之实系四十五里。若按此计算，则与条约不符。吴大澂遂与之辩论，海口即江口，应按条约从海口量准二十里为准，并就此致电李鸿章询问如俄使不允，能否照旧图定界。李鸿章谕令：“以海滩尽处为江口，如能争到，甚善，如必不行，即照旧图定界。”由此可知，吴大澂在此次勘界交涉中并不像其勘界前赋诗中所言，“珠槃玉敦雍容会，袖里乾坤要斡旋”，“尺地争回豆满江”那般自信。面对俄官的狡诈言辞，他在思想上已经作出了某些让步。而清政府的立场实际上亦与此一致。最后，吴大澂与巴拉诺夫议定，拟将“土字牌”“向沙草峰挪前十八里，立于山南沿江高坡下，不致为江水冲塌。约计离海口不过二十四五里，再前则沙土浮松，恐无立牌之地耳”。

至光绪十二年（1886）五月初六，双方就收回黑顶子地方以及补立“萨”、“啦”、“玛”等字牌达成初步共识，但图们江出海之口议作中俄两国公共海口尚未达成一致。五月二十日，吴大澂与巴拉诺夫同往沙草峰南山麓尽处监立“土字牌”。界牌立于深入地

下一俄尺（约合二尺三寸）的坚固石基上。石基周围有一道沟，此沟用石块填满，并用石灰灌浆，以期持久。从“土字牌”向西北行至长岭山口天文点，因界线绵长，又按序号标号设立八个小界标。在长岭子中俄交界地方，吴大澂又添设铜柱，勒铭于其上，铭曰：“疆域有表国有维，此柱可立不可移。”此段边界线自图们江起至长岭天文台止，“计新立‘土’字界牌之地至天文台，俄里六十五里半，约中国里一百三十一里。图上红线俱顺分水岭为界，水向西流入图们江者属中国，水向东流入海者属俄国”。对此，光绪十二年（1886）曾到中国东北游历的英国人亨利·詹姆斯在《长白山纪》中，也有记载：“中俄勘界委员会最近刚勘分的俄国边境距离珲春不超过八或十英里。这段路在一片中国人已经修建了两座堡垒的开阔的平原上延伸了五或六英里，并向低处延伸，一个高耸链条的外围形成了图们江与一条在波西耶特湾不远处流入大海的河流——绥芬河之间的分水岭。在距离山脊顶部不到一英里的地方，有一根铜柱，上面刻着：钦差大臣吴大澂，都察院左副都御史，珲春副统都依克唐阿，光绪十二年四月巡查边疆并立柱。”此外，清末维新报刊《时报》也曾报道，“往昔边防大臣吴大澂测定珲春地方，在黑顶子西北二十五里之地建‘土字牌’”，使“清俄国境一目了然”。

吴大澂就收回黑顶子地方之事再与俄使议定：“中国界内黑顶子地方旧有俄国卡伦民房，议明于一千八百八十六年六月，即光绪十二年五月，迁回俄境。两国勘界大臣各派委员前往该处交接明白。”黑顶子之地早在吴大澂赴吉林筹办边务之前就已被俄人侵占，但对于此事，“吉省官民从未过问”。以致俄人侵占愈甚，竟于黑顶子处安设俄卡。对此，吴大澂曾亲赴边地查明黑顶子地方应为中国境内，并多次请旨会勘收回。可以说，正是吴大澂等人此前的努力才使得黑顶子问题能在此次界务中得以顺利解决。黑顶子地方收回后，为防止俄军卷土重来，依克唐阿“当即派员前往接收，添设卡伦，以清界址”。吴大澂随后也拨靖边军一营前往该地，并遣人试行屯垦。此后，清政府也十分重视黑顶子地方边防问题，不仅派官驻守卡伦，还派人巡查边界，并挑选精壮兵丁筹办团练，以固防务。对于黑顶子屯垦一事，清政府还于光绪十三年（1887）成立黑顶子屯垦局，抽调步兵、马队督率屯务，安辑流民，在一段时间内大大增强了黑顶子一带边地的防守力量。

其余补立、增添界牌之事，吴大澂虽与俄官实地勘明“土字牌”至“喀字牌”间两国边界线，但“喀字牌”越兴凯湖顺乌苏里江口一段水路边界，却因吴大澂未能亲往履勘，产生若干问题，为以后“喀字牌”、“耶字牌”的挪移以及黑瞎子岛问题留下了不少隐患。对此段边界线的划分，俄国勘界官巴拉诺夫曾说过一段耐人寻味的话语：“当我与钦差大臣吴专员在划分已经被向下更改的兴凯湖界线时，我像对待一个伟大国家的代表一样对待他，给了他一个仪仗队，还有其他如此的待遇，结果整个事情进行得顺利而令人满意。”同样地，关于“倭字牌”的补立，由中方代表托伦托勒与俄官舒利经办理，在监立过程中，俄官私自挪移界牌，对此托伦托勒以身跳坑予以抗议，而吴大澂却认为：“界已定矣，何必拘此微末。”由于吴大澂恪守“天朝礼制”，将此次界务定位于“专为图们江补立‘土’字界牌，并收回黑顶子地方”，以致忽视了吉林东大川一带中俄边界界牌的竖立，为之后中俄东段边界问题的解决留下了诸多隐患。

最后关于图们江口出海权一事，吴大澂曾于光绪十二年（1886）四至九月间与巴拉诺夫会晤多次。巴使之意欲将此事归于总理衙门与驻京公使商议，“但俄外交部意欲将图们江行船由总署议，必以松花江通商相抵”。对此，吴大澂认为图们江一事仍归界务，与商务无涉，且图们江“土字牌”以南至海口三十里虽属俄国辖境，惟江东为俄界，江西为朝鲜界，江水正流全在中国境内，如有船只出入海口，非俄国一国所能拦阻。双方就此一直争辩至九月十八日，巴拉诺夫接东海滨总督来电，“图们江口中国有船只出入，俄国并不拦阻”。同日，吴大澂所撰《交界道路记》六段及详细地图均已竣事，与依克唐阿会同巴拉诺夫画押并盖印。至此，中俄吉林段边界重勘之事全部告终。此次勘界所定之中俄《珲春东界约》签订于该年九月十五日，图们江行船之事则在十月十二日添加在界约内。该条约有俄、满、汉三种文本，其中满文本被作为最具有解释效力的指导性文件。

四、结语

综上所述，中俄珲春勘界是在近代中俄不平等条约体制框架内进行的。结合《中俄北京条约》、《中俄勘分东界约记》及《珲春东界约》三个中俄不平等条约可以发现，在此过程中，中俄边界吉林段的形成存在三条线：第一条，《中俄北京条约》规定的划界线；第二条，咸丰十一年（1861）成琦等人与俄国实地勘界的勘界线；第三条，吴大澂等人与俄国实地勘界的勘界线。就中俄珲春勘界而言，吴大澂与俄方议定的“土字牌”补立地点距离图们江口三十里，不仅未达到双方在勘界会议时商定的“二十四五里”，更未达到《中俄北京条约》规定的“二十里”，也即成琦当年勘界所立“土字牌”之地。加之越兴凯湖顺乌苏里江口一段水路边界界牌如“耶字牌”等，在实际竖立过程中亦存在些许问题。

此外，还需要注意的是清代中俄东段边界形成过程中的失地原因。第一，划界。中俄边界划界条约的签订属于国家层面的交涉。自鸦片战争以来，清朝虚弱的国力日益暴露，对外交涉亦呈现妥协态势。《中俄北京条约》是清政府在第二次鸦片战争战败之际签订的，弱国外交背景下的妥协是中国大方向丧失土地的原因。第二，勘界。实地勘界的结果与边务人员的个人素养以及责任感密切相关。咸丰十一年（1861），由于中国勘界官成琦等人畏惧路途遥远，竖立界牌之事大多出自俄国勘界官之手，致使中国在实地勘界中又丧失部分领土。相比于成琦等人的昏聩，吴大澂可以说是一位具有爱国精神与务实精神的边疆大臣。但在珲春勘界中，他所秉承的原则仍是“天朝上国”的威严与礼仪，在清朝礼仪制度的框架内以及国家层面的妥协外交态势下，他个人“有限的抗争”并不能在大方向上作出改变，只能“寓抗争于妥协之中”。相比于划界，实地勘界丧失的领土亦是小失地。划界与勘界两者相结合，最终造成了清朝在解决中俄边界过程中失地的结果。这些经验与教训至今仍值得时人进行深刻反思。

（原载于《中国国家博物馆馆刊》2021年第11期）

光绪七年吴大澂致德平阿信札考释

李文君

2020年秋季，一批吴大澂写给德平阿的信札被发现。这批信札共五通，内容相对完整，结合吴大澂日记等其他相关的史料，对研究吉林三边地区的防务与垦荒，对补充并丰富顾廷龙先生所撰《吴愙斋先生年谱》的内容，均有积极的意义。另中国历史研究院近代史研究所收藏有吴大澂致德平阿抄本信札二通（其中一通的内容与新发现的信札相同），现以书写年代为序，将六通信札一并整理，并进行简单考释，以惠学林。

一、寄信人与收信人

寄信人吴大澂，江苏吴县（今苏州）人，字止敬，号清卿，又号愙斋，同治七年（1868）进士，同治十年（1871）散馆授编修。从同治十二年

（1873）起，历任陕甘学政，河南河北道，吉林三边帮办、督办大臣，会办北洋大臣等职。光绪十三年（1887），擢升广东巡抚，后又相继出任河东河道总督、湖南巡抚等职。甲午战争中，作为湖南巡抚，吴大澂自告奋勇，亲率湘军出关，在辽南迎击日军，后因作战失利被免职，回家乡苏州终老。

收信人德平阿，号远庵，蒙古镶红旗人，早年曾奉调入关，参加对太平军的作战。同治八年至光绪四年（1869—1878），担任拉林（今属黑龙江五常）协领；光绪四年，署阿勒楚喀（今黑龙江阿城）副都统；光绪六年（1880）六月，调任宁古塔副都统。光绪八年（1882）五月，因挪用军士饷银，被吴大澂弹劾去职。光绪十三年（1887）八月，病逝于吉林省城。

吴大澂与德平阿的关系，始于吴氏赴吉林任职期间。伊犁问题的交涉，引起中俄关系的紧张。为加强中俄东段边界的防务，在直隶总督兼北洋大臣李鸿章的推荐下，光绪六年正月二十一日，在河南河北道员任上的吴大澂接到谕旨，命他以三品卿衔的身份赶赴吉林，随同吉林将军铭安帮办吉林三边的边务。吉林三边，包括宁古塔、三姓与珲春。在一切准备妥当之后，四月十八日，吴大澂离开北京，赶赴吉林。五月十七日，吴大澂抵达吉林省城。六月二十九日，吴大澂在吉林省城第一次见到德平阿。此时，正值德平阿接替双福，刚刚出任宁古塔副都统。此后，吴大澂与德平阿互动频繁。在生活中，二人也经常一起宴饮，吴氏还曾为德平阿亲笔书写“篆屏八幅，楹联六副”。从吴大澂在信中称德平阿为“仁兄”，自己以“如弟”自称的情况来看，二人还是换帖的结义兄弟。关于他们结义的具体时间，在吴大澂日记中却没有留下任何记载。

吴大澂虽然与德平阿私交甚笃，却并不妨碍其执行公务，该秉公处理的时候，还是公事公办，并不回护。光绪八年（1882）五月，吴大澂上折参奏德平阿说："宁古塔副都统德平阿，于所统各营应领三月分饷银，迟至五月尚未发给，并有将饷银寄存钱铺，故意稽留情事，实属不知体恤士卒。"德平阿因此被免职。光绪八年（1882）八月初三日，卸任的德平阿要从宁古塔返回吉林，吴大澂亲自送行。此后，因吴氏常驻宁古塔，后来又入关协防北洋，与住在吉林的德平阿往来渐疏。光绪十二年（1886）正月，吴大澂再次奉旨出关，赴吉林珲春勘察中俄边界，路经吉林省城时，德平阿前来迎接故友，时过境迁，短暂相聚之后，二人冰释前嫌，重归于好。一年之后，德平阿病逝于吉林，吴大澂南下广州任职，二人的交往也画上了句号。

对吴大澂与德平阿的交往，学界并无专文论述，只是在一些讲述东北开发的文章中顺带提及德平阿其人，如陈达等人的《副都统容山的宁古塔岁月》一文，在谈及容山出任宁古塔副都统的背景时，曾论及德平阿。陈达、杜山的《清代宁古塔望江楼和〈望江楼志〉的疑问》一文，也提及德平阿修建宁古塔望江楼之事。再如柳成栋的《吴大澂在督办吉林边务中的历史贡献》一文，讲述吴大澂在宁古塔垦荒练兵事宜之时，顺带提及其弹劾德平阿之事。就目前所见的材料而言，对德平阿的姓氏、详细身世等基本问题，尚不完全清楚。全面整理考释吴大澂从吉林写给宁古塔德平阿的这六通信札，在丰富德平阿生平资料的同时，也可以把吴大澂在吉林垦边练兵的相关研究向前推进一步。

二、信札考释

吴大澂做事认真，即便是私人性质的信札，他也毫不马虎。这从他存世的信札中，大多有完整的时间落款这一点就可以看出，而同时代的潘祖荫、翁同龢等人的信札，对落款时间的书写就很随意。完整的时间落款，为我们考释这些信札的内容提供了极大的方便。

（一）筹划对俄交涉

远庵仁兄大人麾下：

初九日布复一缄，计已达览，连奉惠函，详示种种，均已诵悉。双城子等处，有呼伦贝尔之蒙古人，既为俄人笼络，恐一时难得招回，若派人深入，尤虑漏泄机宜，转滋口舌。只得暂缓商办。廓米萨尔遣人送文至瑚布图河台卡，并无紧要事件，诚如尊论，不如仍照旧章赴珲办理最为妥协。刻下尧山奉命新授珲春副都统，将来洋务，径由尧山处商办，彼亦无可措词矣。英喜带来马队二十名，今日已到，挑选均极精壮，可喜之至。前拟暂留双如山所带马队，鼎翁必欲调回，不肯久假，弟亦不便固执己见，拟嘱如山兄另挑亲兵一营，驻塔操演，其原带之练军，由省派员接统。鼎翁之意，亦以为然矣。

手泐布复，敬请勋安，不具。如弟吴大澂顿首。

五月十三日

桂翁连日销算甚忙，营制一切尚未交来，拟于六月十三日启程入都，诸事均可从容也。

此信于光绪七年（1881）五月十三日作于吉林，主要谈对俄交涉及边军操演事宜。本年五月初九日，吴大澂日记有“复德远庵书”的记载，即此信开头提及的“初九日布复一缄”。双城子，今俄罗斯乌苏里斯克，西邻黑龙江东宁，原为中国领土，后被迫割让给沙俄，是沙俄对华交往的前沿。信中提及的对俄交涉，主要有两件事：一是呼伦贝尔地区的蒙古族百姓被沙俄诱骗到双城子，需要协商召回国内；二是沙俄廓米萨尔（俄语“边界官”之意）派人到瑚布图河台卡派送咨文。瑚布图河，发源于珲春，在东宁三岔口镇汇入绥芬河，是中俄两国的界河，河上设有清军的边防卡伦。珲春一带的对俄事务，原来归宁古塔副都统负责，后因宁古塔辖区地域过于辽阔，中俄边界交涉日繁，宁古塔副都统鞭长莫及，在吴大澂等人的建议下，光绪七年（1881）四月，清政府将珲春城从宁古塔副都统辖区划出，单独设立珲春副都统，专辖珲春城，负责对俄的洋务交涉。首任珲春副都统为依克唐阿，字尧山，满洲镶黄旗人，原任呼兰副都统，也是吴大澂的结义兄弟。信中提及的英喜为宁古塔哨官，此次从宁古塔调马队二十名到吉林，作为吴大澂的护卫亲兵。光绪十二年（1886），吴大澂重返吉林，在赴珲春途中，于二月十九日在张广才岭与英喜故人重逢，“适宁古塔靖边右路中营哨官英喜率队兵伐电线木杆，住一小店，得余，宰一豚，煮饭方熟，留余小憩。英喜乃余旧部也，即在此店打尖”。信中所说的双如山，也就是双寿，蒙古镶红旗人，早年曾参与过对捻军及西北回民义军的作战，后出任五常堡（今黑龙江五常）协领，此时在宁古塔营务处为吴大澂训练亲兵营。鼎翁，指吉林将军铭安。吴大澂到吉林后，主抓垦务与练兵，并亲自赴夹皮沟招抚韩边外，颇获各方好评，相比之下，显得铭安政绩平平，因而引发铭安不满。吴大澂为避嫌，以退为进，在光绪六年至七年（1880—1881）之交，连续以病辞而不出。直到光绪七年三月初十日，朝廷下旨明确铭安与吴大澂的职权范围，要求二人“尤宜事事和衷，不准稍存意见”。在职责名分已定的前提下，吴大澂才正式移驻宁古塔，全身心地投入边务工作。桂翁，指喜昌，字桂亭，满洲镶白旗人，在吴大澂到吉林之前，他以乌里雅苏台参赞大臣的身份，在吉林操演旗丁，帮办吉林防务。光绪七年（1881）四月，喜昌调任库伦办事大臣。此次与吴大澂交割完毕之后，入都面圣，并准备挑选一千名士兵，带赴库伦戍守。直到本年六月二十五日，喜昌才离开吉林，赶赴北京。

（二）修筑珲春城垣

远庵仁兄大人如手：

昨接尧山来信，拟调双玉一营前赴珲春帮筑城垣，原信钞奉台览。弟亦明知尊处营房亦未竣工，彼此均属为难，如何函复尧山之处，弟亦毫无成见，尚祈吾兄斟酌示复为幸。富贵所带安字营马队，拟于七月间调扎塔城。弟现在布置机器局，头绪纷繁，亦须七月方可出省也。

手泐，敬请勋安。如弟吴大澂顿首。

六月望日

此信于光绪七年（1881）六月十五日作于吉林，主要就依克唐阿调取士兵修筑珲春城垣一事通报信息。该日，吴大澂日记有“复依尧山、德远庵书”的记载。依克唐阿担任珲春副都统之后，为加强对俄防务，重新加固珲春的城垣。因珲春人手短缺，依克唐阿请求从宁古塔调一营士卒前来帮忙。作为负责宁古塔、三姓、珲春三边的帮办大臣，吴大澂“毫无成见”，让宁古塔副都统德平阿自己处理此事。七月十二日，在给依克唐阿的回信中，吴大澂借用德平阿的口吻，解释了不能调双玉一营到珲春的理由：“一因右路常福所统只有两营，若再调去一营，未免减色；一因该营弁兵修理营房劳苦数月，刻下甫经搬入营中安置妥帖，又令调赴珲春，跋涉维艰，益形劳顿。”吴大澂到吉林后，与将军铭安共练巩、卫、绥、安四军。绥军马步五营，驻防三姓之巴彦通，统领戴宗骞；巩军马步三营，驻防宁古塔之乜河，统领刘超佩；卫军马步四营驻防珲春，统领郭长云；安字马队一营，留驻省城，委协领富贵为营官。双玉，宁古塔营官，具体情况待考。富贵，字锦堂，安字营营官。因筹办吉林机器局，吴大澂一直滞留吉林省城，直到九月初二日，才启程赶赴宁古塔。

（三）赴省领取饷银

远庵仁兄大人阁下：

日前泐复寸缄，计已达览。桂亭兄本定廿一日启程入都，因连日阴雨，道路难行，改至廿四日，未识天气能否畅晴耳！尊处应领两七月之饷及找补六月尾款，统俟派员到省，即行照拨可也。马队托伦布、惠科、成贵三名。因家有喜事，乞假回塔，乘便泐布数行，敬请勋安，统祈爱照不宣。

如弟吴大澂顿首。

六月廿日

此信于光绪七年（1881）六月二十日作于吉林，主要通报饷银领取事宜。本年六月十八日，《吴大澂日记》有“致德远庵书”的记载，即此信开头提及的“日前泐复寸缄”。本年六月二十五日，因喜昌即将入都，吴氏出“（吉林——引者注）西门外，送桂亭行，并寄请圣安”。本年三月，经朝廷批准，吴大澂与吉林将军铭安分工，吉林三边地区的军饷与垦荒经费，改由吴氏一人专责发放，铭安不再过问，这也是后来德平阿克扣、挪用饷银，吴大澂毫不犹豫参奏他的原因。本年为闰年，有七月和闰七月，宁古塔官兵可领“两七月之饷”。托伦布、惠科、成贵均为马队士卒，驻扎吉林，因家事请假要赶回宁古塔，吴氏托他们带此信给德平阿。

（四）分配营房经费

昨接初七日靖边防营所发手书，藉悉一是。双玉一营，当即婉致尧山暂时不调，俟桂翁到京后，恩吉果否调库，再行定夺。此时各营兵勇力役劳苦，当令休息数月也。珲春修营经费，桂翁给过银二千两左右，二军并未拨款，似亦未能平允。鄙意左路现在三营，酌拨营房经费二千四百两，右路两营酌拨一千六百两，当由敝处筹款补发，俟尊处备文来领，即饬粮饷处如数照发可也。塔城各营应补空额，前已咨请将军，由乌拉总管、伯都讷各旗各挑一百名送省，计两处仅挑二百名，如再不敷，亦可续挑备补。至如山所挑拉林、五常堡、双城堡各处西丹，已于前日到齐矣。（七月十二日复德远庵都护书）

此信于光绪七年（1881）七月十二日作于吉林，主要就发放营房经费、挑选士兵等进行通报。该日，吴大澂日记有“复德远庵书，致依尧山书”的记载。对依克唐阿从宁古塔调取双玉一营到珲春修筑城垣一事，吴大澂予以婉拒。恩吉，蒙古正蓝旗人，为库伦办事大臣喜昌管理粮饷与后勤的营官。库，指库伦；塔城，指宁古塔。因宁古塔兵源不足，经将军铭安允准，从乌拉总管及伯都讷处挑选旗人兵丁，予以补充。在与太平军和捻军作战的过程中，大批吉林旗兵被内调入关，致使关外可用的旗丁减少，甚至出现了信中所言的在拉林、五常堡、双城堡等地用西丹（未成年的旗丁）代替入伍的现象。在吴大澂日记中，光绪七年（1881）七月初四日至二十五日，有吴大澂清点从拉林、五常堡、双城堡、乌拉总管、伯都讷等处所选西丹的记载。

（五）招垦宁古塔

远庵仁兄大人阁下：

前委春协领回塔招垦，该员面禀三岔口一带，有民户数百家，应否招致垦荒？弟即告以此等原有之户，应先查明户口若干，原种地亩若干，报明存案，不得以旧户作为新招。弟恐该员有就题敷衍，希图省事之意，剀切谕令，事事须求实在，勿说假话，再三告诫而去。不意该员到彼未及两月，递报招致三百数十家，并未分别旧户新户。且俄界所住之民，只能听其陆续来归，徐图安插，岂可彰明较著，强令界外之民迁移界内。如此不谙事体，尤恐俄官借为口舌，滋生事端。昨已会同鼎帅严札申饬，尚望函致该员谨慎办理，切勿多事，是为至要。塔城地旷民稀，招垦本非易事，即该员无法招来，弟亦不加深责，何必急急求功，转蹈捏词粉饰之咎也。图晤不远，容俟到塔时面陈一切，手此布臆，敬请勋安，惟祈爱照不宣。

如弟吴大澂顿首。

八月初十日

此信于光绪七年八月初十日作于吉林，主要就宁古塔招垦事宜进行布置。该日，吴大澂日记有“致德远庵书”的记载。三岔口位于中俄交界之处，今属黑龙江省东宁市，是从海参崴、双城子进入宁古塔的必经之地。吴大澂亲拟“垦荒章程六条”，在此设立三岔口招垦总局。春协领，指春龄，字尔阔，本为三姓副都统胜安属下的协领，光绪元年（1875）九月，因“把持公事，不认真巡缉”私采金矿的“金匪”被革职。光绪七年（1881）六月，经吉林将军铭安与吴大澂联名保举，将已革职的春龄“赏给五品顶戴”，“试办招垦”。不过，复出的春龄并未珍惜吴氏的保举之恩，为图省事，他采用了两项偷懒的办法：一是用原有的旧户冒充新招的垦民，招致了三岔口老住户的强烈不满。十月二十九日，三岔口柳树河的村民孙云文等人向在珲春巡察的吴大澂“诉春龄扰民劣迹”，吴大澂“殊堪痛恨，至远庵处一告之”；二是强令在中俄边界俄国一侧居住的华人迁移回国，这极易引起中俄边界的纠纷。对春龄的懒政，吴氏极其不满，最后改派江苏阳湖（今武进）人潘民表负责三岔口垦务，并派副将吴永敖等人赶赴山东登州、莱州、青州等处，“招募朴实务农之乡民”，来宁古塔进行屯垦。为开垦实边，吴大澂还专门刻制“鸡林道劝农使者印”白文印一方，用于自勉。

（六）筹资筑桥修路

远庵仁兄大人麾下：

别后忽忽一月有余，风雪驰驱，劳人草草，以致笺候久疏。日前接诵初五日惠缄，二站一带应建大小木桥三十六处，经麾下亲临履勘，至为周密。小桥木植，就近采办，尚不费事；大桥所用之料，相隔八十余里，运费较多，拟请择要兴工，派弁先行购运，当嘱支应局预备银五百两，俟尊处有便差来省，即行拨交带呈。或塔城各铺有可汇兑之处，由省划还尤为简捷。至俊卿、如山所禀情形，亦大同小异。张广才岭一带，工程尤大，需费更繁，已分饬粮饷处、支应局另行拨款矣。弟自初二日旋省后，会商奏稿，清理文书，半月以来，倍形历碌，知关注念，谨以附陈。

手复，敬请勋安，祗贺年禧，不具。如弟吴大澂顿首。

立春日

此信于光绪七年（1881）十二月十六日（立春日）作于吉林省城，主要就宁古塔地区建桥修路之事作出安排。该日，吴大澂日记有“复德远庵都护书”的记载。本年九月初十日，吴大澂从吉林抵达宁古塔。在宁古塔短暂停留后，中间又先后赴珲春与三姓巡察，在十二月初二日，才返回省城。二站，今黑龙江省海林市二道河子镇二站村，是宁古塔到三姓途中的第二座马拨驿站，距离宁古塔二百四十里，设立于光绪七年，盖有官房三间。宁古塔到三姓，共有八站，沿牡丹江而行，还要翻越张广才岭，需要建桥之处甚多。吴大澂在吉林设有支应局与粮饷处，负责管理三边地区的垦荒与练兵经费，宁古塔的建桥经费，亦由支应局供给。经费先是由宁古塔派专人到吉林领取，后来由宁古塔钱铺代为汇兑，支应局直接在吉林省城划拨归还。联系前文所言吴大澂参奏德平阿将饷银寄存钱铺谋利的情况来看，当时宁古塔钱铺业务已逐渐兴起，也说明随着边务与垦荒人员的增多，宁古塔的商业活动也越来越多。俊卿，指刘超佩，淮军将领，带领巩字军马步三营共一千二百五十人驻宁古塔。如山，指双寿。刘超佩与双寿二人亦因修路，向支应局申请经费。十二月十五日，吴大澂“批刘俊卿禀修道需用木植运脚”，十六日“批双如山禀”，与此信所言吻合。

三、结语

吴大澂与德平阿的关系中最为紧要的一节，就是吴大澂上疏参奏德平阿，使其被免职一事。对于此事，在吴大澂保存下来的光绪八年（1882）的日记中，并没有特别的记录。但在相关信札中，却有线索可寻。光绪七年（1881）三月，朝廷下旨让吉林将军铭安与三边帮办大臣吴大澂二人精诚合作，并明确了吴大澂在宁古塔、三姓、珲春三边全权负责。吴大澂年富力强，有仕宦数省的经历，对三边的防务与垦荒开发十分了解，从而为以后的仕途积累了经验与资本。在致绥军统领戴宗骞的信函中，吴大澂提出了与营中将领约法三章之事："营中缺额随时补足，不令久旷，一也；发粮发饷稽查严密，不令经手人含糊侵扣，此体恤兵勇之本，所以能得志者在此，二也；吸食洋烟之禁，委员中即不能免而营哨兵勇须一律严禁，三也。"与仕途顺风顺水的吴大澂不同，德平阿虽久经战阵，却升迁缓慢，一直在吉林官场中起起伏伏，好不容易熬到宁古塔副都统一职，德平阿很可能意识到这就是他为官生涯的终点，加之长期受吉林官场保守氛围的浸染，做事不积极，多有拖沓，甚至发生了拖欠饷银，违反禁令第二条之事。这就引起欠饷士卒的不满，在边兵中造成了不良的影响。对准备力争做好边务督办的吴大澂来说，这是无论如何都不可接受的，上疏弹劾德平阿，就成了顺理成章的事情。参奏德平阿之后，吴大澂一路高升，先是协防北洋，后升任广东巡抚。

因地处边疆，德平阿虽居副都统之职，但其人相关材料非常有限。除《吉林通志》简单列举他任职时间之外，就目前所见，要以吴大澂的记载最为详细。在吴大澂日记中，留下很多德平阿的相关记载。另外，现存的吴大澂写给李鸿章、铭安、喜昌、依克唐阿、戴宗骞等人的信札中，也多次提及德平阿。但吴氏对德平阿的记载，仅限于公事层面。在写给德平阿的信札中，吴大澂对自己嗜好的金石碑帖只字未提，对家长里短的私事也没有涉及。仅谈公事而不谈艺事与家事，使信札要表达的练兵垦荒等公事更为集中突出。从这个意义上说，这六通信札对研究光绪年间的吉林边务与垦务，还是有一定价值的。

（原载于《吉林师范大学学报》（人文社会科学版）2021 年第 6 期）

吴大澂尺牍：《中葡和好通商条约》不完整的秘密

张之望　张嵋珥

澳门，镶嵌在我国南海上的一颗明珠，自古以来澳门、南海就是中国的领土、领海。由于澳门在中外交通贸易中的特殊地位及其独特的地理位置，它曾是西方人到达中国的第一站，后来又逐步发展成为中外贸易、中西文化的交流枢纽。

罕见的不完整条约暗藏“玄机”

在明代，葡萄牙就开始觊觎我国澳门这块宝地了。明嘉靖三十二年（1553），葡萄牙商人借口遭遇风浪，贡物被水渍，请求借澳门晾晒，后他们又用财物买通海道副使汪柏，获得了登岸居住澳门的权利。不过葡萄牙人并没有满足仅在澳门居住、贸易的现状，盘踞在澳门的葡萄牙人竟然在澳门“筑室建城，雄踞海畔，若一国然”，他们企图将澳门占为己有的真实目的就此暴露出来了。租居澳门的葡萄牙人一直极力谋求自治，企图永久盘踞。

明万历年间，居住在澳门的葡萄牙人发起组织了议事局，葡萄牙总督又无视中国主权，将澳门视为葡国海外领地，授予了澳门议事局自治权，将租居地变成了“自治城市”。到天启年间，澳葡当局借口防御荷兰人侵犯，在澳门擅建围墙筑炮台，后又任命马士加路也为第一任澳门总督，并在澳门开始设立正规的葡萄牙警卫部队。在此后相当长的时间内，葡萄牙当局对居澳葡人逐步实行了葡萄牙国的管理制度。

清代朝廷日趋腐朽，尤其是鸦片战争之后，葡萄牙人看到英国占领香港，他们更蠢蠢欲动，开始对中国趁火打劫。自咸丰八年（1858）开始，澳葡当局多次与清政府谈判，试图以制定条约的形式确认他们侵占澳门的事实合法化。随着清政府的日益没落，以及对外政策上的软弱被动，葡萄牙的侵略之心日益滋长。后又在英、美列强的斡旋下，光绪十三年（1887）三月中葡谈判再次被提上日程。在此年十月十七日，软弱的清政府竟然派总理各国事务衙门大臣奕劻为代表，与葡萄牙国代表罗沙在北京正式签订《中葡和好通商条约》。该条约的签订使葡萄牙从此可以“一体均沾”地享受西方列强在中国攫取的所有侵略权利，严重侵犯了我国对澳门拥有的主权。

《中葡和好通商条约》是历史上中国和葡萄牙签订的第一个正式条约，条约赋予了葡萄牙对澳门“永居管理”权。但条约中却因并未勘定澳门及“属澳之地”的界线，“永居管理”的范围亦未予说明，使《中葡和好通商条约》成了一个历史上罕见的不完整条约。

原载于《中国档案报》2019年12月20日《明清档案：澳门游子的沧桑记忆》一文曾这样描述当时条约签订后的情形："中葡双方的界务纠纷不断，葡方仍不时有扩张土地的违约行为，中葡之间的澳门划界谈判也几度破裂，终成悬案。"其实也正因为该条约的不完整这一"悬案"，从法律上限制了葡萄牙虽占领澳门，但仍属"租借"而非我国"割让"出澳门。换言之，这不完整的"悬案"艰难地守住了当时澳门不失主权的底线，这一"悬案"意义重大。

回望澳门这段被侵占的沧桑历史，正如闻一多先生所写《七子之歌》"我离开你的襁褓太久了，母亲！……叫我一声'澳门'！母亲！我要回来！"的诗句一样，有太多的苦难要呻吟，有太多的爱要诉说……但本文要讲的是更重要的——"奇迹"般地把《中葡和好通商条约》签订成历史上罕见的不完整条约，这一"悬案"背后的真实原因。

它不是清廷的胆识和智慧使然，而是得力于晚清封疆大吏、当时主管澳门的广东巡抚吴大澂的"搅局"和斗争。他通过陈奏朝廷、致函总理各国事务衙门大臣续昌等方式来阻挠、反对与葡萄牙签订卖国条约。新发现的吴大澂《致续昌尺牍》将揭开这尘封了一百多年的历史"悬案"背后的秘密。

封疆大吏"内参"影响条约签订

吴大澂，江苏苏州人，清同治七年（1868）进士，官至广东巡抚、河东河道总督、湖南巡抚等要职。他晚年遭清廷免官返乡后，在苏州创办"怡园画社"，任首任社长，后又任上海龙门书院山长。著有《说文古籀补》、《愙斋集古录》等。在甲午战争前，吴大澂曾是晚清政界、学界的风云人物。本文论及的吴大澂所写尺牍的上款人是续昌，字燕甫，满族人，隶蒙古正白旗。原不姓续，姓巴林，后效仿汉人，以名“续昌”第一字“续”为姓。他曾任奉锦山海关道员，在任期间改编海防练军营，创办资善堂，赈济贫民，离任时，地方百姓为他立“去思碑”。后来他又任内阁学士、理藩院员外郎、总理各国事务衙门大臣等要职，也是晚清时期颇有实力的政治活动家。

光绪十年（1884），朝鲜发生甲申政变。朝廷任命吴大澂为钦差特使，并派续昌做他的副手，协助他一起赴朝鲜处理危机。他俩团结一致，不辱使命，出色地完成了朝鲜定乱的任务，吴大澂和续昌也因此结下了深厚的兄弟情谊。

光绪十三年（1887）八月，吴大澂给参与谈判签订《中葡和好通商条约》的时任总理各国事务衙门大臣的续昌写下了反对清政府与葡萄牙签订卖国条约，维护澳门、南海主权的尺牍，现将尺牍主要内容摘录如下：

前月弟亲赴澳门，体察情形。谨就管见，咨呈钧署……

葡人肆意侵占，毁掘民墓，广修马路，增建炮台，盖造兵房，皆在租界以外。

此次弟周历一过，俾知中国官员有慎重海疆之意，以后尚拟奏定，每年督抚巡阅一二次。如澳门外海面遇有盗艇，不准中国官兵拿盗，此等谬说亦当力破之……

以时势而论，现在葡人正当积弱之时，且有坐困之势。若议收回占地，划清租界……此时大可与之理论。

华民所住各村十年以前并不向（葡国）纳租，并无归洋人管理之说……

贵署现与议约，似应先行清理界址。以弟之愚见，有与应辩者数条，伏乞垂察而采择焉：

（一）关闸以内望厦、龙田、龙环、塔石、沙冈、新桥及沙梨头七村，皆华民久居之地。并有田亩，历在香山县完纳钱粮，其势不能划归葡界。

（二）向来租界以水坑尾门、三巴门围墙为限，历有案卷可查。今围墙以外添盖洋房不少，皆侵占官地、民地。应否准其归入租界，免令拆毁，以示格外体恤之意？

（三）莲花茎原有关闸，系前明万历年间所设，年久毁废。应否由粤省筹款兴修，拔兵守护？葡人于此处设有兵房，须令撤去，此一节最费唇舌。

（四）青洲小岛，在莲花茎之西，本不与澳门相连。葡人修盖房屋，据为己有。应否酌给修造之费，仍归粤省地方官经理？

（五）澳门西南对港之湾仔，有华民百余家。湾仔迤南五六里为银坑，有华民数十家。皆不与澳门相连，葡人近年勒收地租，尚未兴盖洋房。似应及早收回，以杜侵占之渐。

（六）澳门南面海口曰十字门，十字门之东有大拔岛，西有大横琴、小横琴岛……二岛俱见有葡人设立兵卡，尤堪诧异。若令葡官撤去卡兵，亦应将洋房给价购回，此一节似非力争不可。

（七）此外，尚有炮台数座在租界外者，目前未必能一律收回，似可姑置勿论。数年以后，葡人无可收之利，必至日窘一日，力不足以养兵。即各处炮台，亦可设法给价，归中国派兵看守。

此尺牍写于吴大澂标志性的自制“龙节笺”上，经鉴定此尺牍是吴大澂在任职广东巡抚时所写。而从尺牍内容可知，他的“搅局”

和斗争，事实上直接影响了《中葡和好通商条约》的顺利签订，造就了历史上罕见的不完整条约。

有理有节，斗智斗勇，赢得“胜利”

据史料记载，光绪十三年（1887）三月，在清政府担任海关总税务司的罗伯特·赫德指示金登干前往里斯本与葡萄牙外长巴罗果美草签了《中葡里斯本草约》，不久总理各国事务衙门就与葡萄牙外交部通电商量派特使来华拟议通商条约，意欲将澳门永久划归葡萄牙管理。闰四月，时管辖澳门的广东巡抚吴大澂得知此情后立即上书朝廷，坚决表示反对签约，但结果是朝廷对他反对签约的奏折意见不予采纳。

七月十六日，吴大澂顶住重重反对和阻挠，“以兵船五艘往澳门”一带确查界址民情，周历澳门各村各岛。并与时任葡萄牙澳门总督高士达会晤，质问其侵占香山民地、村庄之事，明确告诉对方清廷有划清租界、收回被占地之意图。吴大澂此次亲自到澳门调查，发现当时澳门的“葡萄牙租界”界址十分混乱，有原定之租界，有侵占之新界，并有将占未占之界。

返程后，他汲取了上次反对签约陈奏朝廷被否决的经验教训，想到了联合另一位主管广东澳门的封疆大吏——后来他的儿女亲家、时任两广总督张之洞，共同商议澳门一事。经吴大澂和张之洞仔细研究后，拟出澳门界址问题“妥筹办法十条”来阻挠、反对签约。这两位当时对澳门问题最有发言权的朝廷督、抚重臣联名专折陈奏朝廷并请饬下总理衙门，力求能暂缓商议签订此卖国条约。可是令人寒心的是，朝廷接到吴大澂与张之洞联名谏奏后，迫于压力也只给了一个轻描淡写的批复——“该衙门知道，钦此。”

吴大澂通过前两次上奏劝谏朝廷，看到清廷对澳门主权问题软弱的态度后，十分担心掌握实权的总理各国事务衙门的谈判大臣到关键时刻会“渎职卖国”。经熟思之后，他再生一计。八月八日吴大澂写此尺牍给他的老部下、时任总理各国事务衙门大臣“仁兄续昌”“内参”了当时澳门真实状况及自己的观点：其一，由于原地方官员不过问，葡人在澳门租界外侵占土地。现葡人到租界外擅贴门牌，收地租，实属不法私收。其二，新任葡督高士达上马后不久，澳门发生了“经济危机”，建议我国可趁机收回占地，明确界定他们在租界内活动。其三，澳门、澳门外海现已成为逃犯、走私犯、土匪的庇护所，中国守疆高官要定期巡视澳门、南海疆域，对外进行主权宣示。其四，吴大澂认为续昌等总理衙门大臣们当前首要任务是和葡国一起清理租界，条约应当暂缓签订。并又提出为澳门界址问题谈判“七条构想”，而若在条约非签不可时，他要总理各国事务衙门照“七条构想”与葡萄牙“逐条理论”，要让“卖国条约”尽量签得“不卖国”，即要让谈判达到不让葡国侵占澳门、澳门外海（南海）这块中国疆域的目的。

可是同年十月十七日，软弱的清政府仍然派奕劻为代表与葡萄牙代表罗沙在北京正式签订《中葡和好通商条约》，它的签订严重损害了中国领土主权和国家尊严。让人略感欣慰的是，由于吴大澂两次专折陈奏朝廷反对签约，以及他通过致续昌尺牍来影响总理衙门大臣的签约谈判，使得《中葡和好通商条约》在磕磕绊绊中虽然完成了签订，但条约中最重要的澳门界址问题却出现了罕见的“俟两国派员妥为会订界址，再行特立专约”的不确定款项。

既然澳门界址都没有明确划定，那么葡萄牙占领澳门地区从开始就已缺乏完整的条约支持，澳门在法律上仍属于“租借”而非“割让”给葡萄牙。也正是《中葡和好通商条约》的不完整性，间接地又为后来我国实现“一国两制，澳门回归”的宏图大业，进而保护澳门外海（南海）主权提前扫除了法律上的障碍。

吴大澂在尺牍中又写有“弟为海疆久远之图，不能不通盘筹及，想我公不以为多事也”等语词，让我们看到了他当年为捍卫祖国疆土、海域主权尽筹硕画的远大战略目光。

（原载于《文史天地》2023 年第 6 期）

吴大澂练兵思想研究

张　丽　张晓刚

吴大澂是晚清著名的金石学家和古文字学家，历任陕甘学政、河南河北道、广东巡抚、河东河道总督、湖南巡抚等职。19世纪80年代，在兴边御侮的声浪中，他奉命于光绪六年至九年（1880—1883）前往吉林帮办、督办防务，创建吉林防军，统领靖边军；光绪九年（1883）率部入关驻扎直隶沿海拱卫京津，成为典兵驭将的文臣统帅。在经年累月的统兵带兵实践中，吴大澂形成了以势御侮、严禁兵痞作风、器用尚新、专注枪法训练的独特练兵思想。吴大澂的练兵思想既有顺应时代潮流的进步性，亦有违背自强御侮规律的局限性。他编练的吉林防军在装备、训练、军纪方面堪称当时国内一流，但却承担不起御侮的职责。吴大澂的练兵思想并没有指导其建立起一支近代化的新型军队，无益于晚清军队的近代化转型。先行研究多注重吴大澂的练兵活动，本文则重点分析吴大澂源于实践又指导行动的练兵思想，以管窥19世纪80年代洋务统帅的军事素养，反思晚清中国军队近代化转型步履蹒跚的深刻内因。

一、以势御侮的建军构想

抵御外侮是吴大澂所处时代中国面临的最严峻课题。在为官从政的过程中，随着对西方认识的不断深入，吴大澂的御侮观发生了由感性御侮到理性御侮的转变，形成了以势御侮的建军构想。其中“御侮”是目的，“势”是手段，“势”主要是指军事实力。

吴大澂生于道光十五年（1835），卒于光绪二十八年（1902），同治七年（1868）会试及第步入仕途。同治九年（1870）入李鸿章幕府，对泰西诸国的行为方式有了初步的感受和体验，产生了最初的御侮意识。同治十二年（1873）二月至六月中西围绕外国公使觐见问题交涉频繁，时任翰林院编修的吴大澂认为“洋人性情狡猾，用意不可测”，奏请西方使节觐见应“照中国跪见之礼”，试图以三跪九叩难为洋人，使其知难而退放弃入觐要求。这表明此时吴大澂所持的是简单排外的传统御侮观。

19世纪七八十年代，刚刚从内乱外侮中踉跄起身踏上洋务中兴之路的大清帝国，又迎来了边疆危机的新挑战：日本发难于东南海疆染指我国台湾；沙俄出兵占领伊犁染指我国西北边疆；法国出兵越南，剑指我国南疆。三千年未有之大变局造就了仕途多姿、履历丰富的吴大澂，从同治十二年（1873）到光绪十二年（1886），他先后充任陕甘学政、追随李鸿章办理赈务、出任河南河北道、督办吉林边务、会办北洋事宜、奉使吉林勘界，其中既有传统的本职，亦有与洋务关联的新差。吴大澂关心时政、勇于实践、勤于思考、善于变通，他不仅能出色地完成本职及兼任工作，而且在处理各项纷繁事务，应对各种复杂问题的过程中，能感受到中西关系的激荡变化给对中国社会带来的严峻挑战和生存契机，捕捉到西方国家奉行的丛林法则，认识到隐藏在西方国家行为准则背后的是“势”而不是“理”，从而实现了由排外御侮向实力御侮的思想转变。光绪七年（1881）三月一日，他在致同僚的信中写道：“泰西各国论势不论理，势足以相抗，使彼不敢藐视，有所顾忌。我不畏事，则事日少而边境相安；我畏事，则事愈激而变幻不测。所谓势者，非恃口舌之争、文字之辩也，一购利器以讨军实，一招屯户以实边土，一通道路以便商旅。”他视军事力量为第一实力，将其摆在“势”的首位，希望通过练兵强军来提高与列强抗衡和卫边强边的能力。吴大澂以势御侮的练兵思想主要表现在两个方面：一是主张编练防军应对东北边疆危机；二是提倡常川练兵为边塞创久远之图。

（一）主张编练防军应对东疆危机

吴大澂是在 19 世纪 70 年代末至 80 年代初东北边疆危机的局势下奉诏出关前往吉林的，其练兵的最初目的是预防沙俄犯边，紧急应对东疆危机。

光绪五年（1879）八月崇厚擅订《里瓦几亚条约》丧权辱国，朝野震动。次年初，清廷拒批条约并将崇厚治罪，沙俄则向中国西北、东北边疆调兵遣将，并扬言封锁辽东海面，东北边疆局势骤然紧张。清政府在派曾纪泽赴俄改约的同时，决心捍卫东北边疆的领土安全，于光绪六年（1880）初谕令吴大澂前往吉林帮办一切事宜。五月，吴大澂抵达吉林行使帮办职责，将编练防军作为首要事宜。

他于五月十七日抵达吉林省城，二十一日便与吉林将军铭安会衔奏请每年由国家拨款五十万两白银“添练马、步各营”。在获得朝廷批准后，他先后编练卫、绥、安、巩四支防军马步队十三营，共五千人。吉林防军采用直隶练军章程，以“五百兵立为一营”。营下为哨，哨下为队，每营有“营官一员、五哨哨官五员、队长十名、什长四十名、兵丹四百五十名、伙夫五十九名”。除安字军由伯都讷协领富贵统领外，卫、绥、巩军统领郭长云、戴宗骞、刘超佩都出身淮军，防军将弁也来自淮军。吴大澂赴吉林时便请求从淮军中“商调熟悉洋操将弁三百名”。次年，即将出任绥军统领的戴宗骞奉命从淮军中挑选“年力精壮、打仗奋勇、熟谙训练操防者”三百余人由天津启程前往吉林“拨充营官哨官”。这三百多名淮军将官构成了吉林防军将弁的骨干。防军兵卒则招募当地西丹、民勇来充当。同年，卫、绥、安、巩四军先后编练成军。其中，除安字军马队一营驻扎吉林省城之外，其余三支都驻扎在边陲重地。卫字军步队二营、马队二营由郭长云统领驻扎珲春以及珲春至宁古塔沿线要隘；绥字军步队三营、马队二营由戴宗骞统领驻扎三姓；巩字军步队二营、马队一营由刘超佩统领驻扎宁古塔。

新练防军集中驻扎、集中训练，主要布防于珲春、宁古塔、三姓等边防要地，是一支与八旗兵以及由八旗兵改编而来的练军不同的具有鲜明国防性质的边防军。但吴大澂建立边防军的目的并不是构衅，而只是御侮。一方面，他认为在中俄东疆局势紧张之际，只有“示以军容”，俄方才能“稍知慑服”；另一方面，他主张以温和的方式处理中俄边务纠纷。对海参崴以北苏城沟、绥芬河等处俄境我国民众秘密联络、制造器械，欲与吉林防军联络行动之风声，吴大澂忧心忡忡，他担心万一俄界民众“铤而走险，激生事端”，俄方“必又疑中国官员为之庇护，枝节横生，徒贻口实”，所以奏请在“海参崴一带设立公所，仿照领事官之例，遇有商务及诉讼事宜，由该员就近经理，或会同俄官秉公商办，庶华民有所依赖，彼此相安”。这里既有保护华民之意，亦有约束之图。为避免不必要的边务纠纷，吴大澂也反对强迁俄界华民返国垦种的做法。光绪七年（1881）八月他致信宁古塔副都统德平阿表示：“俄界所住之民，只能听其陆续来归，徐图安插”，不可“强令界外之民迁移界内”，以免“俄官借为口舌，滋生事端”。这种避免挑起中俄边务争端的理性态度，表明吴大澂练兵的目的是以其援以为后盾，预防沙俄犯边，应对东疆危局。

（二）提倡常川练兵，为边塞创久远之图

吴大澂编练防军不仅是为了紧急应对东北边疆危机，还是为了维护东北边疆的长治久安。所以即使在东北边疆危机解除之后，他仍坚持吉林防军保持相当的规模，并提议将军队编练与军工企业开办、边防设施建设联系起来协同推进，实现常川练兵，以“为边疆久远之图”，“以备国家缓急之用”。

光绪七年（1881）初曾纪泽赴俄改约成功，中俄关系缓和，东疆危机解除。吉林将军铭安意欲裁军以节省兵费，他利用喜昌奉命带靖边军一千人离吉赴任库伦办事大臣之机，要求吴大澂与其会衔将防军和靖边军裁撤二千人。吴大澂不赞成裁军之议，他于同年五月致信铭安，以兵力不敷使用和不了解刚接管的靖边军情况为由，委婉地拒绝了铭安会衔裁军的要求，表示裁兵之议“事关防务久远之图”，“未便会衔”。光绪九年（1883），他更直接奏称：“吉林毗连俄界，筑台修路搜山缉匪，均资兵力，防练各军碍难裁撤。”

吴大澂反对裁兵的态度，说明他在19世纪末列强环伺、边事不靖的局势下，主张将练兵作为一项常抓不懈的常态化御侮措施。

吴大澂还主张将练兵与制造军火、修筑炮台联系起来，以创办军工企业和修建边防设施作为强军的后盾，从而达到缓急可恃、久远可图的目的。吉林防军成军不久，吴大澂便派候选知府李金镛率人勘查吉省铁铅等矿藏分布情况，探讨建立兵工厂的可行性。他本人则亲自踏勘珲春、宁古塔、三姓等边陲要地，选择建造炮台的地点，认为“吉省与俄界毗连之处，以珲春、三姓最为吃重”，修筑炮台实有必要。经李金镛等人勘查，吉林不仅有铁铅矿多处，而且成色颇佳，具有建立兵工厂的可行性。于是吴大澂便于光绪七年（1881）五月奏请利用边防形势缓和之机，每年由政府拨款十万两于吉林省城建立机器制造局，于珲春陆路要隘分筑陆防小炮台数处，于三姓城东巴彦通沿江西北两岸各建江防炮台一处。开办兵工厂和修建炮台的请求获批后，吴大澂便想方设法招揽技术骨干、进口机器设备，筹备兵工厂和炮台建造事宜。他亲自编写《炮台图说》交给驻扎珲春的靖边军统领依克唐阿及卫军统领郭长云，指导珲春炮台建造工程。设立兵工厂以便于弹药自给，建造炮台以利于扼守要隘，是吴大澂常川练兵为边塞创久远之图构想的具体反映。

二、严禁兵痞作风的治军主张

吴大澂认为要编练一支缓急可恃、战守可资的军队，必须通过严禁洋烟，严禁游荡，严禁空置兵额、克扣军饷等方式来整军治军。

吴大澂生于江苏吴县（今苏州市），青年时代吴大澂的家乡苏常一带正处于太平军与清军鏖战的前沿，兵连祸结，苍生潦倒。他不仅饱尝兵荒马乱、颠沛流离之苦，而且目睹了溃兵败将恣意烧杀抢掠百姓之恶，由此对八旗绿营的兵痞作风深恶痛绝。步入仕途之后，吴大澂在官场中更亲身感受到军中旷额缺员、吸毒嫖赌等陋俗恶习的恶劣性。所以自光绪六年（1880）首赴吉林踏上戎马倥偬的军旅生涯后，他便十分重视军队的整肃和治理，提出了严禁兵痞之风的治军主张。

（一）严禁将弁兵卒吸食鸦片

19世纪初以英国为首的西方国家为了掠夺中国财富，开始对华进行鸦片走私。第二次鸦片战争以后不仅列强诸国扩大了对华鸦片输入的规模，而且我国云南、四川、甘肃、贵州、陕西、山西等省开始自种罂粟。开种日繁，吸食者日众，到19世纪70年代下半叶，“通计各省士民陷溺其中率十之四五，其害日广，其毒亦日深”，“势将尽中国之人皆至失其生理，槁项黄馘，奄奄仅存，无异残废”。吸食鸦片之风逐渐蔓延至军中，以至于“吸食鸦片，聚开赌场，各省皆然”。吸食鸦片成为晚清军队中的一大恶习，不仅败坏军纪，而且严重削弱军队的战斗力，所以吴大澂在统兵带兵过程中，始终将严禁将弁兵卒吸食洋烟作为整肃军队的第一原则，“首严吸食洋烟之禁”。

在编练军队的过程中，吴大澂严把募兵关，从将弁兵勇的招募源头上为军中禁烟竖起第一道屏障。光绪六年四月吴大澂在奉命北上途经天津时，便叮嘱即将奉调赴吉的直隶知州戴宗骞，让他务必“精选弁勇，不准有一吸食洋烟之人”。次年他致信已经担任绥军统领的戴宗骞，令其严格禁烟，“吸食洋烟之禁，委员中即不能免而营哨兵勇须一律严禁”。不仅如此，吴大澂还亲自对军中吸食鸦片情况进行明察暗访，他认为“弁勇之安分不安分，营哨之吸烟不吸烟，旅店主人了如指掌”。所以，他常常利用往来于珲春、宁古塔、三姓、吉林省城之间视察检阅军队之机，到路经的旅店访察，了解各营军纪，调查军中禁烟情况。一旦发现吸食洋烟者，一律更换，以严明军纪，保障防军的战斗力。

（二）严禁弁兵离营游荡

“清军不是一支纯粹的国防军，而是同时兼有警察、内卫部队、国防军三种职能”，其主要职责是“分散治民”，而不是“集中御外”。不仅军队分散驻扎，而且士兵亦随家眷分散居住，极易滋生自由懒散游荡之气。19世纪中叶以来，清兵游荡市井、聚众斗殴、败坏军纪、为害社会之事屡见不鲜，遇战即溃、抢掠烧杀祸害百姓之状不胜枚举。咸丰元年（1851）曾国藩在《议汰兵疏》中写道，“兵伍之情状，各省不一。漳泉悍卒，以千百械斗为常；黔蜀冗兵，以勾结盗贼为业”，各省兵卒“大抵无事则游手恣睢，有事则雇无赖之人代充。见贼则望风奔溃，贼去则杀民以邀功”。同治四年（1865）郭嵩焘奏称广东“署新会江门汛千总梁北威与武举陈元功，以争索赌规，互相把持，至于聚众斗殴”。游手好闲、聚众械斗、勾结盗匪、劫舍戕民不是福建、贵州、四川、广东等省军队的个别现象，而是全国各省军队普遍存在的问题。咸丰十年（1860）四月太平军与清兵鏖战苏常之际，逃难途中的吴大澂更是亲身体验过官军溃兵抢劫骚扰之苦。他在四月初四日的日记中写道：“阊门店铺闻溃兵在城外骚扰，俱各闭门，不敢卖买……午后，有马镇军兵勇入城，自中市至阊门城门，所有绸缎洋货各大铺俱贴衔条……计一二十处，以为兵勇屯扎之所……夜间城外兵勇放火，烧毁房屋，彻夜火光烛天，见者胆寒。”当时常州、丹阳溃散官兵“大半奔向无锡，小半奔向江阴，‘所过村庄，辄肆淫掠’”，“溃兵对民间的骚扰，远比太平军为害还要大”。

吴大澂自己统兵带兵后，为了克服弁兵逃营骚扰百姓的积习，不仅重视将弁的选拔，而且重视士兵的招募。光绪六年（1880），卫、绥、安、巩四军成军时，其招募的兵卒既有西丹，亦有民勇，还有骁勇善战的赫哲人。由于西丹人数有限不敷使用，次年吉林将军铭安打算多招民勇抽换西丹。吴大澂担心多招民勇，会使无业游民混入其中，将游荡之气带入军营，所以不仅不赞成铭安的做法，而且反其道而行之，“令各营勿再广招民勇，如有逃走缺额，仍以兵丹陆续充补，多一有用之兵丹，即多一地方之捍卫”。吴大澂的担忧并非空穴来风，在统兵带兵的过程中，他发现由奉、吉两省以及直隶、山东招募来的民勇，或者懒散成性、游手好闲、不守恒业、领饷即逃，或者长久混迹于军营之中，巧滑成性、来去无常。这不仅不能保证兵额的稳定，而且会滋生游荡之风。为了预防、整肃流寇游荡习气，吴大澂不仅主张挑选合格兵丹来补充兵卒缺额，而且及时调整民勇的招募政策，从南省招募性格淳朴、吃苦耐劳、年富力强、安守恒业的农民前往吉林充当防勇，以期逐步实现兵员的新陈代谢。他认为从兵卒招募的源头上把关，以有固定生计的南省乡民来取代不安恒业的北方闲散民勇，便可避免将游荡之风带入军中。光绪八年（1882）他派巩军马队营官徐万胜“酌带妥实之哨官哨长数员，前赴安徽合肥寿州等处地方，招募精壮乡民四百余人，年在十八九岁以上，至二十四五岁止，向未入营当勇之人，由本乡邻族出具保结。凡在城游荡之民，及衙役之类，一概不可收录。俟招募齐集，由该营官统带来吉，分拨各营，陆续更换”。

光绪九年至十一年（1883—1885）中法战争期间，吴大澂奉命抽调吉林部分防军入关助战，亲自督率吉林防军七营及在天津新添练之步炮队三营驻防河北乐亭、昌黎、抚宁等地沿海。这是吴大澂自吉林练兵以来的首次参战实践。其间他更加重视防范游荡习气，经常“于更深人静之后，酌带亲兵数名，周历附近村庄，亲自稽查，遇有开设烟灯招留游匪之人，立即惩办驱逐出境；并饬各统领营官，随时约束勇丁，不准出营滋生事端……如有逃散骚扰等情，立即拿究严惩，不稍宽纵”。可见，到了领兵助战的前线，吴大澂根据实际需要，把编练军队阶段严把兵源关、预防游荡习气的思路调整提升为通过内外结合、双管齐下的方式来遏制游荡之风，既从外部清除游荡滋生的环境，又从内部严格约束、严加惩罚。

（三）严禁将弁久旷兵额、克扣军饷

将弁虚具兵册套吃空额、克扣军饷是清军的积习。晚清时期，由于腐败加剧，这种积习愈演愈烈，乃至到了甲午中日战争时，“山海关驻扎各营竟有十营不满五营之额，八营不满三营之数，而克扣军饷每人四两余仅发二两，至于号衣军米均奏明不扣月饷，而各统领仍行照扣，竟有在天津领饷十余万，分文不解营而全数兑回原籍者”。各级将弁相互勾结，或空额吃饷或克扣军饷，从国家层面而言，会造成“有额无兵”、“有饷无兵”的局面；从军队层面而言，既直接恶化官兵关系，也使兵卒为养家糊口不得不兼营其他生计，从而导致训练废弛，军纪荡然。为预防此类恶习滋生蔓延，吴大澂在吉林以及直隶沿海练兵统兵期间，亦注重从监督兵额和稽查军饷入手整肃军队。

在吉林防军编练过程中，他反复“严饬各营哨官，不准旷额，随缺随补”，要求诸将“营中缺额随时补足，不令久旷”，“发粮

发饷稽查严密，不令经手人含糊侵扣”。除了三令五申不准兵额久旷、不准克扣军饷之外，吴大澂还对违反者予以严惩。光绪八年（1882）宁古塔副都统德平阿拖欠挪用兵饷，吴大澂不顾结拜情面上奏严参。同年五月朝廷下旨“宁古塔副都统德平阿，于所统各营应领三月分饷银，迟至五月尚未发给，并有将饷银寄存钱铺，故意稽留情事，实属不知体恤士卒，德平阿着交部照例议处，以示惩儆”。德平阿随之被革去宁古塔副都统职务，返回吉林省城。光绪九年至十一年（1883—1885）吴大澂率军驻扎天津及布防直隶沿海拱卫京师期间，为防止军中出现缺额不补、套吃空饷的情弊，每次赴各营视察前线设防情况时，都会亲自点名抽查兵卒员额情况。

应该说吴大澂的措施还是很有成效的，光绪九年（1883）末，即吴大澂率部分防军离开吉林不久，珲春副都统依克唐阿受命分赴宁古塔、珲春、三姓校阅军队，他“点阅各军兵马，皆属足额，旗帜器械，亦皆一律齐整，所演华洋各阵，各军不同，尚皆一律娴熟，各有可观之处”。

三、器用尚新的装备理念

武器装备是军队的构成要素之一，也是决定军队战斗力的重要因素之一。19 世纪 60 年代以来，随着西方第二次产业革命的兴起和科学技术的迅猛发展，武器装备更新换代频繁，其在近代战争中的地位和作用也愈加凸显。在这种时代背景下步入军旅的吴大澂不仅重视军队的整肃，而且非常重视军队武器装备的配置，形成了独特的“器用尚新”的装备理念。

吴大澂科举正途出身，同治七年（1868）“会试中式第三名，保和殿复试一等第三十名，殿试二甲第五名，朝考第一等第四十九名，钦点翰林院庶吉士”。同治十年（1871）散馆授翰林院编修。由科举入仕的吴大澂精通古文字和篆刻，在古文字学和金石学领域造诣颇高，是晚清著名的考古学家、书法家。但吴大澂并非单纯埋头故纸堆的学者，他勇于任事，早在青年时代便热心募捐办赈，入仕之后办理直隶、山西赈灾事宜，显示了卓越的处理复杂事务的能力。中外关系的大调整和洋务运动的蓬勃兴起，使乐于实践、关心时局、思维敏捷的吴大澂产生了强烈的时代责任感。他以灵敏的嗅觉捕捉到洋务给中国社会带来的冲击，也认识到西方器物的先进。尤其是受命帮办、督办吉林防务以来，吴大澂在练兵活动中更直观感受到西洋利器所具有的无可比拟的优越性，产生了文字尚古、器用尚新的思想，并始终以器用尚新的理念来指导军队的武器装备建设。

（一）提倡研究了解西洋利器及其发展趋势

19 世纪 60 年代洋务运动兴起以来，清政府开始引进西方武器装备军队，但大部分行伍出身的将领只满足于使用利器，而不是研究利器，他们不了解各种武器的性能和特点，更谈不上把握西洋利器的发展趋势。对这种只知其一不知其二的普遍现象，吴大澂不能苟同，他认为统兵将帅只有认真研究了解各种西洋利器的形制样式、性能特点，才能更好地发挥武器装备的作用。他对西洋利器“好之甚笃，知之渐深，几等于三代彝器之好”。在练兵统兵的实践中，吴大澂以学者固有的孜孜以求精神来钻研西洋利器，从而对枪炮等轻武器的演进趋势有了客观的了解和认识。光绪七年（1881）他在奏请设立吉林机器局时写道：“从前中国所制枪炮、多造土药引用火绳。即用购备洋枪、洋炮，均系前门进子。近年外洋利器愈制愈精，土药不如洋药之净，火绳不如铜帽之便，前门进子又不如后门之快且远，一经比较，利钝显然。”随着军旅生涯的持续，吴大澂对西洋利器的了解也愈加深入，光绪十年（1884）底他在《练兵论》中写道：“陆军之器械……今有前门洋枪、后门洋枪，附于枪者，有刺有刀。炮有前膛铜炮、有铁炮、有后膛钢炮。自后膛枪炮出，而前门洋枪远不如后门快枪之便捷，前门旧炮亦不如后门新炮之灵准；同一后门枪，而美国之林明敦不如英国之马梯呢，英国之马梯呢又不如美国之哈乞开斯；同一后门炮，而英国之瓦瓦司炮、阿姆斯脱朗炮不如德国之克虏伯炮。克虏伯厂制造之精，甲于欧罗巴。”可见，吴大澂不仅认识到西洋武器之精利，而且敏锐地发现就西洋武器自身而言，19 世纪 80 年代比 60 年代也有了极大改进，已经出现了后膛枪炮取代前膛枪炮的新趋势，在此基础上他主张以最先进的后膛枪炮来武装中国军队。

（二）主张以性能最优的后膛枪炮装备军队

吉林防军初创时，其武器装备主要来自天津机器局，其中除了少量后膛枪炮外，绝大多数是前膛枪炮。吴大澂认为“现在吉林各军所有前门洋枪，在平时操演则可，若临敌致果，非用后门快枪不足以制胜”。所以他主张逐渐以精利的后膛武器来取代前膛武器。而在当时最先进的后膛枪炮中，吴大澂最推崇的是美制马枪、步枪和德制克虏伯钢炮，他说：“各国所制后门枪，总以美国为最精，马枪中之呍啫士得，步枪中之哈乞开斯，实属精利无比。”“后门炮则以德国之克虏伯炮为最精。”不仅如此，他还认为美制、德制后膛枪炮已经将精利之器发展到了极致境地，所以主张各军添购武器时要“择其最精者用之……专购精利之器，他国之价值稍廉者，一概不取”。马枪、步枪专用美制哈乞开斯，大炮则专用德造克虏伯钢炮。

为获得这类性能最优的先进武器，吴大澂一方面通过北洋大臣与出使德国大臣李凤苞联络，委托其在国外订购；另一方面也积极通过北洋军械局刘含芳直接与德国军火商联络购买。光绪七年（1881）他经由北洋向李凤苞汇款，委托其以每杆十六两白银的价格订购哈乞开斯步枪一千杆。次年刘含芳应吴大澂之请，随信寄给他克虏伯钢炮报价单一份，吴大澂经过仔细研究之后，决定委托刘含芳与德国军火商斯米德签订合同，订购七十五毫米口径克虏伯行营炮十六尊，并通过刘含芳邀请斯米德赴吉，以便直接与其洽谈秋冬之际为珲春和三姓炮台订购克虏伯炮事宜。

在这种以性能最优的后膛枪炮装备军队的理念指导下，吉林防军逐渐以美制哈乞开斯马步枪和德制克虏伯钢炮等最先进的后门武器取代前门武器，成为一支装备精良的军队。光绪九年（1883）末吴大澂择其精锐进驻津沽一带布防助战时，在致友人的信中自信地写道：“明春如有战事……濒海地方以敝部之兵力利器株守一隅，不致茫无把握。”

（三）反对自制枪炮，力主自制弹药

吴大澂生平有两大嗜好，一为青铜礼器，二为西洋利器。对于青铜礼器，吴大澂孜孜搜求潜心研究；对于西洋利器，他爱不释手，勤练时习。在此基础上，他认识到新式后膛枪炮具有射击速度快、射程远、射击精度高三大优点，所谓“以造枪之法论之，机簧之灵利，一手翻出铜彀，二手进子，三手发枪，快之至也；后门进子，由螺丝膛紧挤而出，力量较足，远之至也；星斗线路，心光目光，

并射一处，丝毫不爽，准之至也”。在他看来，这三大优点决定着后门枪炮代表了武器装备的最高水平，以后“有新式巧制，实不能出此范围”。但他认为“枪炮利器，如德国之克虏伯炮，美国之哈乞开斯兵枪，十三响呍啫士得马枪，皆殚精竭虑，历经试验而成。此精利之器，无论中国士大夫之精神才力不能出其右，即他国各厂争奇斗胜式样翻新，数十年后亦不能出此范围”。国内“闽、沪各局自制枪炮，亦有可用，特不如美厂、德厂之精利”。所以对这类先进武器，吴大澂主张完全从国外订购，反对中国仿造自制。

西洋利器必须配备弹药才能发挥作用，吴大澂在坚持从国外购入先进武器的同时，又认为弹药制造相对简单、易于模仿，所以力主根据所购置武器装备的新制样式自行生产弹药。他明确提出开办吉林机器局的目的就是自造弹药，他说道：“吉省防军现已兼用后门枪炮，尚须陆续购求利器。然既用后门快枪、开花利炮，不能自制子弹，购运稽时，难乎为继。即洋药、铜帽亦须由他省机局转运到吉，道远费繁，终非长策。若在吉林省城开设机厂，制造洋药铜帽，配合枪子炮弹，不独本省练军可以源源接济，并可兼顾黑龙江各军之用。”他在致友人的信中也一再强调“奏设机器制造局，专为自制枪子炮弹，源源济用，不致缺乏”。可见，吴大澂的思路是以进口武器和国产弹药相结合的方式来装备军队。

四、枪法准头至上的训练思维

军事训练是军队建设必不可少的重要环节。所谓军事训练就是对士兵进行射击、队列、战术、行军等方面的集训，使其“掌握使用武器装备的技能和学习尽可能发挥武器装备效力的战术”。吴大澂在军事训练中，特别强调打靶射击训练，形成了枪法准头至上的训练思维。

（一）要求精练枪法以先发制人

吴大澂认为军队不仅要配备最先进的精利武器，而且要有“真实功夫”，才能使自己立于不败之地。吴大澂所说的“真实功夫”，既不是掩蔽战术，也不是散兵线队形，而是精准的枪法。对西方“掘土用坚牌自护，临阵各背铁锹掘地藏身”这种“稍可以避火器之猛”的掩蔽战术，吴大澂不以为然，他认为“坚牌非厚铁不可，薄则无益，重则难以携带”。对西方新兴起的散兵线队形，吴大澂虽表示赞成，认识到“大队麇集则受伤必多”，必须学习德国阵法“列队宜疏不宜密”，但他认为掩蔽、队形这些各国皆知之术都不是克敌制胜的关键，“若徒务外观，不求实用，即养兵十年，缓急仍不足恃”。“惟有精练枪手，能决胜于一里之外，我准而彼不准，则彼馁而我不馁。临阵如临场，功力必退，勿论五六成、三四成也，即十子中一，万子可伤千人，十万子可伤万人。若非平日练有准则，百万子亦皆虚发。此事实不能侥幸以图胜，非真知甘苦，不知此中之虚实利害耳。”所以，吴大澂在军事训练中始终要求把枪法训练放在第一位。他不仅重视射击的精准度，而且重视射击的距离，他说“枪炮不准则子多虚发，准头不远则不能占先手”，“惟有以我之远，为彼之所不及”，我军才能先发制人，“决胜于三五里之外”。所以他要求精练远靶，训练将士远距离精准射击的能力。

（二）要求增加训练难度以提升射击水平

吴大澂认为，枪法训练“惟演练愈难则功夫愈进”。为提高将士的枪法准头，他要求加大平时打靶训练的难度，规定步队在使用后门快枪训练时，靶距为二百步开外，“马队勇丁，亦宜仿照步队一律打靶，俟立地枪靶准头打至八九成，略有把握，再用马上功夫”。他推崇淮军之盛军使用一尺六寸见方钢板铁靶进行打靶训练的做法，认为“方靶较窄，高下左右均须用心，心光眼光间不容发，练至纯熟，则操纵由我，或高或下，皆无不可”。所以，专门派人从天津北洋军械局定制铁靶用于枪法训练。严格的训练有助于提升军队的射击水平。卫、绥、安、巩四军以及靖边军枪法技能整体较高，其中戴宗骞所统绥军洋枪打靶命中率为诸军之冠，全中率达到十居其八。光绪十年（1884）吴大澂率吉林防军精锐戴宗骞部和刘超佩部驻扎天津时，曾不无自豪地宣称：“近在津营，详询各国枪技，不过练至二百余步。敝军精技在六七百步，较远近则三倍之矣。”在吴大澂离开吉林后，防军和靖边军继续沿用打铁靶练枪法，保持了良好的射击水平。同年珲春副都统依克唐阿向吉林将军希元汇报说：“协领双寿所带靖边左路三营、亲军一营，中靶者约有七八成；敝副都统所带靖边中路两营中靶者约有六七成；副将郭长云所带卫字四营，中靶者约有七八成；副将葛腾林分统绥字两营，中靶者约有八九成。”但这只是防军无战演练时的枪法水平，并不代表其作战时的真实水平。实际上，由于“军官缺乏有效率的组织能力和对于现代军事科学的无知”，以及官兵缺乏实战历练，吉林靖边军在光绪二十六年（1900）东北御侮战争中，并没有发挥出其枪法优势，不仅没能先发制人决胜于三五里之外，反而遇敌即溃，以至于吉林将军长顺严令靖边军各统领营官，不得“见仗即溃”，否则“必按军法立斩以徇”。

（三）躬身垂范习练枪法以教督将士

吴大澂一生勇于任事，无论是治学为官，还是练兵治军，他都热衷于亲身实践躬身垂范。他认为要提高弁兵的枪法技能，将帅首先必须以身作则提升自己的枪法准头。所以他不仅要求各级将领精练枪法，以枪靶考校其功夫之深浅，而且他本人也亲自出入靶场习练枪法，把自己训练成一名枪法精准的书生统帅。在他的示范引领和严格教督下，吉林防军的枪法水平值得称道。光绪十年（1884）末他奉命前往朝鲜平定甲申政变时，曾亲率弁兵向日本公使一行展示自己的枪法，试图以中国将士的精妙枪法震慑日本，遏制其侵朝野心。他亲自演示打三百步远靶，“试放二十枪，中靶十二，勇丁有十枪全中者数人，日官啧啧称叹。因属日兵试打数枪，皆以三百步方靶太远，恐难命中，敛手不敢打靶，自谓弗及也”。光绪二十一年（1895）初已担任湖南巡抚的吴大澂自请出关前往辽东抗日时，仍坚信只要枪法精准便能掌握战场主动权，他自傲地正告日军：“本大臣精练枪法十有三年，教习军士百发百中，与尔军对阵，尔辈必无遗类。”吴大澂与一般行伍出身的统帅不同，他不仅亲自练习打靶，而且善于思考和总结自己习练枪法的心得，光绪八年（1882）在亲自练习打靶数月之后，他致信绥军统领戴宗骞说：“早晚阴晴目力均有不齐，如日光在左，则线路逼而向右，略偏左边，方合准头。此理甚确，屡试屡验……至高下不能一律，皆心粗之故。”他要求戴宗骞将此经验转告其他诸位将领，据此指导兵卒的打靶训练。次年吴大澂还把自己习练枪法的零散经验编写成《枪法准绳》二十五条，向军中同人分享其打远靶以及打靶时眼明、手稳、心细、气平等经验，以共同切磋提升枪法准头。

作为军队统领，吴大澂本人枪法精准，确实发挥了躬身垂范的作用，但他视枪法准头为决定战争胜负的先决因素，沉湎陶醉于自身的精准枪法，则表明他不懂得近代战争艺术，不具备指挥近代战争的军事统帅素养。

五、结语

吴大澂是晚清集学者、官员、军队统帅于一身的重臣。他出生于鸦片战争之前的传统时代，成长于内忧外患交织的新旧交替时代，为官于自强中兴的洋务时代。家学传承和个人禀赋成就了学者吴大澂，八股取士的科举考试制度成就了官员吴大澂，创办新式海陆军的洋务潮流则成就了军人吴大澂。在东北边疆局势因中俄伊犁交涉而趋于紧张之际，吴大澂受命前往吉林帮办防务，由此踏上统兵带兵的军旅生涯，形成了既具时代特征又有鲜明个人底色的练兵思想。在练兵宗旨方面，吴大澂提出了以势御侮的建军构想，认为练兵的目的一是预防沙俄对东北边疆的侵犯，所以主张理性处理边务纠纷；二是加强东北边防长期维护边疆领土安全，所以主张常川练兵。吴大澂以势御侮的建军构想顺应了时代发展的需要，为吉林乃至整个东三省边防军的编练提供了重要指导，而吉林防军的编练又为光绪十二年（1886）中俄岩杵河勘界提供了必要的实力支撑。在军队整肃方面，吴大澂提出了严禁兵痞作风的治军主张。他认为吸食鸦片、逃营游荡、套吃空额、克扣兵饷都是军中恶习，不仅三令五申予以禁止，而且对违反者予以惩戒。他的治军主张对整顿队伍、严明纪律发挥了重要作用。在军队武装方面，吴大澂提出了器用尚新的装备理念，主张引进最先进的美德后膛枪炮武装军队，而按照进口枪炮的口径制式自行制造弹药。以西洋利器武装军队虽然在客观上有利于清军装备的更新换代，但反对中国自制武器又会限制本国军事工业的发展，影响军队以势御侮的能力。在军队操练方面，吴大澂形成了枪法准头至上的训练思维。他认为只要枪法精练就能先发制人掌握战场的主动权，不仅要求强化射击训练，提倡打铁靶、打远靶，而且躬身垂范习练枪法教督将士。枪法准头至上的训练思维虽有助于提高将弁兵卒的射击技能，但将枪法精准与否视为战场胜负的决定因素，并不符合近代战争的发展规律，以枪法精准与否作为衡量将帅优绌的标准，则把将帅的职责降低到与普通士兵一律，忽略了指挥官必备的运筹帷幄能力的培训。

（原载于《晋阳学刊》2023 年第 6 期）

吴大澂奉使皇华行迹考

高畅键　张福有

吴大澂，民族英雄，是清代一品大员，也是一位著名学者、金石学家与书画家。清光绪十二年（1886），吴大澂奉旨赴珲春与沙俄交涉，据理力争，重立“土字牌”，争回图们江口出海权，索回黑顶子之地（今珲春市敬信镇），这是吴大澂守土东疆的历史性贡献。这一点已广为人知，被世人肯定。但对于此前吴大澂还于光绪六年（1880）奉使吉林，如同其本人所咏“两度皇华岂易逢”，几乎鲜为人知。本文仅就其“两度皇华”的行迹进行考察、论述。

一、奉使行程

光绪六年（1880），吴大澂赴吉林筹办边务，历时二百三十五天，留有《奉使吉林日记》，即指此行。

《奉使吉林日记》是抄自南京图书馆的孤本，每页十八行，共三十五页。纵观“日记”，吴大澂这次奉使吉林，光绪六年（1880）四月二十一日从北京出发，到十二月十九日到永吉的马家店结束，历时二百三十五天。这期间，依据其行程，大致可分七个时段。

第一段，从光绪六年四月二十一日自北京出发，到五月十七日抵达吉林省城，历时二十七天。

第二段，从光绪六年五月十八日到七月初十日，住在吉林省城，历时五十二天。

第三段，从光绪六年七月十一日到九月三十日，从吉林省城到三姓并返回省城，历时七十九天。

第四段，从光绪六年十月初一日到十一月初七日，在省城，其中包括十月二十一日到十月二十八日，密访“韩边外”八天，历时三十六天。

第五段，从光绪六年十一月初八日到二十三日，从省城到宁古塔，历时十六天。

第六段，从光绪六年十一月二十四日到十二月初七日，从宁古塔至珲春，历时十三天。

第七段，从光绪六年十二月初八日到十九日，从珲春返回省城，行程结束，历时十二天。

这二百三十五天中值得着重介绍的有五件要事。

一是处理各种公函、折册、信件等事务。走一路，忙一路，从未得闲。有时是抱病工作，疟疾复发时，邀医诊脉、服药，抱病登望江楼。及时处理寄谕、会客、开通关防、作家书、寄京信诸事。

二是亲笔拟定《马步各营章程》，照直隶练军旧制，略有增减，并将奏折送大将军阅览。在吉林将军府，吴大澂接到三姓副都统发来的长篇咨文，提出处理意见，并与吉林将军商议设立松花江水关事宜，派员前往办理。取松花江水路至三姓地方，重视军事。吴大澂“赴巴彦通相度营盘地基”，“再赴巴彦通，亲督丈量各哨营房基址”。

三是密访“韩边外”。“韩边外”，是吉林夹皮沟“金匪”头目韩宪宗的别称，因其慷慨接济流亡柳条边外的百姓，因此被当地人称为“韩边外”。他聚集的“金匪”多为无业流民，因生活所迫才私自盗采金矿。当地官府曾发兵征剿韩宪宗，但他却采取避其锋芒的策略，每次在官军进剿之际，将金场工具与房屋烧毁，退避山中。官兵一走，他又召集垦丁矿夫，私采如故。官府对他无可奈何。吴大澂轻装简从，“与韩边外同屋而睡”，感化韩氏。韩氏主动摘下悬挂在自家大门上的“威震江东”匾额，换上吴大澂题写的“安分务农”四字。吴大澂用诚心和大义感化韩宪宗，使其成为清廷巩固边防、防范俄人的助力。

四是留下珍贵记录和诗文，为后人寻找驿路提供了重要线索。

五是增设通沟驿站。吴大澂回程中，经敦化二合店（今沙河沿镇双山子村南），敦化县令赵敦諴自敖东城来见。光绪六年腊月十五（1881 年 1 月 14 日），吴大澂在通沟镇（即今官地镇岗子村）住了一宿。岗子村因驿站的设立逐渐发展起来，如今被评为中国第六批、吉林省第一批传统村落。

二、皇华纪程

光绪十二年（1886），吴大澂、依克唐阿与沙俄代表会勘东部国界。在《皇华纪程》中，吴大澂以日记形式记载了前往珲春等地的沿途见闻和详细情况。此书对于研究东疆史地等诸多问题，具有重要学术价值。

所谓“皇华”，谓皇帝差遣，典出《诗·小雅》：“皇皇者华。”吴大澂这次勘界是受光绪派遣，自然可属皇华，因以“皇华纪程”名书，是恰如其分的。这次活动，从光绪十二年正月十七日由天津启程，到九月十五日发津电结束，也是历时二百三十五天。这次的二百三十五天，分为六个时段：

第一段，从光绪十二年正月十七日自天津启程，到三月初二抵达珲春，历四十六天。

第二段，从光绪十二年三月初三日到四月十九日，四十六天，在珲春。

第三段，从光绪十二年四月二十日到二十七日，八天，在俄境。

第四段，从光绪十二年四月二十八日到六月初九日，四十二天，在珲春。

第五段，从光绪十二年六月初十日到七月初七日，主要在俄境，历时二十七天。

第六段，从光绪十二年七月初八日到九月十五日，亦在珲春，历时六十六天。

这二百三十五天中值得着重介绍的有五件要事：

一是光绪十二年正月十七日，吴大澂从天津启程。二月初，到达吉林省境。十二日，进省城住北门内永升店。十五日，吴大澂书铜柱铭“交渤生代刻”，书大“虎”字五幅。曹廷杰来见吴大澂，以手拓混同江东岸古碑四纸见赠，其一大碑正书上有“重建永宁寺记”六字横列。文多剥蚀，不可读，有“太监亦失哈”五字。

二是光绪十二年二月十九日至二十二日，又过张广才岭，到凤凰店、三道岭等地，见道旁石磴上有："光绪九年八月由宁古塔进省时题名，三行篆书"，在冰雪中鸿爪犹存。

三是光绪十二年二月二十五日，由观音阁渡江而南，去珲春。经老松站，下岭，到骆驼磊子萨奇库站。二十九日，行经荒片、"至五人班关清德家小憩。即余辛卯年所构之屋，手书'清乐乡'三字额犹在焉"。又经大坎子，三月初二，进珲春城，住南门行台。之后，检阅东西两座炮台。会晤俄官，开展谈判，交换文件等。多次书"龙"、"虎"大字，释毛公鼎，书篆册，释齐侯壶等。

四是向东补立"土字牌"，争回黑顶子地方和图们江口出海权。

五是在海参崴会见丁汝昌军门等。吴大澂得知其已奉李鸿章之命率"定远"、"镇远"、"济远"、"超勇"、"扬威"、"威远"六舰开到朝鲜元山，兹定于在海参崴相见，并留下"超勇"、"扬威"二船，界务完事后，吴乘船回天津。

三、重履新程，又有新收获

光绪十二年（1886），吴大澂从天津到珲春，写下《皇华纪程》一书。笔者张福有重走"皇华纪程"之路，最大收获是：发现岗子遗址群，找到吴大澂在三道岭的刻石地点及石刻，找到吴大澂所经"五人班"，与吴大澂后人、关清德后人相会于"五人班"，使"皇华纪程"历史重现。

（一）在吴大澂夜宿的通沟镇发现岗子遗址群

2016年，张福有六下吴大澂所经之地吉林江密峰，十一次下敦化，发现敦化市官地镇岗子遗址群，填补了敦化从青铜时代到铁器时代早期古遗址和出土文物的空白。

2016年4月28日，在吴大澂曾夜宿的敦化市官地镇岗子村即清代通沟镇，首次发现岗子遗址群，包括砬豁、河东砬子、平地、山城、北山、西山、东山头七个地点，在台风和暴雨后，于冲沟和地表采集陶器、石器、玉器、铜器、铁器等上千件，年代跨度越千年。该发现引起吉林省文物局和文物考古研究所的高度重视，报请国家文物局批准开展主动性考古发掘，出土和采集陶豆、陶珠、陶罐、陶球，石斧、石锄、石镐、石网坠、石镞，玉璧，五铢钱、青铜车軎、铜环，铁镞、铁刀、铁车輨，玛瑙珠，渤海国莲花纹瓦当等，意义重大。据此，岗子村被评为中国第六批、吉林省第一批传统村落。同时，还在吴大澂所到过的敦化官地镇凤凰店村，发现了一个青铜时代遗址，在以土石围筑的坑内，发现一个大石镐和两件石镞毛坯。

（二）在吴大澂再次所经宁安三道岭找到刻石地点及石刻

光绪九年（1883），吴大澂路过宁安二吕村的三道岭并留有石刻。光绪十二年（1886）二月二十二日又经此地，是从今吉林市去珲春途中。他在《皇华纪程》中写道：二月二十二日，“行十五里至三道岭，见道旁石磴上有：‘光绪九年八月由宁古塔进省时题名’，三行篆书，墨色无恙，在冰雪之中，鸿爪犹存。闻有好事者将唤石工刻而寿之。回忆当日驻马挥翰，忽忽已三年矣。因复下马，续书数字志之。”石上刻字是：“光绪九年八月太常寺卿吴大澂过此驻马”，与《皇华纪程》书中所记文字不同。第二次补刻：“十二年二月奉使勘界重过此山。”吴大澂这次到珲春，未从陆路原路返回，而是在珲春从海上乘军舰回天津。“定远”管驾官刘步蟾、“济远”管驾官方伯谦、“超勇”管驾官叶祖珪、“扬威”管驾官邓世昌、“威远”管驾官萨镇冰，吴大澂均见过。惟“镇远”管驾官林泰曾，因病未见。吴大澂是乘“超勇”、“扬威”二舰回天津的。

在黑龙江文友徐景辉、赵哲夫的帮助下，张福有得到吴大澂在二吕村三道岭刻石的拓片。在关治平先生的帮助下，张福有三赴二吕，终于找到吴大澂两次刻字的原址，还与关治平先生找到石头甸子车辙处。2019 年 7 月 16 日，张福有专程陪吴大澂五世孙吴元京先生到吴大澂两次必经之路的车辙沟处考察。

（三）找到汪清“五人班”

吴大澂到汪清五人班，共有两次。第一次，是光绪六年（1880）十一月二十八日，吴大澂在五人班住了一宿。“五人班”，因关清德等五个满族人同行到此开发而得名。到了吴大澂借宿之时，五人只剩下关清德一人，也已七十多岁了，子孙满堂。又过了一百三十八年，2018 年，张福有等竟然在敦化找到了关清德的玄孙关宝文，在五人班找到关清义的曾孙关学等人。

关氏的高祖之名、之事，关氏的后人并不知情，是张福有一一告诉他们的。张福有与关学、关铁柱、关宝林找到关清德、关清义之墓。同时，仿照 2008 年纪念刘建封踏勘长白山一百周年找到曹建德之孙曹献春一家并为曹家续家谱的做法，张福有为关宝文绘制了关氏家谱。

吴大澂第二次到汪清五人班，是光绪十二年（1886）二月二十九日，“行廿五里至荒片，尖。又廿五里至五人班关清德家小憩。即余辛卯年所构之屋，手书‘清乐乡’三字额犹在焉。清德钓得细鳞鱼二尾饷余。作诗一绝句谢之：羡君身似地行仙，五老来游此数椽。钓取双鱼来饷客，寿如孤鹤不知年”。

这里的“辛卯年”，张福有经仔细考证，认定为吴大澂自己笔误。依据是，吴大澂生于道光十五年（1835），其前一个辛卯年为1831年，后一个辛卯年为1891年，均未逢。据此可断，此“辛卯年所筑”必误。张福有曾怀疑是己卯年（1879），后来发现也不对。吴大澂后来的诗句：“屋成之岁辛巳年，作者七人始来田”可以证明，实际应为辛巳年（1881）。2020年初，吴大澂玄孙吴元京先生赠送张福有《愙斋行书诗册》，内有吴大澂之孙吴湖帆在《再题望松窝用辛卯年题壁元韵》之下注云：“摅一宿空山一诗公在辛巳年题壁望松窝，此书辛卯乃笔误耳。孙，湖帆谨校。”钤印：湖帆。由此证明，张福有所析“‘辛卯’年有误”正确，实际应是“辛巳”年。

吴大澂一路所经的荒片、五人班、大坎子、凉水泉等地，均在今吉林省延边州境内，这本身就是申报国家和省传统村落的有利条件，发展历史文化和乡村旅游，均大有可为。

（四）找到吴大澂玄孙吴元京和关清德玄孙关宝文等

张福有在吴玉军和孟祥秋帮助下，在上海找到吴大澂玄孙吴元京先生。吴元京先生现为上海海派书画院院长、海上书画名家后裔会会长、吴大澂纪念馆名誉馆长。又找到关清德玄孙关宝文等。张福有邀请吴元京、洪小青夫妇专程到长春市、吉林市、汪清县、珲春市和宁安市，重走其高祖吴大澂“皇华纪程”之路。

张福有几经艰苦努力，厘清吴大澂的直系家谱为：

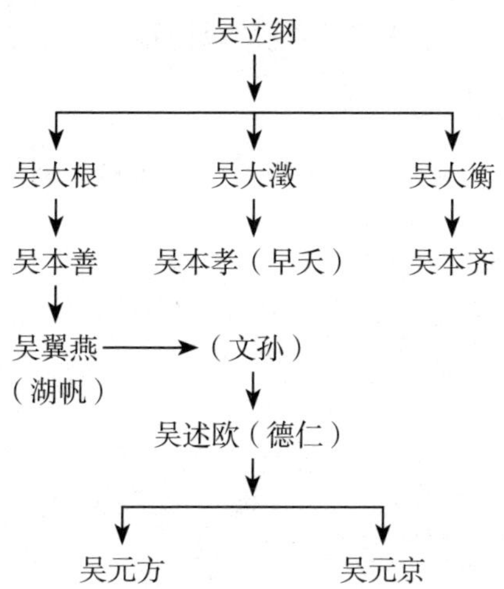

关清德的直系家谱为：关清德—关廷喜—关锡彬—关荣—关宝文。

另有关清义—关廷耀—关锡英—关学、关有—关云清、关云琦等几支，人口众多。关清德为前关家，关清义为后关家。前关家已知人口五十多人，后关家已知人口过百人。现在的五人班村，大部分人都是关家的。

吴大澂为五人班所题“清乐乡”，已由吴元京先生集吴大澂篆书，刻立于汪清五人班村。吴大澂的七绝也已由吴元京书写，在五人班刻石。

四、结语

吴大澂开创的“皇华纪程”之路，本身就是“让诗入史”、“以诗证史”之路。《皇华纪程》一书中有五十首诗。《窓斋行书诗册》中有五十二首诗，增加了二首。这些诗作，吴大澂当年将其写出并记入《皇华纪程》，是“让诗入史”。一百三十多年后，我辈将其用于研究东疆文史、掌故，则是“以诗证史”。五人班和关清德的后裔，就是明证。

（原载于《东疆学刊》2024 年第 1 期）

晚清士大夫的仕进与寄兴

——以吴大澂书札为中心的探赜

石燕婷

中国古代有着一个特殊的士大夫阶层，这类群体不仅是帝国的政治官僚，也是文化学术的精英，他们持“以天下为己任”的家国情怀，以及自觉地肩负起思想文化的承传重任。随着科举制度的创设和发展，古代士大夫大多经由科举考试进入仕途，从而成为身兼政治角色和文化角色的独特社会阶层。“士大夫的基本要点是作为知识载体的士人与官僚的合二为一。”因此，士大夫精英承担着治国理政、文化创造以及社会教化等一系列社会职能，他们往往能成功地在仕进与寄兴之间构筑有效的平衡。

吴大澂，字止敬、清卿，号恒轩、愙斋、白云山樵等，江苏吴县（今苏州）人，清同治七年（1868）进士，选翰林院庶吉士，同治十年（1871）

散馆授编修。其历任陕甘学政、河南河北道员、太仆寺卿、左副都御史、广东巡抚、湖南巡抚等职，著《说文古籀补》、《字说》、《古玉图考》、《窸斋集古录》、《恒轩所见所藏吉金录》、《窸斋诗文集》等，《清史稿》有传。作为传统士大夫精英的吴大澂，不仅是晚清重要官员，亦是著名金石学者及书画家。中国国家博物馆（以下简称国博）现藏有吴大澂的多件书法翰墨，其中信札尤丰，因大部分信札的书写时间处于吴大澂两次在吉林处理边界事务的时期，现通过对馆藏的这些信札及少数书法作品进行梳理考究，并结合相关文献资料，探析晚清士大夫吴大澂在事功和寄兴方面的相关情形。

一、由吴大澂书札观其仕进图景

吴大澂作为晚清时期的国家精英，通过科举和事功，逐步晋升至重要的官僚行列。阎步克在《士大夫政治演生史稿》中言道：“这些帝国的官僚之所以不能仅仅视为职业文官，还在于这样一点：他们来自知识文化群体，来自士人。士人拥有深厚的文化教养，从事哲学、艺术和教育等等文化性活动，特别是，他们承担着被王朝奉为正统的儒家意识形态。科举制度，构成了士人加入帝国政府的制度化渠道。这种特殊类型的文人官僚，在中国古代有着一个众所周知的称呼：士大夫。”吴大澂在仕进生涯中，留下许多与公务相关的信札。在古代，相较于私人日记，信札内容更能透显个人的交际脉络，呈具更强的社会性，因而名人之间的信札，其史料价值亦更高。

首先，国博藏有吴大澂致桂亭的手札，皆书写于光绪七年（1881），一通写于二月朔日，一通写于三月二十九日。桂亭，名为喜昌，葛济勒氏，满洲镶白旗人，清朝将领，光绪六年（1880）时为乌里雅苏台参赞大臣，次年四月授库伦办事大臣，奉朝廷之命佐吉林防务。据《吴愙斋先生年谱》可知，当时担任河南河北道的吴大澂于光绪六年（1880）正月二十一日奉上谕“着赏给三品卿衔，前赴吉林，随同铭安帮办一切事宜”。对于此番特晋卿衔和任命遣调，吴氏在仕进方面的激奋心情可反映于其家信之中：“吉林为北口藩篱，颇为紧要。乃蒙圣眷优隆，破格擢用，以道员职分较卑，特晋卿衔，并加帮办名目，得与统兵大臣参赞机宜。倚畀如此之重，自当感激图报。”因此光绪七年（1881），正于吉林任职的吴大澂在写予喜昌的信札中谈及一系列关于国家政局和吉林公务的事宜。如二月朔日他写道：“承示京友来函，和议已有成局，吉林东界水陆接壤，防务似不宜稍松，洵系老谋卓识。”因事关领土完整及国防安全，吴氏不仅极为关注中俄《伊犁条约》的议榷与改订，而且也谈及边防军兵建设：“廷旨尚须节费裁兵，统筹合计，则三姓五营，亦可不增，惟戴牧宗骞，未必能久留吉省……绥军统将尚费踌躇，祈我公预为留意，仍俟节钺前往三姓时，妥为布置。”可知在信中，吴氏提前拜托受信人喜昌留意绥军统将的合适人选，以防戴宗骞的调离影响边防军务的正常开展。

再看此年三月二十九日吴氏写予喜昌的信札，其首先认同喜昌关于严禁营兵恶习以及须严慎挑选兵勇的治军理念，其次表达了对湘淮军及其军队领袖如曾国藩、左宗棠、李鸿章等功绩的钦佩，如信中言：“从前平定发捻，南至闽粤，西及陇蜀，不独鄂皖、江浙、燕齐、晋豫，所在有湘、淮诸将之功，即今日之畿东海防，新疆边事，均系艰巨之任。左、李两相为国藩辅，实天下所仰望。”同时，吴氏亦谈及了治军的策略细节：“若有滋扰地方情事，即能掩主帅之听闻，不能瞒道途之耳目。弟于各路查阅之时，所过旅店密加询问，于各营之优绌，颇知其详。”其前往查阅各地营兵的情况，采用的探查方式之一是密询相关沿途旅社，认为此举有利于掌握弁勇的真实日常举动。此外，吴氏在信札中分享了治军的心得体悟，颇能显证其对于公务的用心备至，如：“鄙意拟令各营勿再广招民勇，如有逃走缺额，仍以兵丹陆续充补，多一有用之兵丹，即多一地方之捍卫。”再如操练军队，其提出应对营兵从严督训，持之以恒方可成就劲旅：“向来子弟之不能勤学，往往误于姑息之爱。惟愿老哥以教子弟之法，教各营之兵丹，使之练习勤苦，操演技艺，日进月益，悉成劲旅。”或再言：“营哨各官有宽严失当之处，务须随时体察，剀切告诫。”吴大澂的以上信文内容，正是在吉林督办边务期间关于公务治理的细节情形。

此外，国博藏有吴大澂致尧山的多通信札，书写时间亦是吴大澂在吉林执行公务的期间。尧山，即晚清将领依克唐阿，扎拉里氏，满洲镶黄旗人，生于吉林伊通，后官至兵部尚书、都察院右都御史等，《清史稿》有传。光绪七年（1881），依克唐阿首任吉林省东部珲春的副都统，珲春此地处于中、朝、俄三国的交界，具有重要的边防意义。其在任副都统期间不仅修筑城池、炮台以及重要交通路段等，而且积极地招民垦荒以全面提高边陲要塞的防卫作用。国博所藏吴大澂写予依克唐阿的这些信文，主要关涉边防建设等公务的事宜。在军备物资方面，吴氏在一通信中强调：“尊处旗帜本极鲜明，似可无须一律更换，攒竹竿所费无几，即营口亦可购办。如有必不可少之物，须赴上海采买，不如另委妥员较为实在。”对于军资的更换及采购，吴氏提醒依克唐阿须持务实之心，军费应合理使用。在筑垒安营方面，其在另一通信中对依克唐阿言道：“珲春附近要口，自以柳树河子、湾沟、二道河子三处最关紧要。惟筑垒安营之地颇觉为难，洼下之区，万难驻扎。尊意欲就街市借营为城，亦是一劳永逸之计。但地面能否宽展，搭盖营房似宜与铺户民房略为隔越，未知我公以为然否？梯阶于营事素所谙练，约束兵勇亦尚严整，再得阁下指麾，一切有所禀承，当可相助为理。”吴大澂认为柳树河子、湾沟、二道河子三处乃为珲春附近的重要之地，关于筑营的策略及细节，其在信文中与受信者进行了细致的商榷沟通。由此可知，在从政的场域中，吴大澂呈现为一个颇为负责用心的官员形象。在建筑炮台方面，吴氏亦在信札中商谈炮台的设计及构筑，如有一通写道：“属呈炮台图，尚有炮棚马道不甚合式之处，兹特另绘一图，并拟做法六条，备文咨达冰案。或尊处与卫军分筑两城或合筑一城，均无不可，如原图有不妥，亦乞大裁酌改，弟不过拟其大略耳。”与此同时，招垦事宜，亦是两人互通信札的重要内容之一。吴大澂在多通信文中皆与依克唐阿商及垦荒之务，如一通：“乞将目前已换之牛尽数解塔，尚有哨官贵恒、黄荣兴在荒片一带专候领解也。惟珲塔所需耕牛，因创办之始从宽筹给，以广招徕，以后办有头绪，即无庸再给耕牛……因穆楞河至三岔口一路，亟须布置招民垦种，以通往来之路。敝处所备车辆草料，均已齐集，专候牛到，次第给发。此路最关紧要，不比他处尚可从缓也。”耕牛数量是否充足关乎荒地开垦能否顺利进行，因此吴大澂甚为关注耕牛的情况，包括获取途径、数目以及分配安排等。同时，吴大澂认为穆棱河至三岔口一路亟须布置开垦，是因此处地理位置尤为扼要，可知其善于根据自身的政治思维及判断能力而采取相应的施政策略。另外一通信札中，吴氏对依克唐阿言道：“二道河之南，似宜早日招民开垦，以实边界，不致空旷，亦足为珲城之屏蔽，旗民领地本可不分耳。”关于开垦的真正目的，其认为可借此作为珲城的有效屏障，这在一定程度上体现出吴氏怀具着敏锐的边防意识与负责稳实的从政心志。

与此同时，对于涉外事务，吴大澂在仕进生涯中所持有的相关态度及理念，也可反映出其在从政期间的一些鲜活面向。如其在写予依克唐阿的信札中提道：“现在中国大员接待各国使臣，不论品级大小，均以客礼相待，统用照会，并无申文禀牍。廓米萨尔既愿与麾下办事，礼节不妨稍嫌，似亦无伤体制也。”吴氏认为处理洋务应重视礼节，在不逾越国家体制及原则的前提下，与洋人进行公务往来时可多注重客礼。

然而，在关乎国家领土面积及权益方面，吴大澂与洋人据理力争，努力维护国家利益，这些情形鲜活地呈现于国博所藏吴大澂致峻峰的多通手札之中。峻峰，即容山，叶赫那拉氏，满洲正黄旗人，曾任宁古塔副都统、福州副都统、正蓝旗汉军副都统以及正白旗护军统领，清朝一品武官。吴大澂致容山的这批信札皆书写于光绪十二年（1886），容山此时正任宁古塔副都统。作为当时清朝吉林三边（宁古塔、三姓、珲春）之首，宁古塔是清廷统治东北边疆地域的重镇。时任钦差大臣、都察院左副都御史的吴大澂，协同容山、依克唐阿等重勘东部边界，并于光绪十二年签订中俄《珲春东界约》，其中包括纠正重要的“土字牌”及补立、增设、更正多块界牌，收回黑顶子地方（今珲春市敬信镇）以及为中国船只争取获得图们江口航行权等。此趟公务之行，吴大澂有诗曰：“帝重申圻根本图，临轩特与使臣符。西邻疆域侵陵计，东土屏藩久远谟。占地无多互樛葛，立牌有记莫枝梧。从来忠信行蛮貊，凭仗皇威镇海隅。”通过国博馆藏的吴氏致容山信札，可窥见当时边界重勘及中俄签约等事件的过程及相关政治人物的真实情态。如在光绪十二年（1886）三月初八日，吴大澂写道：“兄于初二日行抵珲城，廓米萨尔先遣翻译通问，知俄国勘界大臣须俟兴凯湖开冻乘轮南下，约在月底月初当可会勘。”由此可知吴氏于三月初二抵达珲春，开始做好与俄方代表进行会商勘界的准备。信文中的廓米萨尔，为当时沙俄边界官的官职名。在接下来的数月中，吴大澂书写多通信札，与受信者容山进行一系列关于此次公务事宜的联络互动。其中，以纠正“土”字界牌位置为例，吴大澂持怀着寸土必争的信念，在具体的勘察及议権过程中显示出甚为严谨的态度。其于此年四月二十六日写道：“图们江一带‘土字牌’，照旧图所立之处，离江口尚有四十里，实与条约不符，鄙意现拟仍照条约记文立于江口内二十里之地，较从前立牌旧址展出二十里，巴使初不应允，近日议有眉目，当于明日派员前往测量，五日内当可定局矣。”众所周知，边界牌所立之地，事关国家领土的面积，而吴大澂认为在旧图中“土字牌”的所立之处与《中俄北京条约》的约定不相符，应须以条约记文为准设立界牌。信中的“巴使”，即俄方大臣巴拉诺夫，其坚持以旧图原立界牌之地为准，吴氏则守定应由出海口量准距离中国方向二十里处设立“土字牌”。在五月十四日的信札中其再写道：“兄定于十六日约同尧山都护前赴图们江勘定地基，补立‘土字牌’，再至岩杵河画押，约计二十后可抵三岔口。”对于其他界牌位置的勘察及设立，吴大澂同样谨慎，如在五月十六日的信中写道：“查照记文，‘那’字界牌本当立于横山会处，离瑚布图河口尚有一百二十三十里，现在‘那’字、‘倭’字两牌相去不过十数里，立碑之地并非横山会处，俄人欲照记文地图详细考正，亦是秉公办法。兄所以不能遽允者，究竟不知瑚布图河口与横山会处是否南北正直，恐被蒙混，或有喫亏之处，总须亲往该处细细查勘明白方能定议也。”再如六月十六日写道：“俄官欲往北路寻觅横山会处原立‘那’字界牌之地，兄派托佐领同往查勘，先将‘那字牌’立准，再由‘那’字界牌一直至瑚布图河口南北界线方可明白，十一二日连夜大雨，河水涨发，不能渡河。昨日兄与尧翁过绥芬河北，由‘那’字界牌（此双都护补立）至东大川往来之路，在山顶上用指南针校对方向。‘那字牌’在瑚布图河口正北东大川一带，山沟在‘那字牌’之正北，此沟系东西横亘，正在两国交界之地，将来详细测量必得多立记号，自无错误。”这些书信内容，确实鲜活地体现了吴大澂在处理公务过程中的用心和严谨。

在争取图们江口航行权的问题上，吴大澂亦付出不懈的努力。同年四月初九日其在信中向容山言道：“鄙意欲将图们江口改归中国境内，究竟吉林有一出海之路，未知办得到否，惟有竭力争之，耐心静候，不求速了也。”八月二十七日再言：“他处均已办妥，惟图们江出海之路，鄙意欲作为两国公共海口，巴使推托俄国外部，三月之久，尚无复音。兄为此事颇与巴使力争，彼意欲延宕过去，兄则必欲议定此条，方可回京覆命也。”九月望日又一次提道：“图们江口中国行船俄国不得拦阻一条，今日始接俄京电报，允照所议行文立案。”由此可知，历经数月的争取，吴大澂最终顺利与俄国共同议定中国获取图们江口出海权一条。

二、由吴大澂书札探其寄兴日常

士大夫精英的文化修养直接或间接地造就了他们的社会地位和高度，因而这类群体自然地成为传统文化如文学、诗词、书画、鉴藏等的主要继承者和创造者。历史境况的变迁重构着士大夫的知识与志趣，每个时代的士大夫都会通过自我寄兴的方式来调整寻绎精神的慰藉和依托。德国社会学家马克斯·韦伯在《儒教与道教》中提道："中国的考试，目的在于考查学生是否完全具备经典知识以及由此产生的、适合于一个有教养的人的思考方式。"国博现藏有吴大澂一副七言篆书对联，内容是"二分流水三分竹，九日春阴一日晴"。此作品为杨绛捐赠，画芯尺寸纵 130 厘米，横 33 厘米，纸本。上款为"絜卿四兄大人雅属"，絜卿，即吴大蕴，乃吴大澂之堂弟，江苏吴县人，淡泊功名，颇具声望。下款是"愙斋吴大澂"，款后第一方白文印内容为"吴大澂印"，第二方白文印内容为"愙斋"。下联"九日春阴一日晴"，在宋代陆游的《龟堂晚兴》、《春行》、《园中偶题》等诗中有见。吴大澂书写此内容的篆联，虽为日常应酬之作，亦在一定程度上体现了其内心所追求的闲适之境。在书法方面，吴大澂热衷于研究和书写篆字。其生活的年代，除政治环境的因素外，大量青铜金石器物的出土推动了考据、文字及金石学的发展，同时也为士大夫的书法研习提供了合适的土壤与空间。《吴愙斋先生年谱》中关于咸丰二年（1852）吴氏正值 18 岁时的行迹有载："赴金陵乡试，荐而不售。遇陈硕甫先生奂于督学署，始学作篆，先生赠以江艮庭先生篆文《尚书》。"由此可知，其早年即开始关注和研习篆书，并逐渐地在书法取法方面尤重篆体。在往后一系列的金石鉴藏活动中，吴大澂积极地将金石文字的研治经验融入平日的篆书书写及创作里，加之交游圈中师友同道的陶染，使其形成个性鲜明的书法风格。总体而言，其篆书呈具着庄重朴茂、温厚圆融的面貌。美国学者艾尔曼在《从理学到朴学：中华帝国晚期思想与社会变化面面观》中论及："那些研究考古遗物的书法家的成功之处，在于他们化解了专业爱好与艺术兴趣的对立状态。”

治世之余，吴大澂的寄兴日常以金石传拓、赏鉴、考释和题跋为主，同时亦热衷于书写篆册、篆屏、篆联等，兼及扇面等书画小品的创作。国博现藏有吴大澂致渤生手札多通，当中大部分书写于光绪十二年（1886），谈及的内容不仅包括地图绘制、边界勘查、钢炮弹药购领、铜柱制造运输等，而且多次提及铜柱铭拓寄的私人事宜。渤生，即宋春鳌，安徽怀远人，曾任天津机器局提调，为处理机器局事务的高级人员，自光绪七年（1881）经由吴大澂等提携而调至吉林机器局并任总办，直至光绪二十一年（1895）调离，任职接近十五年。宋春鳌于光绪十三年（1887）在《窓斋先生诗钞》的跋文中写道：“辛巳之秋，鳌自津门捧檄而来斯土，创设机器局，乃吾师为国家根本至计……”国博所藏吴氏致宋春鳌的手札，其中写于光绪十二年（1886）三月二十五日的一通提道：“寄去图们江一带地图，此系仿照外洋画山之法，脉络分明，将来勘界凭此画线，望属画图司事代画二份（水填淡绿，楷字均不必写）。用外国薄纸（上下放宽尺许），勿用画图之蜡布，画好后裱托三四层（四面绫边不用木干，须捲成一卷，勿折叠），请侯帅加封排递珲春为感。”当时，吴大澂嘱托宋春鳌负责中俄勘界所用地图的绘制事宜，在信中甚为细致地说明绘制的注意事项，如水填淡绿、用纸的上下放宽尺许、画后裱托三四层等，这些丰富的细节经验应与吴氏平日擅长书画创作、金石传拓鉴赏等存有一定关系。吴大澂寄兴所长的经验能运用至公务之事中，这必定也是古代士大夫乐在其中的。在致宋春鳌的信札中，吴大澂也多次提及铜柱制造事宜并请其拓寄铜柱铭文，如同年四月二十六日：“适于十九日启程赴岩杵河，廿二日会议界务，连日碌碌，未及作答。如铜柱刻字，四月内可竣，即由吾弟派一差弁代雇大车，径送珲春，大约五月望间运到，兄尚可手自摩挲。”信中所言“铜柱”，即吴大澂于该年负责中俄勘界事务时添立于中俄交界长岭子之地的呈具国界标记作用的铜柱。铜柱铭文为吴大澂亲自书篆，共四行有五十八字：“光绪十二年四月，都察院左副都御史吴大澂、珲春副都统依克唐阿奉命会勘中俄边界，既竣事，立此铜柱。铭曰：疆域有表国有维，此柱可立不可移。”在此信文中，吴氏表示希望能尽早观览铜柱并“手自摩挲”。吴大澂平日浓厚的寄兴志趣，大多聚焦于金石器物的赏鉴传拓以及铭文的释读题跋，因此，当其随后收到宋春鳌的信函及二纸铜柱铭文的精良拓片时，心情尤为激动，见于吴氏在五月初十日的回信：“初六日接诵四月廿八日手书，并拓寄铜柱铭二纸，刻手精良，迥非俗工所及，他日金石家又添一重掌故。如未起运，乞再属拓二十纸，至感至感。”吴大澂在信中不仅表达欣喜之感，而且请求宋春鳌再属拓二十纸，认为这可使“他日金石家又添一重掌故”，从中透显出其希望此次作为勘界大臣而全程负责和参与的边界事务，经由拓片的传赠，能成为金石学界的重要话题。吴大澂平日通过金石拓片的赠予和邀约题跋，在一定层面上也是积极地编织人际网络，营造社交空间，并且内心期许在士大夫精英群体的合力作用下，其仕进功绩亦能成为集体追忆与感怀的物事。实质上，历代士大夫在特定的政治、经济和文化背景下皆持怀着颇具时代特色的群体意识，吴大澂在治理公务过程中所进行的这类寄兴活动，则是特定的群体意识在个人身上的一种具体反映和体现。同年六月初三日，吴大澂在致予宋春鳌的信中再次提道：“廿九日接初三日手书，承惠晶章，篆法浑成，奏刀不易，客中得此佳制，尤足为行囊生色，感谢感谢。铜柱乞代拓二十份寄下，都门友人索者必多，只可择交好者赠之。”信中吴氏在感谢宋氏赠予印章外，还特别叮嘱关于铜柱的拓寄事宜，此皆因索求者甚多。赵园在《制度·言论·心态：〈明清之际士大夫研究〉续编》一书中提道：“士人的行为方式除受制于既有模式，也受制于一时期士群体的存在方式、生存状态，士的生活的组织方式（如党社、讲学及更日常化的交往方式等），受制于‘时代思潮’（如理学）。无论士有何等丰富多样的个体取向，他们都共享了某些条件——其时（及其地）经济生活状况、诸种制度（如与铨选有关的制度）、学术文化氛围及学术生产方式，以至发生于其时的重大事件；他们甚至不能不同受某个（些）士人领袖的影响。”在当时，中俄勘界工作不仅是国家层面的重要事务，而且具有捍卫领土主权的历史意义，作为国家知识精英代表的士大夫，必然期望能获得与此相关并承具文化价值的物件，从而间接地参与到国家政治的重要场域之中。一直以来，政治因素在特定时代的文化转向中皆起到重要作用，而仕进与寄兴之间所隐含的个体与群体、私与公的关系，在古代传统士大夫精英身上大多能得到有效的调和。

以上是根据国博所藏吴大澂于光绪十二年（1886）致宋春鳌信札、书法内容而所作的探析，现再通过窥探吴氏于此年奉旨赴吉林办理勘界事务期间所书写的日记《皇华纪程》，深入考究其在仕进生涯中的寄兴日常。笔者据罗振玉主编的“殷礼在斯堂丛书”（东方学会排印本）所收录的《皇华纪程》，以及李军整理的《吴大澂日记》，并结合吴大澂的《窸斋集古录》，将吴大澂在光绪十二年一月至九月之中与寄兴事宜有关的记录进行梳理归整。

在光绪十二年，吴大澂于正月十七日由天津启程，作为勘界大臣前往吉林，负责与沙皇俄国官员共同查勘边界并修立界牌等事宜，直至九月中旬大致完成任务并返津。因此，据罗列的内容可知，在一月至九月期间，作为士大夫精英，身肩要责的吴大澂在公务余暇积极进展所好之事。吴大澂的寄兴事宜包括：书印篆文《论语》，赏鉴获赠的或友朋的拓片、题跋或考释各类碑刻及钟鼎彝器拓片，书写金石拓本释文，书写篆联、篆额、篆屏及篆册等，偶尔作画及书扇。吴氏的这些寄兴活动，大多与金石学、考据学、文字学相关。正如吴大澂乡试同年刘传福在《愙斋诗存》序言中评道："平生耽嗜理学，兼通经义，工篆籀及绘事。家藏钟鼎彝器、汉铜玉印甚夥，每以古篆文证经籍之缺误，多所发明。馆选后，不屑屑于章句，惟期于世有裨，深知河务、军务、外务为当务之急，讨论而寻绎之。朝廷知人善任，骎骎向用，不数载而洊擢封圻，屡建伟绩。"刘氏的论调虽以誉赞为主，亦是客观。吴大澂在仕进生涯里甚为推崇经世致用的理念，并以此贯彻到实际的治事之中，从而期许实现传统儒家士大夫的政治抱负。与此同时，修身志道亦是士大夫群体所拥有的精神特质，而形式与途径因人而异。吴大澂在政务余暇中主要聚焦于钟鼎彝器、汉铜玉印等器物的考究和释读，并围绕这些器物及铭文开展传拓、书写活动，这不仅是寄兴之方式，亦是治学的过程。实质上，对吴大澂而言，这些应许是其视作修身和志道的具有现实意义的途径。

关于吴大澂收藏丰硕的情形，叶昌炽于光绪十三年（1887）二月二十六日的日记记载："谒清卿中丞……清丈遍示所藏彝器，内外签押房，罗列几满。"而对其金石传拓志趣的相关研究，学界也已有一定成果，则不再进行赘述。在此想要论及的是，吴大澂在一系列寄兴活动中，颇为频繁地进行各类篆联、篆额、篆屏和篆册等的书写。这些作品，一方面应为吴氏出于个人陶冶情志的内在追求而书写的，另一方面则是其将之作为应酬物赠予同僚友朋而写就的。例如，“为方晴庵大令题宋拓《郭有道碑》”、“为容峻峰都护书篆册六页”、“为恩雨三都护书篆册二页”、“为双如山书大直幅一”、“为双如山书篆额四字”、“为李仲敏画扇”等记录，皆是吴大澂专门为同事和友朋们所进行的书画活动。实际上，这类关涉文化价值的翰墨文本，兼具着文化传播及艺术审美的双重功能，尤其在士大夫精英圈层中得到持久的重视。美国社会学家、哲学家及符号互动论的奠基人乔治·米德在《心灵、自我与社会》中提出：“社会心理学把个体的活动或行为置于社会过程中来研究；个体是一定社会群体的成员，他的行为只有根据整个群体的行为才能得到理解，因为他个人的动作包含在一个范围更大的、超出他自身并且牵涉到该群体其他成员的社会动作中。”无论循吏抑或文豪，皆乐于通过互赠诗词、书画作品的方式以萦系个人的社会交际网络。通常，生活样态、群体意识和行为方式会透显出鲜明的时代特征，而在清季，考据学及金石学相继大兴，由此自然引发作为高级知识分子代表的士大夫们对金石传拓、赏鉴、考释及题跋的热衷之情，并且他们积极地为此进行交流互动，从而于仕进生活中构筑一种关乎心理机制的有效平衡。

结　语

中国士大夫群体的独特性与中国古代政治体制及伦理结构密切相关，这些国家精英主要借由科举进入仕途，不仅期望能践履社会责任与实现政治理想，而且也追求文化的自由创造和独立精神人格的形塑。除建立事功之外，传统士大夫的学术活动和精神生活在社会的历史变迁中呈具复杂的面貌。本文通过梳理和研究中国国家博物馆馆藏的吴大澂信札及书作，具体地探析传统士大夫精英在晚清帝制的社会景观中，依然努力地在入世与出世间成就丰满的人生。

（原载于《美术观察》2024 年第 1 期）

两度皇华岂易逢

张福有

吴大澂，于光绪六年（1880）和光绪十二年（1886）两度皇华，奉使吉林，尤其第二次与沙俄谈判，立下殊勋。“皇华纪程”之路，走在古代冰雪丝路之上。作为诗人的吴大澂，一路行吟，继承并拓展了冰雪诗路。

皇华，语出《诗经·小雅》“皇皇者华”，谓君遣使臣。后世便称使臣为皇华。吴大澂在“皇华纪程”中，二百三十五天作诗五十五首，现可见五十四首。愙斋公之孙吴湖帆据此录入《愙斋行书诗册》五十二首。

吴大澂平时不常作诗，恰如上海图书馆梁颖先生所言：“作亦往往随手捐弃，而是册却是特意自日记中一一录出，……可证这些寄托了‘从来忠信行蛮貊，凭仗皇威镇海隅’之怀抱的作品，在吴大

澂自己心目中也具有特殊的意义，实为诗史，非仅仅记事而已。”（《窸斋行书诗册》卷首语）

“诗史”之言，甚是！

一

《皇华纪程》以四首七律发端，并有简语：“奉使赴珲春，会同俄官查勘边界牌博，换立石碑，赋诗纪事。”“牌博”，指咸丰十一年（1861）勘分东界时所立的八个木制界牌。

帝重申圻根本图，临轩特与使臣符。
西邻疆域侵陵计，东土屏藩久远谟。
占地无多互樛葛，立牌有记莫枝梧。
从来忠信行蛮貊，凭仗皇威镇海隅。

此中的圻，指方千里之地。“侵陵”，原稿作：“诪张”。诪张，意即以欺骗迷惑别人，语出《尚书·无逸》。后来书写时，改为“侵陵”，即侵犯、欺凌，语出《礼记》。用指沙俄、英国对我国新疆的侵略。两词相较，“侵陵”更恰。谟：计策、谋略。“樛”通“摎”：纠结，交缠。立牌，即在中俄边界立木牌和石牌。有人将“土字牌”写成“土字碑”，这是不对的。这是因为，原立的标志是木牌。更换石碑后，其上仍刻“土字牌”，并非“土字碑”。所以，还应称“土字牌”。枝梧：抵触。蛮貊，古指四夷部族。海隅，此指珲春一带海边。

昔日东来部曲从，羽书星速夜传烽。

七年蓄艾知何补，两度皇华岂易逢。
驿路已忘曾宿处，云山不改旧时容。
中原无事鲸波息，坛坫何妨效折冲。

此诗中的“东来”，原为“东征”。从格律方面看，“征”与“来”，都是平声，均可。从字意方面看，或略有差异，“来”，几乎只身。“征”，队伍应更大一些才恰切。“部曲”，借指军队。吴大澂皇华差使，是文官赴边谈判，并未直接带兵。但朝廷派出丁汝昌、刘步蟾、邓世昌等率舰助威。谈判结束后，吴大澂乘叶祖珪的“超勇”号、邓世昌的“扬威”号军舰返回天津。“蓄艾”，出自《礼记·曲礼上》：“五十曰艾。”孔颖达疏：“发苍白色如艾也。”吴大澂首次奉使赴吉林时四十六岁，年近半百。“七年”，指光绪六年（1880）首赴吉林到光绪十二年（1886）边界谈判，已七个年头，是为“两度皇华”。一路所宿之地，除日记所记，多已遗忘。“坛坫”，古代诸侯会盟之地。“折冲”，是“折冲樽俎”之略语，意即在会盟席上制胜对方。

防患尤宜策未然，强邻渐与外藩连。
欲从两界留中道，直为三韩计万年。
铸铁岂容成大错，临机只在着先鞭。
珠槃玉敦雍容会，袖里乾坤要斡旋。

吴大澂深谙“防患于未然”之理，在诗中首句则写出此意。诗中的“强邻”指俄，“外藩”指朝，曾是清朝藩属。俄人所占黑顶子地方与朝鲜仅隔图们江一水，有觊觎该邦之意。“欲从两界留中道”，恰是今赴防川之路“洋管坪”。“三韩”，半岛古国，代指半岛。“铸铁岂容成大错”，典出《资治通鉴》，唐天祐三年：“绍威虽去其逼，而魏兵自是衰弱。绍威悔之，谓人曰：‘合六州四十三县铁，不能为此错也。’”“着先鞭”语出《晋书·刘琨传》：“与范阳祖逖为友，闻逖被用，与亲故书曰：‘吾枕戈待旦，志枭逆虏，常恐祖生先吾着鞭’。”“敦”，此中仄读，音：duì，去声。

词锋敢骋笔如杠，圣德怀柔逮远邦。
牛耳当年盟未久，犬牙何事气难降。
分流溯到松阿察，尺地争回豆满江。
我欲题铭铜柱表，问谁来遣五丁扛。

“词锋敢骋笔如杠”，用了宋代方岳“平时浪说笔如杠”之典，秉持圣德，感化远邦，但有时并不灵验。牛耳，古代诸侯会盟时，割牛耳取血盛敦中，置牛耳于盘，由主盟者执盘分尝诸侯为誓，以示信守。犬牙，即犬牙交错，语出《汉书·中山靖王传》：“诸侯王自以骨肉至亲，先帝所以广封连城，犬牙相错者，为盘石宗也。”意为交界线很曲折。“松阿察”，乌苏里江支流。“豆满江”，图们江。“铜柱表”，篆文：“疆域有表国有维，此柱可立不可移。”关于“表”字，有的书中印成“志”、“封”、“奉”，都是不对的。吴大澂著、吴元京编《吴大澂大篆楹联》中，“将心有道表师传”、“老臣表上百官图”，两个“表”字与铜柱上的“表”字一模一样。认为是“奉”、“封”通假，也是不对的。铜柱铭中本身就有“奉”字，与“封”、“表”的写法有很大差异。在铭文前，有序文：“光绪十二年四月，都察院左副都御史吴大澂、珲春副都统依克唐阿，奉命会勘中俄边界，既竣事，立此铜柱。”光绪二十六年（1900）沙俄入侵珲春时，将铜柱碎为两段，运置伯力（今哈巴罗夫斯克）博物馆。现铜柱台基保存完好。台基是用人工雕凿的石块垒砌的正方形石坛，长 1.6 米，高 0.5—0.7 米。2019 年 7 月 18 日，我陪吴大澂玄孙吴元京先生到铜柱台基处考察，感慨万千。关于铜柱，从吴元京先生给我的苏州振新书社影印拓片中可知，书高 26.5 厘米，宽 14.8 厘米。这不是拓片的原大。书中易顺鼎的文章，开篇即写“铜柱之制高丈二”，这与《皇华纪程》注中的“铜柱高约十二尺”，是一致的。2024 年 10 月 17 日，被盗毁的铜柱已在珲春原位重立，永远留下这一重要标志。

这四首七律，在“皇华纪程”诗中置于卷首，提纲挈领，用典颇多，恰当得体。

二

吴大澂光绪十二年（1886）正月十七从天津启程，前十七天，得空便篆书《论语》，未作诗。途中第一次作诗，是二月初五走到铁岭县城外夜宿。县令陈鹤舟来见吴大澂，鹤舟曾任怀仁县令，他带了县内高丽王碑即好太王碑拓片相赠。吴大澂细看，拓片“字多清朗，文理不甚贯，盖以墨水廓填之本。与潘伯寅师所藏拓册纸墨皆同，惜不得良工一往椎拓耳”。就是在这一天道中，吴大澂作七古一章：“辽河冰解野桥断，东风来往无人管……只愿前程冻未开，渡江不愁风浪作。岁寒秉此松柏心，莫问桃花几开落。”笔触轻盈，带有调侃。

此后第三天，出了威远堡门，经南城子、莲花街，到杨木林子，入吉林界。吴大澂诗兴大发，两日途中连作六首七绝。其中写道："我来迅速春来缓，未许东风带出关。"亦颇具调侃之趣。调侃之余，仍可见吴大澂的心情并不轻松。"皇华诗意无人解，道是鸡林旧使君。""鸡林"，吉林得名之所本。刘禹锡的"口传天语到鸡林"，张元干的"山拥鸡林，江澄鸭绿"，林寿图的《鸡林旧闻录》，写的均是吉林掌故。

途中，吴大澂见伊通河北有两山，东西并峙，大小相等，土人不知其名，他说，这是东天姥两乳，并赋诗一首：

两峦左右齐，端如双玉乳。山顶宜有泉，甘美胜酒醹。
饮之令人寿，童颜可再睹。此山本无名，名以东天姥。
北为长春城，万商于兹聚。地脉非偶然，一乳所含煦。

此中的"伊通河北"，当为石岭子河西北。很顺利就快到省城吉林市了。吴大澂心情不错，途中得二绝句：

征尘屈指到花朝，芳草无情马不骄。
犹忆细鳞河畔路，海棠红掩绿杨桥。

马前父老望春台，六七年中往复回。
一笑又登欢喜岭，只疑身入故乡来。

二月十二日，吴大澂到达吉林市，住在牛子厚开的永升店。十三日，在机器局欣赏《郭有道碑》剪贴本，此本世存仅三，吴大澂得见其二，不亦乐乎。十五日，书写铜柱铭，交宋渤生刻铸。会见曹廷杰，细赏《重建永宁寺记》拓片，“敕修奴儿干永宁寺碑”九字尚可辨。

十六日，辰刻启程，在机器局门东三里东团山渡江。芷帆出东门车轴碰损，行至机器局换车，稽候饭后，始得渡江。候至夜深，韵松、文伯、锡安均无消息。十七日，行至额赫穆站，韵松等仍未到。又行三十里过七道河，十里过老爷岭，三十五里至拉法站，宿。十八日，过苦不了河、鄂勒河、桦树林子、退抟站，乌棘口刘家店，宿。作七古一章：

四山积雪围松明，乱流落硐时纵横。槎枒古木无枯荣，行久不闻春鸟声。残冰踏响马忽惊，泥深一尺水盈盈。仆夫避险搜棘荆，崎岖径仄多不平。下有顽石如长黥，当涂侧卧与人争。落日摇曳双红旌，知有材官来导行。道旁鹄立通姓名，识与不识纷相迎。白须野老何多情，出门手提破石罂。汲泉饭我使身轻，邀我入室炊玉秔。五年前事如棋枰，笑问使君何所营。两鬓新霜添数茎，我来逆旅喜感并。六宿此山那计程，陶然一醉月三更。但觉诗意满怀情，不愁明日还长征。

韵松来书，吴大澂知其“昨日过岭日已暮矣”，“下岭时车又触石而覆，四人徒步行泥淖中，觅一小店暂宿，有人满之患，半夜不得眠，亦不得食，苦不胜言”。于是作五古一章慰之：

昨日渡松江，今日出乌棘。同行四五人，先后本一辙。中途忽差池，相望不可即。或云车脱辐，或疑马惊勒。后时久不来，深夜苦相忆。岂知泥淖中，登岭已昏黑。驽骀鞭不前，徒御咤失色。踯躅冰雪崖，屡踬犹得得。两手僵不伸，襟袖如翻墨。两足冻不干，袜履成淤塞。偶至一茅舍，漏下已三刻。人满无所容，势与蜗争国。苦倦不成眠，苦饥不得食。跬步知艰难，兹焉少憩息。诘朝贻我书，道状解我惑。相去半日程，行行勿复亟。山径滑如油，我亦病登陟。鞅掌岂言劳，此境偶然直。

十九日，“行三十里过张广才岭，又十里出乌棘口。适宁古塔靖边右路中营哨官英喜率队兵伐电线木杆，住一小店”，英喜乃吴大澂旧部，得遇吴大澂，杀一头猪，留吴大澂小憩。饭后，行五十里，风大，继之以雪，申刻，至额穆赫索罗，宿。途中，得诗一首：

狂风似虎卷地来，吹冻顽云拨不开。下罩千山同一被，满空飞絮搅成堆。天公玉戏巧难就，重阴密密谁相催。特遣封姨作大磨，回旋鼓荡声如雷。须臾碾出白瓷粉，落花片片皆琼瑰。老农拍手笑不止，顿令茅屋成瑶台。

又赋张广才岭七古一章：

岭长二十有五里，平冈一伏又一起。首尾蟠屈如卧龙，半身隐见白云里。远脉原从长白来，蜿蜒下饮松江水。满山鳞甲烟翠重，亭亭直节攒古松。千株万株不纪岁，子孙多受秦王封。磵底杂树纷罗列，忽横忽纵皆奇绝。俯听流泉濉濉鸣，中有万古不化之冰雪。此山深处无人行，熊罴夜斗狐狸惊。远闻伐木声丁丁，又疑车轮触石相硼砰。山灵怪我往来久，无句留题不放走。我问当年张广才，何物区区，乃与山灵同不朽。

吴大澂所经张广才岭，十分难走，我们第三次走，才全线走通。岭上的驿路，当初是马车路，百多年来无车行走，被山雨冲刷成深沟，倒木乱插，难以通过。岭顶上野猪出没，无人踪迹。张广才庙地基犹在，附近散落一些花岗岩石材，形状颇多，有的上面有字，已看不清。附近还有“旗杆座”，花岗岩双石并立，有孔，上方下圆，与黑龙江宁安渤海上京龙泉府中的“旗杆座”相类。

二十日，行二十五里到凤凰店，简单午餐。随员沈韵松、王芷帆、吴文伯和俄文翻译官庆锡安亦于午前赶到，因出发时车损受阻，吴大澂与他们已有四天未相见了，直到凤凰店众人才会合。凤凰店，因吴大澂到过，所以，2018 年 10 月 31 日，我特意去这里调查，结果不虚此行，发现一处青铜遗址，有一深坑，被采石破坏，坑口的土石混筑围墙尚在，高一米余，长约二十多米，在内侧墙根有一个“巨无霸”石斧，长四十三厘米，十分漂亮。

同一天，又行五十五里至塔拉站，宿。得诗二首：

行旌历尽厂东西，偶触吟情信笔题。
风土犹存唐俗俭，几双乌拉一爬犁。

闲游人似打包僧，晓起餐风夜宿冰。
只为萍踪飘泊惯，一生衣食寄行縢。

二十一日，行二十里至朱墩，打尖。又十里至贝勒洼，又十五里至老鹳窝，又十里至必尔罕站，宿。得诗一首：

两山之麓多洼塘，草根结作蒲团黄。二三十里一茅舍，蓬蒿遍野田半荒。傍溪凿冰成孤井，绕庐列栅为短墙。乳牛或随犬同卧，饥乌乃与马争粮。古驿三间津吏屋，七年六度朱墩冈。野老相逢似相识，偶来松下谈农桑。

这一带，是吉林与黑龙江的省界，已成无人区，只有残破的房基和大片荒田，高爽开阔，风景如画。我们走到这里，虽留恋不舍，无奈还要赶路，一步三回头地怆然离去。当年，吴大澂行经此地，灯下读山谷诗，有《怀蒉斋》一律兼寄运斋弟：

同是边关落月时，一灯展卷苦相思。
本来地气寒难解，不为天公春到迟。
山雪未销孤雁落，河冰将泮老狐疑。
岭南塞北无消息，独和东坡寄弟诗。

爱惜名花取次栽，为谁零落为谁开。
偶牵藤影疑风动，未展蕉心待雨来。
诗境多从闲处拓，旅怀犹喜梦中回。
一书缱绻愁千里，莫与人论天下才。

《长白丛书》将这二首七律连排，是不正确的。

二十二日，行十五里至三道岭，见道旁石磴上有：“光绪九年八月由宁古塔进省时题名”。对此，窓斋公记忆有误。实际是：“光绪九年八月太常寺卿吴大澂过此驻马”。字也不是三行，而是四行。因复下马续书：“十二年二月奉使勘界重过此山。”

又行十五里至石头甸子，简单午餐后，作五古一章：

凡石皆直性，兹山独横理。高砌宛成台，平铺略如砥。大可容万人，小者积寸絫。粗拟龟背纹，细若鱼鳞比。孔或类蜂房，龋或似马齿。或同蚁穴槐，或等螬食李。麝煤聚零星，兽炭多填委。岂无适用时，弃之弗顾视。辚辚过车声，中空疑有水。忽然塌成潭，如梁自颓圮。非泉亦非池，泥深辄濡轨。吾性爱名山，游踪几万里。阅世多奇峰，眼中未见此。俗言古仙人，炼丹旧基址。丹成跨鹤行，余石留渣滓。此说不足凭，听之聊复尔。吾闻大空青，凿石得龙髓。饮之可长生，沉疴顿然起。真精久秘藏，妙理那可揣。不然顽石巅，何以生杞梓。草木有灵根，依托安足恃。宝山莫空归，璇源毋乃是。古书不足征，请问赤松子。

这个石头甸子，全是由玄武岩构成的。这是从渤海国王城到鸭绿朝贡道的必经之路，猴石山下、镜泊湖畔，惟一的一条天然通道，路面却是一大片玄武岩。千百年来，铁车由此经过，碾压出两行深深的车辙，一直到清代，过大驿路仍走此道。吴大澂诗中“辚辚过车声，中空疑有水”，便是真实写照。

又行三十里至沙兰站，宿。是日，过八道岭赋诗一章：

下岭易，上岭难，如登天山三十盘。一车八马心胆寒，脱骖并驾犹嫌单，万牛流汗常不干。上岭易，下岭难，如下桐江十八滩。陡崖冰滑云漫漫，一落千丈不可拦。前车后车棞叫讙，安得长绳系轴节节蟠，出险入夷心始安。朝上岭，暮下岭，仆夫相戒毋驰骋。方下岭，又上岭，喘息未已时耿耿。日行八岭无坦途，夜梦颠踣惊相呼。愿君高枕安须臾，不知前程尚有高山无？

在宁古塔，吴大澂在寓所作《题宁古塔行馆抱江楼兼呈容峻峰都护》：

忆昔临江筑小楼，与君樽酒话中秋。
自从一去三年别，那想重来两日留。
旧事思量纪龙节，新图商榷定鸿沟。
国恩未报归程远，敢把闲情寄白鸥。

又作《咏乌拉草》一律：

莫道行踪类转蓬，知寒知暖是乡风。
踏冰天气家家便，献曝人情处处同。
参可延龄犹有病，葵能卫足总无功。
何如束草随身具，春在先生杖履中。

吉林三宝：人参、鹿茸、乌拉草，皆在吴大澂笔下。

吴大澂从宁古塔到珲春，途经石头坑、下营子，宿孙立美家。孙翁年七十九岁，步履康强，孙曾罗列，其曾孙又将抱子焉。赋诗二绝句赠之：

六世同居古义门，膝前屡见子生孙。
老农八十犹年少，语带春风一笑温。

淡饭粗茶过一生，有何思虑有何争。
始知安乐乡侯贵，不慕千秋万世名。

吴大澂藏汉代“安乐乡侯”印，甚为看重，将其定入诗里。

窝棘口徐家店，就是吴大澂辛卯年所筑之望松窝。又宿于此，他题诗一律：

叹息山居地瘠境，款宾只有水盈匏。
青骢过处添新驿，紫燕飞来认旧巢。
不信十年能树木，可怜六载未更茅。
相逢搏虎人何在，笑对松林雪半梢。

这里的“辛卯年”有误，应是辛巳年。我曾在《图们江放歌》、《张福有诗词选续辑》、《长白山诗派丛书·张福有诗词选》中考注，“辛卯”当为“辛巳”之误，惜未得印证。所幸后来得吴大澂玄孙吴元京先生寄来《愙斋行书诗册》，吴大澂《皇华纪程》等五十四首诗手迹咸在。在吴大澂《再题望松窝用辛卯年题壁元韵》及《前作》之下，有吴大澂之孙、吴元京之祖吴湖帆亲加墨注：“摅一宿空山一诗公在辛巳年题壁望松窝，此书辛卯乃笔误耳，孙，湖帆谨校。”钤印：湖帆。由此可证，我于2011年、2018年所考“辛卯”应为“辛巳”，纠正自己1998年辑笺《长白山诗词选》注中“辛卯应为己卯”之误是正确的。尤甚喜找到一百三十九年前五人班关清德之墓及其五世孙关宝文等，请上海吴元京与敦化关宝文在汪清五人班村相会，意义殊深，夜不成眠，曾作七律一首。

玛勒瑚哩、老松岭和敦化通沟岗子等处驿站，都是吴大澂奏请增设的新站。

吴大澂再题一律，用辛卯年题壁元韵：

老农生计本萧然，况复频经旱潦年。
岂有林泉留过客，漫题诗句续前缘。
山中盗起愁狼跋，门外寒多惊鹤眠。
为问行旌何日返，汶阳只愿早归田。

前作：

一宿空山亦偶然，诛茅拓地已经年。
边庭万里今无事，使节重来信有缘。
鸟道云封乌棘暗，虬枝雪压古松眠。
野人共话升平乐，各领闲荒百亩田。

如今汪清的骆驼山村，当年吴大澂经过时叫“骆驼磊子”，用萨奇库驿站，吴大澂在这里住宿。途中得诗一首：

春山晓色云冥冥，入林出林车未停。两崖壁立烟岚滴，桦皮雪白乌柏青。残冰塞路顽于石，枯木倒溪醉不醒。古庙颓垣本无佛，忽有山僧来诵经。僧言此山行路苦，醵金除道仰神灵。马惜锦障泥滑滑，人行石磴水泠泠。短松万株齐若剪，横作南山翡翠屏。高者独立挺霄汉，满身龙甲都成形。孤根下蟠几百尺，掘之当有千岁苓。

辛巳年（1881），吴大澂建“息庐”五间，交葛翁管理，后葛翁招刘姓同居。五年后，竟为刘独占了。对此，吴大澂也很有气，题《息庐诗》一章以斥之：

朝三十里一饱餐，暮五十里一投宿。暮宿临河尚有村，朝餐觅火愁无屋。偶逢葛仙两耳聋，呼之不应颜发红。为我择地结茅舍，给钱百缗使鸠工。有酒沽我无则酹，往来行人憩息于其中。养鸡放豚依苍巘，春韭早生秋菘晚。种谷可支一岁粮，采薪不劳百步远。仙翁何为去不还，守此屋者老且顽。不见仙翁喟然叹，只有息庐两字留空山。

汪清1909年确立设治局，1912年改升为县。设县前即有“五人班”，是旗人关清德领余四人“入山樵采卜居于此”。光绪七年（1881）十一月二十八，吴大澂由宁古塔去珲春时，在五人班住一夜。之后，帮五人班构屋，并赐题“清乐乡”三字额。光绪十二年（1886）二月二十九，吴大澂从珲春回省城，在荒片打尖后，路过五人班关于清德家小憩。五年前所构之屋和手书“清乐乡”三字额犹在。关清德见恩人又到，喜出望外，现到嘎牙河钓二尾细鳞鱼饷吴。吴大澂作一首七绝谢之：

羡君身似地行仙，五老来游此数椽。
钓取双鱼来饷客，寿如孤鹤不知年。

这是长白山文化、长白山诗词百花园中之瑰宝。

吴大澂从五人班到凉水泉子住宿，得诗一首：

我初度地凉水泉，六十里中无人烟。膏腴一片空弃捐，临江四顾心茫然。命工起构屋数椽，曰劝农所三字悬。屋成之岁辛巳年，作者七人始来田。朝出耦耕荷锄便，夜归一饭解衣眠。从此垦辟相蝉联，满篝满车歌十千。自我移师北海边，两年跋涉忧心煎。梦魂不到蟠岭巅，重来一宿有前缘。但见西陌与东阡，鸡犬家家相毗连。五尺童子衣争牵，瞻望使君犹拳拳。遥指一屋小如船，手书篆额犹在焉。嗟我风尘未息肩，白云飞鸟何时还。安得买山古渎川，相忘耕凿唐虞天。

凉水泉子的“劝农所”，是“皇华纪程”中的一个标志性场所，至今犹有一栋房屋保存下来。蟠岭在凉水泉南四十里，现在称“盘岭”，302 珲乌公路和 G12 高速公路，都有隧道穿过。蟠岭之下的“吴凤起窝棚”，就是吴大澂进珲春前搭帐篷处。吴大澂进珲春城后，住南门行台。稍事安顿，即与珲春副都统依克唐阿相见，补录途中所作七律二首：

闲　行

平坡日落马蹄轻，树杪云归雪乍晴。
猎户追狍迷草路，牧童引犊卧松棚。
岸凌水阔知春暖，野烧风多入夜明。
地僻村稀投宿早，得闲行处且闲行。

遣　兴

落落书生戎马场，吟怀久似石田荒。
军符暂卸无留牍，诗草重编欲满囊。
春去何心恋风月，夜来有梦到池塘。
短歌不复计工拙，聊遣关山行路长。

从初四日开始，吴大澂就给俄国勘界大臣巴拉诺夫发照会，联系勘界事宜。

三月二十九，连日天晴。依克唐阿送给吴大澂二尾细鳞鱼，吴大澂拓汉双鱼洗文一纸赠之，并题一绝句：

雅惠频叨醉一觞，细鳞风味胜河鲂。
报君片纸无多字，中有双鱼大吉羊。

然后，作《韧字说》一篇，又到依克唐阿处茗谈。在紧张的谈判间隙，吴大澂从未间断释鼎、书篆，还不时祭树、下围棋等。在重立“土字牌”、收回黑顶子地方、争回图们江出海权之后，训蒙即幼师郑周鹤来见吴大澂，献诗一首。吴大澂作一绝句答之，惜吴大澂未记诗之内容，我们亦不得而知。吴大澂还抽暇给宣统帝师陈伯潜抄录十六叶诗，亦不知具体是哪些。

三

对前贤吴大澂的诗，我是又喜欢，又惧怕。喜之在于“嗟我风尘未息肩”，我们沿着愙斋公开创的“皇华纪程”冰雪诗路，一直在自发地向前走，似乎走出一条“让诗入史，以诗证史”之路。惧之在于“皇华诗意无人解”，“驿路已忘曾宿处”。

其实，我们是“驿路未忘曾宿处”。我在吴大澂《奉使吉林日记》中发现，光绪六年腊月十五（1881 年 1 月 14 日），吴大澂在敦化岗子住了一夜，当时叫通沟镇。吴大澂在这里增设驿站，增拨兵丁、牛马。于是，我便盯住岗子，仅 2016 年就去了十一次，首次发现岗子遗址，报请考古发掘，共获文物上万件，证明这是一处团结文化和渤海文化遗址，填补敦化考古空白。

我克服诸多困难，从天津到珲春，重走吴大澂“皇华纪程”之路，调查、著录一百三十多年来这条路上的历史文化变迁和风土人情，寻求“让诗入史”之题材，留下“以诗证史”之储备。邀请并陪同吴大澂玄孙吴元京先生北上吉林、黑龙江，一道重走“皇华纪程”之路，取得丰硕成果。

从 2016 年 11 月 1 日重走“皇华纪程”之路在敦化岗子村启动到今天，又是 11 月 1 日。回顾八年来围绕吴大澂与沙俄谈判收复国土的英雄壮举，重走“皇华纪程”之路的恁多感慨，全部集中在吟怀之中，遂不揣浅陋，作《恭步窸斋公雅韵记重走皇华纪程之路四首》：

一

岂独精通笔阵图，难能掌印辟兵符。
眼明识破诪张计，智慧思成雄略谟。
屏翰蒙尘甘洗砚，藩垣支策信居梧。
皇华路约元京走，牌博巍然守艮隅。

二

今昔艰程路所从，边台恍欲起狼烽。
百年荏苒异时遇，千里驱驰同地逢。
古道当中传故事，旧图之上展新容。
五人班已刊清乐，步韵抒怀吟折冲。

三

失地东疆每怅然，云堆愁绪海天连。
皇华勘界纪长路，黑顶还家贺永年。
玉敦卧峰欣入史，吴岗策马笑挥鞭。
幸留邓叶护公返，超勇扬威奏凯旋。

四

立表铭铜柱胜杠，尽心守土护家邦。
横牵牛耳岂能放，交错犬牙安可降。
虎视龙骧刊一石，山呼海啸辨双江。
而今重走皇华路，忧责压肩甘自扛。

两度皇华岂易逢。民族英雄吴大澂爱国主义精神的回归，是历史的必然！

（原载于《东北人》2024 年第 8 期，收录本书时略有删改）

为学编

白山留政绩，松水忆学人

——古文字学家吴大澂在吉林

金国泰

有史以来，在关东吉林大地上，既留有内外政绩，又留有不朽著述，既留有诗画墨迹，又留有行程日记，生前声名已跨江越海及于异国他邦，这数者兼备而为时最早的第一人，就是清末封疆大吏、古文字学一代大师吴大澂。

吴大澂，字止敬，又字清卿，号恒轩，又号愙斋、白云山樵、白云病叟等。出生于江苏吴县，同治七年（1868）三十四岁中进士，在由此入仕的二十多年中，他有得有失，有成有败。光绪年间，他先后两次奉钦命远赴东北边疆，在白山松水度过了一千多个日夜，因此，同吉林的山水人物结下了不解之缘。其事迹，不仅记入他个人的随记，如《奉使吉林日记》、《皇华纪程》、《吉林勘界记》等，也载诸《吉林地方志》，而且，在他昔日经行留驻过的山间水畔不乏赞誉。

一、吴大澂在吉林的政绩

鸦片战争以后，沙俄帝国主义先是趁机强迫清政府接连签订不平等条约，大肆鲸吞了黑龙江以北和乌苏里以东原属中国的百万平方公里土地，继之又在东疆偷移界牌，制造纠纷，蚕食渗透，有乘虚深入、扩大霸占之势。当此山河破碎、风雨飘摇之际，吴大澂于光绪六年到十二年（1880—1886），两赴吉林东疆，不辞劳苦，为完成以巩固东疆为核心的防务、屯垦和勘界三大任务作出了努力。

防务方面，吴大澂采取了一系列加强措施。诸如：改编八旗兵，建立新体制的“靖边军”（即边防军），分驻于防御沙俄的军事要塞；在省城吉林建立机器局，即兵工厂；在沿边沿江要隘修建炮台；增设驿站，新开道路，以应“文报络绎不绝”和实战的需要。

屯垦方面，清政府迫于形势解除了对吉林东疆的封禁，因此，吴大澂得以推行“移民实边”、广为屯垦的战略计划。他把珲春至宁古塔一带与沙俄接壤地区定为开发重点，采取了不同的屯垦形式，给垦民以多种优惠，对开发东疆起了积极推动作用。其后十多年，那里农田剧增，人口兴旺，村屯城镇错落四出，极大地改变了昔日“地旷人稀”的局面，为稳定东疆、抗御沙俄发挥了极为重要的作用。

与俄方会勘东部疆界一事，吴大澂曾多次提出奏议，至光绪十一年（1885），他才受钦命，会同珲春副都统伊克唐阿承担此任。次年，吴大澂抵达吉林。中俄东界交涉与实地勘界设碑历时近五个月，吴大澂在谈判桌上“据约辩论”，“再三辩驳”，“迭次面商”，谈判桌外他“屡与俄员照会”，“亲自履勘”，尺地必争。因此，尽管谈判的基础是此前的不平等条约，尽管也不是绝无妥协，但却争取到了一些有利于中国方面的实实在在的重要成果：把濒海临江“最关紧要”的“土字牌”向俄方窃居土地内推进14里；收复了“地逼韩、俄，实为险要”的军事交通要塞黑顶子地方；把错立的“倭”字、“那”字界牌重新定位，令俄方退出多占领土；争回了图们江口出海权。

二、吴大澂在吉林的古文字学著述

作为古文字学“继往开来一人”、“卓然一代大家”的吴大澂，“笃耆古文，童而习之，积三十年，搜罗不倦”。他最重要的三部著述——《说文古籀补》、《字说》和《愙斋集古录》，无一不闪烁着长白山的星光月色。

吴氏成家之杰作《说文古籀补》（以下简称《补》书）于光绪七年（1881）九月开雕，自题“督办宁古塔等处防务屯垦事宜太仆寺卿吴大澂撰”，因知此书编纂虽经久积年，而最终定稿付梓于其首任吉林之时。光绪九年（1883）夏，全书雕版告成，始自作序，落款是“夏六月”，而他同年八月由宁古塔进省，因知序言可能写于吉林、珲春或宁古塔某地。全书以光绪二十四年（1898）重刊增订本计，正文收1409字，重文3345字；附录收536字，重文119字。其体例，以收字为主，兼及解字、训诂、引例和书证；以收金文为主，兼及石刻、陶玺。发凡起例共12条，独具慧眼匠心，终成不朽之作。《补》书的意义成就是多方面的：它是北宋以来古文字考释的集大成之作，登上了当时古文字研究前所未至的高峰；开辟了以古文字材料补正《说文》的新纪元，以“敢为天下先”的壮举推动了汉字研究中心由《说文》旧篱向前景广阔的古文字新天地转移的进程；开创了古文字字典编纂的优良体例，至今仍被人们继承使用。虽然近一个世纪古文字学的飞速进步已显示出《补》书中有不少误释误说，但这远不足以掩盖它的重要价值，所以，《补》书问世 70 年后，唐兰还称赞它“是划时代的一本著作”（《中国文字学》），继之，容庚也赞誉它是“字书空前的著作”（《清代吉金书籍述评》）。

《字说》一书共收 32 篇说解金文形义的短文。全书完稿于吉林省，其最后一部分，包括文、夷、尸、拜、鞭、瑚、龙、韧、载、绥、沐、沫等 12 篇，是光绪十二年（1886）三月和八月在珲春任所写就的。《字说》是对《补》书的重要补充，显示出作者高超的学术水平，很多论述，至今未失其重要价值。唐兰盛赞他“颇具卓殊的见解。他所著《字说》，利用他所搜集得来的繁博而且精确的材料来辨证文字，像‘宁王’、‘宁考’、‘前宁人’、‘宁武’的解释可说二千年来所未有”（《古文字学导论》）。当然，32 篇中也有“臆说”，但也如唐兰所言，不过是“白圭之玷”。

《愙斋集古录》一书是吴氏数十年所求拓本的集录，吴氏编考未竟而身先殁，后人取以印行。全书收 1029 器，另有释文或考释 134 篇，大致都是写在东疆勘界时期，全书的自序就作于当年三月二十七日珲春任所，《皇华纪程》有详细记载。此书收录甚广，多有精拓，考释篇目虽少，却多见功力。所以，罗振玉序此书，称“清代古金文之学，至吴氏而中兴”，容庚称之为“金文中一优良著述”，杨树达则称吴氏“颇有悬解”，“时多独创之见”。

三、吴大澂在吉林的墨迹

吴大澂书法卓异，尤长于篆书，可谓熔钟鼎篆籀于一炉，古朴刚劲，浑厚精湛，其同时代金文大家潘祖荫盛赞他“古文大篆，精妙无比”，“直春秋时王朝书也，本朝二百年篆书无及之者”。而这位南国书法大家的不少作品，竟是蘸着松花江、图们江和珲春河的流水写就的。

吴氏篆书《论语》的最后部分是在二赴吉林的旅途完成的。在中俄勘界行将结束时，他又在珲春篆书《夏小正》。

吴氏虽为书法巨擘，却不吝笔墨，足迹所至，多有挥洒；公私交往，每有赠予。他招抚割据一方的淘金大工“韩边外”，把韩氏门匾“威震江东”改题为“安分务农”；登宁古塔抱江楼，他书诗题壁；增建驿舍，他题名“息庐”；筑房设点，以招人屯垦，他题额“劝农所”、“清乐乡”；中俄勘界立石，他亲笔篆书小界牌十纸；重经三道岭，见石磴上三年前亲笔旧篆“墨色无恙”、“鸿爪犹存”，他驻马续书数字以足兴。仅据《皇华纪程》所载，已知他八个月里在吉林各处书写篆额、篆联、篆屏、直幅、篆册、扇、“龙”字、“虎”字等作品二百余件。

吴大澂在东疆还有两件石刻铜铸，乃铭入人心的不朽之作。

第一件，龙虎石刻。现珍护于珲春市龙虎石亭。吉林师范学院赴东疆考察组有文曰：“碑立亭中，为花岗岩质，高 1.40 米，宽 1.38 米，双钩镌刻‘龙虎’二字。字本钟鼎篆书，雄浑遒劲，清奇古朴，翼然有龙腾虎跃之势。州志办安主任介绍说，龙虎石原立于图们江滨凉水泉。1886 年吴大澂重勘珲春东界，为砥砺乡民，卫疆保土，劲书龙虎大字，刻石存记。……龙虎石象征着中华民族的凛然正气。”

第二件，铜柱铭。勘界期间，吴大澂主持在珲春长岭子中俄交界第八记号处建立铜柱，柱高4.15米，宽1.03米，上铸吴氏二月十五日在省城吉林所题篆书大字：“疆域有表国有维，此柱可立不可移。”另有题款四十四字。铭文义正词严，铜柱顶天立地，它凝聚着一个时代整个民族保疆卫国的意志和抗争精神，对境外的垂涎觊觎者，对境内的丧权辱国者，都是当头棒喝。光绪二十六年（1900），沙俄侵入珲春，为掩耳盗铃、为拔眼中钉，把铜柱毁为两截，劫持到伯力（今哈巴罗夫斯克）。今天在中国境内已无法瞻仰这炼于水火的有情铜柱，然而可以想见，那十四个篆书大字，一定笔酣墨饱，磅礴壮美，一定是吴氏挥墨毕生的登极之作。

四、吴大澂在吉林的诗作

吴大澂不是以诗著称于世，但也不乏诗作，与吉林更有过不小的“诗缘”，仅《皇华纪程》就收录了他二次赴吉期间的诗作，多是昼吟于路途而夜录于逆旅。东北开发较晚，历史上歌咏关东的诗篇很有限，而直接以吉林东疆为主要题材的诗篇，出现更迟、数目更少。因此，吴诗尽管没有“绝唱”，尽管如其言“短歌不复计工拙，聊遣关山行路长”，但其在吉林乃至关东诗史上，显然都有着重要价值。

吴诗描绘歌咏了东疆壮丽美好的大自然。山势纵横，古道奇险，冰雪皑皑，林木莽莽，流泉深涧，怪石峭崖，不拘静动浓淡，无不得以表现。他描绘张广才岭雄浑博大：“首尾蟠屈如卧龙，半身隐见白云里。远脉原从长白来，蜿蜒下饮松江水。满山鳞甲烟翠重，亭亭直节攒古松。”他歌咏八道岭，全诗四起四叠，极力咏叹岭重路险，惊心动魄："下岭易，上岭难，如登天山三十盘。一车八马心胆寒，脱骖并驾犹嫌单，万牛流汗常不干。上岭易，下岭难，如下桐江十八滩。陡崖冰滑云漫漫，一落千丈不可拦。前车后车相叫讙，安得长绳系轴节节蟠，出险入夷心始安。朝上岭，暮下岭，仆夫相戒毋驰骋。方下岭，又上岭，喘息未已时耿耿。日行八岭无坦途，夜梦颠踣惊相呼。愿君高枕安须臾，不知前程尚有高山无？"

吴诗也融入了浓郁的关东长白风情，连吉林的方言土语也活跃其中。写山间住户："二三十里一茅舍"，"傍溪凿冰成孤井，绕庐列栅为短墙"；写雪野所见："几双乌拉一爬犁"；写普通人家纯朴的待客方式："款宾只有水盈匏"，"邀我入室炊玉秫"（玉秫，即玉米楂粥）。又如"猎户追狍"、"沿凌水"（方言）和"乌拉草"等，都是色彩鲜明的关东风物。

吴诗反映出"移民实边"政策仅数年就初见成效，如写珲春近处凉水泉子的变化："我初度地凉水泉，六十里中无人烟。膏腴一片空弃捐，临江四顾心茫然。命工起构屋数椽，曰劝农所三字悬。屋成之岁辛巳年，作者七人始来田。朝出耦耕荷锄便，夜归一饭解衣眠。从此垦辟相蝉联，满篝满车歌十千。……重来一宿有前缘。但见西陌与东阡，鸡犬家家相毗连……"

吴大澂在吉林几经寒暑，因此，对吉林有故乡般的情意。他二赴吉林时，刚刚重踏省城岭界，喜悦之情，油然而生："马前父老望春台，六七年中往复回。一笑又登欢喜岭，只疑身入故乡来。"东行珲春，途经驿站，他感觉亲切，是"紫燕飞来认旧巢"，"两鬓新霜添数茎，我来逆旅喜感并"。身入故地而不见故人，思念之情常脱口而出，在望松窝站，他问"相逢搏虎人何在"。在哈达密达，他问："仙翁何为去不还，……不见仙翁喟然叹……"

吴诗也反映了他对中、俄、朝关系及东疆地理形势的认识，反映了他的使命感和谈判的信心。他认为："防患尤宜策未然，强邻渐与外藩连。欲从两界留中道，直为三韩计万年。"他决心要在谈判桌上力挫沙俄侵略气焰，"词锋敢骋笔如杠"，"坛坫何妨效折冲"，而且表示要讲究外交风度和谈判艺术，"珠槃玉敦雍容会，袖里乾坤要斡旋"。他立志争回尚可争回的每一寸领土，在东疆建立永久性边界，不容再受侵犯："分流溯到松阿察，尺地争回豆满江。我欲题铭铜柱表，问谁来遣五丁扛。"这诗句与铜柱铭的誓言浑然一体，落地有声。

五、吴大澂在吉林的学者生活拾零

吴大澂官务之余，有丰富的学者生活，有可贵的学者精神，这里只略举细事。

他刻苦勤奋，持之以恒。或严寒酷暑，或长行短驻，他常是马上吟诗，船中捧卷，灯下挥毫，常是在简陋的驿舍里书写钟鼎拓本的释文。中俄勘界后期，公务渐少，因此，他一日就考释六七器乃至十余器。"腰痛不能动作"，他不待痊愈，就伏案书写《盂鼎释文》。有些重要的铭文，他反复斟酌，如毛公鼎，他先用三天时间作了初步考释，四个月后，重新书写释文，竟然又用了十天时间。他书法已臻精熟，但仍坚持习篆和临摹金文拓本。足见他努力认真，勤学不怠。勘界之时，他已五十二岁，可是还有学习俄文的记录，更见他生命不已、学问不止的可贵精神。

吴大澂对出于东北边域的古器物及文字材料也特别留心。在今吉林省集安境内有著名高句丽好太王碑，为研究高句丽历史的基本史料，光绪初年渐为学界所知。吴大澂见过碑拓，十分重视。赴吉途中，行经铁岭县，得知县令陈鹤舟曾任职怀仁县（今辽宁桓仁县，紧邻集安），而好太王碑就在距怀仁县城百数十里的深峡中，当即向他了解石碑事，并且又从他那里得到了一份碑拓，但仍不太满意，认为不是精拓，“盖以墨水廓填之本”，“惜不得良工一往椎拓耳”。清朝官员曹廷杰于光绪十一年（1885）入俄境，访得黑龙江下游东岸的明代重建永宁寺记碑址，并亲手拓回碑文。该碑是明政府承继元代版图，在该地设司派员以管辖黑龙江、精奇里江、乌苏里江和松花江流域以及库页岛地区的重要见证。吴大澂在吉林见到归国不久的曹廷杰，受赠重建永宁寺记碑拓四纸，当即详细询问碑址附近地理环境，考察古碑所载几个世纪前中国境内汉、蒙、藏和女真几个民族的文字，并推测了刻碑时代，只是他“疑元时所刻”有欠准确。吴大澂入俄境，在双城子，“闻机器磨面局有残碑一座”，约明日同往访之，见到了已被俄人毁去上半的典型中国式石碑，残剩楷书及龟趺“尚在”。他到符拉迪沃斯托克，参观了“俄官布斯席新设博物院学堂”，留心观看了展出的石镞、石斧，俄人谓“自阿济密土中掘得”，他认为“自是三代遗物，即肃慎氏之砮石也”。他还留心观看了用鱼骨制作的箭镞。他还特意向俄人要了一个石镞和一个鱼骨镞，带回国内，大概不只是嗜古，很可能是心怀对江那一边上古先民的凭吊，或是聊寄对清末割土丧地的遗憾。

吴大澂不仅在国内有广泛的学术交往，而且与国外也早有文化往来，他在日本和俄国的一些学者中早有影响。在吉林，他收到过日本书记官井上毅寄来的碑拓和名片。他曾经把自己的书法作品篆书《孝经》送给俄国官员，不久，“接俄官廓米萨尔来信，因前赠篆文《孝经》为该国学院布席所见，欢喜赞叹，代致布席来书，并寄双城子碑额照本一纸，文曰：‘大金开府仪同三司金源郡明毅王完颜公神道碑。’篆书五行二十字。”吴大澂早在一百多年前就已经同异国他邦有着个人的文化交往，这在古文字和古器物学者里，大概是第一人吧。

（原载于《中国典籍与文化》1993年第3期）

吴大澂的金石研究及其书学成就

张俊岭

吴大澂，本名大淳，字止敬，又字清卿，号恒轩、愙斋等，江苏吴县人。同治七年（1868）中进士，历任翰林院编修、陕甘学政、河南河北道员、太仆寺卿、太常寺卿、通政史、左副都御史及广东巡抚、湖南巡抚等职，后任上海龙门书院山长。卒于苏州。

清人治学，重于训诂考据，倡导实证学风，而金石碑版是重要的资料来源。清人不仅将金石文字作为考经证史的材料，对于金石的形制、沿革也加以研究，并将金石碑刻作为学习书法的范本，官僚、学者、书家莫不喜谈金论石。吴大澂生于金石学极盛之日，虽风尘鞅掌，亦重于访拓碑刻，收藏金石，致力于金石学、文字学的研究，又以金石为范本，在书法上取得了较高成就。吴大澂真、行、隶、篆无所不工，“写金文为开山鼻祖”，治印率先从钟鼎、古玺取法，对当时及后世书坛、印坛产生了极大影响。吴大澂的书学成就完全立足于他的金石研究，要研究其书学成就，须从其金石研究入手，所以本文拟就其金石研究与书学成就作专题研究，并借此以对金石学与书法的内在关系窥视一二。

一、金石研究

钟鼎彝器和碑版石刻文字颇多篆隶书体，是解释六书的重要资料，也是考证经史的重要材料，所以清代考据学的兴盛引发了对金石学的专门研究。然在金石文字，尤其三代吉金文字的考释方面，当时文字学界有援甲证乙、穿凿附会之弊，“如阮元、陈庆镛等人对于经学、小学均有弘博的成就……但文字尚未能认识清楚便遽加考证，支离破碎，对的只得十分之二三，而错的占了十分之七八”。随着金石出土日多，尤其古吉金文字层出不穷，古文字在晚清已真赝厘然。吴大澂博综经术，以考古为专门之学，毕生致力于金石文字的训诂考据之中，于文字学、金石学取得了极高成就。

吴大澂喜金石文字之学，源于家学。其祖父吴经堃，字厚安，喜收藏名人尺牍与字画；外祖韩崇，字履卿，所藏书籍、碑版、金石、书画不下数千种，著有《宝铁斋集》、《宝铁斋金石跋尾》。吴氏自幼有嗜古之好，其《自订年谱》载：“时（咸丰五年——引者注）余在韩氏宝铁斋，好集金石拓本，家大人戒之曰：‘好古之士，恐以玩物丧志，与身心无益也。’”然吴大澂真正喜金石之学，并一生致力于此，主要受惠于时风，得益于交游。

潘祖荫是对吴大澂金石收藏与研究产生重要影响的一个人物。潘祖荫，字在钟，号伯寅，江苏吴县人。潘氏为官居于京师，喜收藏、刻书，胡澍、赵之谦、王懿荣、张之洞等人均曾为潘氏到都门厂肆收购金石书画及各类古籍书目，并为之考订、校勘。同治六年（1867），吴、潘二人相识于京；次年，潘氏嘱吴氏与汪鸣銮为校《说文》；同治十一年（1872）春，潘氏刻《攀古楼彝器款识》，由赵之谦篆书书名，吴大澂绘图、摹款，王懿荣楷书，张之洞、周悦让、王懿荣、吴大澂、胡义赞等为考证。吴大澂在与潘氏的交游中既见到大量金石碑刻，也得以与赵之谦、王懿荣、张之洞等好古之士交游，遂移好于金石文字之学。其《恒轩所见所藏吉金录》自序云："洎官翰林，好吉金文字，有所见，辄手摹之，或图其形，存于箧。"

而与吴大澂商谈金石文字之学最深、最密者，莫过于陈介祺、王懿荣二人。陈介祺，字寿卿，号簠斋，山东潍县人。陈氏积学好古，笃嗜收藏，所藏三代彝器、周秦古玺与陶文无人能及。吴、陈二人于同治十二年（1873）始通尺牍，十余年间未尝断绝，"时簠斋半生潜居林下田间，而愙斋则鞅掌王事，视学陕右，先秦故郡、齐鲁名都，每有所获，尺素往还，相与欣赏。凡鼎彝、古陶、封泥、印玺文字，以及朝野时事、治兵赈济之方，无不析疑问难，必定于是而后已。"陈氏率先倡导以钟鼎文入印，其弟子王石经、族弟陈子振皆是以钟鼎文入印的实践者，丁佛言《说文古籀补补》载："吴侃叔、王石泉（按，当为王石经。王石经，字西泉——引者注）、陈子振始用钟鼎入印章，终推陈寿卿为大宗。"陈氏以钟鼎入印的思想影响到吴大澂，并由吴氏而波及黄士陵。王懿荣，字正孺，又字廉生，谥文敏，山东福山人。王氏酷好金石文物，长于鉴赏考证，时金石界"鉴别宋元旧椠，考释商周彝器，得公一言，引为定论"。吴大澂曾云："廉生鉴别吉金，为吾辈第一法眼。"吴大澂与王氏相识于同治七年（1868）前后，二人交谊甚厚。吴士鉴所作《王文敏公遗集序》云、“王文敏公……通汉学家言，尤究心金石，与张文襄（之洞——引者注）公、吴愙斋中丞、鲍子年（康——引者注）太守为身心性命之交。”吴大澂凡考释古器文字，鉴别古器真伪，有疑难者，多由王懿荣审定。

此外，陈奂、俞樾、吴云、莫友芝、鲍康、张之洞、江标、叶昌炽、翁同龢、张裕钊等学者与吴大澂皆有密切交往，诸公皆为博览群书、笃好金石之士。吴大澂终生致力于金石之学而终为大家，与他交游的广阔密不可分。

吴大澂仕途通达之际，为官足迹遍及四方，每到一处，必流连荒郊古道，搜求访拓金石碑刻。谢国桢所作《吴愙斋尺牍》跋云：“至其游踪所至，荒山古寺凡有遗迹可寻者，无不斩除榛莽，悉心披剔。其按试秦陇，道出汉中，则撰《石门访碑记》，以证前人考订文字之失。南游北固登焦山，则辨无专鼎之伪。”吴氏毕生访拓金石，未尝稍歇，所藏金石甚富，凡商周鼎彝、诏版、镜铭、古陶、印玺、封泥、瓦当、汉魏造像、宋元石刻等无所不收。吴大澂的斋号有三十余，而大多与其金石收藏有关，如愙斋、十圭山房、八虎符斋、十六金符斋、千玺斋、龙节虎符之馆等。这些斋号不仅见证其金石收藏之富，而且也是其人格修养及学识的显示，由“愙斋”命名可知之。光绪二年（1876）三月，吴大澂于西安以百金购一鼎，鼎有一字，吴释之为“愙”，并考为微子之鼎。“愙”与“恪”意相同，吴大澂重于宋儒理学，以忠恕止敬为修养功夫，遂以“愙”字名其斋，并作《愙鼎长歌》以志之。“朋俦知之，无不叹服。”

吴大澂收藏金石，既对金石文字进行训诂考释，也对金石的名称、制度、沿革流变等加以研究，著有《字说》、《说文古籀补》、

《恒轩所见所藏吉金录》、《续百家姓印谱》、《十二金符斋印存》、《十六金符斋印存》、《古玉图考》、《权衡度量考》、《愙斋集古录》、《千玺斋印选》、《周秦两汉名人印考》等书。其中，《说文古籀补》收有古金文、货币文、陶文、古玺文等三千多字，后增补一千多字。是书所编之字皆据古器拓本，其自作叙云："不分古文、籀文，某字必详某器，不敢向壁虚造也。辨释未当，概不羼入，昭其信也。索解不获者，不绎其义，不敢以巧说褒辞使天下学者疑也。"《说文古籀补》对所见之字皆慎重临写，详加考释，溯文字之渊源，厘定了《说文》及前人字书的许多错误之处，使先秦古籀成为可识之书，实为古籀学上的一部重要著作，容庚的《金文编》即祖述于此。《恒轩所见所藏吉金录》、《愙斋集古录》所辑多为商周铜器，绘图摹款皆极精细。《续百家姓印谱》、《十六金符斋印存》、《千玺斋印选》等书收集了大量先秦古玺、秦汉印章，是印人学印的良好范本。吴大澂编订金石书籍时，对拓碑、勾摹、绘图、刻版、装订等每一道程序皆求其精。如为使勾本有神采，他提出"双钩亦须运腕，填墨后，笔力较健，其一种朴茂之气则不可模仿。即无字，各种神妙变化，一圈一点皆与古籀相通"，陈介祺叹为精妙。

吴大澂对古金石的收集、整理与研究，奠定了他在文字学、金石学上的地位。顾颉刚于 1935 年作《〈吴愙斋先生年谱〉序》云："古文古器之研究本小学目录之旁支，而四十年来蔚成大国，倘非先生开创于前，纵有西洋考古学之输入，其基础之奠定能若是速乎？"吴大澂以金石收藏与研究为基，在书法上亦卓然成家。

二、书学成就

吴大澂身居庙堂，以关心民瘼为己任，以实事求是为学问，而视诗、书、画、印为文人余事。吴作于咸丰十一年（1861）的日记云："诗画二事，皆余夙好，童而习之，然亦是玩物丧志，不足称重，甚不欲以此见长。"吴大澂视诗画如此，视书印亦然，但长期浸染于金石碑刻之中，交往于文人名士之间，又适逢碑学极盛之日，其诗、书、画、印仍成就斐然。谢国桢在《吴愙斋尺牍》跋中评其书法云："愙斋先生所书尺牍，篆、籀、行、楷，各体俱备，纯朴郁茂，均臻极境。在昔，愙斋之书，零圭片羽已视为奇珍，况此长篇巨帙，宁不尤加珍惜？"

吴大澂受古金石文字影响，形成了以"古雅"为尚的审美观。他认为古器文字笔力遒劲，多有神采，"一钩一画都有朴茂之气"，古今之别正在于古雅而今俗，其《论古杂识》曰："余所得古琮、古璧，其刻画似不甚工，而古雅可爱，无庸俗气者。可以雅俗定古今之别，书画一理也，金文与玉文亦一理也，会心人当自得之。"在古雅观的观照下，其书、印皆取法金石，以古为师，以雅为上，追求一种淡雅灵动之美。

吴大澂生于碑学极盛之日，一生又四处访拓碑刻，所见北碑极广博，同时与潘祖荫、赵之谦、沈树镛、张裕钊、李文田等又交往甚密，故楷书宗北碑。其楷书不求苍野而求整饬、秀劲，用笔沉实果断，笔锋尖锐犀利，有斩钉截铁之势，笔画使转处，少圆转，多劲折。因受《石门铭》书风影响，其书结体端庄稳健中又笔画外展，于浑厚中见朴茂，沉雄中见飘逸。

其行书初师隋唐行楷，后任广东巡抚时转师黄庭坚，一改旧体。

吴大澂对黄庭坚崇拜有加，其作于光绪十五年（1889）的家书云："徐翰卿（熙——引者注）带来山谷先生石刻小像，当瓣香祀之。涪翁有灵，贶我心法，书学或有进益。"其行书点画浑朴遒劲，笔画外展，结体舒朗，有飘逸之姿。顾廷龙评之曰："先生行楷，初学隋唐人书，颇似《元公姬夫人墓志》。其后改师山谷，尤得神髓，于苍茫挺拔之中参以妩媚之姿，自成一家。"

吴大澂隶书师《张迁碑》，形体偏长，点画波折度不大，用笔沉实，有篆籀气。但其隶书未形成自家独特风格，王乙之曾云："吴亦以隶书未能卓然成家，所以他落隶书款的作品，最易于仿制。"

吴大澂的篆书成就较高。吴大澂初随陈奂学篆，由邓石如上溯冰斯，其早期篆书形体偏长，用笔圆润，点画瘦硬，工整雅致。后任翰林编修时见到较多金石拓本，移好于金石文字之学，于光绪三年（1877）三月，又往常熟访杨沂孙，杨氏劝其学大篆。吴氏《自订年谱》载："游虞山，访杨咏春先生（沂），纵谈古籀文之学。先生劝余专学大篆，可一振汉唐以后篆学委靡之习。"吴大澂所收古器多为商周彝器、先秦古玺，治学又以考释古籀文字为先，故其篆书以商周古籀为宗。吴大澂于光绪二年（1876）五月致陈介祺尺牍云：

近于古文字大有领会。窃谓李阳冰坐卧于碧落碑下，殊为可笑。完白山人亦仅得力于汉碑额，而未窥籀、斯之藩。大约商周盛时文字多雄浑，能敛能散，不拘一格。世风渐薄，则渐趋柔媚。

于光绪十三年（1887）致其侄吴本善书亦云：

讷士吾侄，喜习篆文，见余所拓钟鼎彝器文字，辄宝爱之。能识三代古文，深知大篆之胜于小篆也，所见出李潮上矣。

吴大澂篆书在用字上完全取法商周钟鼎铭文，字形古朴方正，而在用笔上却参以小篆笔法，用笔起止皆较为圆润。吴大澂是位严谨而理性的学者，不以震颤之笔去追求斑驳的效果，而是以斯冰篆法写周秦之文，摆脱了前人书写金文时起笔、收笔皆较尖锐的不良习气，将金文写得整饬而规范，使其书在具有极强秩序感的同时，又有一种静穆淡雅之美。吴大澂的大篆在当时就获时人赞许。光绪三年（1877）四月，潘祖荫将吴氏所写手札装订成册，乞题记时云："手书已装为一册，来时可题之。以中多考证，且近来大篆国朝无及之者也。阁下大篆在荄甫（胡澍）、益甫（赵之谦）之上，而赵、胡又在李少温（阳冰）之上，若农（李文田）则在少温之次矣。"（人名均引者注）然吴大澂以小篆笔法书写金文，且过于规范，故亦有人认为其篆缺乏古意。马宗霍《霎岳楼笔谈》云："窓斋好集古，所得器最多，手自摹拓。而下笔却无一毫古意，其篆书整齐如算子，绝不足观。"

吴大澂亦工篆刻。因吴氏所见钟鼎、古玺较多，且受陈介祺印学观的影响，所以在师法汉印时，又多取法钟鼎、古玺。陈介祺在同治十二年（1873）致吴大澂尺牍云："蒙谓作印去近人之习，而以钟鼎、古玺二者笔法为师，自当突破前人。"吴氏于次年正月回函曰："所论篆刻以钟鼎、古印二者笔法为师，可破近人陋习，大澂心知之而手不逮。"吴大澂于光绪三年（1877）二月致陈氏尺牍又云："三代阳识字最可爱，作阳文印仿之最佳。古人一字便有疏散气，今人摹古多失之工。"同年五月，吴大澂求陈氏代购王石经印作时云："西泉（王石经——引者注）先生刻印至佳，为近今所罕见。苦于远道无由寄石，敬求代购青田或寿山石印二方，请西泉先生赐镌'愙鼎斋古金文'六字，或仿汉白文，或仿钟鼎文，或作古吉金，乞酌之。"吴大澂平时所用入印，如"愙斋"、"愙斋所得金石"、"十六金符斋"、"郑龛"等多以钟鼎文入印，印风古朴雅致。郑文焯于"方月榭"印款评之曰："吴愙斋尚书以三代钟鼎彝文入印，最古奥有致。"

三、影响

吴大澂对当时及后世书坛产生深远影响的是其篆书与篆刻。清代篆书名家众多，然在吴大澂之前，写商周金文者不多。一者，当时商周金文多不可识；再者，虽有人涉足金文，篆法亦不可取。吴大澂深研古籀之学，又以斯冰篆法写金文，将金文写得平正光洁、整饬规范，是第一个写金文获得成功的书家。丁佛言《说文古籀补补》曾云："自赵宋迄晚清，前后数百年间，书家、印人迁流代谢，推陈不能出新，加以秦石坏则小篆穷，邓浙极则流愈下。于是朱椒堂、杨咏春、张菊如初试毛笔写古籀，至吴愙斋而始著。"篆刻在吴大澂之前，印人多取法于石，少涉于金，而吴大澂却和陈介祺率先倡导以钟鼎文入印，并亲自捉刀实践。吴大澂之后，书家、印人由商周钟鼎、古玺取法者多，此虽源于金石的大量出土，然吴大澂的倡导之功亦不可没。晚清篆书、篆刻大师吴昌硕、黄士陵的书、印都在不同程度上受到了吴大澂的影响。

吴昌硕，原名俊，字苍石、昌石、昌硕，号缶庐、苦铁等，浙江安吉人。同治十一年（1872），吴昌硕与吴大澂相识于苏州；光绪十六年（1890），吴昌硕为吴大澂刻"愙斋鉴藏书画"印；光绪十八年（1892），吴大澂由沪入都，吴昌硕与金心兰、徐熙等为之送行，吴大澂作留别诗十六首，其一云："斗庐真率缶庐狂，文采风流相颉颃。岸上踏歌声不断，乞书人比送行忙。"吴昌硕在与吴大澂的交游中，得见大量钟鼎彝器、古玺印章、诏版、封泥，这对其"印外求印"的思想有重要影响；且其篆书早期结体平正，用笔谨慎，无太多变化，虽受益于杨沂孙，然从吴大澂处亦得益较多。

相较而言，黄士陵的书风、印风受吴大澂的影响更大。黄士陵，字牧甫、穆父，号倦叟、黟山病叟等。黄士陵前期篆书、篆刻皆以今人为师，篆书师承吴让之，参以杨沂孙法；篆刻远师邓石如，近师吴让之。其早期书、印重于笔意，追求笔法的跌宕、结体的姿媚，水平总体不高。光绪十一年（1885）八月，黄士陵由广州到北京国子监肄业，从盛昱、王懿荣、吴大澂等学习金石，并协助吴氏编订金石书籍。此时，黄士陵见到大量先秦古玺印章、钟鼎彝器、诏版镜铭，其书印开始从金石取法，以古为师。次年十一月，吴大澂受任广东巡抚，黄士陵受吴氏之邀，回广州，客于其门下；光绪十四年（1888）五月，吴大澂"借川沙沈氏（树镛——引者注）宋拓《刘熊碑》，以赵之谦双钩本校定，属黄生士陵摹勒端石"；同年七月，吴氏嘱黄士陵、尹元鼎重新编订《十六金符斋印存》，并题诗一首：

蓄印十六年，积累至二千。
古玺得至宝，文字秦燔先。
汉魏官私印，金玉皆精坚。
同钮各从类，年代不细编。
印兹二十部，裒集岂偶然。
谁其任此役？穆甫与伯圜。

光绪十四年（1888）七月，吴氏署理河东河道总督，黄士陵则留在广雅书院从事经史的校刻。黄士陵自入国子监取法金石始到返回广州的数年中，形成其独特的书风、印风。其篆书取法商周吉金文字，结体介于金文、小篆之间，古朴平正，用笔圆润浑厚、果断肯定；篆刻追求“印外求印”，在师法汉印时，更多取法于商周钟鼎、古玺，于金文闯出一条新路来。其书、印皆重于字的空间的分割，追求用笔的沉实与稳健，结体的整饬与平正，力求一种光洁整饬、静穆高雅之美，与前期的姿媚婀娜的风格迥然不同。黄士陵在书风、印风形成过程中，虽与众多金石家交游，然他与吴大澂的关系最为密切，其审美追求也与吴大澂相似，吴大澂对黄士陵书风、印风的形成产生了重要影响，可以说正是吴大澂成就了黄士陵。昔马国权论黄士陵篆书时，曾指出吴大澂对他的影响，“牧甫古籀初师濠叟、窸翁，后参差变化，契合周贤，杨、吴两公所不及也”。如今，黄士陵之影响以岭南印坛为中心而辐射全国，岂无窸斋之功？

吴大澂对书坛、印坛的影响不止如此。吴大澂仕途通达，交游广阔，其影响面较广，吴昌硕、黄士陵仅为受其影响而成大家者。吴大澂作为理学家，其楷书、篆书与篆刻皆不求苍野与怪异，而较为整饬规范，这对时人学习北碑、金文及篆刻无疑起了一种导向与规范作用；再者，吴大澂毕生访拓碑刻，收藏金石，发现了较多前人未发现之碑刻，而他对古籀文字的考释，对商周鼎彝、先秦古玺的收集、整理与研究，更是前无古人；同时，吴大澂的金石拓本多为精品，其金石书籍的图像与铭文亦极精细，这些书籍的编订与刊刻为世人学习书、印提供了良好的范本。后人从他的金石文字学受益良多，若从金石文字学这一点出发，则吴大澂对书坛、印坛的影响是深远的。如吴大澂曾著字书《说文古籀补》，后人则对此书一补再补，在增补的同时，他们的书、印也多受到吴氏的影响，丁佛言曾就此书作《说文古籀补补》，其金文亦受吴氏影响。王乙之在《丁佛言评吴大澂篆书》一文中对丁、吴二人篆书作了比较："佛言函中，虽说吴之书法，并未到家，写散盘尤不合。而佛言篆书，却仍取法于吴，婢学夫人，亦步亦趋……吴之笔法，轻灵有余，重厚不足……丁虽力矫此弊，下笔凝厚如铸，而矫枉过正，失之滞呆，望其字直如刻板，毫无生动气象。至于行间排列，有如'算子'，又是二人通病。"

吴大澂的书学思想与成就离不开其金石研究，他对书坛、印坛的影响既与其书印成就有关，也与他在金石研究上的成就密不可分。由此，我们也可看出金石文字学与书印的内在联系及其他学术发展在清代碑学兴盛过程中产生的重要影响。

（原载于《书法研究》2005 年第 2 期）

吴大澂战国文字研究成就述评

余少红

吴大澂，江苏吴县人，生于道光十五年五月十一日（1835年6月6日），原名大淳，因避清穆宗讳改名大澂，字止敬，又字清卿；有别号恒轩、白云山樵、愙斋、白云病叟等。六岁入塾，师从冯云槎（名受祉），十一岁受业于王逊甫（名崧）门下。十八岁时，入陈硕甫（名奂）门下，也曾师从俞樾。同治七年（1868）通籍（得中进士），入选翰林院庶吉士，同治十年（1871）授编修，同治十二年（1873）任陕甘学政，随后任河南河北道、太仆寺卿、太常寺卿、广东巡抚、河东河道总督、湖南巡抚等职。光绪二十年（1894），中日甲午战争爆发，他率湘军出关御敌，次年兵败，被革职留任，不久被朝廷罢官，永不叙用。光绪二十八年（1902），病逝于家中。

吴大澂在治政之余，倾心于古文字研究，其研究涉及当时所能见到的各类古文字材料，在古文字研究诸多领域都有建树。学术界对吴大澂在古文字学史上的地位一直给予积极评价。然而长期以来，有关论著在论及这一问题时多为概述式的介绍，内容上流于笼统。本文从考察具体材料入手，从具体事实出发，对吴大澂在战国文字领域的研究成就作出评述，内容涉及以下几个方面。

一、对战国货币文字的研究

乾嘉之前的研究者多把当时所能见到的先秦货币当作西周以前之物，对古币文字的释读成就也不大。乾嘉时期的钱大昕认为“币始战国”，嘉庆年间的初尚龄把古刀布断为春秋战国时物，在对业已发现的先秦货币的时代判断上超越了前人。吴大澂对先秦货币时代的认识则较前人更进一步，他论断“古币多战国时物”——这一论断是正确的，直到今天，人们发现的先秦货币多数属于战国时代。

由于吴大澂对当时所能见到的先秦货币时代有着正确认识，他能把先秦货币文字置于战国文字大背景下研究，并取得一定成就。在先秦货币文字研究方面，他的成就首先表现在他考释出若干别人未能考释出的币文。他的《说文古籀补》（以下简称《古籀补》）正编收录先秦货币文字字形二百二十三个，排除重文因素，有单字九十七个。在这九十七个单字中，释读正确的共七十四个，其中“盧氏币”中的“氏”、梁币中的“梁”及“京”、“郢”四字为吴氏本人所释。

同时，他对古币文字的研究是真正文字学意义上的古文字研究。此前的古币研究一直属于传统金石学研究中的一个旁支别系，而金石学属于历史学范畴，其主要目的与任务是利用金石器物研究古代历史文化，这样的研究往往包括器形学和铭刻学，而铭刻学实际上就是利用古器物上的文字来研究古代历史文化。虽然金石学也包括对器物上文字的释读与研究，但是这种研究是为破解古器物所承载的历史文化信息服务的，而不是为了探索文字本身的字形结构规律，因而这种研究从属于金石学范畴。真正的文字学意义上的（古）文字研究以考察字形为基础，进而对（古）文字结构规律进行探索。可见金石学中的（古）文字研究与文字学意义上的（古）文字研究其目的与任务是不同的。

吴大澂把一个个战国币文从古币上剥离出来加以研究，并收入其《古籀补》中，表明他的古币文字研究是以字形研究为基础的，其目的与任务是探索古币文字结构规律，足见其对古币文字的研究已经突破了传统金石学研究的藩篱，是真正文字学意义上的古文字研究，这在先秦古币文字研究历史上是前所未有的事情。事实上，正是由于对先秦古币文字结构规律的研究与探索，他才能正确释读出上述四个形体诡异的古币文字。从某种意义上可以这样说，吴大澂是从文字学角度研究先秦古币文字的先驱者。

二、对古玺文字的研究

古玺的搜集、著录工作从宋代就已经开始，当时的金石学著作中就有著录古玺的。然而直到清代前期，人们对已经发现的先秦古玺年代的认识还充斥着错误，对古玺文字的考释也未能取得多少突破（详可参曹锦炎《古玺通论》有关章节，上海书画出版社 1996 年版）。关于先秦古玺的年代，吴大澂有着正确的认识。他曾明确地指出先秦古玺为战国时物，他在写给陈介祺的信中说“鉨文多奇字，当皆六国时制”；又如《古籀补》卷一“王”字条下所收的“姑冯钩鑃”字形后吴氏注语说“此晚周文字，与古鉩相类”。

由于古玺文字本身的特殊性，如字形变异现象严重，多为人名用字，缺少可供推勘的辞例等，吴氏之前的学者对古玺文字释读的成就不大。

吴氏是大规模考释古玺文字的先驱，《古籀补》正编收古玺文字字形四百七十九个，排除重文因素，有单字三百零四个，另有合文五个。

据笔者统计，在《古籀补》正编所收的三百零四个单字中，释读正确的有二百一十五个，其中包括《古籀补》正编中正确释读出的百余个字形诡异的古玺文字。《古籀补》中所收古玺文字都是典型的战国文字，对它们的正确释读，说明吴氏对战国文字的构形特点已经有了较为深刻的认识，因而他才能释读出大量难以释读的古玺文字，在古玺文字释读上取得了超越其同侪的成就。尽管《古籀补》中有的古玺文字的释读是错误的，但其所误释的都是一些难释之字，其中有的字的释读问题至今也未能得到解决。因此，在古玺文字的研究方面吴大澂的成就是值得肯定的。

与先秦古币文字研究一样，古玺文字的研究长期以来也一直从属于金石学之下。吴大澂把一个个古玺文字从古玺中剥离出来，收入其专门研究古文字的著作《古籀补》中，从而使古玺文字的研究从传统金石学中独立出来，其古玺文字的研究是真正意义上的古文字研究。因此我们完全可以这样说，吴大澂是从文字学角度研究并大量考释先秦古玺文字的先驱。

三、对古陶文字的认识与研究

吴氏在战国文字研究中的地位，还表现在他对古陶文字重要性的认识及率先考释上。

陈介祺于同治十一年（1872）首先发现战国古陶文，随后大力搜求。陈氏每求得有铭陶片，便制作拓片，寄于同好。吴氏是其同好之一，常能得到其馈赠之陶文拓片。吴氏在古文字学上的造诣深得陈氏赏识，如陈氏在写给他的信中曾这样说："二千年来古文字未发之藏，祺之世及见之，祺之友能读之，真致幸矣。"陈氏还常请求吴氏为其考释古陶文字，而吴氏对古陶文字也格外青睐，其在未竟之作《三代秦汉古陶文字考》一书的自序中说：

潍县陈寿卿前辈介祺所得三代古陶文字，至八百余种，至精之文，不减彝器。有可证《说文》及吉金文者。又得残瓦量，有始皇诏书字，向来金石家未见未闻，殊可宝贵。录而释之，以备蒐辑古文者一助云。

又说：

瓦器文字搜至八百余，亦古陶一大观。三代古文至今日而极盛，造物留此，以待博闻多识之大儒而始泄其蕴，直足补钟鼎之阙。

从以上的论述中可以看出吴氏把古陶文字看得和钟鼎彝器铭文同等重要，可以"补钟鼎之阙"。

吴大澂对先秦古陶文字的释读有开创之功，留有《古陶文字释》（四卷）、《簠斋藏陶考释》、《三代秦汉古陶文字考》等研究著作。在这些著述中，他率先考释出一批古陶文字，如迓、饮、器、王、卒、左、里、淖、昜、豆、城、郭、銗、陈、旱、平、均、遷、新、棠、楚、右、疾、卜、均、姁、亳、郑、心、中、贞、渐、上、南、西、酷、市、吴、购、酱、菑、亭、升、朔、芊、公、彰、赓、子、敚、曹、痏、“吉日子”、终、北、齐、蒦、後、违、关、喜、臧、参、造、買、補、忍、血、公、企、成、瘛、瘸。

有一些古陶文字被吴氏疑为某字者，后被证明就是那个字。如被他疑为“昴”、“陵”、“棋”、“党”、“奠”、“亳”、“谈”、“纯”、“中”、“者”、“蘆”、“吴”、“肓”诸字者便是。

在《古籀补》中，吴大澂也收录一批古陶文字。《古籀补》正编收先秦古陶文字字形九十二个，排除重文因素，有单字七十六个，多数释读是正确的（达五十个）。

由于战国文字的大量发现及研究的不断深入，今人对战国文字形体上的认识远胜于清人。用今人眼光来看，《古籀补》中许多古陶文字比较简单易识，但在当时能释出这些“简单”的古陶文字想必也是一件了不起的事情。同时代的另一位金石大家陈介祺就曾对吴大澂能释读出当时发现的先秦古陶文字大加赞赏，可见当时能释读这些文字确实是一件了不起的事情。

四、对《说文》“古文”的新认识

吴大澂是率先对《说文》“古文”时代提出新看法的人。此前人们以为《说文》“古文”时代早于籀文，籀文是西周时期文字。吴大澂通过把《说文》中的“古文”与其他资料中的一些古文字字形进行比较，认为《说文》“古文”是周末文字，钟鼎之文为成周通用之文字，这些我们可以通过吴氏与友人往返的信件、《古籀补》自序以及该书中的一些注语了解得很清楚。如陈介祺在光绪四年

（1878）二月二十七日致吴氏的书信中说："尊论许氏所引皆六国时古文，心目之光实能上炬千古，此非多见能识，真积贯通，焉能及此。"这可能是吴氏论及《说文》"古文"为战国时文字最早的记载。

吴氏《古籀补》自序对此问题也有所说明：

古籀之亡，不亡于秦，而亡于七国。为其变乱古法，各自立异，使后人不能尽识也……窃谓许氏以壁中书为古文，疑皆周末七国时所作。"言语异声，文字异形"，非复孔子六经之旧简。虽存篆籀之迹，实多讹伪之形……而鲁恭王所得壁经，又皆战国时诡更变乱之字，至以文考、文王、文人，读为宁考、宁王、宁人，宜许氏之不获古籀真迹也……石鼓残字，皆史籀之遗，有与金文相发明者；古币、古鉨、古陶器文亦皆在小篆以前，为秦燔所不及。

吴氏这段文字阐述的观点基本上是可以信从的。

吴氏《古籀补》中对此也间有论及，如：系部"绩"字条下指出古玺"绩"字所从之"系"为六国时文字形体，与《说文》"系"之古文合，可知许氏所见壁经皆与此类，晚周之本也；"谨"字条下古鉨文字形后注语说"古谨字从言从音。六国时字音、言互用也"；"二"字条下指出《说文》"二"字"古文"与襄安君鉼"二"字合；"钧"字条下指出《说文》"钧"字"古文"作"銞"，与子和子釜"钧"字相合等。

五、对战国文字分域研究作出尝试

战国时代，言语异声，文字异形。吴大澂在研究战国文字时曾尝试对战国文字进行分域研究，如他释某些战国币文字形为“韩”（其《古籀补》卷五“韩”字条注语中有“韩八化”之说），可见他把这样的文字看作战国时韩国文字；疑某些币文字形为“魏”字，即把它们看作战国时魏国文字；对于币文“俞即”，他疑为“赵”字，即把它们当作战国时赵国文字。他在同治十三年（1874）写给陈介祺的书信中肯定了陈氏定平安君鼎为梁器的说法，在光绪元年（1875）给陈介祺的信中说到王子伯中盏盂和怀鼎为楚器，“楚器多与常器不类，文多细挺”。

以上关于货币文字“韩”、“赵”、“魏”三字的释读今天看来并不可取。

吴氏在进行分域研究时，也注意到了用标准器来做系联，当然他用来系联的参照物主要是字形。如：他根据大梁鼎铭文中“铸”字与上官鼎的类似，从而断定上官鼎亦梁器；根据《筠清馆金文》载梁二十五年鼎文与平安君鼎文相似而断定平安君鼎为梁器。

吴氏在实践中还认识到青铜器铭文制作方法的地域差异，他据此来给铜器分域。如关于眉脒鼎，他说：“此鼎刻款，疑梁器，他国所未见。”吴氏对上述几器的分域都是正确的。

吴氏在对战国文字分域研究时，注重字形的作用，注意到用标准器来做系联，这些都是可取的，科学的。尽管在研究过程中，其方法有时显得简单，又不乏主观臆测成分，导致错误发生。但是，他能在那个时代就对战国文字的分域研究作出尝试，却是难能可贵的。对战国文字的分域研究是建立在对战国文字地域特征有着较为深刻的理性认识基础上的，吴氏之前及吴氏之世，很难找到像他那样对战国文字分域研究作出尝试的学者，因为此前及当时的学者中很少有像吴氏那样对战国文字地域特征有着较为深刻的理性认识，这说明吴氏在战国文字研究领域确实是超越了他人。后人正是继承与发展了他的这些研究方法，对战国文字的分域研究才能取得更为丰硕的成果。

六、“战国文字”概念的提出

今人研究古文字有“战国文字”这一术语，“战国文字”一语系由吴氏率先提出。他在光绪元年（1875）给陈介祺的书信中说：“承示鉴别古器之法，与鄙见尽合，所论‘壶’字亦确。惟此器想系战国文字，风气略变，必见原器，疑窦自释。”“战国文字”的提出，说明他对文字发展的时代特征及战国文字形体结构规律有着较为深刻的认识。

我们知道，任何一门学科的发展往往都会导致该学科滋生出新的子学科，而任何一门子学科的产生都离不开支撑它的若干基本概念及理论体系。古文字学也一样，战国文字学就是在古文字学研究日益发展的前提下滋生出的一门子学科，而其赖以存在的最基本概念就是“战国文字”。因此我们可以这样说，如果没有“战国文字”这一概念的提出，就不会有“战国文字”这一学科，可见“战国文字”概念的提出对于“战国文字”这一学科的产生是至关重要的。

吴大澂对战国文字一系列开创性研究奠定了其在战国文字研究领域中的地位。在战国简帛文字没有发现之前，战国文字主要包括战国金文、陶文、玺文、币文。他在战国陶文、玺文研究领域中所起的作用就如同孙诒让在甲骨文研究领域中所起的作用一样，如果我们说孙诒让是甲骨文字研究的开拓者，那么我们就完全有理由说吴大澂是战国陶、玺文字研究的开拓者。他对战国玺、陶、币文字的研究摆脱了承载这些文字的实物，是以字形为基础，其目的是探索汉字结构发展规律，因而是真正文字学意义上的古文字研究，与传统金石学中古文字研究在目的、任务上均有别。他对战国文字的分域研究尽管很粗疏，但是他的工作为后人的研究积累了经验，奠定了基础。他提出《说文》“古文”为周末文字，纠正了人们对《说文》古文时代的错误认识；“战国文字”概念的提出，说明他对战国文字的形体特征及结构规律有了较为深刻的理性认识，同时这一概念的提出也为“战国文字学”的产生奠定了基础。

关于吴大澂在战国文字研究领域中的地位，裘锡圭先生曾经作过这样的评述：“吴氏在战国文字的研究上也是有重要贡献的，他也许可以看作是战国文字研究的奠基者，至少可以看作是最重要的一个先驱者。”裘先生对吴氏的这一评价是恰如其分的。

今天，先秦币、玺、陶文字研究已成气候，并各自分别发展成为战国文字研究的分支，这与吴氏对它们的开创性研究是分不开的。

（原载于《学术界》2009 年第 3 期）

清末边疆能吏吴大澂学政述评

——兼论晚清经世之学与治政实践

王　耘

在参与甲午中日战争的诸多晚清大员中，吴大澂是个悲剧人物。他曾因治黄河有功而被朝廷赏赐头品顶戴，又因甲午战争中主动请缨援辽惨败而落得个“言大而夸”、“一味吹牛”的讥评。先是被撤去帮办军务大臣之职，虽在同乡翁同龢的疏通下，得以革职留任，但仍屡遭参劾。之后他被革职回乡，诏书称“开缺巡抚吴大澂居心狡诈，言大而夸，遇事粉饰，声名恶劣，着即革职，永不叙用”。官方评价如此，民间也同样恶评不断。与他同时代的诗人黄遵宪就写下《度辽将军歌》讥讽他：“两军相接战甫交，纷纷鸟散空营逃。弃官脱剑无人惜，只幸腰间印未失。”光绪二十八年（1902）吴大澂去世，终年六十八岁。到光绪三十年（1904）甲辰寒松老人张鸣珂在怀念吴大澂的

《怀人感旧诗》中依然不无叹息地提到这次战败："许书列小篆，君以籀文补。又编古玉图，令人识璜琥。惜哉统孤军，一溃难再鼓。"《清史稿》则将上述印象汇集为对他的盖棺论定："大澂治河有名，而好言兵，才气自喜，卒以虚骄败。"

随着史学研究的深入，对历史人物的评价日渐成熟，但在吴大澂的问题上仍是争议不少。现代学者对他的研究主要侧重于为学与治政两个方面，即他在金石文字学上的造诣与开发吉林边疆、抵御沙俄入侵及治理黄河的治政之功。对后一方面的史实梳理与考论基本上纠正了清末民初以来对吴大澂的讥评，对吴氏其人给予了较为客观的评价。真正能够本着知人论世的态度去解读晚清吴大澂的惟有顾廷龙所编的《吴愙斋先生年谱》，但囿于年谱体例的限制又很难加以过多的评价。本文拟在前人基础上梳理吴大澂的为学与治政，并以此为个案探究同光中兴下晚清学风的变迁。

一、愙斋的经世之学与"清流"

吴大澂出生在吴县，那里曾是清代朴学的一个中心，他自幼浸淫于朴学文化之中，虽出于清流名士，但始终抱有学以务实的经世理想，可以说他一生的政治活动其实都在实践着这一理想。光绪二十八年（1902）他去世之际，同样蛰居的翁同龢特遣人送去联幛："文武兼资，南海北海；汉宋一贯，经师人师。"这不仅是对他在南北疆治政举措与学术造诣的充分肯定，也是对他学以致用的高度评价。

吴大澂的家乡是清代乾嘉汉学吴派的中心，硕学大儒名流辈出。他的外祖父韩崇就工诗书金石，而且酷爱收藏，颇负盛名的宝铁斋就是韩氏的藏书楼。吴大澂晚年自订年谱时就回忆道"时余在韩氏宝铁斋，好集金石拓本”，这为他成为一代金石学家和古文字学家打下了坚实的基础。不过这个为后来名士竞相追逐的金石文字之学却不是吴大澂内心所认可的真学问。早在咸丰十一年（1861）他避兵于上海时，就在日记中曾这样写道，“诗画二事，皆余夙好，童而习之，然亦是玩物丧志，不足称重，甚不欲以此见长”。为此他还引用唐人故事说：“昌黎亦曰：‘余事作诗人，至于画则称工、称匠，纵使神乎其技，亦不过供人玩弄。’左相宣威沙漠，右相驰誉丹青，前人能事，贻诮千古，曷足道哉！”吴大澂的这一认识与他父亲的劝诫有关，其父在世时曾有“好古之士，恐以玩物丧志，与身心无益也”之论，并命吴大澂手抄程子《易传》读之。他曾道：“雕虫小技，壮夫不为。胡不务其远且大，而沾沾于兹。其用力亦勤矣，其志则卑。”

吴大澂内心不认同的金石学却成为他后来在学界政界立身的时髦学问，这与同光年间学术风气的影响有着密切关联。已有学者在研究同光年间的“清流党”时指出，到同治时学问已显局促，“乾嘉考据”毕竟远逝，“道咸经世”也无法应对新的现实。汉宋学的争论已告一段落，融合两派的想法还应者不多。于是，一向被视作雕虫小技的金石学，成为这一时期的时髦学问。当士人为博得名士头衔而附庸风雅地涌向金石学时，自幼酷爱金石的吴大澂自然成了那个时代政界与学界的风云人物。以致在后来人编定的“清流党”名单中，当时已经在地方治迹上颇有声望的吴大澂亦在其中。“是时吴大澂、陈宝琛好论时政，与宝廷、邓承修辈号‘清流党’，而佩纶尤以纠弹大臣著一时”。

其实吴大澂得入“清流党”，既与他的金石学造诣有关，也和他初入仕途的几次直言上奏有关。同治元年（1862），二十八岁的吴大澂“入都，应京兆试”，第二年即大胆上书，指陈时政，认为“致治之本，在兴俭举廉，不言理财而财自裕。若专务掊克，罔恤民艰，其国必敝”。同治七年（1868）吴大澂进士及第，钦点翰林院庶吉士，三年后得授职编修，他就马上“具折奏请裁减大婚典礼工费”。因同治皇帝大婚礼节繁缛，费用很大，时值天下多灾，民生困苦，遂以词臣身份上疏请减费用开支，“言人所不敢言”，一时之间“朝右震动”。他还曾以“时事艰难”为由，上疏朝廷请求停修圆明园。

与那些曾声震朝廷的“清流党”相比，吴大澂的直言清议成分较少，他更侧重于体恤民情，有针对性地提出具体可为的建议。他做过地方督抚，亲自主办过洋务，在边疆防御上坚持主战，都与清流标签的诸多倾向不同，所以在清末民初重新开列的“清流党”名单中就不复见他的名字。

吴大澂虽酷爱金石文字，却也并未因之废学。他一方面师事于陈奂、俞樾等乾嘉汉学的名流学者，对汉学传统之小学、训诂及考据皆有所习，另一方面他对宋学也有涉足。在和陈奂学习段注《说文》的同时，“仍兼读程子《易传》”。在离开京师督抚湖南之际，他的随身行箧中就携带有朱子诗卷。刘传福在为《窸斋诗存》所作的序中评价他“夙抱经世之学……平生耽嗜理学，兼通经义”。陶惟坻则进一步详述其汉宋兼采的学术取向，尤其在宋学方面，称他“夙究濂溪、关洛、新安之学，传衍源流，迄于清汤、张、二陆之书，孜孜实践，修身及齐家”。晚年他被革职回乡后曾被以传授宋学为主的上海龙门书院聘为山长，不难看出当时学人对吴大澂经世之学的推崇与认可。

二、经世致用与勘界御边

吴大澂真正向往的是道咸以降士人所推崇的经世致用。对照他一生的政治活动，不难看出他坚持以学行治政，处处实践着传统士人的经世致用理想。周庄名士陶惟坻在《窸斋诗存》序中这样评价吴大澂："窃以为先生真学于孔子者，德行文学，即桐城姚惜抱氏所谓义理考证文章也，政事其表见者也。"《窸斋诗存》的点校者印晓峰在序中也作出这样的总结："先生生丁清季，四海俶扰，而慷慨负经世大略，以诸生上书阙下，言事激切，释褐后视学陕甘，赈灾直晋，练兵鸡林，勘界俄边，营治河工，生平名绩事功，昭昭在人耳目。"

咸丰十年（1860），沙皇俄国逼迫清政府签订了《中俄北京条约》，不仅将乌苏里江以东约四十万平方公里的中国领土据为己有，还不断蚕食中国领土，在一片加强东北防务的呼声推动下，清政府不得不采取防范措施。在李鸿章的举荐下，光绪六年（1880），清廷命吴大澂赴吉林"帮办一切事宜"。

由于清廷长期封禁东北，推行虚边政策，造成边防废弛，边界空虚，土地荒芜，人烟稀少，交通闭塞。针对这些状况，吴大澂提出了"购利器、讨军实、招屯户、通道路"的实边政策，为东北边疆防务作出了贡献。这是他经世思想的一次成功实践，因为对东北边防处理有功，吴大澂很快得以升迁。此后又相继赴朝鲜处理甲申政变相关事宜，会同珲春副都统依克唐阿与俄使勘界。吴大澂对于自己在东北勘界过程中的努力及成就十分自豪，在俞樾为他撰写的墓志铭中就提到他："颇自喜，立铜柱于中俄交界之地，自以大篆勒铭其上，曰'疆域有表国有维，此柱可立不可移'。壮哉！亦青史一美谈矣。”后来他出任广东巡抚，就针对葡萄牙人侵占香山民地一事而力主详勘边界。可以看出这些治政方略实践反映了他以务实为本，不尚虚浮的为学思想。

三、经世理想的实践与地方抚赈事业

在吴大澂晚年的回忆中，最令其引以为豪的是他在各地兴办的慈善堂与灾荒之年所从事的赈济安民事业。这一点也是当时人所激赏的“治政有声”。他的老师俞樾就这样写道：“十四年，惠州大水，亲往赈抚，盖君自诸生至翰林皆从事于此，至是而赈务益周密矣。”热心慈善、创办义庄是吴大澂秉承祖意，恪守程朱之学，躬行实践的重要体现。

吴大澂在自订的年谱中记道：“吾吴之有义庄，始于宋范文正公购置义田……先祖在日，常慕范文正之为人，欲建义庄而未果。先君尝谓大澂兄弟曰：‘汝曹他日衣食稍裕，当购义田千亩，依照范氏庄规以成祖父未竟之志。’”

在地方创办公益性的慈善堂或善济堂，其实早在吴大澂未入仕途时就开始了。咸丰十年（1860），太平军攻占江南，“时金陵大营溃散，省城绅富纷纷迁徙，机户停业，贫民生计益艰，人心皇皇。余倡议捐米抚恤，各力各图”，而吴大澂一人“独任吴县北亨一下图及元和县利一上图二处……此平生创办善举之始”。同治四年（1865），江北清水潭决口，受灾难民纷纷渡江，当时苏郡府县出示令灾民自谋生路，并将灾民押送回籍，“余因邀集郡绅，创议劝捐，设厂留养，在城隍庙设立公所。”“胞叔守约公亦承办一厂，余与吴子实同年宝恕总理其事……此生平办理赈济之始。以寒士肩兹巨任，有力小任重之虞”。到光绪三年（1877），山西等地受灾，吴大澂受命协助李鸿章筹办赈务时，他已经在这方面积累了许多成熟的经验。

在任河南河北道期间，他对豫中地区贫民因灾贱售田地丰年允赎之案妥善办理，亲自提讯，断令当堂交契交钱，一年之内，赎地案断结二千余起。对于一些孤寡无力赎买的，吴大澂借钱数千文以资助，并“谕令各州县勤于审理，以此等事为善举，而勿视为词讼”。他的这些举措对于推动灾后重建、稳定民心起到了重要作用，因此俞樾称他“在任止一年，民间歌颂焉”。光绪十四年（1888），黄河在郑州决口，吴大澂受命治河。“至则躬驻工次，日夜督催”，很快大坝合龙，比预期花费还少，朝廷因此实授其河东河道总督，并赐赏头品顶戴。这既是对他经世实践理想的最高礼赞，也标志着他经世致用思想的成熟。

光绪十八年（1892），五十八岁的吴大澂补授湖南巡抚，此时的他对于赈灾安民、稳定地方局势已经有了完整的措施。设课吏馆，以课属员；设求贤馆，以招高才生；设蚕桑局，以兴民利；设保节堂、百善堂，以惠养穷黎。百废俱兴，楚人大悦。这些举措其实都源自他经世思想中的务实之风。他在去湖南的赴任途中，对僚属说，“少年志不慕公卿，岂窃高官反好名。若避虚声循世故，有何实惠及民生”；在拜谒中兴名臣、湘军领袖胡林翼的祠堂时他进一步写下了“民间万巧不如实，人生百伪不如真”的诗句，以表达自己重民务实的治政思想。

光绪十年（1884），朝鲜发生甲申政变，时会办北洋事宜的吴大澂与续昌入朝鲜查办此事。事毕，吴大澂在上奏光绪皇帝的详细报告中提到，“臣等先以辨党论二篇，剀切晓谕朝鲜臣民，痛戒其党同伐异之见，由朝王刊刻颁示，并拟养贤、育才、恤民、缓刑、节用、练兵六条，按时立论，救偏救弊”。有学者研究指出这些建议反映了当时清政府对朝鲜的积极干涉政策，但从吴大澂个人的治政经历不难看出这些建议其实与他督抚地方时所采取的治政举措是完全一致的。他在“育才论”中，特别建议要在朝鲜设书院，简派翰林中博学能文、通达时务的人才为大教习，以培养人才。“书院之设，实与学校相辅而行者也。但须山长得人，循循善诱，造就人才，其效甚速。小成大成，课功于三五年之间，而学问、文章、经济各有师承，收效在数十年以后，不亦培养人才之一助哉？”这一论述也正体现出他以学辅政的经世思想。

四、小结

在督抚地方及会办洋务方面的种种政绩，加之在金石学界的造诣使吴大澂成为同光间政学两界的名流，使意满志踌的他在甲午战争中作出了主动请缨的壮举。对于援辽的战败吴大澂自有清醒的认识，他在《诏回湖南本任谢恩折》中痛陈：“臣一介书生，未经战阵。徒以倭寇猖狂，迫于忠愤，不自量力，愿效驰驱。枪械尚未到齐，训练亦无成效。冀分宵旰之优勤，罔计军情之利钝。谋之不善，咎实难辞。”他承认自己虽“有曾、胡之志，无曾、胡之才耳”，徒以当年“剿粤剿捻办法”，致蹈“覆辙”。甲午战争的失败宣告了晚清“同光中兴”政治局面的终结，也同样宣告了积极投身于边疆防务和地方抚振事业以完成其经世理想的吴大澂仕途的终结。如果将吴大澂从清流名士到地方能吏的人生经历作为同光间学政的个案，那么他的命运或许亦是那个时代以学辅政、经世致用思想衰落的一个折射。

（原载于《东北史地》2011年第4期）

吴大澂石门、西狭访碑始末

蔡副全

晚清著名金石学家、书画家吴大澂，精鉴别，喜收藏，尤好访古，审释古文奇字。同治十二年（1873）吴大澂出任陕甘学政，先生按学之余，不遗余力搜拓鉴藏秦陇金石古器，所获颇丰。同治十三年（1874）孟冬，吴大澂视学陕南汉中（今陕西汉中市），道出褒城，亲访石门汉魏刻石，著《石门访碑记》，手校《石门铭》。次年岁末，补试阶州（今甘肃陇南市），途经成县鱼窍峡，亲访《西狭颂》、《五瑞图》石刻。吴大澂秦陇访古的相关细节，多见于吴大澂与山东潍县陈介祺、"甲骨文之父"王懿荣三人间的书札尺牍中。

一、吴大澂书法成就

吴大澂，原名大淳，因避穆宗讳改名大澂，

字清卿，又字止敬，号恒轩、白云山樵，晚号窸斋。江苏吴县（今江苏苏州）人。同治七年（1868）进士，授翰林院庶吉士，历任陕甘学政、广东巡抚、河东河道总督、湖南巡抚等职。吴大澂是晚清著名的金石学家、书画家，精鉴别，喜收藏，尤能审释古文奇字。著《说文古籀补》、《古字说》、《恒轩吉金录》、《窸斋集古录》等。

吴大澂六岁入塾，十八岁遇陈奂（硕甫）先生，“始学作篆”，继由邓石如上溯李阳冰和李斯，并广涉古籀文字。在光绪二年（1876），他已认识到李阳冰、邓石如篆书之局限性：

近于古文字大有领会。窃谓李阳冰坐卧于碧落碑下，殊为可笑。完白山人亦仅得力于汉碑额，而未窥籀、斯之藩。大约商周盛时文字多雄浑，能敛能散，不拘一格。世风渐薄，则渐趋柔媚。

光绪三年（1877），吴大澂访虞山杨沂孙（咏春），纵谈古籀文字之学。杨沂孙劝其“专学大篆，可一振汉唐以后篆学委靡之习”。于是先生精研古籀文字，透悟二篆同体殊风之理。以小篆法作金文，变恣肆为工稳，化斑驳为光洁，将瘦劲、稳重、朴茂熔为一炉。王潜刚《清人书评》说：

论清人之书，在何子贞后得一人焉，曰吴大澂。其人政绩无足道，然精鉴赏、富收藏，以数十年之精力习大篆。又精研六书，集古代之金文，而以小篆之势变化之，遂于邓完白、钱十兰之外独树一帜。用笔用墨皆精当，其书小至一二分，大至榜书，无不佳妙，实为篆书一大家。同时以小篆书名者，有杨沂孙、吴俊卿，皆有极深功力。而杨取《铜篇》篆之势，得方整之度。吴习《石鼓》、秦诏版，而参以古金文，错落有致。惟杨未能变化新意，吴则毕生精力用之刻印，可称大家，而往往以配合印章之法施之于书，在石则古趣横生，在纸则嫌作用太过。二人皆不如大澂之能追险绝于平正之后，寓神明于规矩之中也。

谢国桢《吴愙斋尺牍》跋谓：

愙斋先生所书尺牍，篆、籀、行、楷，各体俱备，纯朴郁茂，均臻极境。

吴大澂篆书审美取向既反映出一个学者的严谨与冷静，同时也体现了封疆大吏动辄楷模后学的习惯本色，而在初衷和效果上自然与落魄文人和山林逸士的极力表现自我、抒发性情有所不同。无怪乎马宗霍讥讽其“整齐如算子，绝不足观”，沙孟海谓其“功力有余，逸气不足”。刘恒先生中肯地评价道：

其作品用笔稳健瘦硬，结体方正匀称，给人一种精确严肃而有秩序的感受。吴大澂对金文所施加的规范性改造，虽然在审美价值上丢掉了这一书法品种原有的活泼与变化特点，但他的实践使几成绝响的金文能够被更多的人所掌握，在普及金文书法、丰富篆书面貌方面，其贡献不可忽视。

吴大澂“求分于石，求篆于金”，篆、隶书法气息淳雅，线条匀清、挺拔，在清代众多篆隶书家中，别具一格。先生艺术风格的形成得益于丰富的收藏、传拓和访古积累。

二、吴大澂石门、西狭访碑

吴大澂一生酷好收藏文物古董，即使公务繁忙、戎马倥偬亦从未间断。同治十二年（1873）八月，三十九岁的吴大澂出任陕甘学政。先生按学之余，不遗余力搜拓鉴藏秦陇金石古器，所获颇丰。同治十三年（1874）秋，吴大澂视学陕南汉中，道出褒城，亲访石门汉魏刻石，著《石门访碑记》，手校《石门铭》摩崖。次年岁末，补试阶州，途经成县鱼窍峡，亲访《西狭颂》、《五瑞图》石刻。吴大澂秦陇访古的相关细节，多见于吴大澂与山东潍县陈介祺、"甲骨文之父"王懿荣三人间的书札尺牍中。谢国桢在《吴陈两家尺牍编年表》序言中有云："愙斋同治戊辰通籍自癸酉视学三秦后即与簠斋通函，驿递往还，或一月而数发，或半岁而始达，长篇累牍至数万言而不能休，凡平生历耳经目验之事、金石文字之学，无不于尺牍中见之。"

（一）《石门访碑记》

同治十二年，吴大澂到陕西接印。陈介祺对此羡慕不已，并于是年八月，书告吴大澂，授以拓碑法要诀。

敦煌、仓颉、石门颂诸汉刻均望洗剔，以绵料厚纸先扑墨，后拭墨，精拓之，水用芨胶去矾。

同治十三年，吴大澂雇用拓工助其搜访古刻，并授以用墨之法，可谓用心良苦。五月底，致书王懿荣论及此事。

石门各刻，向来拓工多用粗纸，因绵连纸太薄，摩崖凹凸不平，墨汁透纸嵌入石理，竟揭不起，宣纸稍厚者尚可用。所谓字口墨晕，不系纸之厚薄，乃拓工不肯多椎，又用浓墨速拓之故。若字字椎到，用墨轻扑六七遍，便无此病矣。然石门拓手本不佳，兄屡以厚值给之，又令至署中监拓他石，教以用墨之法，近来颇有长进，故《西狭》、《耿勋》稍胜前拓也。潘宗伯题字，亲访不得，此间帖铺亦无旧拓本，而李苞题名二行，险峻不易拓，下临深涧，工人惴惴有难色，故不可多得。当属其设法再拓数纸。明春奉寄《西狭颂》，侧有宋人题名数段，将来可补入《关陇金石志》也……闻成县凤凰山修经阁有摩崖字，"汉"、"永制"、"二年"云云，已遣拓工往访之。

是时，陈介祺闻吴大澂将访石门，便贻书索求拓片。

闻将访石门诸刻，务并额及汉时题字（记有行）精拓之，额尤须多拓。拓者细心解事，当不减秦石之有新获也。

并乞言《石门颂》、《西狭颂》多求精拓五六分，额皆倍之，切企切企。

真裴岑精拓易得否？子年以十金为购石门颂一册。字描失过重，都中尚可出脱半直否？

吴大澂于同治十三年（1874）八月中旬出棚按试兴安、汉中二府。然而，所雇拓工的椎拓技术依旧不能令吴君满意。

此间拓手自以为是，又不耐烦，以速为贵，教以先扑墨后拭墨之法，多不听从。……汉中如有良工，当令精拓石门诸刻。

十月汉中试事毕，亲访石门石刻，著《石门访碑记》。

同治甲戌十月之望，汉中试事毕，翌日，策马至褒城，自龙王庙渡口泛舟而上，行里许，风甚湍急，挽索不前，篙师有难色。舍舟而徒，由东岸石坡逦迤至白石土地庙，山径纡仄，崖谷峻险，距石门尚数里也。遇樵子导之，下折而南，又折而北，荆榛塞路，山石荦确，小憩玉盆石下，观宋人题名。循江北行，崎岖益甚，从者裹足。过一点油，石壁立数仞，下临深渊，山穷路绝，裴回久之。忽闻岭上人语声，隐隐在丛莽间，则打碑人张懋功也。懋功家在石门东，去此仅数百步，然可望而不可至。度岭而下约二里余，危崖陡绝，攀萝直上，如猱升木，“石虎”在其巅，险窄处仅容半足，虽太华苍龙岩，不足过矣。夜宿张懋功家，风雪满山，江声如吼，终夕潺潺不绝。黎明，县令罗君遣舟来迎，遂渡至石门。门西壁则《杨孟文颂》，颂后即《杨淮表纪》，旁有宋人题名十余段，访得汉永寿元年题字七行，纪右扶风丞李君德政，字多平漫，可识者有六十余字，从前著录所未及。其东则王远书铭，铭侧题字七行，笔势超逸，与铭文同，疑即王远书。下有“贾哲字三德”五字，亦相类（笔者按，此即贾哲题字）。向日拓工不之省，金石家所未见也。魏荡寇将军李苞题名在门北崖壁最高处，俯临江水，椎拓艰崄，世所罕觏。宋晏袤摹其文刻于门外南壁上，其下有绍熙五年修堰记。又有宋人摹刻“衮雪”二字，其原刻在江中巨石下，湍流迅急，舟不得近，隐约可辨，相传为汉刻，旁有“魏王”二小字，想系宋人伪刻。此石久湮水中，水落始见，近年张懋功访得之，始有拓本。

又南十余丈则鄐君刻石在焉，下刻宋晏袤释文，晏所记一百五十九字，今石仅存十六行，末行为“瓦卅六万九”，以下，缺三十五字。《倪兰畹游记》云：崖石已断，不知后数行刻于何处。余观鄐君刻石旁有石横卧崖侧，纵三四尺，横二尺许，令从者缘崖视之，有文在石下覆处，大小如鄐君刻石，此必尾段三十五字也。是时雨雪不止，泥滑路艰，登陟为劳，遂以舁石事属诸张懋功，不及手自摩挲。返棹下驶，重观玉盆及乾道修堰刻石，皆在乌龙江岸东，太平石则宛在水中央，亦有宋人题字数处，漫漶不可尽识。是行也，常熟华大成星同、颍川刘嘉德瑞斋、元和陆振之保善偕往。华君、陆君未至先归，独刘君及仆三人从。吴县吴大澂恒轩为之记。

石门石刻原在汉中褒谷，19世纪70年代初，因兴建褒水拦截大坝及修建道路，遂将部分重要摩崖（“石门十三品”）凿迁至汉中市博物馆，其余刻石或毁或佚，或没入库区，或弃置荒野。《石门访碑记》所叙“石门十三品”及相关石刻，如《石门颂》、《杨淮表纪》、《石门铭》等，在中国书法史上占有极其重要的地位。此为我们研究石门石刻留下了弥足珍贵的文献史料。

吴愙斋所见《鄐君开通褒余刻石》及今流传拓本皆止于十六行“瓦卅六万九”，据南宋晏袤道释文则尾段尚缺三十五字为：“千八百四器，用钱百四十九万，九千四百余斛粟。九年四月成就，益州东至京师，去就安稳。”大澂疑“鄐君刻石旁有石横卧崖侧”即所余三十五字，因“雨雪不止，泥滑路艰”未探明。然愙斋对此一直念念不忘：

前月游石门，风雪中攀萝附葛，访得《永寿刻石》数行及《鄐君开通褒余刻石》尾段残字，亦一快事。惟属打碑人先拓数纸，一月有余未寄来，此石犹在疑似之间，然以鄙意度之，崖石摧裂，其文必无磨灭之理，又与河流相距四五丈，必不致沦没水中。从者云字在下面欹处，似非妄语。若在仰面，拓工必早见之，所以迟迟不奉书者，欲得此以博雅鉴耳。（同治十三年十一月二十七日致陈介祺）

《鄐君开通褒余石刻》之尾段亦未拓来，想俟春气融和方得椎拓耳。（光绪元年正月二十四日致陈介祺）

同治十三年（1874）十月二十二日，吴大澂手校《石门铭》，并在汉南试院观罗秀书的《褒谷古迹辑略》并题签。

《石门铭》、《杨淮表纪》、《石门颂》均刻门内，石壁凹凸不平，铭文完善无阙。《表纪》第六行“约身”上一字全泐，为石灰所填，独《王远书铭》，石多绽裂，摹拓较难。近遣张懋功精拓一本，较王氏《金石萃编》多三十七字又半字。三又辩证《萃编》误字五，其石质剥泐不可辨者四字而已。字体有可疑者并录出以俟考正。

第二行，“此门”，“门”上一字全泐，《萃编》作“此”字。

第三行，“迁”，“迁”字似从“升”而略变其体。

第四行，“数”，“数”字不从“攵”。

第六行，“鑿”，左上偏“齿”字，下少一笔，石上亦无裂文，或借“金”字为之。“峭岨槃迂”，“峭”、“槃”二字，《萃编》阙。“槃”字上半泐，仅存“木”字。

第八行，“诏”，“言”旁未泐，在石缝凹处，拓本往往不清。

“骧”，马旁似只两点，右半“襄”变简笔。

第九行，“祉”，“心”旁上两点尚可辨，右有大裂文。“抚境绥边”，“抚”、“绥”二字，《萃编》半阙。“以天险”，“以”字《萃编》阙。

第十行，“迴车已南”，“南”字中一直甚长。《萃编》误作“难”；“释负詹之劳”，“释”字“睪”旁隐隐可睹。“负”字中有裂文，“擔”字左边已泐。

第十一行，“贯三德领徒一万人，石师□□人”，“一万人”、“石师”五字石上甚显，“豁”字略小而稀，因原石有裂文，斜偏向右“师”下约有二字，石已全泐，不知何时填以石灰，今拓本隐隐有字，乃石灰皴纹。

第十二行，“巧思机发情解冥会”，“情”字心旁在石缝中，约深半寸许，拓本多不显，《萃编》作“精”，非是。

第十四行，“皆填接栈豁砰崄梁危自迴车至谷”，“填”字土旁有裂文，尚隐隐可见。“接”下数字均不阙，末二字“至谷”稍泐，亦尚可辨，《萃编》阙十一字，又误“危”为“及”。

第十七行，“垆铁”，上一字《汉中府志》作“垆”，《萃编》作“盐”；“充仞”，“仞”借作“牣”，《萃编》阙。

第廿二行，“河山虽崄”，“虽”字《萃编》误作“帷”。“□德是强”，“德”上一字《萃编》阙，《汉中府志》作“汉”，细谛之，亦非“汉”字。“关壃”，《萃编》作“疆”，石本审为“土”旁。

第廿三行，“古烈”，“古”字微泐，“烈”字尚显；“跡在人亡”，“跡”字右半有裂文；“古烈跡”三字《萃编》均阙；“水眺悠皛林望幽长”，《萃编》阙“眺皛林望幽”五字。想当时所据拓本不精。

弟廿五行，“辚辚”，第二字已泐；“成夷石道”，《萃编》阙“成”字；“百两更新”，《萃编》阙“更”字。

弟廿六行，“以纪鸿尘”，“鸿”字未泐，《萃编》阙。

弟廿七行，“洛阳县武阿仁”，“洛”字、“阿”字石本尚存，《萃编》并阙。

同治甲戌十月廿二日，吴县吴大澂手校。

《杨孟文颂》“命”字、“诵”字下垂处，细审石质实系裂文，刻字处甚深，石泐文微浅，观拓本“诵”字与下裂文并不连属。

《石门访碑记》云：“第二行，‘门’上一字全泐，《萃编》作‘此’字。”又云：“‘师’下约有二字，石已全泐，不知何时填以石灰，今拓本隐隐有字，乃石灰皴纹。”由此可见，传世《石门铭》拓本，难免有碑估作伪而蒙蔽世人的嫌疑。

《石门铭》最早著录于欧阳修《集古录》，清王瓘跋端方藏《石门铭》拓本云：

此《铭》首一“此”字于国初之际即已坼裂脱落，不可复见，拓本凡有“此”字皆明拓也！

王壮弘《增补校碑随笔》谓：

明拓本，二行“此门”之“门”字，左上未与石花泐连。清初拓本“此门”之“此”字未泐……有另刻“此”字接拓充作旧拓者。“此门”二字处石花不贯连且呆滞，而字画软弱者即是此类伪作。

姚华认为第二行“此”字实为后人臆增：

此刻有“有‘此’字本”，有“无‘此’字本”两本，未知孰先？主无“此”论者则以原刻第一字正当崖石损处，故文退一字书起，后人不知，以为泐失而补之耳。今案除“此”字外，两本相勘终无甚别。一二石花明晦则拓本纸墨不同，未足以为据也。

文言“门”者三：第一，“门盖永平中所穿”；第二，“门南北各数里”；第三，“至于门北一里”。一律似仍以无“此”为合。标题“石门铭”三字视文低数列，不与行齐，亦以其当崖石不平处，石纹自“门”上起斜行而下，如“门”上有“此”字，又何解于标题之向下耶？文中如“夕凝晓露”，“凝晓”之间亦空一格，凡空字多当石裂，汉刻往往有此例，无足怪乎者。“门”当起处向下一格，上虽悬空，因使后人得闲不能不发，其覆文中，似尚有补字数处为《萃编》所缺者。如“为道峭岨”之“峭”、“水□悠□□望幽长”，其缺处隐约有字可辨，而卒不可识是也。“门”上石裂如出天然，不似刻后剥蚀者，何以金石老辈所见都有“此”字，亦恐其为碑估拓工所戏弄焉耳！

姜瑞清《“石门汉魏十三品”捶拓琐记》写道：

在上世纪80年代，我馆曾特邀褒河拓片世家张中发来馆捶拓，他说他曾祖上曾制作一“此”字，等拓片制作好后，再补拓该“此”字。我们在捶拓时仔细观察周围的崖面，发现所谓“此”字所在的崖面，明显向上凹进，而其下则基本作平面状。若损毁，则不能不留下痕迹或者崖面不整，但该崖面平整无缺，没有人为凿过的印迹。

这可以进一步印证褒河张氏所解释的。

“褒河拓片世家张中发”，即张懋功之后人。张懋功，家居石门，祖辈数代以拓碑为业。清人罗秀书有云：“张子懋功，性嗜古。”吴大澂亲授拓碑要法，雇其精拓秦陇汉魏刻石若干。陈介祺在收到吴大澂所奉寄的《西狭颂》诸拓片时评价“张懋功拓墨已异俗工”。从吴大澂与姜瑞清对《石门铭》原石的考察看，第二行“门”前似无“此”字，所以，世人所见“此字本”并非明拓所有，实为张懋功家族臆造。

吴大澂将所得石门精拓墨本及《石门访碑记》先后寄呈王懿荣和陈介祺，并嘱张懋功将于第二年春季至略阳、成县访拓郙阁、西狭诸碑。

石门访碑甚苦，亦甚乐。鄐君开通褒余题字所缺尾段，亲访得之。风雪满山，未及手自摩挲，属工拓寄数纸，至今未到，尚在疑似之间。《永寿刻石》亦尚可宝，先寄两分，亦野人献曝之意也。王远《石门铭》，石缝凹凸不平，此次精拓一本，较旧拓尤多清朗。汉中城内宣纸甚少，偏购得五十余纸。三汉刻、一魏刻，可拓三分，以一分奉赠，一分寄簠斋丈，自留一分而已。惟崖谷严寒，非天气稍和，不能上纸。每种仅拓一分，纸墨尚精，较之陈拓琅琊精本墨色少逊。续拓二分，尚未寄来，年内能否椎拓，亦未可知。此事颇不易，幸为秘之，恐纷纷索拓，无以应命。《西狭颂》、《郙阁颂》、《耿勋碑》诸刻，亦属石门拓工张懋功于明春二、三月间往拓，所费较巨，吾弟必有一分。（同治十三年十一月二十四日致王懿荣）

永寿石刻甚浅，又极平漫，几为宋人题名所掩，寄呈二纸，有数字不可辨，乞审定之。《石门铭》、《石门颂》、《杨淮表纪》、《鄐君石刻》四种，曾以宣纸佳墨遣工精拓一分，较胜旧拓。汉中宣纸不可多得，遍购得五十余纸，可拓三分，俟弟二分拓到，即以奉寄。天寒墨冻，未识年内能即拓否？《石门铭》之右有永平题字数行，上下皆宋人题名，隐隐有汉隶，不可卒读，想系宋时题字磨去，旧刻不可考矣。所校《石门铭》各条及纪游一则，录呈尊览。成县距褒城七百里，《西狭颂》、《五瑞图》、《耿勋碑》均遣石门张懋功于明春二、三月间往拓……《西狭颂》有二刻，天井摩崖想亦不致剥蚀，自南丰以后无见及者，或其地峻险，拓工所不到，《两汉金石记》亦曾提及，后遂无问津者。明年当属张懋功就近访之，未识有此奇缘否。（同治十三年十一月二十七日致陈介祺）

簠斋接吴书云："读书及《访碑记》，如身历石门。"

（二）西狭访碑

光绪元年（1875）二月，吴大澂致书陈介祺："《耿勋》、《西狭》已备纸墨遣工往拓。"至七月底，褒城张懋功将所得《西狭》、《耿勋》、《郙阁颂》诸拓本呈送吴大澂，大澂又分寄师友。

昨由褒城拓工送到《西狭》、《耿勋》、《郙阁颂》，各检一本寄呈赏鉴。《耿勋》额甚难拓，《西狭》额及题名均已全拓，差可当意。（七月三十日致王懿荣）

拓工自成县回，携到《西狭》、《耿勋》并略阳《郙阁颂》，较胜常拓。《西狭颂》有额，并有下段题名三行；《耿勋》额甚高

不易拓，石有流泉，纸湿难干，各寄一本，奉呈赏鉴。（七月三十日致陈介祺）

光绪元年（1875）岁末吴大澂至陇南按学。吴大澂《自订年谱》载：“（光绪元年——引者注）十月出棚，补试甘肃巩、秦、阶三属，岁科并考。途经鱼窍峡，访《西狭颂》、《五瑞图》石刻。岁暮回署。”

大澂自巩、秦两属试毕，前月廿四日由秦起马，月朔抵阶，陇南试卷较繁，绝少暇晷，事竣回署，当迫岁除矣。（光绪元年十二月初三日致陈介祺）

愙斋访观《西狭颂》、《五瑞图》石刻的准确时间应该是光绪元年十二月中旬：

十二月十二日，试毕，次日启程，于二十七日回署。沿途过成县、徽县、两当各属，大雪盈尺，春麦盘根，农情欣慰。

让人不解的是，光绪末年桐城张祖翼提出，《西狭颂》摩崖曾经被吴大澂剜洗过，他在自藏《西狭颂》题跋写道：

光绪初年吴县吴清卿（大澂）中丞视学陕西，亲至其下椎拓，恶其模糊，命工剜之，故今日拓本较旧本清楚大半，而生气索然，且觉臃肿，是此碑之毁于吴也，与毁于水火等，数千年宝物至今日而失其真，可惜哉！

光绪三十四年（1908）张祖翼再跋端方《西狭颂》藏本又云：

近拓较旧拓本肥肿，加以吴愙斋中丞用油石灰补剜而拓之，无一字之模糊而神气失矣。

张祖翼疑吴大澂剜洗《西狭颂》主要是从新旧拓本的比较中得出的结论。翻检《吴愙斋尺牍》及相关资料，并无刻洗《西狭颂》的记载，只是陈介祺在同治十二年（1873）贻书吴大澂说“敦煌、仓颉、石门颂诸汉刻均望洗剔，以绵料厚纸精拓”，云云。这也许正是张祖翼以为《西狭颂》毁于吴的根据所在？吴大澂作为晚清著名的金石考古学家，碑刻不可随意洗剔，这点常识他是最清楚的。陈介祺所谓“洗剔”并非随意剜刻，其《簠斋传古别录》中谈到四种剔字之法，但有一前提，即不可损伤字口。

《西狭颂》摩崖镌于西狭南侧近乎一米深的石灰岩凹面上。碑面石质坚硬，风雨难蚀。《甘肃新通志稿》谓：“此碑在汉碑中剥蚀最少，以临江摩崖，毡捶不易，故较他碑独获保全，宜海内视为珍秘也。”所以，张氏“恶其模糊，命工剜之”的说法近乎深文。前文已述，吴君所得《西狭》墨本，是由褒城张懋功于光绪元年（1875）春夏间拓得，而愙斋访碑在岁末，本行程匆匆，又有“大雪盈尺”，连椎拓的机会都没有，又何谈剜剔呢？

三、余论

在古代，置身书斋，翻检藏品，雅集共赏，点评真伪，大抵是饱学之士以一种休闲姿态修身养性的治学之道，这既有集思广益、纵横综合比较的准确性，也不乏不顾原刻而拘泥于拓本的局限性。

因为拓手有高下，拓本因而也就有逼真与失真之别，如果不将拓本与原物相对照，有时失之毫厘会差之千里。吴大澂亲历石门、西狭，搜访汉魏石刻，精传墨拓，考订真伪，当是晚学楷模，亦为艺林幸事。正如簠斋所言："好古而即得游古地，真为有福。"

光绪二年（1876），陕甘于是年分闱乡试，十月，吴大澂告假回籍。光绪十三年（1887）吴大澂于广州邂逅同乡叶昌炽，将秦陇所得金石拓本陆续检送叶处，欲约请叶君助其编纂《关陇金石志》，叶昌炽《奇觚庼文集》载有《〈关陇金石志〉凡例三十则》。

（原载于《书法》2015 年第 6 期）

吴大澂书法之评价摭谈

杨艺璇

一、吴大澂其人

吴大澂，江苏吴县（今江苏苏州）人，原名大淳，为了避清穆宗讳改名大澂，字止敬，又字清卿，号恒轩。四十二岁时，因在陕西得到一周代青铜器愙鼎，遂自号“愙斋”。吴大澂平生致力于金石学、文字学研究，是晚清著名的金石学家、书法家。同治七年（1868）进士，历任翰林院编修、陕甘学政、河南河北道、太仆寺卿、太常寺卿、通政使、左副都御史等职务，后出任上海龙门书院山长。光绪二十八年（1902）卒，年六十八岁。

二、吴大澂金石文字学成就及影响

他一生著述颇丰，著有《说文古籀补》、《字说》、《古陶文字释》、《愙斋集古录》、《周秦两汉名人印考》等书。其中，《说文古籀补》一书，纠正许慎《说文解字》中的错误，并以集录古钟鼎彝器所见文字为主体，兼收石鼓文、古币、古陶器文，光绪九年（1883）初刻本收3500余字，光绪二十一年（1895）在湖南重刻，又增1200余字。所编文字都根据墨拓原本摹写上版，未见拓本的概不采录，同一字见于不同器物的，笔画小有不同也一一录出，均注明器名，每字下并略加训释说明，足见吴大澂治学之谨慎。

古今名人志士皆对吴大澂在金石学与古文字研究上的评价持肯定且赞扬的态度，他的《说文古籀补》得到了当时诸多金石学家、收藏家的认可，陈介祺对此书评价极高："溯许书之原，快学者之睹，使上古造字之义尚有可寻，起叔重而质之，亦当谓实获我心，况汉以后乎？曰许氏之功臣也可，曰仓圣之功臣也可。后之学者，述而明之，必基乎此矣。"《说文古籀补》为晚清与民国的金石学研究，提供了强有力的理论书籍支持，更直接促进了丁佛言《说文古籀补补》、强运开《说文古籀三补》的编撰。容庚的《金文编》，专门收录吉金文字；孙海波的《甲骨文编》也都明显受到了《说文古籀补》的影响。

吴大澂《字说》共32篇，通过推理论证的方法，借助文献资料对青铜器所拓的古文字字形进行考证、分析，并追溯造字的源流，解析文字的发展演变规律。王世征在《古文字学指要》中评："《字说》一书分析字形结构，考订文字源流，精义颇多。"吴大澂的《窓斋集古录》，通过与陈介祺、沈树镛等人的交游与学术研究，收录钟鼎彝器共计1144种。《古玉图考》、《续百家姓印谱》、《周秦两汉名人印考》等书则是对其珍藏的金文古器进行详细整理著录，为后世考古研究提供了较为权威的素材。当代有学者认为："除了政绩而外，他一生兴趣和精力都用在收藏、研究金石考古与文字学上。且能深入研究，颇得其中乐趣。他刻苦钻研，把中国古文字学推进到了一个崭新的境界与高度。”

通过上述足以看出：吴大澂在金石、文字学上的贡献得到了古今学术界的认可，他的研究成果对金石考据产生了极大的影响，进一步促进了古文字的研究发展。

三、吴大澂篆书书法及评价

吴大澂书法是以其金石学研究为基础的，其中篆书成就最高，丁佛言在《说文古籀补补》中评：“自赵宋迄晚清，前后数百年间，书家、印人迁流代谢，推陈不能出新，加以秦石坏则小篆穷，邓、浙极则流愈下。于是，朱椒唐、杨咏春、张菊如初试毛笔写古籀，至吴愙斋而始著。”

吴大澂自幼好读书，十八岁师从晚清经学家陈奂（字硕甫）先生，开始学识篆文，据顾廷龙《吴愙斋先生年谱》中记载：“（咸丰二年）赴金陵乡试……遇陈硕甫先生奂于督学署，始学作篆，先生赠以江艮庭先生《篆文尚书》……（咸丰六年）先生教以段注《说文》，每日读二三十叶。”吴大澂学书由邓石如入手，上溯“二李”，早期篆书结构工整、用笔圆润。后又深受杨沂孙等人的影响，杨沂孙将金石文字融入篆书创作，吴大澂对其崇拜、敬仰不已，并学之。吴氏将自己所收集的钟鼎彝器、金石拓本进行重新整理与规范，从中汲取养分，并运用到其书法创作之中，又取法自石鼓文与部分钟鼎文字，另辟蹊径，将大篆、小篆融为一体，以小篆入金文，笔恣肆为工稳，化斑驳为结爽。

据《清稗类钞》记载，吴大澂在湖南任巡抚一职时，甚喜用篆书批阅公文，公差们常需跑来向他请教所批内容。吴氏后甚至用金文做尺牍与诸多晚清书家如陈介祺、李鸿裔等交流，可见其掌握金文已十分熟练。吴氏金文大篆多古质凝练，气脉淳雅，结体较为规整。他用古籀写《论语》、《孝经》在清末民初成为学习大篆的范本，他的字帖甚至远传日本，可见其书艺之高。

但是对于吴大澂的篆书，一直有两种完全不同的评价，在叶喆民《中国书法史论》之中提到了这一点时称“有人称其篆书为‘清代第一’，未免过誉，难逃坐井观天之讥讽”。潘祖荫赞赏吴大澂篆书曰：“古文大篆，精妙无比，直春秋时王朝书也，本朝二百年篆书无及指者。”王潜刚称誉其篆书曰：“以数十年之精力习大篆。又精研六书，集古代之金文，而以小篆字势变化之，遂可与邓完白、钱十兰之外独树一帜。用笔用墨皆精当，其书小至一二分，大至榜书，无不佳妙，实为篆书第一大家。”近代张宗祥先生则较为辩证地评价其书：“近世篆书，当推吴氏为第一。无荒伧之习，有凝重之风，各体皆工，且能熔冶于一炉，独成名作……清卿篆书太重形体，且结构多方整。其行书宗山谷，亦有排比之病。其殆馆阁之习未除乎？”然马宗霍《霎岳楼笔谈》则直批其曰：“窸斋好集古，所得器最多，手自摹拓。而下笔却无一毫古意，其篆书整齐如算子，绝不足观。”清代科举考试所倡导的“馆阁体”使书法艺术腐蚀过重，发展受到严重的阻碍，书法的自然性和艺术性近乎泯灭。马宗霍似乎受到了碑学潮流的影响，唾弃馆阁书，斥吴大澂书。到了现代，沙孟海评吴氏书法称：“他写篆字，用笔也是邓法，比较直率些。他的结构最规矩，七平八稳的，严格说来，他的篆书功力有余而逸气实在不足。”麦华三言：“小篆法完白，功夫最到，虽欠风韵，而结构平稳。”可见各家对吴氏篆书各执一词，虽承认其篆书有一定成就，但是仍存争议。

后人对其书的批评主要在于其篆书较为死板，仍存馆阁之意味，不符合书法艺术审美自然、生动之趣。吴大澂倾尽其生，专注古文字之研究，著《说文古籀补》，增古籀文字，纠上古文字结体之别，推进了古文字的研究，更为篆书书写、创作提供了更多文字上的支持。然而，其所生活时代，注重于考据研究，其自身也多以收集、考据文字为主，甚至做到书每字必有来由，因此他的篆书书写也受到一定的影响。当代侯开嘉先生曾评其篆书言："金文大篆书法盛于晚清，以吴大澂名最著，被誉之为天下第一，吴也隐隐以此自居……民国后，书名渐减，时至今日，人仅以二流书法家视之。何为其然也？究其缘由，皆因吴以小篆笔法写大篆，变烂漫为整饬，化斑驳为光洁，古意弃失之故。"但笔者却以为，吴大澂篆书虽略显秩序，但其将原本较为斑驳质朴的金文大篆纳至小篆规范之上，用笔沉着冷静，结体方正质朴，不失为一种创新，更加丰富了清代篆书的表现形式。

纵观历史，诸家对吴大澂金石文字学之评价，均持较为肯定的态度；但是对于吴氏书法评价之异，皆由书家、评论家不同时代的审美环境和个体间的审美情趣差异造成。中国书法美学观念随着时代背景和艺术环境的更新而不断变化，但吴大澂对于金石学、文字学研究和对书法的不断探索创新是不可否认的，他的篆书作品为中国书法史增添了新的意趣。

（原载于《大众文艺》2017 年第 10 期）

吴大澂和他的艺术家幕僚

白谦慎

幕主招客，学人游幕，是清代政治一个引人瞩目的政治和文化现象，自 20 世纪 30 年代以来，相关研究很多。早期的研究多偏重于幕府在行政治理方面的作用，近年来的研究逐渐扩展至他们的学术、文学、艺术活动。本文以晚清名宦吴大澂为例，讨论幕主和艺术家幕僚之间的互动，从中观察艺术在官员日常生活中所扮演的角色。由于已有的研究成果十分丰富，为避免重复，本文拟着重讨论以下四个问题：

一、吴大澂及其友人的游幕经历

在吴大澂生活的晚清，幕府十分流行。在平定太平天国的军事活动中，曾国藩、李鸿章等统领军队的官员，都十分倚重自己的幕府。关于“幕友”，研究清代地方制度的瞿同祖先生给出如下定义：

幕友……是地方官雇用的行政管理专家。他们不是官僚体制中的常设人员，也不由政府支付薪俸。他们作为一个群体出现是职能需要的产物，也只有放在中国传统的教育和官僚体制的架构中才好理解。

科举制令官员熟悉儒家经典和文章诗赋而缺乏实际的行政管理能力，于是便雇用有行政管理经验的幕僚。瞿同祖先生以上所论乃州县官的幕友。他还指出：“高一级的即省、府级官吏，只把精力集中于文牍和对下属官吏的监管上，当然可以把真正的管理事务交给州县官。”

“幕僚”只是一个泛称，其中也有不同的职能类别，类别不同，日后的发展前途也很不相同。晚清封疆大吏周馥功名不高，却通过进入李鸿章幕府而最终官至总督。已故北京大学历史系周一良教授为周馥的后人，对晚清政治及幕府向来关注。他曾指出不同类型的幕僚在仕途上的巨大差别：

幕府的师爷有两种类型，一种是管刑名和钱粮的，这种师爷专门性很强，一般很少出任官吏的；另外一种是笔札、文牍师爷，类似后来的秘书，这种人经过保举做官，以致飞黄腾达的可能性比较大。

周馥正是通过进入著名的幕府，从事类似秘书的工作而在仕途上飞黄腾达的最佳例子。

晚清许多幕友能够像周馥那样在政坛上留下令人瞩目的身影，是因为时代为他们提供了施展才华的大舞台。在华夏遭遇了“数千年未有之变局”的时代，很多现存的体制和成法都不足以应对伴随着巨变出现的种种危机、挑战和新事物，地方官员需要各种人才来协作运行日常事务。在这种情况下，正如尚小明所指出，幕府的职权得以扩张。许多有雄心又有才干的文人，渴望进入封疆大吏的幕府。而幕主对幕友也予以充分信任，让他们直接参与决策，委以重任；幕友不但可以得到历练，还能够通过幕主建立广泛的社会关系，为今后的发展打下基础。

吴大澂在二十七岁时，亦即他成为进士的七年前，就开始了幕僚生涯。《自订年谱》咸丰十一年（1861）条云：“吴平斋先生云，招至上海，办理笔墨。”吴平斋即苏州太守吴云，晚清重要的金石学家和收藏家。苏州在咸丰十年（1860）为太平军所陷，吴云抵达上海。吴大澂此时也在苏州、上海一带避难。应吴云招募后，吴大澂赴上海在其幕中从事文书工作。此时的吴云在上海是一个举足轻重的人物，他和上海道台吴煦等成立“中外会防局”，邀洋枪队参战，请李鸿章率淮军入上海抵御太平军，并主持厘捐局为军事活动筹款。吴大澂在其幕中得到了重要的历练，也积累了自己的人脉。

吴云之子、吴大澂的结拜兄弟吴承潞也曾为幕僚。吴大澂在同治六年（1867）致吴云的一札中写道：

柳门在沪闻广盦（吴承潞——编者注）棣入南丰之幕，以文字见知，绝好机缘，近水楼台，易于得力，较目前得缺者更上一层，且与密老诸君朝夕相叙，将来补缺，必可力据上游也。

信中提及的柳门，即吴大澂的表弟汪鸣銮。南丰指曾国藩，密老指钱应溥（字子密），曾任曾国藩的重要幕僚，曾的很多重要文书由其起草。吴承潞在同治四年（1865）成进士后，殿试二甲，亦在前列，进翰林院的可能性极大，但他却要求回任他曾试用的江苏直隶州知州。吴大澂的老师俞樾在为吴承潞撰写的墓志铭中说，同治六年（1867），“江南举行丁卯科并补行辛酉科乡试，君奉檄充帘官，遵故事考试。曾文正时督两江，见其文，大赏之，受知于文正”。当吴大澂得知吴承潞得入权倾一时的大学士兼两江总督曾国藩的幕后，十分兴奋，认为此举意义深远，此时当幕僚比做官还重要，将来如补缺，吴承潞必可力据上游。

一年后，吴大澂也成为进士。虽被选为翰林院庶吉士，但他步吴承潞后尘，并未久留京师，先是告假回苏，应江苏巡抚丁日昌聘请入江苏书局，与曾任曾国藩幕友的莫友芝为同事。

太平天国运动后期，李鸿章的淮军系在晚清政坛崛起，大有取代湘军之势。同治九年（1870），吴大澂前往湖北投奔李鸿章，成为李鸿章的幕僚。上海图书馆藏吴大澂这一年的日记，记载了这一经历。日记前有吴大澂的小记：

庚午仲春薄游鄂渚，适吾师合肥相国奉督师入陕之命，部署诸军，添招马队。越一月，武毅、盛仁各营次第拔队先驱。师相于廿四日启节，招大澂入幕府，襄理文墨。

作为幕僚，吴大澂得以近距离地观察李鸿章如何治军。他的日记有如下记载：“四月朔日。舟中钞淮军饷银拨放各款目，看《胡文忠集》。”“初三日，抄湘乡相国《议礼疏》。”“初四日……

为节帅复勒少仲观察信。看《胡文忠集》。”“十一日，拟致黔抚曾枢元（璧光）信稿。”“十三日，抄洋务各信。”“十五日……午后抄洋务各信。夜，为师相拟复袁筱坞前辈信稿。”从饷银的拨放到处理洋务活动的信件和草拟李鸿章与各地官员联络的信件，吴大澂在随李鸿章的军队一起行军及与其他幕友朝夕相处的日子里，开始了解军队运营的方方面面，这样的历练自然对其日后治军很有帮助。

在李鸿章幕府中，吴大澂还和许多淮军将领建立了广泛的关系。光绪九年（1883）十一月十八日，吴大澂在致陈介祺的信札中写道：

合肥相国所部淮军，经营十余年，军储充裕，甲于他省。而利用之精微，武臣或未深考，大澂与淮将多系旧交，周历各军，互相蒐讨，颇有鼓舞作兴气象。大澂亦知无不言，期于国事、军事有裨，不敢稍分畛域也。

此札虽说写于吴大澂入李鸿章（合肥相国）幕府的十三年后，但淮军将领中“多系旧交”，当是在他作为李鸿章幕友时结交的。应该说，这段经历对吴大澂以后的军事活动影响十分深远。在写此信给陈介祺时，吴大澂正准备带他在吉林训练的一支军队赴中越边境与法军作战，而“吉军相从入关者，大半皆淮将淮勇”。

吴大澂在李鸿章的幕府中，还和其他幕僚建立了深厚的友谊。如曾国藩重要幕僚赵烈文的哥哥赵熙文，后任招商局会办的沈能虎、盛宣怀等，这些都成为吴大澂日后在官场的人脉。只不过吴大澂在李鸿章幕府中仅七个月，便由于继祖母去世，于同治九年（1870）十一月赶回苏州守丧。即便如此，这段经历也对吴大澂意义深远。

在此后的仕途中，他经常得到李鸿章的提携。

吴大澂的胞弟吴大衡也曾为幕友。同治五年（1866）十月十五日，吴大澂在致其二叔的信中说：

三弟就川沙张舟甫之聘，刑钱兼办，每年脩脯三百元。已于前月初八日往川。

“三弟”即吴大衡。张舟甫即张应济，浙江钱塘人，在江苏省川沙厅任官多年。由此可知，吴大衡在成为进士前，曾在张的幕府中当幕僚。

光绪六年（1880）十月十四日，吴大澂在吉林写给母亲的信中说：

三弟已就子健中丞之聘，借可就近照料家务。明年冬间即须进京，不过一年之局。

吴大衡是光绪三年（1877）丁丑科进士，点翰林院庶吉士。但是，吴大衡却离开京师，回到苏州入江苏巡抚吴元柄之幕。因为巡抚官署在苏州，吴大澂在信中说可以就近照顾家里，但吴大衡的目的并非仅仅，或者可以说目的并非主要在此。

在晚清的政治情势下，幕主可以直接举荐幕友出任正式的官职。投奔有权有势的幕主，前途光明。所以，当吴大澂在李鸿章的幕府时，不少友人也想通过他来投靠李鸿章，但这实属不易。吴大澂在同治九年（1870）四月一日致吴云的信中说，想投效李鸿章的文人很多，“概未收录”。吴云推荐的姚雨田，有吴大澂和另外两位李鸿章的幕友为其说项，依然未获录用。可见要入封疆大吏的幕府有多么困难。

而对于幕主来说，若能招聘到能干的幕僚，也属幸事。曾任上海道台和江苏布政使的应宝时在致吴云的信札中说：

宝时今年阅历所知，如得好幕远胜好官。

应宝时把幕僚看得比下属官员还要重要，并非他独特的心得。同治十二年（1873），吴大澂第一次外放出任陕甘学政时，首先想到的便是聘用幕僚。他在八月初九日致其兄吴大根的信中说：

弟之要事，以幕友为第一着。幕中得人，自己省费许多心力。否则往来数千里，以文字耗此精神，亦恐支持不下。

这些都说明了幕僚在地方官日常行政管理运作中的重要作用。

幕友由幕主自行招募，想当幕友的人可以自荐，也可由他人推荐，其中亲朋好友的推荐起了很大的作用。聘用幕友，除了考虑才华之外，人情的往还起了很大的作用，幕主经常需要照顾友朋的子弟和亲属。晚清大收藏家顾文彬在被任命为宁绍道台这个肥缺后，知道想靠关系当他幕僚的人一定很多，因此在致儿子顾承的信中叮嘱道：

今日午刻奉到上谕，补授浙江宁绍台道，闻信之下，欣喜非常。各省道缺最近者无过于此，今适得之，可谓天从人愿。……闻此缺要管海关，需人较多，然须回家与汝面商，总以慎之又慎为主。此时求荐幕友与家人必多，汝皆可推托，勿轻允也。

吴大澂的表弟汪鸣銮在同治九年至十年（1870—1871）曾为陕甘学政，当吴大澂在同治十二年（1873）即将启程就任陕甘学政前，汪鸣銮写长信对表兄在陕甘的居住、出行、幕友的聘请等都提了一些建议。关于幕僚，汪鸣銮这样写道：

启节计在出月，如伯荪前辈荐汪啸皋阅文，其人笔下平平，殊不足取，看卷却精细，品极可靠。虽久于关中，不无熟识之人，弟细查之，界限颇清，绝无可疑，大可延订。倘伯荪无此说，弟亦不遥作曹邱也。

虽说社会关系在幕友的推荐上起了非常重要的作用，入幕者还是需要具备一些基本条件。没有刑钱专门知识的幕友，为幕主起草和代笔公函是重要的职责，他们即周一良先生所说的“笔札、文牍师爷，类似后来的秘书”。从事文书工作的幕友的文字能力和书法水准是最起码的要求，除了起草和誊录的文件要清晰美观，有时还要模仿幕主的书风，为之代笔。吴大澂的《恒轩日记》庚午四月二十五日条记载：“节帅属肖菊代书‘投戈讲艺’四字为额。”此为新建的白水书院所写。北京大学藏有吴大澂1880年代在吉林期间的一些公函稿本，从笔迹来看，接近吴大澂的风格，但却又不是吴大澂的手笔，应出自吴大澂的幕友。有意思的是，这些信稿上还注明“自缮”，或是某人缮，说明信札起草后，有些是吴大澂亲自缮写后寄出（大概是给那些熟悉吴大澂书迹的重要之人），有些则是从起草到缮写均由幕僚完成。从注明的缮写者来看，大概有三个幕友为吴大澂起草和誊写信札。

光绪十三年（1887）闰四月，时任广东巡抚的吴大澂在写给吴大根的信札中说：

署中公事，总须尽半日伏案之功方可清理，稍有酬应，便易积压，故各省信札，竟无暇手答，多属友人代笔矣。

这些都是幕友为幕主代笔书信的实例。

但有时撰写重要的奏章和官方文书，吴大澂则亲自动手：

凡奏稿及咨札要文，各营、各局往来函牍，皆出一手，亦非幕友所能代。其寻常通候信稿，则有代司笔札之人。

由于幕友接近地方政府的权力中心，随幕主在某地时间长了，容易在地化，经营自己的利益。光绪二年（1876）三月十六日，吴大澂在致吴承潞的信中提到，他在担任陕甘学政期间采取的防止作弊的一些措施：

现考西安本棚，因承差书吏皆系土著，不得不严行防范。两年以来，幕友家人渐多熟悉，故附近各县生童试卷均系自阅，概不委之幕友，遂至昼夜不得少息。

阅卷的工作本可以交给幕友，但有时为了防止幕友及其家人舞弊，吴大澂不得不亲自批阅考卷。

从事文书工作的幕僚，书法一定要过关。光绪十六年（1890）

十一月十五日，吴大澂致信吴昌硕，请他为瞿中溶的孙子谋一位置。吴大澂在信中专门提到：

前晤广盦，知严家桥一席，君翁已允到沪即委，想无更变。闻此卡公事颇繁，如有需用司事之处，有瞿木夫先生之孙名光第，年三十余，近从西安归，孑然一身，欲为谋一栖身之所，书启恐非所长也（小楷不甚工），乞留意及之。

虽说瞿光第为世家子弟，但不善小楷，吴大澂认为他不适合文书，请吴昌硕安排别的工作。

书法之于幕府的重要性在顾文彬同治十二年（1873）七月十三日致儿子顾承的家书中也被提到：

徐琳因母病欲回家省视，约其他日径到宁署，署中本少一能书之人，如果书法整齐，必用得着。

聘请到文字功夫好的幕友也并非易事。吴大澂在出任吉林事务督办时的幕友似乎就不够得力。他在光绪八年（1882）人日写给吴大根的信中说：

弟自旋省以来，料理积牍并京外各处年信，事必躬亲，殊形碌碌。委员亦不少，竟无能司笔札之人。寻常书启，每稿必须删改，颇以为苦。

此时吴大澂身边虽有幕僚，但素质一般，起草的书札，吴大澂还要亲自修改。

有的时候，幕府的文字能力不能让吴大澂满意而时间又允许的话，吴大澂会亲自操刀撰写一些书启，不假他人之手。光绪五年（1879）闰三月初九日，吴大澂正任河南河北道员，在致其兄的信札中说：

弟到任后，时赴沁工查阅工程。署中公牍甚简，故帐房硃墨等事皆一身兼之。所请友人不少，实无所事。

同年四月十二日在致吴大根的信中再次提到：

弟于署中一切公事，均系亲自经理，封发文书，亦系手稞，取其快便，一交硃墨朋友，又多转折。每日至多不过二三十件，清晨送稿，傍晚送签，每办一文，两日必发，若辈不过传递文书而已。

除了文字能力和书法水平外，对那些自我约束甚严的官员来说，基本修养和素质也是在聘请幕友时需要考虑的。吴大澂在致其兄信中谈到，吴云（号退楼）向他推荐的一个人，他准备接受，但是还要打听此人是否吸食洋烟：

退楼丈所荐王亦帆（名国宾），前因诸事掣肘，不能自主，已作函复之。现在需员，差委有结实可靠之人，当酌量咨调数员。亦帆在广盦处多年，弟似曾见过，系精细稳当一路，拟托五叔父打听其人（情愿来吉投效，必系能吃辛苦之人），如不吸食洋烟，即请退楼丈函告之（因事冗不及作书）。

如果幕友入幕之后成了瘾君子，幕主除了自己出面劝诫外，还会请出推荐人负起责任，参与施加压力。光绪十三年（1887）冬月初三日，吴大澂在致王懿荣的信中说：

伯圜自夏秋以来，出门之日甚多，独往独来，幕中无与伴者。察其面色，亦不甚正，疑其染烟霞之癖。亦尝苦口劝之。吾弟有书，略为训戒，必得力也。

伯圜即王懿荣向吴大澂推荐的幕僚尹元鼐，山东诸城人，擅长刻印和全形拓，其父尹彭寿是王懿荣的至交，在吴大澂的幕府中已有数年。尹元鼐吸食鸦片，吴大澂不但“苦口劝之”，还请王懿荣出面训诫。此札也等于向老友打招呼：如果尹不改此癖，日后被逐出幕府，请不要感到突兀。

在清代，很多幕僚并非科场失意人。入幕并不影响科举，幕僚若考中进士，便可走上仕途。有的人在成为进士后，当往日的幕主召唤，还会回到幕主的身边效劳，王同愈便是如此。

官员的门生成了进士后，座师需要时，也会被招来做幕僚。晏安澜是吴大澂任陕甘学政时期的得意门生，吴大澂离开陕西的次年，亦即光绪三年（1877），晏安澜就中了进士。甲午战争时，吴大澂召唤晏安澜到他的军中服务，为自己打先锋。

对一些信任的幕僚，幕主会长期聘任。如汪启（葆田）就追随吴大澂十多年。吴大澂光绪四年（1878）任河南河北道员时，汪就在幕中。此后，吴大澂任吉林事务帮办时，汪启也随其到了吉林。吴大澂任河东河道总督时，汪启又随吴大澂到任。甲午战争爆发，吴大澂带兵出关抗敌，汪启是负责吴大澂军队后勤的总管，责任重大。只是像汪启这类管理钱谷、刑名的技术性幕僚，平素不参与幕僚的雅集，抛头露面的机会较少，如果不是吴大澂和友人在日记与信札中经常提及他们，我们所知亦甚少。但从吴大澂为汪启的母亲写寿屏，以及在日记和书札中常提及，说明二人的关系十分密切，汪深受吴大澂的信任和倚重。

二、幕友的待遇

很多研究都提到，幕主对幕僚礼遇有加，“幕友”、“幕宾”这类称呼就能说明这点。若说二者关系，确实不是一般的雇佣关系，即便是薪金，也称之为“脩金”。虽说待之如友，甚是礼遇，但谁是主，谁为客，彼此倒也心中有数，不必言说，因为幕友毕竟是幕主出钱聘请的。

虽然关于幕府的研究在近年来有新的拓展，但是对幕友的收入则鲜有涉及。倒是张仲礼先生20世纪50年代所著《中国绅士研究》第三章“充当幕僚作为收入的来源”，对幕僚的收入有大略的估计。张仲礼先生指出：

在州县官的幕僚之中，负责书启、挂号和征比的幕僚每年的平均收入为100两银子，……负责刑名、钱谷的幕僚所得到的收入要比上述同僚多几倍，约为300至400两银子一年。考虑到他们的收入包括一批礼品，这一幕僚的主要群体的平均收入约为每年250两银子。

封疆大吏的幕僚能获得高得多的收入。叶昌炽，一位巡抚的幕僚，年收入为1000两银子。根据辜汤生对盛宣怀幕僚的评论来看，也许1000两是这一幕僚群体的最低收入，他们的平均收入可能为

1500两银子一年。

张仲礼先生在20世纪50年代初所作的《中国绅士研究》，极具开创性，筚路蓝缕，功不可没。只是那时资料的获取远不及今天便利，书中也难免有一些疏漏和讹误。比如说，上面引文中提到的叶昌炽一生中并没有进入过巡抚的幕府。他在1880年代末曾入广东学政汪鸣銮的幕府，当时吴大澂是广东巡抚，叶昌炽在广东虽和吴大澂多有交往，但并不曾入巡抚之幕府。此外，所谓巡抚幕僚的年收入为1000两银子之说，张仲礼先生并未注明出处，其准确性也大有可商榷之处，因为吴大澂当过广东巡抚和湖南巡抚，但是他的掌管书启的幕僚的年收入是达不到1000两银子的，除非他们另有其他的灰色收入。

引文中提到另一位历史人物盛宣怀，曾和吴大澂同在李鸿章幕府供职，关系密切，为结拜兄弟。盛宣怀虽曾为晚清高官，洋务运动的中坚人物，在许多方面都有重要的成就，但他却不曾当过封疆大吏。盛宣怀曾掌管过多种关乎经济命脉的实业，他的幕僚收入高些可以理解。他从同治九年（1870）入李鸿章幕，次年入仕，到1911年清朝覆亡，在晚清为官整40年。这40年中，银子的价值受到国际银价的影响，发生了很大的变化，

1880年代的1500两和20年后的1500两可能不可相提并论。但是张先生并没有交代究竟在什么时候，盛宣怀的幕僚的年收入是1500两。张先生的著作，立意高远，但他往往利用一两个例子来推出一个普遍性的结论，有时未必准确。

瞿同祖在《清代地方政府》的“幕友”一章下，有“经济待遇”一节，专门讨论幕友的收入。瞿先生不但为列举的例子提供了详细

的出处，便于核查，而且他的研究还考虑到了幕僚收入的历史变化。他这样写道：

在 1750 年代，书禀和挂号两职的每年薪酬，从四五十两到一百两银子不等。刑名幕友或钱谷幕友的薪酬，是前两者的二到五倍不等。……汪辉祖曾提到，幕友的薪水在 1760 年代以后渐渐提高，在 1780 年代已升至每年 800 两白银。在 19 世纪，幕友的收入又有大幅提高。1800 年，御史张鹏展奏报，在广东番禺、南海两县的幕友年收入，从 1500 两到 1900 两不等。又据杨象济（1825—1878）的资料，一名刑名或钱谷幕友的年收入高达 2000 两，几乎与州县官的年俸相当。

此外，在讨论州县官的收入时，瞿同祖先生区分了常规薪酬和陋规所得的区别。他这样写道：

只要将幕友的薪酬与衙役、长随的常规薪酬（不计陋规）对比一下，就可以明显地看出：幕友是州县官衙门中惟一得到足以养家糊口薪酬的助手群体；也是惟一不能分享陋规收入的群体。陋规是衙门其他雇员的主要收入来源。

但是瞿先生也提到了地方官幕僚的额外收入。

瞿先生以上讨论的是清代地方政府，乃州县政府，所讨论的幕僚也为州县官的幕僚，特别是刑名和钱谷。他讨论的年代，也比吴大澂的时代早了一百年或几十年。而吴大澂所任，乃学政、道台、特使、巡抚，层级要比州县官高许多。所以，瞿先生关于幕僚收入的研究，仅能作为研究吴大澂幕僚收入的一个参照，不能直接援用。而吴大澂本人和他人留下的零星记载，能帮助我们了解一些同治、光绪年间掌管书启和阅卷的幕僚的收入情况。

约在1860年代，戴丙荣给他的好友吴大澂写了一封信，其中提到自己每月的收入：

弟月脩二十两，而每月例帮及帮外津贴十一两，另加行房租六两，酬应礼分至少二两余，则束脩已开除净尽。家用及自奉一无所着。

戴丙荣写此信时，正在应宝时的幕府。虽然不能确定具体写于哪一年，但应在应宝时任总办英法会防事务或上海道台期间。上海属富庶地区，应宝时又是当时的实权派，戴丙荣还是应宝时最倚重的幕僚之一，可戴每月的固定脩金也不过是二十两。

同治十二年（1873），吴大澂在被任命为陕甘学政后，专门给其兄吴大根去信谈及聘用幕友之事，其中涉及脩金：

向例学政幕友每年脩金秦关之数，若陕甘地远而事烦，脩少断不肯去，至少须二十金一月。

吴大澂所说脩金至少二十两和上面戴丙荣自述脩金基本相同，似可视为通例。吴大澂在信中还提到，请人时还要送上聘金十两，另给盘费（川资）五十两。从吴大澂语气来看，考虑到“地远而事烦”，必须以高于他省学政的幕友的脩金才能在苏州聘请到让他满意的幕僚，所以，每月二十两脩金已经属于较高。

王同愈是吴大澂在吉林时期（1880年代）纳入门下的幕僚，后来因考中进士而走上仕途。他在写给女婿贝佐渊的书札中曾说自己“二十九岁吴清卿帅调往幕府办理文案，月薪二十三两。……嗣清帅放广东抚台，调河道总督，愚仍办文案，……而月薪则仍旧二十三两”。王同愈的文字功力好，书法也佳，是吴大澂所倚重的幕友，他的月薪在幕僚中应属比较高的。

光绪十三年（1887）十一月四日，正在广东巡抚任上的吴大澂写信给在京师的好友盛昱的信札中说：

前月下旬，黄生士陵由徽来粤，带到端午日手书。……黄生到此，旧交甚多，鄙意不欲拘束之。现与相订月致十金，请其拓器拓印，每月以半月为度。余日尚可以应酬笔墨为广交地步，亦体恤寒士之意。

黄士陵是晚清的篆刻大家，每月的聘金也为十两。不过，只需工作半个月，余下的日子可以通过刻印写字来增加收入。

晚清学者缪祐孙在写给堂兄缪荃孙的信札中也谈及出任幕友的收入：

弟再三筹思，惟有求乌师荐续燕甫处一馆，或书启（月可廿余金），或阅卷（书院卷每月千余本），或兼二者均可。

根据戴丙荣、吴大澂、王同愈、缪祐孙等书札的信息，我们可知，在同治和光绪年间，出任幕僚，得重要位置者（书启或阅卷），月薪为二十或二十余两，一年的脩金在二百五十两左右。

某些幕僚每月的收入不足二十两。吴大澂在光绪四年（1878）十二月出任河南河北道员，随他去河南的幕僚中有陈佩纲（字子振），陈介祺的族弟。光绪五年（1879）八月二十九日，吴大澂在致陈介祺的信札中说：

子振兄于去腊由晋回京，今春二月邀同来豫，按月致送脩金十两，月费钱三千文。大澂到任后，适沁堤工程未了，因属赴乡收买秸料。两月之中，经理银款二千余两，出入帐目丝毫不苟，料户皆服其公正。大澂念其辛苦，加送薪水二十金。

陈佩纲的月收入约为十二两白银（其中月费约二两），事情办得好，还有奖金。陈佩纲于该年八月二十八日意外去世。在光绪五年（1879）十月二十五日致陈介祺的信中，吴大澂又说："子振兄尚有存银三十余两，在枕席之下，启被时始见之。"从二月抵河南到八月去世，陈佩纲的存银三十余两。所以，陈佩纲每月的收入也就十余两银子。

同年，吴大澂在家书中，还提到了他任河南河北道员期间的幕府中不同幕友的收入：

此间席面，惟库储出息最好，各有师承，历任不甚更换。刑钱一席，大为减色。至书启局面更小，远不如学幕之丰润也。

可见学政幕友的收入还是高于一般从事文书的幕友的。

幕友薪酬的高低除了和所担任的职责挂钩外，又和幕主的养廉银多少、路途远近、当地生活水平有关。光绪十八年（1892）闰六月十二日，吴大澂被任命为湖南巡抚。在清代各省巡抚养廉银中，湖南巡抚属于低的。养廉银的多少，也直接影响到了招聘幕僚的人数多少及其聘金。吴大澂在写信给侄子吴本善时说：

湘省只有养廉，折实银七千两，幕友不能多请。已订定楚卿叔专办钱席，厚甫教读兼书启，约送每月八两。姚荷卿屡言愿就外馆，邀之同去，亦送八金，令其学习书札，如有阅卷等事，两人皆可加脩也。胡子英亦愿随行，京官中多为推毂，只好位置帐房一席，兼管书画金石，最相宜耳。

光绪二十年（1894）是慈禧太后的六十大寿。为了庆典，从前一年的下半年开始，官员的养廉银扣二成。吴大澂在这一年的腊月十八日致好友苏州人顾肇熙的信中也说：

敝处俸廉所入，勉可敷衍。近以庆典报效，一律核减二成，岁事峥嵘，正形竭蹷。

在这种情况下，吴大澂任湖南巡抚期间幕友的聘金不可能有所提高。

同治十二年（1873）吴大澂担任学政时，其幕友每人每月二十两；光绪十八年（1892）担任巡抚时，幕友的月薪只有八两，聘金似乎不但没有涨，反而降了。但是需要注意的是，学政幕友的主要工作之一是阅卷，所以聘金高。吴大澂说：

幕友如有阅卷之事，可加脩金。

此外，当幕僚的还会有些福利。顾文彬在致顾承的信中说：

幕友中凡告短假者，脩俱照支，若为日太长，似难一例，祝三之脩，上年支到年底，今年瞬经四月，想因家事所羁，未知将来尚欲来宁否，即使来宁，似只能以到关之日起脩，晤时可婉致之。至监修造船一节，伊为人精明，似可兼办，如仍来宁，当与商之。

幕友休短假，脩金照发，这似乎也是当时的惯例。

三、官署如家：吴大澂的幕府

清代的地方官，不得由本地人担任。但是聘请幕僚，脩金由幕主自己承担，幕友的挑选与职责的委派，全由幕主做主，他人不得干涉。吴大澂在担任学政、道台、巡抚等期间雇用的幕友，以江南人，特别是苏州人居多。同治十二年（1873）吴大澂初被外放后，给吴大根的信中说：

学政所赖者幕友，所难者亦惟幕友。同乡在京下场者，皆愿赴豫，不愿赴陕。

吴大澂认为要找合适的幕友并不容易。那些在京师会试中落第的苏州籍文人本应是很好的人选，但是他们都愿意到河南而不是陕西当幕友。这不仅因为河南离苏州更近，还因为若在陕甘地区随学政出行，路途漫长艰辛。但是，这段话透露的一个重要信息便是，吴大澂在挑选幕友时，优先考虑苏州籍文人，这些文人中有些是亲戚，有些是故交，吴了解他们的能力和品性，知根知底。

光绪十三年（1887），吴大澂出任广东巡抚，幕府中的苏州人陶惟坦出自吴家的世交家族。太平军攻打苏州时，吴大澂和吴大根侍奉母韩夫人在周庄避难，住在陶煦家。日后，陶煦的长子陶惟坦也因这层关系成为吴大澂的幕僚。

光绪十八年（1892），吴大澂被任命为湖南巡抚后，写信给表弟汪鸣銮，谈及聘请两位亲戚为幕友之事：

子云来晤，兄以直告催其速行，明日出京矣。家叔楚卿在士周处，仅得半席之馆（向来无此样子，正席不能减半），本属无谓。昨有书来，已约其同赴湘中，专办钱谷折奏，必可相助为理也。芳臣叔似刑名家，未知能办钱谷否？姑妄荐之，祈鼎力为之推毂，请其到省酌度可也。

湖南巡抚是吴大澂政治生涯的最后一站，他此时的幕府中苏州籍的幕友不少。同年重九，吴大澂率下属和幕僚登岳麓山，陆恢作《岳麓纪游图卷》，吴大澂在卷上作长歌，歌后有长跋：

光绪十有八年壬辰九月九日，率同寮友登岳麓山，归而作歌纪其事。同官布政使祥符何枢象山、按察使祥符王廉介挺、粮储道清江吕世田燮堂、盐法道长白绍荣石安、江苏福山镇总兵官长沙陈海鹏程初、长沙府知府太湖赵环庆再庵，署长沙县事枝江李元善春舫，署善化县事贵筑姜钟琇昆山，幕友元和顾恩璐茶村、新化李庆恩啸屏、江宁胡永昌子英、吴江陆恢廉夫、江夏吴立达楚青、常熟曾炳章士虎、吴县姚元揆荷卿、嘉定瞿光业肇生、元和朱载德厚夫、江宁胡国翰叔蕃、吴县陆同福曙卿，合并记之。抚湘使者吴大澂。

吴大澂幕府中十一个陪幕主登岳麓山的幕友，七个是苏州府人（如果嘉定也算苏州的话），江宁两个，不是江苏籍的幕友仅新化李庆恩和江夏吴立达二人。

从江苏（特别是苏州）招聘幕友，并不都是因为亲友请托，照顾关系，知根知底，比较可靠；还因为江苏为清代科举第一大省，苏州更是经济和文化都发达的地区，文人的文化素质更好。此外，幕主还可以为自己营造一个熟悉的生活和文化环境。

地方官任命不得在本籍，是行之久远的传统，清代亦然。官员的家属随行，住在官署内。官署的构造遵循着"前堂后寝"的基本结构，是一种公私混合的空间。以现存的南阳府衙建筑为例，"前部大堂，二堂为知府行使职权的治事之堂，二堂之后为知府办公、起居及家人居住之所"。

需要指出的是，在许多情况下，幕主聘请的幕友，也住在官署。

研究晚清幕府制度的美国学者福尔索姆这样写道：

幕友居住、办事通常都在幕主的衙门里，他们与幕主频繁接触，可以随时接近幕主，通常还与幕主一道进餐。

吴大澂在光绪四年（1878）致吴大根的信中谈及自己聘用的幕友后写道：

正库储汪石香，副库储汪葆田（向例两席，不能裁剪），刑钱屠时斋（历任不问地方公事，不请刑钱，弟因词讼案件亦须斟酌，添此一席），书启康达夫，又请赵印潭、陈子振二人（皆去年同至山西办赈之人，朴实耐劳，现有沁工事宜，派令在工照料一切，工竣后即无事矣），内委四人，向不送脩，三节各属略有规礼，同知华帽山（由京官改捐，在京订定，尚未到署）办理书启，通判孙博菴帮办誊清（前任所荐），从九何金声（在京约定，系何铁生胞弟），姜遇寅（省中同寅公荐留此一人），两人中拟请一人教读。向例内委有多至五六人者，弟只用四人，然署中房屋已有人满之患矣。

从这段文字来看，吴大澂的幕僚（至少部分）也住在官署之中。

虽然幕友做的主要是公事，但聘任却是幕主私人的事，不受政府的管束，公私的界限比较模糊。所以瞿同祖在他的英文名著《清代地方政府》一书中，将中文的“幕友”直接译为“private secretaries”，强调其所具有的“私”的性质。但回译成中文时若译为“私人秘书”也容易误导读者，因为我们今天讲的私人秘书，指的是专门为一位领导工作的专属秘书，通常并不带有私人聘请的性质。而瞿同祖先生说的“私人秘书”，指的是官员自己掏腰包聘请助手。这种私人聘请的性质，也决定了幕主与幕友之间的特殊关系。

幕友住在署中，与幕主朝夕相处，他们扮演的角色，除了行政助理，有时还是精神与智识上的伴侣。况且有些幕友本来就是幕主的亲戚，有些则是幕主的门生，事师如父，关系更近一层。由于幕友的存在，公余的官署如同一个小社区，里面有官员、官员的家属，幕僚、幕僚的家属。吴大澂聘用讲吴语的幕友，在异地他乡构筑了一个自己所熟悉的、可以说家乡话的生活环境。

和方言紧密相关的便是具有地域风味的饮食习惯。读吴大澂的家书，可以深切地感受到，身在异地为官的他，不习惯当地的饮食，在日常生活中对家乡的土特产的依赖程度很高，其兄不断地寄给他家乡的食品。他在陕西、河南、吉林时，不习惯北方饮食自是当然，但那时交通不方便，家书中鲜见寄送家乡食品的记录。光绪十三年（1887）出任广东巡抚，粤菜名闻天下，但吴大澂并不习惯。他在次年二月二十六日致吴大根信中说：

承惠盐腿甚佳。近来每饭必思乡味，觉粤中食物无可口者。惜天气太热，久则易于变味。糟鱼咸肉之类尚可耐久耳。

光绪十八年（1892）吴大澂出任湖南巡抚，他也不习惯湘菜。因内河水路交通比较便利，他经常嘱咐苏州的家人带食物到湖南。他在光绪十九年（1893）二月望日致吴大根信中说：

承寄盐腿，以新笋煮之，风味俱佳。菜花头亦极鲜美。湘中蔬菜总与吾吴不同，蚕豆虽嫩而味薄，惟白笋尚好耳。

同年十月初三日，致吴大根信札云：

承寄食物八种，开缄分啖，阖家欢喜。芡实为湘省所无有。

同年冬月十二日，吴大澂在致吴大根的信中说：

厚夫到家，想不过十余日，即须来湘。望属讷士代购食物及湖笔等件，交厚夫带来。大东阳火腿上等者八条，用篾捆好；风鱼二小坛；杨二林堂二紫八羊毫二十支。三老太太处如有玫瑰印子糖，略乞少许。去年所寄咸冬菜甚佳，荷卿动身时乞惠一坛。

吴大澂在信后附上诗作“大兄惠寄盐菜一坛，食之而美，与寮友共尝之，即席赋此”。因为幕友中苏州人居多，口味相同，吴大澂得到家乡的美食，便与大家分享。

四天后，亦即十一月十六日，吴大澂在信中再次提到食品：

十四日荷卿到湘，又奉月朔手书并芡实、年糕、盐菜、青鱼各种食物，向来不敢食米粉糕团，近日脾胃甚健，易于消化，颇喜食糕，然庖人仿制，究不如家乡之得法。盐菜尤为美品，可吃至正二月矣。

次年，我们在吴大澂的家书中，依然可以找到寄食品的信息。如他在五月十六日的信中写道：

承寄新虾油甚佳，玫瑰酱香色如新，较往年所做尤为得法。

吴大澂生于道光十五年（1835）五月十一日，按照中国的传统算法，甲午年（1894）他就六十岁了。人生一甲子，算是大事，他的苏州籍的幕僚不想等到忙碌的五月为他祝寿，而是要在新年封印期间，借着官署清闲，为吴大澂祝寿。吴大澂在光绪十九年底（1894年初）给其兄大根的信中说：

明年六十，同乡欲为预祝。新年事闲，拟于初八九请客两日。

这再次显示了苏州老乡不但在行政运作上得到倚重，在日常生活中他们也构成了吴大澂最亲近并与之朝夕相处的圈子。

四、吴大澂的艺术家幕僚

龚书铎有一段关于幕府的论述点出了幕友在行政助理之外的其他功能，他说：

清代幕府职能具有多样性，幕主又有各自的需求和爱好，而游幕人员自身也是多种多样的，因此，可以从不同角度、不同方面进行研究，回旋的余地还很大。

这就指出了幕主在招聘幕友时，既有实际工作的需要，在条件允许时，还可兼顾自己的爱好。乾嘉时期，许多封疆大吏对学术有兴趣，在他们的幕府中聚集着一些学者，从事各种大的学术项目。晚清的曾国藩喜欢下围棋，他的日记中有很多幕僚陪他下棋的记载。

由于很多文人艺术家也都参与过科举考试，具备相当好的文字能力，落第者成为幕府人才后备库的组成部分。又因为官僚本来就是文人，其中很多又兼具艺术家的身份（或至少可以称为“善书者”），他们在挑选幕僚时，便可在考虑候选人的文字与行政能力的同时，兼顾他们艺术方面的才华。

同治十三年（1874）十一月，顾文彬在致儿子顾承的书札中谈到苏州画家顾沄（字若波）被某县令聘为幕友：

顾若波为某县令廖公请去，不知所司何席？因思仕宦中之风雅者，署中每延能诗能书画之人入幕，与为唱和讲论，以消岑寂。

如上所述，幕主和幕僚朝夕相处，幕主若有文学艺术方面的爱好，聘得艺术家为幕友，便能随时切磋，还可“以消岑寂”。有收藏的幕主，还会请艺术家幕僚为他们管理收藏。而有艺术才华的文人也愿意出任幕友，因为靠卖字画为生并不容易，当幕友能有稳定的收入。如果幕主是收藏家，对艺术家来说就更有吸引力，因为这样能直接接触古代原作，有益于艺术的精进。

吴大澂本人就是艺术家，擅长书法、绘画、篆刻。1860年代初，他在上海吴云的幕府时，就曾为吴云刻印及为其友人作画。1870年代初，入李鸿章幕，虽然不曾为李鸿章作画，但是不时为其他幕友作书画。吴大澂从同治十二年（1873）被任命为陕甘学政后，到光绪二十一年（1895）解组归田，这二十二年中，除了我们不详知其陕甘学政期间是否有艺术家幕友外，在其他的时间，他的幕府之中始终都有艺术家。以下制表列出他不同时期的艺术家幕友。

时间（年）	吴大澂行迹	幕僚姓名	籍贯	专长	备注
1879	任河南河北道员	陈佩纲	山东潍县	篆刻、墨拓	
1880—1883	任吉林事务帮办、督办	王同愈	苏州	书法、绘画	
		舒兰周	不详	绘画	
		彭光誉	崇安	绘画	中国以“崇安”为名的地方有数个。网上有说彭光誉为福建崇安人，但江苏无锡也有崇安。考虑到吴大澂的幕友江苏籍居多，彭光誉为无锡人的可能性似更大。
		丘兆麟	川沙	绘画	
1884—1885	通政司通政使、会办北洋事宜	王同愈	苏州	书法、绘画	
		尹元鼐	山东诸城	书法、篆刻、墨拓（包括全形拓）	

续表

时间（年）	吴大澂行迹	幕僚姓名	籍贯	专长	备注
1886	奉使赴吉林与俄国官员勘定边界	尹元鼐	山东诸城	书法、篆刻、墨拓（包括全形拓）	尹元鼐并未赴吉，而是在天津照顾吴大澂的收藏并为吴大澂拓青铜器铭文、作全形拓
		王同愈	苏州	书法、绘画	
1887—1888	任广东巡抚	尹元鼐	山东诸城	书法、篆刻、墨拓（包括全形拓）	
		王同愈	苏州	书法、绘画	
		黄士陵	安徽黟县	书法、绘画、篆刻、墨拓	
		陶仲福	苏州	绘画	
		刘弼宸	江苏常州	书法、绘画	
		周维屏	苏州	绘画	
1888—1889	任河东河道总督	王同愈	苏州	书法、绘画	
		吴大桢	苏州	绘画	吴大澂的族弟
1892—1894	任湖南巡抚	陆恢	苏州	书法、绘画	
		胡子英	不详	金石书画	
1894—1895	在湖南巡抚任上率军参加甲午战争	王同愈	苏州	书法、绘画	
		吴昌硕	浙江安吉	书法、绘画、篆刻	
		陆恢	苏州	书法、绘画	
		翁绶祺	苏州	绘画	

上表内容应不够全面。若不是顾肇熙《吉林日记》的记载，我们过去根本就不知道吴大澂在使吉期间的幕府中还有彭光誉、舒兰周这两位能作画的幕僚。所以，不能排除吴大澂在任陕甘学政期间的幕府中也有艺术家的可能性。此处所用“艺术家”一词，相当宽泛。中国文人中，能作书画的比例实在不低，很多文人，并不以此为生，但一旦挥毫也能清雅脱俗，颇有可观之处，这也就是为什么

中国文人的艺术参与程度很高。吴大澂的幕府中不仅有虽无很大名声，但艺术造诣实在不低的幕友，也有些真正称得上“职业”艺术家，如黄士陵、吴昌硕、陆恢等。

吴大澂聘请艺术家为幕友，让他们在幕僚工作之余做和艺术相关的事。比如，他收藏金石青铜器、钱币、印章、瓦当、墓志、玉器等，他让幕僚们为他拓金石款识、打印谱、作全形拓。如光绪十二年（1886），吴大澂给尹元鼐写了一封长信，信中说：

阁下无事时，望将敝藏古器再拓全形一二十种，将来可装第二卷，其器即属许鋐检出可也。

吴大澂接着列出两张青铜器单子，一张单子有青铜器一二十种，即他请尹元鼐拓全形的古器，另一张单子吴大澂列古器三十种，然后在旁边用小字注明：“以上已拓三十器。”此外，吴大澂重要的金石学著作《窸斋集古录》中的很多拓片也是尹元鼐为他拓制的。

吴大澂的《十六金符斋印存》也是由尹元鼐、黄士陵、王同愈完成的。王同愈曾回忆当年这部印谱制作的一些细节：

光绪十四年，客羊城窸斋师节署，幕府清闲，师出所藏周秦古玺及汉魏官私印二千余方，属同人（余及元和陶仲平、黟县黄穆甫、诸城尹伯圜）分任印谱，各五部，而以一为酬。同人慕欲已久，惊喜承命，三阅月而卒业，装订二十六册。穆甫、伯圜皆精篆刻，自谓得此如农夫之获腴田焉。

吴大澂的幕府里还有一些画家，随时可以请他们作画。吴大澂

《题岭南花果册》小序云：

曩在粤东，见异花佳果，为吾乡所无，或不知其名者，辄属刘子良弼宸图之，积成四册。周晓岚维屏、陶子贞钟福亦各绘一册，共成七十五叶。今秋因病得闲，披览画本，每页各题一绝句。后之览者，爱其花果，并爱其画，亦可为南方草木生色云。

雅集是中国文人的传统。由于幕府中有了艺术家，幕主可以随时举办雅集。吴大澂在第一次到吉林时，幕府中就有两位画家：彭光誉（小圃）、舒兰周（味三），他们经常和吴大澂见面并出现在幕主举办的雅集中。顾肇熙此时也在吉林，他在光绪七年（1881）四月三十日的日记中写道：

饭后同小圃、恂卿过功德院看种豆，后同小圃过恒轩，晚饭后回。

东都才彦擅风流，石北温南足应求。恰遇河阳开幕府，礼罗朝暮拔其尤。

石谷殚精摹董巨，南田雅意学徐黄。两家胜处兼收得，只有当时王奉常。（彭小圃、舒味三为窓斋作画索题。两君时在吴幕府也）

“恒轩”和“窓斋”都是吴大澂的斋号，说明了两位幕友为吴大澂作完画后要请顾肇熙题字。同年的五月二十九日，顾肇熙“饭后同小圃、味三赴窓斋之招，登北山，幼兰、韵松同游。窓斋、小圃作画，予与韵松弈一局”。在这次雅集中，幕主与幕友一起挥毫，想必其乐融融。

残存的吴大澂的《北征日记》，也记载了他在吉林期间常在一个叫观音阁的地方与友人和幕僚雅集。仅是光绪九年（1883）五月就有三次：十一日“为余四十九初度之辰，至观音阁谢客，葆田携酒来会，峻峰都护及韵松、玉符、胜之偕来，余为玉符画折扇，为峻峰都护书绝纨扇”；十三日，“峻峰都护招集观音阁，画扇一，册页一”；十六日，“邀峻峰都护及葆田、韵松、玉符、胜之同集观音阁，画扇一，写大幅篆联一，纨扇一”。峻峰即容山，满洲正黄旗人，曾任宁古塔副都统、福州副都统、正蓝旗汉军副都统及正白旗护军统领，吴大澂使吉期间与之交往密切，并义结金兰。葆田（汪启）、韵松（沈庚尧）、胜之（王同愈）、丘兆麟（玉符）等都是幕僚，其中王同愈、丘兆麟都能画。在这些雅集中，吴大澂是主角，他的日记只记下了自己的书画作品，参与这些聚会的幕僚，或许也曾挥毫助兴。

在吴大澂的幕府中，有一位艺术家在当时甚有画名，他就是苏州的陆恢（字廉夫）。陆恢成为吴大澂幕僚的时间较晚，大约在光绪十六年（1890）吴大澂在苏州为母亲守丧期间。在这期间，吴大澂曾致一札给吴昌硕，谈到陆恢：

两奉手书，均未即答，疏懒之至。阆卿对已交茶邮转寄，想鉴及矣。近日与廉夫各临王圆照虞山十景册，终日埋头，如小学生，画理略有所得。如新年从者进省，可相与评骘也。

由此可见，作为幕僚的陆恢常常陪吴大澂画画。

由于吴大澂是金石书画收藏家，一些艺术家也愿意投入其幕中，这既因为挟一技而得到赏识，也可以利用幕主的收藏提高自己的艺术水平。王同愈在题姚清溪藏陆恢画册时这样写道：

廉夫始学写生于刘子和，既学山水于陶诒孙，皆有出蓝之誉。而写生尤为擅场，山水则欿然不自足，遂来吴门就吴愙斋师之招，得见所藏名迹，日夕临摹。既而从游燕京、衡湘、辽海，有名山大川以荡其胸，鼎彝图书以博其趣，而业乃大进，时人比之奉常与石谷焉。

陆恢在吴大澂的幕中得以观摩古代名迹，又追随吴大澂南北游历，眼界大开，画艺精进。王同愈直把吴大澂比之王时敏，陆恢比之王翚，以此来说明吴对陆的提携之恩。

由于幕僚与幕主朝夕相处，他们可以随时根据需要用画笔记下幕主的游踪与宦迹。光绪十八年（1892）吴大澂服阕，赴京师领命，陆恢随往。王同愈题《陆廉夫长安旧雨图》写道：

是帧为壬辰闰六月廉夫缋赠许丈鹤巢者，去今已三十八年矣。岁月飘忽，坐中师友，余为孑遗，可慨也。（图缋什刹海湖楼赏荷，主人为许丈，同坐为愙师、顾康民、余及翁印若、陆廉夫也。）

王同愈的题跋说明，在摄影还不是十分普及的情况下，幕府中的艺术家就以画笔记录幕主的一些行踪。

就在陆恢作《什刹海湖楼赏荷图》不久，吴大澂被任命为湖南巡抚，陆恢又随着吴大澂来到湖南。同年的重阳节，到湖南不久的吴大澂率幕僚同登岳麓山，陆恢作《岳麓纪游图》。吴大澂不但为此画做了篆书引首，并在画后题跋：

光绪壬辰重九日，余偕寮友同登岳麓。廉夫陆君既将经历之所分绘六图，复登城楼，纵观形势，江山一览，收拾掌握中。因以此图冠诸卷首，纲举目张，亦丹青家小经济也。

光绪二十年（1894），中日甲午战争爆发，陆恢和另一位苏州籍幕僚翁绶祺随吴大澂赴东北作战。王同愈在这年的十一月二十五日的日记中记载了翁绶祺为吴大澂画操练图之事。这些都是吴大澂的艺术家幕僚以画笔记录幕主宦迹的明证。

五、余论

清代的地方官员在正式而又比较僵化的官僚体制之外，另辟途径，征用各种人才，形成幕府。幕主自己出钱聘用幕僚，因此在用人上有很大的灵活性，无论是亲戚还是友人，只要有能力并获信任，都可入幕。福尔索姆指出，幕府制度的一个优点是，“幕主与幕宾之间的关系纯属私人关系，它与社会习俗相协调，因而不受中央政府的限制”。这是它的灵活之处。此外，“在儒家等级森严的世界中，惟有朋友之间是平起平坐的”。这种关系让读书人之间多了平等沟通交流的机会，这对许多科场失意的文人具有很大的吸引力。

但是，这种制度也暴露了旧中国官僚政治一个难以解决的痼疾：

所有工作都奠基于私人关系之上，都是私人间的效忠。雇员为雇主尽心尽力，而不是为他的工作单位尽职。雇主则认为他必须任用跟他有私人关系、他可以信赖的人作为他的下属。

这种对个人的效忠，经常并在很大程度上取代了对制度的遵从以及对更高的国家利益和理念的追求。如果幕主具有格局并清廉，他的幕僚或许会受到他的积极影响，具有自我约束能力和更高的追求。即便如此，幕府制度的私人效忠性质不可避免地造成圈子文化的盛行，圈子或集团利益常常重于国家和社会利益，也使得建立一个稳定的、有效的、不受政治因素过多干扰的文官系统困难重重。

幕府设在官府之内，幕主和幕友朝夕相处，在办理日常事务之外，兼顾自己的爱好。喜欢整理和出版学术著作的幕主，可以聘用学者；喜欢金石学的，可以聘用拓工；喜欢艺术的，可以聘用书画篆刻家。吴大澂的幕僚们，为他画画、刻印章、做拓片，这些艺术品既作为消遣，也作为应酬的礼物。今天我们可以见到不少有吴大澂题识的拓片条幅，都是吴大澂的幕僚们制作的，吴大澂用它们来礼赠友人。

官员聘用艺术家为幕僚，除了艺术爱好之外，也和传统社会的治理模式有关。列文森在一篇讨论晚明文人文化的论文中指出，在中国的文人文化中："对于古代经典的艺术形式和文化意蕴的探求，对于遣词造句的细微之处的玩味，而不是对有实际用途的技能进行训练，才是知识表达的主要方式和社会权力的核心内容。"文化上的成就与声望，一直是传统社会精英赖以获得政治统治的合法性的来源之一。因此，"风雅"的实际社会功能已经超出了它的字面意义。

不过，吴大澂生活的晚清，正是中华民族遭遇了"数千年未有之大变局"的时代，为了应对内部和外部的挑战，中国的社会精英结构在20世纪发生了重要变化，文人士大夫阶层逐渐退出了历史舞台，连同他们的艺术家幕僚们。

（原载于《艺术工作》2020年第1期）

吴大澂和封泥研究

白谦慎

一

枫江书屋主人藏有一部《簠斋封泥》，共5册，收入晚清著名金石收藏家陈介祺旧藏古封泥拓片422枚，内有晚清名宦、著名学者吴大澂手批129处。收藏印有“愙斋集古”、“[illegible]斋审定”、“赵叔孺收藏印”等。

第一册有袁克文的引首“古封泥”，款曰：“簠斋藏泥，愙丈考释，今归冰铁盦。丁巳三月克文观记。”丁巳为1917年，此时，这一册页由苏州吴县篆刻家王大炘收藏。

其中一册有朱士林长跋：

前见《封泥考略》，集海丰吴氏双虞壶斋、潍县陈氏簠斋所收藏者，辑为十卷，搜罗宏富，世所仅有。然非庐山真面目也。乙卯首夏在王君巏山案头见愙斋所得簠斋原拓本。拓既精美，注更详确。前有帮办吉林边务关防，当为督师出关时之手笔（？）。戎马倥偬，余暇犹能及此，觉轻裘缓带，雅歌投壶，儒将风流，后先一辙，足千古矣。巏山尚命补注疑阙，以成完璧。后之得者，其重宝之。乙卯天中节后五日寒泉子识。

朱士林，字贞木、半亭，号寒泉子、壶公，浙江归安（今湖州）人，喜篆刻。曾官广东道员，民国建立后，号辛亥逸民。题跋中提到的王巏山即王大炘，冠山为其号之一，“巏”与“冠”为谐音，王大炘有时刻印边款就署“巏山王大炘”。归安就在苏州附近，朱士林和同为篆刻家的王大炘时有过从，他的题跋说明，1915 年（乙卯）王大炘就拥有这部册页了。吴大澂于光绪二十八年（1902）去世，此后家中有部分收藏流出，册页上未见吴湖帆的收藏印，或在吴湖帆未及弱冠时已流出吴家。

数年后，《簠斋封泥》易手。册中有赵时棡跋：“癸亥九月得古封泥拓五册于吴县王氏。有愙斋释文，尤可珍也。除夕孺记。”癸亥为 1923 年，除夕已是西历的 1924 年。王大炘卒于 1924 年，此册或在其病重或去世后不久即被赵时棡购得。

此册还有与吴大澂亲近的门人王同愈的题跋，交代了吴大澂考释这册封泥的大约时间：

此为愙斋师光绪六年所作也。明年拜督办宁姓珲屯垦之命，移驻宁古塔，独当东北半壁矣。同游鸡林者同乡有顾缉庭观察、李秋亭太守。尔时愈年最少，今皤然老已。回忆前尘，恍如一梦越五十年。庚午五月王同愈获观谨识。

光绪六年为1880年，这年的正月二十一日，吴大澂被任命为“吉林事务帮办”，五月十七日行抵吉林省城。由于册上有“钦派帮办吉林边务事宜关防”一枚，王同愈先生认为此册作于光绪六年。

然而，王同愈的外甥、编撰吴大澂年谱的顾廷龙先生对吴大澂的考释时间则有更为具体的交代：

> 《簠斋藏封泥》拓本四册，于其职官地名考证甚多。如曰“汉将军印皆曰章，莽好更汉制，改章为印，改五字为六字”。于“颍川太守章”曰：“大澂按：《说文》颍川、阳城、乾山，东入淮，豫州浸。《汉书》亦从水作‘颍’，此作‘颖’，乃印文假借字。”又“陇西太守章”曰：“按，莽改为‘太守’为‘连率’，大澂藏有塗金虎符半，文曰：‘新与压戎西道连率为虎符。’《汉书》注‘西治’，疑‘西道’之误。或始称‘西治’，后又改为‘西道’，不可考矣。”此为屯防宁古塔时所著，今藏鄞赵时棡家。

顾廷龙先生指出此册的考释文字著于吴大澂屯防宁古塔时。吴大澂是在光绪七年（1881）四月初八得到任命，督办三姓、宁古塔防务和屯垦事宜。四月二十日，具折谢恩，并请换关防“钦差督办宁古塔等处事宜之关防”。次年初，开始常驻宁古塔。王同愈在《簠斋藏封泥》册上没有见到吴大澂的新关防，故将此册的释文定于光绪六年（1880）。顾廷龙先生可能是在编撰《吴愙斋先生年谱》的过程中，仔细阅读了吴大澂与陈介祺等友人之间往来的信札，判断吴大澂考释陈介祺藏封泥的时间很可能是驻防宁古塔期间。只是顾廷龙称赵时棡所藏为四册，或为误记，因为赵时棡自己的题跋称其为五册。

吴大澂于光绪六年至九年（1880—1883）初次任职吉林期间，留下了《北征日记》。目前《北征日记》共有两个残本：中国社会科学院新近发现的《北征日记》始于光绪七年（1881）二月初一，讫于光绪八年（1882）四月三十日；上海图书馆藏《北征日记》，紧接着中国社科院近代史所图书馆所藏那册，始于光绪八年五月初一，终于光绪九年（1883）八月十九日。光绪九年九月十二日，吴大澂启程离开吉林。也就是说，《北征日记》很可能缺光绪六年（1880）四月至次年二月这一时段的一册。目前存世的《北征日记》中记载最多的学术活动便是撰写《说文古籀补》。偶尔也提及题瓦当、钟鼎、陶文拓片，未见有考释封泥的记载。和封泥或许相关的信息便是，在光绪七年二月，吴大澂读《汉书》甚勤，四月有"自题拓册"的记载，不知指的是否就是封泥册。《北征日记》非常简略，每日活动通常只记一到三行，并非事无巨细皆有记载。从册上的考释来看，也并无系统性。或是吴大澂在读《汉书》时，于考证封泥有所心得，便在拓片旁记下，尚未系统整理。由于吴大澂在光绪五年（1879）就得到了陈介祺寄给他的封泥（详见以下讨论），也不排除吴大澂在次年就已开始考释封泥。只是不知这一年的《北征日记》是否尚存世间，即使存在，亦不知是否有相关记录。

二

吴大澂考释《簠斋封泥》，是吴陈二人在 19 世纪 70 年代至 80 年代密切的金石交往的一个见证。

陈介祺是吴大澂外祖父韩崇的友人，但吴大澂和这位前辈的通信却始于同治十二年（1873）。笔者所见到吴大澂写给陈介祺最后的信在光绪九年十二月六日，时间已在 1884 年初，陈介祺也在那年去世。吴陈之间通信长达十年，不少信札存世，其中涉及金石收藏和考释的内容非常多。由于以数量而论，封泥在当时的金石收藏中是很小的一宗，吴陈通信中涉及封泥的并不多，兹将相关内容摘录如下。

同治十二年（1873）十一月十五日，陈介祺在致吴大澂的信中提到了封泥（即信中所言“泥封”）：

既承雅意，则尊藏固求善本全分者精，尤不厌多。长安所得所见，尤望一一勿忘远人，敢不悉拓所藏以报。知必蒙过爱，时时念之，而不少靳惜也。汉石精拓、瓦当、泥封、古印、六朝以上佳刻，均企，或子年，或徐东甫处交寄，均可奉上。

此时吴大澂正在陕甘学政任上，驻扎在西安，陕西文物出土最丰富之地，所以陈介祺希望能得到各种关于金石的信息，包括封泥。

光绪元年（1875）六月十七日，陈介祺在其致吴大澂的信中大致谈到了自己的封泥收藏：

敝藏金文刻已检齐二分付装，装成当由都转寄。较前增弩一册，或镜瓦亦可续出。今年止拓得六朝石六十余，泥封三百余，弩二十而已。

在得知陈介祺已经拓成封泥三百多种后，吴大澂在光绪元年十二月三日致陈介祺的信中写道：

前示泥封可得三百余种，别为一集，未知已摹刻否？亦祈拓寄全本，当由廉生处缴价。当时阳甲城内乡民，于颓垣中掘得泥封数百，苏七尽得之以归尊处，外间流传绝少，以后亦无出土者。大澂访诸乡间，仅搜得二十种耳。

吴大澂在此札中提到了陈介祺封泥得自西安的古董商苏亿年，数量在数百枚，希望陈介祺能够摹刻这批印泥，公诸于世，并能够得到原拓全分。由于封泥数量少，吴大澂本人在陕西四处搜寻，仅得二十种。

两个月后，亦即光绪二年（1876）二月十日，吴大澂在致陈介祺的信中再次提出："尊藏三代秦汉彝器拓，欲得一全分，如泥封有拓出者，求寄一分，当再续缴拓费。"

此后，吴大澂在致陈介祺的信中，不断地提出，希望能够得到陈介祺所藏封泥拓本全分。如五月二十四日，吴大澂在致陈介祺的信中又说："秦拓十二种再求二分，十种全形屏拓求一分，镜拓、泉范拓、泥封拓，各求一全分，拓费陆续奉缴，并启开示为感。"

同年六月十四日，陈介祺在致吴大澂的信中说："泥封敝藏者拓毕。惟小倩仲饴水部旧藏拓不至，合之六百余。子苾有成书，再有亦当补入。泥封无绳文而又似新陶者，多伪。"七月四日，陈介祺在致吴大澂的信中又说："东土竟亦有泥封，文曰'姑幕丞印'，未及拓。"可见，陈介祺还在不断地收集封泥。

不过，陈介祺虽然在前引信中提到的"泥封敝藏者拓毕"，却不是为吴大澂拓的全分。所以，九月六日，吴大澂再次提出了请陈介祺将其所藏封泥能拓一全分寄下："正封函间，接七月四日手示，承寄瓦拓十四，古蜡封瓦片一，至感，至感。阴款瓦似范非范，至奇至佳。泥封求一全分，如尚未寄，可由子年丈转寄吴中。"（此

札附在九月六日信后，应书于同时）

光绪四年（1878）十一月二十七日，吴大澂在致陈介祺的信中提到，陈介祺计划将其收藏的封泥拓本寄给吴大澂，得知“尚有汉唐随晋各铜符拓及泥封拓数十种未及用印题识，当于月初交东甫续寄”。

次年人日（正月初七），任河南河北道的吴大澂致信陈介祺告知：“去腊接奉手教（十二月五日发），承示古鉢、泥印并陶拓三十五纸，敬谢，敬谢。”但这远远不是吴大澂从光绪元年末（1876年初）就开始向陈介祺索要将其所藏封泥拓本全分。

不过，在这一年的五月，吴大澂已经得知，陈介祺将命其拓工姚学恒（公符）为吴大澂拓封泥全分。吴大澂在致陈介祺的信中写道：“请姚公符兄代拓泥封一分，至感至祷。”

光绪五年（1879）九月十九日，陈介祺终于将所藏封泥的拓片寄给了吴大澂，他在信中写道：“附上封泥拓全分五百余纸，新得古陶拓数百纸。”信后有具体的数字：“附上陶器拓四百十二纸，计十一束；封泥拓全分，共五百零九纸。”

十月下旬，吴大澂收到了陈介祺寄到的封泥。他在十月二十五日的信中写道：

承寄古陶拓四百十二纸，泥封拓五百九纸，中多异品，地名、官名有无可考证者，俟编目录考，一一就正。泥封汇为一集，可补《古官印考》所不及，实古今金石家所罕见，至宝！至宝！感甚！感甚！

由于封泥拓通常很小，五百多纸，分量也不重。次年吴大澂赴吉林时，将其带到吉林考订。但是从目前枫江书屋所藏《簠斋封泥》为四百二十二枚来看，比陈介祺所说的“五百零九纸”少了八十七枚。目前的四百二十二枚封泥拓片共裱成五册，每册所收数量不一：第一册一百零六枚，第二册八十八枚，第三册六十三枚，第四册九十五枚，第五册七十枚。

所少的八十七枚也正好在这些册页的厚薄范围之内，会不会在递藏过程中遗失了有八十七枚封泥拓本的一册呢？如果这一推测合理的话，那么在数字上就和陈介祺信札中所说的数字基本吻合了。

在此后的数年中，吴大澂还不断地收到陈介祺寄来的封泥拓本。光绪八年（1882）六月初八日，吴大澂致信陈介祺：

五月十七日，吴副将、傅从九行抵宁古塔城，带到二月十八、十九、廿、廿二、廿三、廿五、廿七、廿八日惠复各缄，承寄鼎、餿、簋、爵、戈、弩、符、竟各种杂器拓一封，古陶拓二封，陶图二封，泥封拓一封，泥封目一封，《积穀事目》六本，瓦量拓册一本，读之竟夕，惟感厚爱之肫挚，期许之远大。

吴大澂也想把自己收藏的封泥寄给陈介祺。同年七月八日，吴大澂在致陈介祺的信中写道：“六月初七至初九日，详复三十二纸并检寄封泥拓八十纸，虎、龟、鱼符拓十四纸，因无入都妥便，尚未封寄。”在同月致陈介祺信札中，吴大澂再次提道：“属书联语及敝藏封泥拓八十，俟有折弁入都，带交东甫转寄，较为妥协。”

九月二日，吴大澂终于将自己所藏封泥寄出，他在致陈介祺信中云：

敝藏封泥八十种，久欲奉寄，因无妥便，迟迟至今。兹交折差带至都中，由东甫同年处寄呈赏鉴。编目一册，如有误列次叙，乞为更正之。

吴大澂寄给陈介祺的《窸斋所藏封泥目》一卷，今藏国家图书馆。封面有吴大澂篆书题耑：“《窸斋所藏封泥目》，光绪八年壬午秋七月编共八十种。”上有陈介祺跋曰：“清卿仆正寄，十月廿一日至，次日校，约去三十。”也就是说，在这一年时，吴大澂藏有封泥八十枚，其中约有三十枚陈介祺认为不真，赝品的比例非常高。

在同年十月十七日致陈介祺信中，吴大澂云：

十月十六日领饷委员由京旋塔，带到五月廿日所发手书二十五纸，承寄戈、爵、鐎、鉢、符、钩、古陶、古化、封泥、造像铜碑各拓，又《封泥考略》目弟十卷。

由此可知，陈介祺在光绪五年（1879）那次寄过所藏封泥全分拓片后，还在不断地将封泥拓本寄给吴大澂。这些拓本究竟是重复的，吴大澂用来送人，还是陈介祺新收的封泥，不详。

综上所述，枫江书屋所藏吴大澂考释的陈介祺藏封泥拓本，很可能是那一年九月陈介祺寄给吴大澂的那批封泥。次年，吴大澂将其带到了吉林，并在那里开始了考释工作。

三

从道光二年（1822）封泥最初在四川被发现，到光绪六年（1880）吴大澂在吉林考释陈介祺藏封泥，差不多六十年。这六十年间，清代金石学家对封泥的认识有一个逐渐深化的过程。从最初它被认作是制作印章的“印范子”，到最终认识到它是封缄文书的封泥，大约用了三十年时间。存世晚清最重要的封泥研究著作便是吴式芬和陈介祺合著的《封泥考略》，其刻本虽在光绪三十年（1904）刊行，但在前引用光绪二年（1876）陈介祺致吴大澂的信中，陈介祺就告诉吴大澂，关于泥封“子苾有成书”。吴式芬卒于咸丰六年（1856），如果他关于封泥的著作已用《封泥考略》为名，证明最迟在19世纪50年代，清代的学者就已经认识到了封泥的属性。而光绪三十年刊行本，增加了陈介祺收藏和考释的封泥。收录在《封泥考略》中的那些钤有“双虞壶斋封泥”的拓本，其后的考释文字若是出自吴式芬本人或其幕僚之手，则意味着吴式芬对封泥的认识已经相当成熟了。

孙慰祖先生在讨论封泥研究对金石学研究和史学研究的贡献时指出：

封泥文字对古代文献记载的官制、地理资料的订正和补充，是封泥的主要价值所在。由于官印封泥的印文大多不见于传世的印章，因而它在这方面的史料价值可以补充印章遗物的不足。

可以说，对封泥文字的研究其实就是印章研究的一部分，而且主要是秦汉时期的官印研究。因此，要对晚清学者（包括吴大澂）的封泥考释做一评判，必须将其置于晚清的印章研究中来考察。

晚清古代印章研究的代表作，首推瞿中溶的《集古官印考》。瞿氏在作于道光十一年（1831）的自序中说：

予自弱冠留意金石文字之学，因旁及印章，手模古今谱录，又博访收藏之家，证以正史中官制、地理，为之分别时代，辨其异同，正其讹谬。

瞿中溶的这一著作在其生前并未刊行。同治十三年（1874），瞿中溶后人欲将这部遗稿刊印，请吴大澂为之作序，吴大澂在序中写道：

展卷读之，鉴别之精，考据之确，与历代职官舆地志书相印证，足为读史者考镜之资。

瞿中溶考订官印的方法，和考证印泥的方法并无不同。孙慰祖先生指出：《封泥考略》的体例，参照了瞿中溶的《集古官印考》。而在《封泥考略》中，援以引证最频繁的文献就是《汉书·地理志》和《汉书·百官公卿表》，也即吴大澂所说的“与历代职官舆地志书相印证”。吴大澂考释封泥，也沿袭着同样的方法。

如果将吴陈的《封泥考略》与吴大澂收藏和考释的《簠斋封泥》作一简单比较的话，不难发现两者之间的区别。《封泥考略》作为一本刊行的刻本，体例完备，编排有序。封泥按照时间先后、社会地位、官职性质、行政区划级别来分类编排。如：古封泥、汉朝官印封泥、和朝廷相关的官印在先，诸侯王及其属官在后，然后为郡国官印，如此等等。而吴大澂收藏并考释的五册《簠斋封泥》没有编目，从目前的装裱也看不出有一个清晰的编排体例。

在《封泥考略》中，每个拓片下，都有释文和考订文字。如无可考文字，也给出释文。如卷一页二所收古鉥封泥，左侧有释文曰：

“右封泥四字古私鉥，文曰：‘宋连私鉥’，出临菑。”而在《簠斋封泥》册页中，有吴大澂考释的仅为一百二十九枚，有不少封泥的拓片旁吴大澂并没有留下任何文字。从没有编排体例和释文不全，全册也无吴大澂本人的序跋等情况来看，《簠斋封泥》应该为吴大澂的一个未竟稿本。

吴大澂本人研究古印的著作《周秦两汉名人印考》、《续百家姓印谱》等，也延续着用印章来考订古代名物制度的风气。他的名著《说文古籀补》，也收录了一些先秦印文字。他自己收藏的封泥数量虽然不算很多，但从他屡次向陈介祺索要封泥拓本，装裱成册并加以考释来看，在其金石学研究中，印章是非常重要的内容。此次枫江书屋主人将所藏吴大澂旧藏并考释的《簠斋封泥》册影印公诸学林，以俟专家们对其文献价值作深入的研究和挖掘。

（原载于《中国书画》2020 年第 2 期）

吴大澂与晚清关学

米文科

吴大澂，江苏吴县人，晚清著名的金石学家，师从湖北程朱学者万斛泉。同治七年（1868）进士，一生宦迹遍及西北、东南、东北等地，政声卓著，其所著《说文古籀补》、《字说》、《愙斋集古录》等书，亦为学界所推重。虽然近代以来有关吴大澂的研究成果比较丰富，但主要是集中在三个方面：一是对其政绩的考察，如创设吉林机器局、中俄勘界和治理黄河等；二是关于吴氏的古文字学和篆书的研究；三是对吴氏信札的整理、考释等。然而，对吴大澂早年在西北任陕甘学政与晚清关学复兴的关系却没有提及，《吴愙斋先生年谱》在记录此段经历时也多是集中在金石瓦当古物方面，以及与左宗棠的书信往来等。本文则通过晚清关中学者贺瑞麟与杨树椿等人文集中所见吴大澂的资料和事迹来说明其对于推动晚清关中地区程朱理学“复兴”所起的作用，从而既可以使我们对吴大澂的生平活动有更多的了解，又可以从一个侧面来了解晚清关中地区学术与政治之间的互动关系。

一

同治十二年（1873）八月，吴大澂出任陕甘学政，至光绪二年（1876）十月离任，在陕三年左右的时间。在这三年间，吴大澂与当时关中以提倡程朱理学、振兴关学为己任的贺瑞麟往来密切，二人一起为晚清关学的“复兴”作出了重要贡献。

吴大澂初识贺瑞麟是在同治十二年十二月，也就是在他于十月抵达陕西三原履学政任后不久，就前往拜访贺瑞麟。对于吴氏的此次来访，贺瑞麟《清麓年谱》中记载道：

> 十二月，督学吴公来见，论学谈心甚相契合。去后赠以联曰：“以身教从，以言教讼；得经师易，得人师难。”又书林少穆“海纳百川，有容乃大；壁立千仞，无欲则刚”联语以赠，并为篆书《大学》经文及张子《西铭》两横幅，以悬堂壁。

贺瑞麟，字角生，号复斋，学者称清麓先生，陕西三原人。其师朝邑（属陕西大荔）的李元春，为嘉庆、道光年间的关中理学名儒。贺瑞麟对科举之学极为痛恶，他在二十八岁时就绝意科举，也从不以举业教人。不仅如此，贺瑞麟还对陆王、佛老和考据学等持批评态度，而惟独提倡程朱理学。贺瑞麟的这种为学倾向正好与来访的吴大澂相近。吴大澂虽然在金石学、书画等方面建树颇多，但他在思想上则服膺程朱之学，其《读书偶见录》和《窸斋自省录》

中所记即多为存心、养性、居敬、静坐、未发气象等程朱理学之内容。如“夜气之清明，以心体言也；喜怒哀乐未发气象，以形体言之”，“吾儒静坐存心，即所以养性；禅宗静坐明心，而不能见性”。贺、吴两人为学旨趣相近，相见之下，自然“论学谈心甚相契合”。吴大澂说：“大澂以同治癸酉奉使视学秦中，始交角生，心器之。”而吴大澂回去后又为贺瑞麟书写了两副对联，并篆书《大学》经文和张载《西铭》赠之，从中也可见他对贺瑞麟的器重。总之，此次的论学谈心为日后二人的交往和共同为振兴关学而努力奠定了基础。

第二年即同治十三年（1874）初，贺瑞麟写信给吴大澂，请其在省内各学校提倡张载之学和在三原举行乡约。贺瑞麟在信中说：

> 惟横渠为关学之祖，今学者率不能举其名字，况知其学乎！若以之提倡，则承学之士庶识途辙之正，于以会归程朱而不惑于他歧，尤麟之私愿也。此在大人固不待言，然犹言之者，念辱与之厚，亦所以尽其诚耳！乡约盖欲各相勉励与人为善之意，今一举行，人知学宪亦且留心，信从必众，愿早示期。或令斋长召集同志，似不须通知地方，官师一有掣肘，或非其心之所欲，必不能长，恐无益也。

作为理学思潮之一的关学是由北宋张载所创立，从贺瑞麟的信中可以看到，关学传衍至晚清，关中士子竟然连张载的名字都很陌生，更不用说其思想学说了。在贺瑞麟看来，这主要是由于当时士子只以辞章记诵为学，汲汲于科举功名，此外概不讲求，所以他认为应该在各级学校和书院中提倡张载之学，这样既可以振兴关学，也可以使学者知道正确的为学方向，而不被俗学、陆王、佛老和考据之学所迷惑。对于张载之学，贺瑞麟特别推崇的是张载的礼教。他说：“昔横渠先生以礼教关中学者，当时士大夫习礼成风，秦俗之化先自和叔有力，即吕氏此书是也。诸君果设诚致行，人心风俗且趋于善，庶几不负先贤儒之教。”因此，贺瑞麟打算通过推行《吕氏乡约》来恢复关学的礼教传统，并借此来化民成俗。

贺瑞麟之请，即在三原讲行乡约一事，得到吴大澂的赞成。是年春，贺瑞麟在三原学古书院讲行乡约，吴大澂不仅亲自前往观礼，而且在礼成之后，还为书院诸生宣讲人子事亲之道。贺瑞麟在为吴大澂之母所作的《吴母韩太宜人寿序》中对此有较为详细的记述：

> 同治癸酉，吴县吴公清卿先生视学秦中。首屈威重，辱访瑞麟于清麓山斋。明年春，瑞麟率同志讲行乡约于邑之学古书院，先生亲临观礼，众请讲书。先生辄为发明人子所以事亲之道，并引辛复元“子为贤圣，父母即为贤圣之父母；子为庸众小人，父母即为庸众小人之父母”，肫切恳挚，听者竦然，无不感叹。

在学古书院举行乡约之后，贺瑞麟又专门写了《学宪举行吕氏乡约序》一文，并在序中告诫参加乡约的士子要真正身体力行，而不是“只作一场话说”。学古书院之后，第二年即光绪元年（1875）二月，贺瑞麟又在三原的宏道书院行乡约礼，吴大澂与三原县令赵孚民一起参加表示支持。《清麓年谱》“乙亥光绪元年”条云：“二月，行乡约礼于宏道书院，学宪吴公、邑令赵公偕至。礼毕，先生讲书，一时环而听者，堂舍几不能容。”

通过吴大澂两次参加贺瑞麟举行的乡约活动，我们可以看到，他并不认为贺瑞麟的行为是一种迂腐之举，而是加以肯定和支持，而且他作为督学也不以贺瑞麟批评科举和只以程朱理学教授生徒为意，这从一个侧面反映了吴大澂以理学经世的思想。正如当时陕甘总督左宗棠在同治十三年（1874）正月和五月两次给吴大澂的回信中说的："所示关中乱后，旧学旋荒，执事鼓舞振新，期至于古，不取其华而遗其实，正得古人兴教劝学之意，所为与凡俗异矣。佩悦何言。""来书于教士之道，用心恳恻而有条理，意在关学嗣音，不取文艺之末，与古昔兴教劝学大指，实有合焉。由文艺而几于道，异时当有兴者。"从左宗棠的信中我们可以看到吴大澂以理学兴教劝学和振兴关学的想法。

二

同治十三年二月，吴大澂前往同州（今大荔）查考诸生学业，时朝邑学者杨树椿以诸生身份参加岁考，两人因此而相识。杨树椿，字仁甫，号损斋，与贺瑞麟同师从李元春，尊崇程朱之学，绝意科举，淡泊名利，曾主讲过朝邑的友仁书院。贺瑞麟称：

关中之学，国朝自朝邑王仲复先生恪守程朱，躬行实践，为不愧大儒。百余年而桐阁先生继之，又数十年而君（杨树椿——引者注）继之。

后人亦曰："（杨树椿——引者注）事亲至孝，雅志山林，不求闻达。前后读书太华几十年，其为学坚实刻苦，默契精思，养之深以醇，守之严以固，虽在草野，无一念不在天下国家。"

吴大澂在读了杨树椿的文章后，与之交谈，对杨的学问和品行甚为敬佩。此年秋，他上奏朝廷，请求表彰贺瑞麟和杨树椿二人其学其行。其疏略云：

贺瑞麟隐居教授，实践躬行，臣屏驱从，轻骑造庐。所居峪口距城十里，陶室数间，拥书自乐，学以《近思录》、《小学》为宗，辑宋元诸儒《养蒙书九种》教授生徒，循循善诱，恬于荣利，确守程朱。

朝邑杨树椿隐居华山，潜心理学，除岁考外，不入官府，有古君子风。臣按临同州，适来应试，询其所读性理诸书，融会贯通，实有心得。平日涵养之功，一本程朱主敬之学，所谓笃行谨守，不求闻达，亦足为世风矣。

吴大澂的奏疏很快得到了清政府的回应，贺瑞麟与杨树椿被授予国子监学正衔。随后，吴大澂又手抄清初程朱理学名儒陆世仪的《志学录》一书向贺瑞麟请正，贺瑞麟则作《书陆桴亭〈志学录〉后》，对陆世仪思想中与朱子不一致和赞同陆王的地方进行了点评。

除了贺、杨二人之外，吴大澂还对当时其他一些关学学者的学行进行了表彰，如大荔诸生赵凤昌（字仲丹，号宏斋），其与杨树椿一起学于李元春，又一同在华山读书，先后近二十年，“斤斤有守，温恭笃实，家庭之间，怡怡如也”。赵凤昌殁后，吴大澂题其门曰“笃学勤修”，进行表彰，以激励士风。

此外，吴大澂还多次将一些理学书籍赠予关中学者和士子，以提倡理学和鼓励士子积极向学。如他曾赠给贺瑞麟《朱子全书》和张伯行正谊堂所刻理学书八十余种，以及张履祥的《杨园先生全集》等，并赠予杨树椿《杨园先生全集》。杨树椿在《与学宪吴清卿》中说：“《杨园全书》已拜受，不啻拱璧。前所求《弟子箴言》，尚希后惠。”在这里，杨树椿提到的另一本书《弟子箴言》，为晚清湖南理学家胡达源所著，全书共十六卷，分为奋志气、勤学问、正身心、慎言语、笃伦纪、睦族邻、亲君子、远小人、明礼教、辨义利、崇谦让、尚节俭、儆骄惰、戒奢侈、扩才识和裕经济等篇目，融会孔孟与宋明理学诸儒之说，发明心得。仅从该书各卷标题来看，就可知非常符合吴大澂的学问宗旨和教育理念，故他对该书非常重视，后来还写有二万余字的批语。今光绪二十一年（1895）重刻本《弟子箴言》中收有吴大澂为该书所作之序。他在序中说：“余于同治壬戌入都应北京兆试，得见此书于彭文敬公家，访诸厂肆，竟少传本，乃约同人集资覆刻于吴门。视学关中，时曾以给诸生之好学者。”除了时常将《弟子箴言》赠予关中士子之好学者之外，吴大澂“又印发《小学》书数百部，散给生童”。对此，贺瑞麟说道：“诸生溺于科举之学也，久未尽知先生之意，为之探讨服行，然亦有闻风兴起者，其造于秦士何如也！”

同治十三年（1874）九月，杨树椿去世。次年三月，贺瑞麟前往朝邑会葬杨树椿，返回后又请吴大澂为杨氏的遗稿《损斋文钞》作序，并题其墓碑文。吴大澂之序作于是年九月，现保存于光绪十九年（1893）刻本《损斋文钞》中。略曰：“余谓士子读孔孟之书，操觚为文，而不知身体力行者，比比皆是。即有志之士，知从事于《小学》、《近思录》，识阴阳之原，辨理气之分，明穷理居敬之功，而或不能实有诸己，又恐有所知非真知，有所得非心得，宣诸口、笔诸书，与制艺等耳，于身心何与？观仁甫与角生及他友书，时时以真实心地相策勉，不欲以言语文字为长，仁甫可谓笃信好学之君子矣。”

三

在弘扬关学、激励士风方面，吴大澂所作的贡献还有：

一是上疏朝廷，请求将朝邑学者李元春的学行宣付史馆，列入《儒林传》中。

李元春是嘉庆、道光年间的关学名儒，其学以程朱理学为宗，学者称之为桐阁先生。李元春通过阅读明初程朱理学大儒河东薛瑄的《读书录》而有志于理学的学习，并进而研读二程、朱子的著作及各种理学书籍，博学多识。嘉庆三年（1798），李元春考中举人，但随后却九上春官不第。道光十六年（1836），李元春以举人身份被授予大理寺评事一职，后因母亲年老，辞官回家奉养，讲学乡里，后曾先后主讲过潼关的潼川书院和朝邑的华原书院。李元春著述丰富，有《桐阁先生文钞》、《桐阁性理十三论》、《桐阁杂著》、《关中道脉四种书》等，并对明代冯从吾的《关学编》进行增补，以延续关学之“道统”、“道脉”。其弟子著名者有贺瑞麟、杨树椿等人。吴大澂在奏疏（今附于《桐阁先生文钞》卷首）中说：

臣窃维关中素称理学之邦，宋时横渠张子倡明斯道，继往开来。同时有蓝田吕大忠、吕大钧、吕大临兄弟及华阴侯仲良、武功苏昞、游师雄等闻风兴起，一时称盛。明儒冯从吾纂《关学编》，自宋迄明，渊源相授三十余人。国初，讲学诸儒自王建常、李中孚后，落落如晨星，数十年来，几成绝学。朝邑举人李元春独慨然有志于圣贤，绍述绪闻，恪守程朱格致诚正之功，教授生徒数十年，多所成就。臣所访举三原贡生贺瑞麟、朝邑生员杨树椿皆其晚年入室弟子。迹其生平，践履笃实，持论明通，卓然为关中儒者。……其论学必主程朱，于心学良知之说辟之甚力。其所纂述，无非扶世教，正学术，为世道人心计，而不务空言。……如李元春之读书明理，实践躬行，洵属近今所罕见，不愧纯儒之目，合行仰肯圣慈将已故大理寺评事举人李元春生平事实宣付国史馆，列入《儒林传》，以备采择。

另外，《吴窓斋先生年谱》“光绪二年丙子”条也记述道：“正月二十三日，具折奏请已故大理寺评事李元春明理笃行，请宣付史馆立传。”吴大澂的奏请很快就得到清政府的同意，并将李元春的学行宣付史馆，纂入《儒林传》中。

二是上奏朝廷请将清初关学学者王建常从祀孔庙。

王建常也是陕西朝邑人，清初关中著名的朱子学者，与有海内“三大儒”（全祖望语）之称的周至的李颙同时，其学恪守程朱，但因一生隐居不仕，也不外出讲学，故很少有人知其名。但顾炎武居住关中时，常与王建常书信往来论学。王建常虽然在世时名声不显，但他对清代关学的影响很大，特别是受到后世以程朱为宗的关中学者的推崇。如乾隆初期的关中学者华阴人史调就是因为中举后得王建常《复斋录》读之，然后知“读书非为科名已也，将以求其在我者”，遂一意于程朱理学的学习，曾先后主讲于西安的关中书院和临潼的横渠书院，成为当时的关中名儒。李元春也说：“复斋不如二曲之高才博学，然醇正精密当在二曲之上。”贺瑞麟更是称王建常为“国朝关中第一大儒”，认为王氏之学“规模稍逊桴亭，然纯正则稼书、二张之亚也”。不仅如此，他还于光绪元年（1875）致书吴大澂，请其上奏朝廷将王建常从祀孔庙。

对于贺瑞麟所请，吴大澂欣然同意。贺瑞麟在光绪二年（1876）

所作的《书〈复斋录〉卷目后》中说："予服膺先生久，谓先生之功尤在尊程朱以斥陆王，间启告今学使吴县清卿吴公，宜以先生奏请从祀如稼书、杨园例，极蒙嘉诺。"另外，在《送学使清卿吴公序》一文中，贺瑞麟也说："朝邑王仲复先生，讲程朱之学者也，公既奏请从祀，旨虽未下而天下已读其疏，必谓能奏请讲程朱之学之人，则亦能讲程朱之学。"吴大澂奏请王建常从祀孔庙的奏疏的一部分内容，后来被贺瑞麟附在光绪十七年（1891）所作的《书〈关学续编〉王复斋先生传后》一文中。吴大澂在疏中说：

王建常恪守程朱，躬行实践，与周至李中孚同时而学问之纯粹过之，精切严整直接明儒胡居仁。又当阳明学盛之时，力排异说，笃信洛、闽，其功不在本朝陆陇其之下。特因僻处一隅，不求名誉，名亦不显于世。然二百年来秦士大夫知有程、朱、薛、胡之学，皆建常笃守之功。……一生得力，实与胡居仁《居业录》一脉贯通，渊源无异。而斥邪卫道，与陆陇其《学术辨》不谋而合，实为宋以后关中第一大儒。……其所著书皆足阐明圣学，羽翼经传。

吴大澂高度称赞了王建常的学行，认为其学问纯粹胜于李二曲，精切严整直接明儒胡居仁，而其尊朱辟王之功则不在清初陆陇其之下，并指出王建常对于清代关中理学的重要影响，认为清代关中朱子学一脉实为王建常所开创，并推崇王建常为张载之后的关中第一大儒，而其所著之书也都足以"阐明圣学，羽翼经传"。虽然吴大澂的奏议最后没有得到清政府许可，但从中亦可看到吴大澂对阐扬关学的努力。

三是为清代关学前贤王建常和张秉直题写墓碑文。

除了上奏朝廷将王建常从祀孔庙之外，吴大澂还为王建常和张秉直的墓碑题文。张秉直是陕西澄城人，其学亦以程朱为宗，是乾隆时期关中著名的学者。贺瑞麟在《复吴清卿学使书》中说道：

王复斋、张萝谷二先生墓碑纸裁就呈上。昔雷翠亭先师鋐督学浙右，特题巨碑表张杨园墓曰："理学真儒杨园张先生之墓。"窃谓复斋先生遁迹高蹈，力守程朱，深醇精密，不亚杨园，而阐明经学似又过之。萝谷生复斋之后，闻风兴起，奋然特立，真知实践，识力高卓，议论精纯，复斋俦也，亦可谓振古之豪杰矣，故敢援杨园先生之例而以是请。

当时，王建常的墓地已经被其后人抵押给了别人，贺瑞麟的弟子三原人刘质慧不仅出钱将其赎回，重新交给王建常的后代管理，而且又请人凿石重新竖立墓碑，墓碑之文即为吴大澂所题。至于张秉直之墓重新立碑的情况未见贺瑞麟有记载，具体情况不得而知，想必吴大澂亦有题字。

四

光绪二年（1876）十月，吴大澂任满离开了陕西。但他与贺瑞麟依然保持着书信往来。根据目前所见，如次年，吴大澂曾寄给贺瑞麟四幅画及为贺父所作的墓表，是在其离任之前，应贺瑞麟所请而作（贺瑞麟请吴大澂为其父撰写墓表，事在光绪二年七月）。贺瑞麟在《上吴清卿太仆书》中说："先君家传已拜领，大德之赐，存殁均感不朽矣！画四幅亦收到，尚有所恳书画及社仓记，并冀不弃而终惠之。"另外，光绪十四年（1888），贺瑞麟弟子宏道和清麓书院学生三原人刘昇之病殁，因吴大澂在陕西时很赏识刘昇之，故数年后，刘昇之的夫人请贺瑞麟致书吴大澂，请吴氏为刘昇之撰写墓表。今《愙斋文稿》中保存有《刘君墓表》一文，即为刘昇之所作，其曰：

贺先生买山清凉之麓，与刘君东初居相近。东初笃信好学，终其身以贺先生为师法。凡四方有志之士负笈来游者，修缮之资皆东初优给之。其最有益于多士者，广求濂洛关闽遗书及先儒绝学孤本，锓版行世，几及二十年，孳孳不倦，搜辑既富，校勘尤精，秦土之得窥正学，而不惑于世俗功利之见，微东初不及此，于世道人心大有裨助，岂一乡一邑之善士可与同日语哉！……余因东初出贤者之门，心窃器之，不可谓“富而好礼”与？今东初之殁五年矣，其夫人瞿氏介贺先生作书，乞余一言以表其墓。……余故乐得而表彰之。

吴大澂之文作于光绪十九年（1893）四月，可他未想到的是，就在此年九月初五，贺瑞麟就因病去世，不知吴大澂此后是否曾得知这一消息。

至此，我们可以看到一名普通学者与主管一省教育的学政之间的真挚友情及二者共同为振兴理学、弘扬关学而作的不懈努力。尽管从今天的视角来看，吴大澂与贺瑞麟、杨树椿等人在当时仍然坚持“理学经世”的观点显得不合时宜，但却真实反映了晚清时期思想将变未变的转型期儒家士大夫与普通士人的思想观念。从中我们也可以看到，1840 年的鸦片战争似乎并未从根本上撼动整个中国社会的思想，至少对陕西关中地区来说是这样的，而这一局面的改变一直要等到 1894 年中日甲午战争之后了。甲午战争以后，在咸阳刘古愚和陕西学使柯逢时、赵惟熙等人的努力与提倡下，关学开始由重视程朱理学、强调“理学经世”转向注重对西方科学技术的学习，传统理学形态的关学从此发生转变。

（原载于《安康学院学报》2020 年第 5 期）

吴大澂的三通名碑名刻

李文君

《第一批古代名碑名刻文物名录》（以下简称《名录》）由国家文物局核定并公布，入选《名录》的清代碑刻共169通，其中就包括晚清金石学者吴大澂书丹的三通碑刻，分别是：第1545号，吉林省中俄边界清勘界碑（“土字牌”）；第1585号，河南省光绪十四年（1888）“郑工合龙处”石碑；第1653号，宁夏回族自治区三关口筑路碑记。在整个清代，除去康熙帝与乾隆帝的御制碑刻之外，吴大澂应是入选《名录》数量最多的题刻者了。

吴大澂，江苏吴县（今属苏州）人，字止敬，号清卿，又号愙斋，同治七年（1868）进士，点翰林院庶吉士，三年后授编修。历任陕甘学政，河南河北道，吉林三边帮办、督办大臣，会办北洋大臣，广东巡抚，河东河道总督，湖南巡抚等职。吴大澂毕生留心金石古物的搜集与研究，擅绘事，精篆籀，著有金石学与古文字学著作多种，是晚清著名的金石学家与书法家。入选《名录》的三通碑刻，分别是吴大澂担任陕甘学政、赴吉林勘界以及任河东河道总督时的作品。

三关口筑路碑

《重修三关口峡道记》，俗称三关口筑路碑，今藏于宁夏回族自治区固原博物馆。此碑由大小相同的四块青石组合而成，通高127厘米，每块碑石宽76厘米，厚10厘米，碑的正面阴刻隶书文字，前三块5列，第四块4列，其中款识1列，每列9—11字不等，共有196字。碑文内容如下：

三关口为古金佛峡，山石荦确，杂以潢流，夏潦冬雪，行者苦之。坡南旧通小道，西出瓦亭驿，乱石齾路，车骑弗前。庆泾平固观察使邵阳魏公，始以光绪元年二月开通此路，为道廿余里，凿隘就广，改高即平。部下总兵官萧玉元，副将魏发沅、杨玉兴，参将邹冠群、彭桂馥、岳正南、罗吉亮、徐有礼等分督兴作。凡用功八千余人，役勇丁四万余工，炭铁畚锸，器用功费，縻白金千两有奇，是年五月讫功。行人蒙福，去就安隐。督学使者吴县吴大澂采风过此，美公仁惠，勒石纪事，以示来者。大清光绪元年三月穀旦立。

第四块碑石正文与年款之间还附有光绪三年（1877）杨重雅补刻的200多字的行书跋文。此碑原镶嵌在泾源县六盘山镇三关口的崖壁上，“文革”期间被附近村民搬回村中，1981年由固原县文物工作站（今固原博物馆）收藏，1996年8月，被鉴定为国家一级文物。

三关口位于泾源县六盘山镇弹筝峡口，古名金佛峡，三关口是俗称。三关口是关中通往陇右的要冲，向西越六盘山，必经六盘关；向南越陇山必达制胜关，向北奔银川必过瓦亭关。一说三关为六盘关、瓦亭关、萧关。陕甘总督左宗棠西征之时，湖南邵阳金潭（今属隆回）人魏光焘随其出征。光绪元年（1875），时任平（凉）庆（阳）泾（州）固（原）化（平川）盐法兵备道的魏光焘，统领八千军士重新修整了三关口的道路，使来往车马行人更加便捷。陕甘学政吴大澂路过此处，应魏光焘之请，作此碑予以纪念。这是吴大澂初次与魏光焘相识。整整二十年之后，光绪二十一年（1895）二月，在甲午战争辽南战场，作为湖南巡抚的吴大澂再次与湘军统领魏光焘合作，共同抗击入侵的日军。

同治十二年（1873）八月，吴大澂由翰林院编修外放为陕甘学政，负责陕西与甘肃两省的文教与考务。学政需要巡视所辖各府州，组织选拔生员。光绪元年（1875）正月二十六日，吴大澂离开学政驻地陕西三原，赴甘肃东部各府州巡考。进入陇东之后，吴大澂沿着庆阳府、泾州、平凉府、固原州、宁夏府的路线行进。二月二十四日，吴大澂在泾州组织考试；三月十七日，结束在平凉府的考试；三月二十九日，到达宁夏府试院。此通碑文，就作于三月十七日至二十九日从平凉到宁夏的途中。从平凉前往固原的途中，吴大澂路经化平川（今泾源县）三关口时，看到了新修筑的平整官道，感触很深。到达固原之后，吴大澂在组织院试之余，应魏光焘之请，书写了《三关口筑路碑记》。此碑记全部以八分书书写，在汉隶的基础上，糅入行草笔意与篆书笔法，在吴大澂的石刻书法作品中，并不多见，连顾廷龙先生的《吴愙斋先生年谱》也未提及。比起隶书，吴大澂的篆书更受人称道。就在光绪元年（1875），吴大澂集《开母阙》字作篆书《安西颂》，寄陕甘总督左宗棠。左宗棠请李佐兴将其刻石，运至平凉，嵌入山巅。今此石藏于甘肃省博物馆。

中俄边界“土字牌”

吉林省的中俄边界的清代勘界碑是由吴大澂主持重新补立的。“土字牌”为花岗岩质地的石碑，俗称“土字牌”，位于吉林省珲春市敬信镇防川村内，是中俄两国的界碑。碑高 144 厘米，宽 50 厘米，厚 22 厘米。在界碑中国一侧正中，竖刻有“土字牌”3 个楷书大字，左侧刻有“光绪十二年四月立”8 个小字；界碑俄方一侧刻有俄文字母“T”。“土字牌”最早立于咸丰十一年（1861），当时，由中方勘界代表成琦与俄方代表一起，在中俄东段边界立了八块界碑，中方一侧是汉字的“某字牌”，俄方一侧是俄文字母，分别是耶—E、亦—Й、喀—K、拉—Л、那—H、倭—O、帕—П、土—T。因当时选用的是木质界牌，到光绪十二年（1886）重新勘界时，基本都已损毁，“土字牌”更是行迹无存。界牌不明，沙俄遂乘势越界占地，不断蚕食中方领土。为巩固边防，清廷派吴大澂到吉林与俄国人勘定边界。

吴大澂到吉林履职，先后有两次。第一次是光绪六年（1880）到光绪九年（1883），吴大澂出任吉林三边地区（三姓、宁古塔、珲春三副都统辖区）的防务帮办、督办。时因伊犁问题的交涉，引起中俄关系的紧张，为加强中俄东段边界的防务，在直隶总督兼北洋大臣李鸿章的推荐下，光绪六年正月，河南河北道吴大澂受三品卿衔，被派往吉林，随同吉林将军铭安帮办吉林三边的边务。在吉林，吴大澂常驻宁古塔，主要负责督办三姓、宁古塔、珲春等处的边军训练、移民垦边及对俄防务。光绪九年（1883）九月，因中法关系紧张，吴大澂被调回天津，帮助李鸿章协防北洋。第二次是光绪十二年（1886）初，吴大澂再次奉旨出关，赴吉林珲春勘查中俄边界，与沙俄代表谈判，有力地维护了国家主权，“土字牌”就立于此时。

光绪十二年四月二十二日，中方代表左副都御史吴大澂、珲春副都统依克唐阿与沙俄特使巴拉诺夫就重立“土字牌”之事进行会谈，在《皇华纪程》中留下了详细的记载：“及论图们江口补立‘土’字界牌，巴使执旧图原立界牌之地，离海口四十四里。余谓应照条约记文，由海口量准中国里二十里，即在江边补立‘土字牌’，方可与条约相符。巴谓海口二十里，海水灌入之地，当谓之海河，除去海河二十里，才算图们江口，彼国所谓二十里，如此核计。余谓海口即江口，有何分别？若论海水所灌，潮来时海水进口，不止二十里，潮退时江水出口，亦不止二十里。所谓江口者，总在海滩尽处，仍须照约由海口量准二十里方为妥恰。”根据《中俄北京条约》，中俄两国交界在图们江口内二十里。借口对江口（入海口）的不同理解，俄方代表要深入图们江口四十里，选地立界碑，吴大澂据理力争，最终说服巴拉诺夫，将立碑之处“向沙草峰挪前十八里，立于山南沿江高坡下，不致为江水冲塌，约计离海口不过二十四五里，再前，则沙土浮松，恐无立牌之地耳”。此次勘界不但将立碑之地向前推，收回了被俄国侵占的黑顶子地方，还为中国船只保留了从图们江口出海的权利，在最大限度上维护了国家的利益。五月十九日，吴大澂到达沙草峰南十余里山麓尽处，二十日与珲春副都统依克唐阿、俄国勘界大臣巴拉诺夫监立“土字牌”。据《皇华纪程》记载：“先于立牌之地掘一土坑，二尺深，四面皆用碎石填筑，中起石台，用土坚硪，仅留一长方孔，约三尺余深。”“自‘土’字界牌至海口，尚有三十里也。”

立“土字牌”的同时，吴大澂在长岭子中俄交界地方（今珲春市板石镇太阳村驻地东南长岭子山口中俄边界第八记号处），添立高415厘米、宽103厘米的铜柱一根，在柱上篆书序文曰：“光绪十二年四月，都察院左副都御史吴大澂、珲春副都统依克唐阿奉命会勘中俄边界，既竣事，立此铜柱。”篆书铭文曰：“疆域有表国有维，此柱可立不可移。”该年二月十五日，吴大澂北上珲春路经吉林省城，将书写好的铭文交给吉林机器局的宋春鳌，请其代为铸造铜柱。可惜的是，光绪二十六年（1900）沙俄军队大肆侵入东北时，将铜柱碎为两截，运回俄国，放置于今哈巴罗夫斯克博物馆。

“土字牌”之外，这次吴大澂勘界留下来“那字牌”与第21号界碑，也都入选《名录》，编号分别为第1546号与第1547号。1993年中俄联合更换旧界牌时，光绪年间的“那字牌”交由黑龙江省革命博物馆（今属东北烈士纪念馆）收藏。第21号界碑原立于黑龙江省穆棱市福禄乡金刚台，1995年中俄更换界碑时，原碑被穆棱市文物管理所收藏，后上调至黑龙江省革命博物馆。21号界碑碑体为灰色玄武岩，高81.5厘米，宽31.5厘米，厚11.2厘米，碑上另阴刻篆书“第廿一，勘界大臣吴、依监立，21”字样。21号界碑是由吴大澂与依克唐阿监立的界碑之中的第21块封堆记号，见证了光绪十二年中俄东段边界划定前后的风风雨雨。

郑工合龙处碑

郑工合龙处碑是光绪十四年末（1889年初）由吴大澂所书的篆隶合体碑，原立于郑州下汛十堡东（今郑州市惠济区花园口镇石桥村西），1995年2月入藏位于河南郑州的黄河博物馆。此碑通高286厘米，碑身高186厘米，宽76厘米，厚14.5厘米。碑首为高浮雕二龙戏珠图案，碑额阴刻楷书“皇清”二字，碑肩为浅刻云水纹饰。碑身正面阴刻“郑工合龙处”5个隶书大字，碑阴为篆书碑记，共8行128字，文曰：

郑工堵筑决口，经始于光绪十三年十二月二十日，讫光绪十四年十二月十九日竣工。钦差督办礼部尚书高阳李鸿藻、前署河东河道总督义州李鹤年、前河东河道总督觉罗成孚、河南巡抚望江倪文蔚、今河东河道总督吴县吴大澂勒石纪之，而系一铭，铭曰：兵夫力作劳苦久，费帑千万堵兹口。国家之福，河神之佑，臣何力之有。

此碑是黄河郑工合龙后的纪念碑，也是吴大澂治河的重要见证。

光绪十三年（1887），黄河在郑州下汛十堡决口，滔滔河水一路向南，沿黄河故道夺贾鲁河入淮，直注洪泽湖，而使从铜瓦厢口门开始的黄河北溜几乎干涸。此次黄河决口，使豫东南15个州县的约180万人成为灾民。为尽快堵住决口，彻底整治水患，朝廷将治河不力的河东河道总督觉罗成孚就地免职，改派曾任河南巡抚、熟悉情况的李鹤年署理河道总督，并任命礼部尚书李鸿藻为钦差督办大臣，一同治理黄河，封堵决口。二李的到来，并未能让河工局面有所改观，黄河决口依然无法堵塞，光绪帝在盛怒之下，又免去李鹤年河道总督的职务。此时，直隶总督李鸿章向朝廷举荐了办事干练的吴大澂。

吴大澂当时在广东巡抚任上，光绪十四年（1888）七月初十日，朝廷调他署理河东河道总督，让其“毋庸来京请训……接奉电旨后即行交卸起程，勿稍延缓”。七月十九日，吴大澂从广州出发，经香港乘船北上，二十三日到达上海，在回苏州短暂省亲后，昼夜兼程，于八月初五到达河东河道总督的驻地开封。吴大澂上任之后，谋划得当，筹备周详，凡事亲力亲为，在很短时间内，就扭转了治河工地的散漫风气。他将办公场所直接搬到筑坝工地，与民夫、士兵同吃同住。他下严令，坚决制止偷工减料与贪污克扣等行为。吴大澂善于接受新生事物，他改变过去“河工抛石为坝，用石多而易于冲塌”的传统做法，派陆襄钺在黑冈筑坝六道，这些石头堤坝“皆用灰浆砌筑，外包西洋赛门德士（水泥——引者注），敛散为整，其坚如铁，水浸不坏，年久无塌裂之患”。这是中国首次采用水泥修筑黄河堤坝。吴大澂还从省城开封引电报到郑州治河工地，便于两地讯息传输。在近代治黄史上，吴大澂开了引进现代新材料与新技术的先河。在吴大澂的组织督促与河工民夫的努力劳作下，不但黄河大坝在十二月十九日顺利合龙，还为朝廷节省了一大笔治河经费。朝廷得知“郑州大工合龙，发大藏香十枝，交河东河道总督吴大澂祗领，虔诣河神庙祀谢”。

黄河决口合龙后，吴大澂亲自撰文，立“郑工合龙处”石碑以示纪念。在碑文中，吴大澂不掠美、不居功，将治河功绩与历任河督成孚、李鹤年，钦差大臣李鸿藻，河南巡抚倪文蔚等人共享，认为事当创始，规划尤难，自己治河成功，离不开前任打下的良好基础。他上书朝廷，请求将成孚、李鹤年、李鸿藻等人因治河不力所得的处分予以赦免。因治河之功，他得到朝廷的嘉奖，不但实授为河东河道总督，还赏头品顶戴，并加兵部尚书衔。更因他为开脱李鸿藻、成孚、李鹤年等人的处分而上疏朝廷，为治河同僚积极申辩之事，赢得朝野的一致好评。

作郑工合龙处碑的同时，吴大澂还在郑州石坝勒石作铭曰：“光绪十有四年冬，郑州堵口将合龙。筑石为坝当溜冲，涂既坚实如崇墉。戒毋毁弃损厥功，大澂作铭传无穷，陆守襄钺监此工。”同时又在下北厅泐石曰：“坝之成也，积累而日新；坝之毁也，毁于溜亦毁于人。溜之毁，犹可当也；人之毁，不可防也。戒之哉！戒之哉！莫为之后，虽美而弗久。”在荥泽汛八堡新筑石坝题曰：“老滩土坚，遇溜而日塌。塌之不已，堤亦渐圮。今我筑坝，保此老滩。滩不去则堤不单，守堤不如守滩。”另外，为纪念郑工合龙，吴大澂还取“郑龛”为别号，并刻一长方印章。因“龛”字拆开正好是“合”与“龙”，在“郑”字与“龛”字之间用双画线间隔，双画线中间又以一细笔联之，形如“工”字，整个印章合起来，从上到下，正好是“郑工合龙”四个字。吴大澂本人精于经学小学，取号“郑龛”，也有尊崇东汉郑众（前郑）与郑玄（后郑）之意。顾廷龙先生对此评价说：“其遇甚巧，亦佳话也。”可惜除郑工合龙处石碑之外，其他与郑工治河相关的吴大澂石刻，仅有拓片存世，实物至今还未发现。

在晚清众多历史人物之中，吴大澂以勇于任事、实心干事知名，更以精擅金石碑帖为人熟知。碑刻有述德、铭功、纪事、纂言等作用，本文所述三通石刻，第一通主要记筑路之事，借以歌颂魏光焘等人的善举；第二通是中俄界碑，代表国家，庄严神圣，属职务作品；第三通也是职务作品，兼有纪事与表功之意。

吴大澂生于苏州，宦迹遍布西北、东北、中原、华南等处，他曾自刻闲章一方："曾览泰、华、崆峒、祁连、长白、罗浮、蓬莱、员乔、方壶之胜。"除入选《名录》的三通碑刻之外，在今日的杭州飞来峰、泰山、华山、湖南永州浯溪等地，还留有吴大澂的题刻多处。这些题刻，虽不是吴大澂的职务作品，但也有纪事与纂言的功用，保存到今天，在一定程度上反映了清代士人的心态。

（原载于《寻根》2024 年第 1 期）

附录

清史稿·吴大澂传

赵尔巽等

吴大澂，字清卿，江苏吴县人。同治元年秋，彗星见西北，诏求直言。大澂方为诸生，入都应京兆试。上书言："致治之本，在兴俭举廉，不言理财而财自裕。若专务掊克，罔恤民艰，其国必敝。"后六年成进士，授编修。穆宗大婚典礼隆缛，疏请裁减繁费，直声震朝右。出为陕甘学政，奏以仓颉列祀典，允之。又荐诸生贺瑞麟、杨树椿笃志正学，给瑞麟国子监学正衔，树椿翰林院待诏衔，士风为之一变。时诏修颐和园，大澂复言时事艰难，请停止工作。疏入，留中。

光绪三年，山、陕大饥，奉命襄办赈务。躬履灾区查勘，全活甚众。左宗棠、曾国荃、李鸿章等交章论荐。四年，授河北道。时比岁荐饥，贫民减价鬻田，十不得一。巡抚涂宗瀛饬荒岁贱价之田准取赎，然往往为势家所持，以故失业者众。惟大溦能判决如巡抚恉。

六年，诏给三品卿衔，随吉林将军铭安办理西北边防。大溦周历要隘，始知珲春黑顶子地久为俄人侵占。因请颁旧界图，将定期与俄官抗议，未得旨。时有韩效忠者，登州人，佣于复州侯氏。负博进，遁往吉林夹皮沟。地产金，在宁古塔、三姓东，万山环绕，广袤七八百里。流冗啸聚其中，亡虑四五万，咸受效忠约束。效忠严而不扰，众服其公允，屡抗大军不出。大溦单骑抵其巢，留宿三日，劝效忠出，效忠犹豫，意难之。大溦曰："我不疑若，若乃疑我耶？"对曰："非敢疑公。某负罪久，万一主兵者执前事为罪。某死不恨，辜公意奈何？"大溦挺以自任，遂与效忠出，奏给五品顶戴，子七品，孙登举有平寇功，授参将。七年，授太仆寺卿。法越事起，会办北洋军务，驻防乐亭、昌黎。

十年，迁左副都御史。俄，命使朝鲜，定其内乱，盐运使续昌副之。至则日本使臣井上馨避不肯见，而挟朝鲜左议政金宏集于议政院，索偿兵费三十万。大溦谓续昌曰："是蔑我也！"立率兵至议政院，排闼入，责数宏集："柄国败坏国事。今定约稍不慎，便滋异日纷，非所以靖国也。"宏集唯唯，井上馨亦气慑，减索兵费十一万而去。

十一年，诏赴吉林，会同副都统伊克唐阿与俄使勘侵界，即所侵珲春黑顶子地也。遂援咸丰十一年旧界图立碑五座，建铜柱，自篆铭曰："疆域有表国有维，此柱可立不可移。"于是侵界复归中国，而船之出入图们江者亦卒以通航无阻。十二年，擢广东巡抚。葡萄牙侵界至澳门香山。总署与立约通商，画澳门归葡辖。大溦持不可，条上驳议，不报。

十四年，郑州河再决，上震怒，褫河督李鹤年职，以大溦代之。

是年冬，河工合龙，大澂力居多。大澂盛负时誉，会海军议起，以醇亲王奕譞为总理。大澂素与王善，治河功成，实授河道总督，加头品顶戴。大澂遂疏请尊崇醇亲王称号礼节。疏入，孝钦显皇后震怒，出醇亲王元年所上预杜妄论疏颁示天下。大澂几得严谴，以母丧归，乃已。

十八年，授湖南巡抚。朝鲜东学党之乱也，日本与中国开衅，朝议皆主战。大澂因自请率湘军赴前敌，优诏允之。二十一年，出关会诸军规复海城，而日本由间道取牛庄。魏光焘往御，战不利。李光久驰救之，亦败，仅以数骑免。大澂愤湘军尽覆，拔剑欲自裁，王同愈在侧，格阻之，同愈以编修参大澂军事也。光焘请申军法，大澂叹曰："余实不能军，当自请严议。"退入关，奉革职留任之旨。乃还湖南，寻命开缺。二十四年，复降旨革职永不叙用。二十八年，卒，年六十八。

大澂善篆籀，罢官后，贫甚，售书画、古铜器自给。著有《古籀补》、《古玉图考》、《权衡度量考》、《恒轩古金录》、《窸斋诗文集》。

论曰：河患日棘，而河臣但岁庆安澜，即为奇绩，久未闻统全局而防永患，求治难矣。鹤年以善治河称，文彬论治河改运口，复淮流，亦颇有识。道镕剔河工积弊，务节减，振祎督工严，尽革中饱，尤以勤廉者，皆足收一时之效，然徒治标，非治本计也。大澂治河有名，而好言兵，才气自喜，卒以虚骄败，惜哉！

《吴愙斋先生年谱》序

顾颉刚

从叔起潜先生撰《愙斋先生年谱》成，俾颉刚读之。既竟，作而叹曰：有是哉，毁誉之不足以定是非也！自甲午一役之后，谁不以鲁莽咎先生者，咎之不已，更诮之曰浮夸，讹言朋兴，前后相继，耳食者遂信为实然。虽以颉刚之敬仰先生学术文章如此其深，亦未能免于恒情也。及读此编，乃识先生一生，未尝以一己之荣华而忽生民之涂炭，又未尝以外人之逼迫而隳国家之尊严，其谋国之忠，任事之勇，实迥非常人所可及。按战端启时，先生方任湖南巡抚，年六十矣，体又少衰，使易之以常人，则所镇者腹地，距兵戈之区绝远，但当沉默处之，严自保焉，不必蒙畏事之讥而即已有养望之术。先生乃慷慨请缨，不居安而履危，此心此志，岂全躯保妻子之徒所得而识哉！况两国之师初触，我军遂弃平壤，溃鸭绿，九连、凤凰诸城，节节失陷，是时先生犹未出关也。苟稍为身家计者，可以无出，即出亦不难观望于后方。乃先生有进无退，且不以上厄于刘坤一，旁阻于宋庆之俦而自馁，贸然交绥，以丧其军，何耶？通年国运颠沛，视清季益甚，敌人每一肆虐，热血少年即起而作“宁为玉碎，弗为瓦全”之狂呼，盖刺戟过甚，虽明知国力不充，不足以言战，而理智不胜感情之激荡，亦愿效死焉。持重者流固不敢成其事，终未尝不悲其志。苟其不悲，则必为无心肝之人矣。甲午以前，吾国从未与外邦正式交战，国力之惫弱犹未显现，况当太平天国既亡之后，清廷自居于中兴，设局制械，造舰练军，亦已历有年所，朝中以此自信心而宣战，先生即以此自信心而赴战，固不得谓之求一时之快意，作孤注之掷也。至于屡战屡败，割地赔款以请和，此中必有若干致弱之积因在，为当时朝野所不见而待后世史家之抉发者。夫大厦之倾也非一木所能支，先生虽为一劲柱，独奈何此大厦之倾有必至之势乎！若举此倾覆之责任尽归之于一木，是直盲瞽之所为，将谓论世以知人者亦忍言之耶！国人习于黄老之术，不好动而主静，不敢先而喜后，每任一职，恒自标曰“不求有功，但求无过”，故穷则苟免于冻馁而已，达则苟全其禄位而已，笃旧循常，奄忽待尽。求一奋发任事，欲由己力创造一世界，且支配其运命者，乃旷世而希观。以如此衰疲颓唐之性而处于争搏图存之世，又安得不为他人之鱼肉！先生事业固失败，然天下惟能失败者始能成功，彼鼓其唇舌以弹人为快意者，其于失败成功皆无与也。若夫学术文章，则先生已成功矣。古文古器之研究本小学目录之旁支，而四十年来蔚成大国，倘非先生开创于前，纵有西洋考古学之输入，其基础之奠定能若是速乎？今日言古文古器之学者多矣，孰不受灌溉于先生之书，又谁能逾越先生之建树者？使之生当今日，古物日出而不穷，则成功又将若何？夫以先生取材之广，求证之密，察理之神，为自有金石学以来之第一人，此岂浮夸鲁莽者所能为哉！是则先生之长才毅力，洵大异乎常人，而不幸挫折于时势，不获以功业见也。起潜先生作此谱，俯而孳孳者垂六年，藏家书肆，片纸只字，靡不搜焉，精神专注，实与先生之研究古文古器同，知其他日所贡献于艺林者必不止是。窸斋先生未竟之业，意者将成之于吾叔乎？

中华民国二十四年二月十九日

顾颉刚谨序于杭州

致吴大澂信札

张之洞

清卿仁兄麾下：

久别极为怀想，恨鲜暇作书耳。海上多警，投袂西来，壮哉君子，令人百拜。顷承惠《枪法准绳》，当与南塘拳（经）剑两经并传千古，已饬复刻，传示诸营将士，惟晋军不振，恐不能领会耳。

海防极为杞人之忧，津沽尤急，阁下到防后，当与合肥公深谈熟计，胜算在心。目前津防如何部署，孰沽孰塘，旌节自当何路，以及新城、紫竹、三岔、河北、旅顺、营口、烟台、乐亭都是何军分任，敢祈详示。此事有何善策，并望见教，以释愚虑，幸甚盼甚。谊卿何日北来，瀛眷今寓何所，幕中近有何异才，均望示复。弟在晋两年，毫无佳境，无一不欲办之事，而实无一擅长之才，以故劳精破神，累月穷年，而无大功效。天下至暗至钝者盖莫下走若矣，欲作一循吏且不能，况如公之所为经文纬武者乎。近来眠食殊不佳，兴趣日减，时当岁暮，百事纷纭，腊雪未沾，尤深盼望，手书数行，敬候起居，借摅积悰，祇贺简擢，新春大喜，不尽。

弟之洞顿首

（光绪九年）十二月十三日

再启者：闻麾下现住新城，又闻将移防乐亭，窃谓执事宜屯驻天津左右不远为佳，可时与合肥公参酌筹策，为益较大，乐亭究非所急。至津防诸军，以何军为精，何将为贤，并希赐示为要，切祷切祷。

《皇华纪程》跋

张厚琬

右先外王父中丞吴公《皇华纪程》一卷，公奉使勘界时纪行之作也。吉林在昔，带海为疆，自咸丰间，中俄订约，东尽乌苏里江，东南迄于图们，图们入海之处本属中国，只以当时界限未清，俄人遂乘机占据，并入海之路而杜绝之，可为浩叹。光绪十二年，珲春勘界，其议实发于公，具有深意，此书于当日辩论情形言之甚悉，俄员虽设词推诿，尚留异日交涉余地，则斡旋补救不能无望于后人矣。东陲文献阙如，公此行所至，赋诗题名，他日皆可为此邦掌故。爰付印行，以广流传，并备言边事者之一助。外孙张厚琬谨跋。

前湖南巡抚吴君墓志铭

俞　樾

君讳大澂，字清卿，号恒轩，吴氏。明成化间有讳敏学者，自歙县来官苏州府教授，遂家焉，其后乃世为吴县人。曾祖传烈，祖经堃，父立纲，皆以君官赠光禄大夫，妣皆一品夫人。君幼慧，年十三能文，十七入县学，即慨然有经世之志。尝入都应顺天试，条陈时政，呈请都察院代奏，其志固已远矣。

同治三年，举于乡。七年，成进士，改庶吉士散馆，授编修。时海内犹无事，翰苑诸人，皆以文采风流相尚。君在乡时，遇水旱偏灾，辄与里中诸父老筹备振恤。既官京师，辛未、壬申之间，直隶水旱频仍，君募资助振又请假往勘灾区。永定河决，以先所集倡办慈幼堂经费移拨二千金，驰往颁赋，同官咸以为难。同治十二年，简放陕甘学政，时朝廷方议修理圆明园，君疏请停止。先时，穆宗毅皇帝大婚，典礼繁缛，君亦疏请裁减。以一词臣，言人所不敢言，风采震动朝右。

光绪三年，山西大无，诏下翰林院，传知君前往襄助振务，往返年余，全活无算。已而左文襄、曾忠襄交章荐君之才，先有旨发往山西，未几，补授河南河北道。豫省荐饥，贫民无食，辄贱售其田，及年丰，往赎不得，以此成讼者累累。州县不胜其扰，置不理。君亲鞫之，当堂缴价，领回原田者无虑数十起。豫省又苦于徭役，所属武涉县尤甚。县吏按亩科派，一亩钱三百，供车马之费。君裁定其费亩五十文，设局，由绅士经理。岁入有余而民不困。在任止一年，民间歌颂焉。

光绪六年，诏赏给三品卿衔，赴吉林随同将军铭安训练营兵，招募屯垦。君既至，请于省城设立机器制造局，于三姓、珲春各处兴筑炮台。有韩效忠者，金匪也。金匪者，盗开金矿，徒党繁多，而韩为之魁，有司名捕之不能得。君单骑入山，至其巢穴，韩见君不带一兵，出谒道左。君谕以朝廷德意，有抚而用之之语，宜及时投效，勿自误。是夕，遂止宿其家，韩乃从君归，君奏请赏给五品顶戴。韩就抚后，颇得其力，金匪以清。法越事起，请抽马步兵三营及新练炮队、水雷勇赴津，听候调遣，报可。旋命会办北洋事宜，驻乐亭、昌黎，以固京东门户。时君已由太仆寺卿迁太常寺卿。光绪十年，升都察院左副都御史。是年冬，朝鲜内乱，日本因而构衅，命君往平之。明年，又命赴吉林，会同珲春都统依克唐阿，与俄使勘界，乃与俄使巴拉诺伏往返商榷，爰立“土”字界碑于沙草峰南十八里，离海口二十四五里。又以“土字碑”与“怕字碑”相距太远，于蒙古往来之道补立“啦字碑”，于阿济密往来之道补立“萨字碑”。又移三岔口小孤山“倭字碑”于瑚布图河口，由“倭字碑”

北至“那字碑”，由“那字碑”北至东大川，准南北直线，划定小沟，以清疆界。而俄旧所占黑顶子地，乃复归于我。君又欲以图们江出口之地，作中俄公共海口。事虽未行，而中国船出入图们江者，不必复向俄官领照矣。是役也，君颇自喜，立铜柱于中俄交界之地，自以大篆勒铭其上，曰：“疆域有表国有维，此柱可立不可移。”壮哉！亦青史一美谈矣。

事毕还朝，拜广东巡抚，适葡萄牙人侵占香山民地，朝议方欲与葡人立约通商。君以画界未清，力持不可。亲往履勘，有原定之界，有侵占之界，有将占未占之界。请饬总理大臣与葡使逐条研论，暂缓议约，从之。

十四年，惠州大水，亲往振抚，盖君自诸生至翰林皆从事于此，至是而赈务益周密矣。会河决郑州，命君署理河东河道总督，至则躬驻工次，钩稽稭料，巡阅坝埽，悬构重赏，日夜督催，兵役感奋，人人用命。甫四阅月，大功告成，支用省约，余原估银六十余万。朝廷嘉焉，实授河督，赐头品顶戴。

十六年，母韩太夫人卒于家，回籍守制。服阕，授湖南巡抚。君设课吏馆，以课属员。设求贤馆，以招致高才生。设蚕桑局，以兴民利。设保节堂、百善堂，以惠养穷黎。百废俱兴，楚人大悦。

二十年，日人内犯，君疏请统率湘军北上，优诏俞焉。盖君虽文臣，而晓畅戎机，娴习武事。每值操练，击枪打靶，率以身先之。至是愤外侮之侵陵，感中国之积弱，抚膺太息，毅然请缨，诚古人臣急病攘夷之义也。既至，命驻山海关帮办军务。明年春，督师出关，日人从间道来犯，兵败，君退入关，自请严谴，有诏革职回任，旋奉开缺来京之命，未几，又奉即行回籍之命，君自是不复出矣。

君少时曾从陈硕父先生学篆书，中年以后又参以古籀文，书法益进，兼长丹青，喜收藏古金石，得宋微子鼎，有“为周客”之文，“客”字作“愙”，因自号“愙斋”，海内称“愙斋先生”。得其字画，珍若拱璧。盖君虽以勋业著，而翰墨之长固不为所掩也。

君自归里，即得风疾，久而不疗。光绪二十八年正月戊子，卒于里第，年六十有八。最君一生，孝于亲，友于兄弟，忠于君国。遵先赠君遗意，创立义庄，与兄澹人君、弟运斋君，白首无闲言。敭历中外，皆有表见，所保荐如李君文田、裴君荫森、陈君彝、陶君模、吴君承璐、陆君襄钺，皆为时名臣。以人事君，君无愧矣。所著有《愙斋诗文集》若干卷，《古籀补》六卷，《古玉图考》一卷，《权衡度量考》一卷，《恒轩古金录》二卷，其余考定钟鼎文及手书大篆《论语》、《孝经》，皆为学者所珍云。

妻陆氏，封夫人，先君卒。子本孝，亦早卒。嗣澹人君之孙以为孙，曰翼燕。女六人，长者未嫁，殇。嘉定廖世荫、同郡潘睦先、南皮张仁颋、项城袁克定、吴江费树蔚，皆其婿也。

君卒之明年十月乙卯，翼燕奉君之丧，葬吴县支硎山之原，以状乞铭。余从前主讲苏州紫阳书院，君来肄业，至今垂四十年。余虽老犹在，而君古人矣！感念今昔，不辞而为之铭，铭曰：

君起词苑，功在边陲。练兵吉林，辟其污莱。单骑入穴，戎首来归。画界于俄，铜柱巍巍。抚粤抚楚，并著德威。嵎夷入寇，抗表督师。功虽未竟，海内壮之。归卧一室，罗列鼎彝。人得片楮，珍若冰斯。内行尤笃，兄弟怡怡。仁民爱物，措之咸宜。卓哉斯人，当代所希。支硎之原，宰树参差。千载而下，诵此刻辞。

《吴窸斋尺牍》跋

谢国桢

旧都为文物荟萃之薮，民国以还，故家典籍往往散出。北平图书馆既获有陈簠斋所藏金石文字墨本，琉璃厂帖友旋有持吴窸斋致陈簠斋尺牍来者，约近百通，自同治十二年癸酉冬十二月迄于光绪九年癸未十二月。盖光绪十年簠斋即归道山矣。未几续得窸斋所撰《金文考》、《读古陶文记》、《石门访碑记》、《汉印鉢考证》等编。细窥诸文，均由尺牍中别出者，因那比其年月、整理其次序，汇为一帙，其篇幅较长成为馔（撰）述者，若《金石考》、《读古陶文记》之属，则附于尺牍之后。

窸斋先生所书尺牍，篆、籀、行、楷，各体俱备，纯朴郁茂，均臻极境。在昔，窸斋之书，零圭片羽已视为奇珍，况此长篇巨帙，宁不尤加爱惜？窸斋致簠斋书云："鄙性遇事专一，案牍未清或有要函未复，或勾稽册籍有须详阅者，即不分心旁骛。每日黎明即起，亦有时秉烛待旦，自辰至酉不少息。凡奏稿及咨札要文，各营、各局往来函牍，皆出一手，亦非幕友所能代。其寻常通候信稿，则有代司笔札之人。除接见僚属外，终日皆伏案之时。”足征愙斋用力之勤，治事之专。而愙斋书法，当时潘文勤公伯寅亦极称赏之，曰：“恒田老弟古文大篆精妙无比，俯首下拜，必传必传，兄不能也。”又曰：“老弟以后写信，还宜稍从潦草，我半年付裱，所费已不赀矣。”愙斋致王廉生书已有影印本，致潘文勤书不悉流传何所，是愙斋书法之精，早见重于艺林矣。

有清考据家率以声音训诂疏通经义，自程易畴乃以古代器物辨析名物制度，然途径虽启，运用未弘。洎乎清季，往往于郡国山川丘陇间得盘盂鼎彝之文，古陶吉金之器。愙斋湛深小学，博识名物，由古籀陶文以订补《说文》之未备，因古器之流传考订律度量衡之制度，可实验于今日。借昔人之成法，乃愈用而愈纯。时簠斋半生潜居林下田间，而愙斋则鞅掌王事，视学陕右。先秦故郡，齐鲁名都，每有所获，尺素往还，相与欣赏。凡鼎彝、古陶、泥封、印鉢文字，以及朝野时事、治兵振（赈）济之方，无不析疑问难，必至于是而后已。如释“陈公釜”，愙斋原文云：“‘稷’疑即‘辰’字，‘[illegible]’为‘[illegible]’之变体，‘[illegible]’与‘[illegible]’相似，加‘示’旁者，取‘三辰垂象’之义，与‘下月丙辰’之‘[illegible]’字，从‘大’，同一会义，非‘归裖’之‘裖’也。”簠斋释云：“‘[illegible]’即‘某’，从‘示’从‘女’，兼‘禖’、‘媒’二义，‘侣’仍是‘[illegible]’，非从‘火’。”愙斋《读古陶文记》：“‘[illegible]’非‘塙’，疑即‘[illegible]’字，见《说文》‘[illegible]’，疑‘[illegible]’字。”簠斋云：“仍宜入‘土’部。”“[illegible]”，愙斋云似“赠”字，簠斋云当是“贻”，“贻”从

“二”。bb，见古陶。至簠斋答愙斋书，已有印本，往复讨论尤繁，尤见二君于学术之见解，其不苟同如此。

愙斋所撰《说文古籀补》《字说》，已自写定刊行，至于古陶文字，则撰有《古陶文字释》四卷，闻吴氏退楼曾为校刻，但未见传本，此《读古陶文记》一卷，可以补其馔（撰）述之缺。至其游踪所至，荒山古寺凡有遗址可寻者，无不斩除榛莽，悉心披剔。其按视秦陇，道出汉中，则撰《石门访碑记》，以证前人考订文字之失。南游北固登焦山，则辨无专鼎之伪。愙斋云：“焦山无专鼎，文字既弱，又多缺笔、误笔。虽古文随意增损，多不一例，而此鼎变化无理，必系仿铸而失其真。”此则非好学深思、心知其意者不能为也。

愙斋少治程朱之学，日有督课，其立身涉世即导源于此，及壮年筮仕，恒以扶翼世教、澄清吏治为己任。故致簠斋书，于豫北振（赈）济之役，目睹疮痍，以救饥拯溺为怀。而于光绪间政治、外交，亦能洞悉症结，不作迂腐之谈。徒以甲午之役，猝遭世诟，然其忧国忘身，勇往直前，以视保身家而谋妻子、置国是于不问者，实有霄壤之别。今愙斋先生谋国之方、论世之语，具见致簠斋书中。是其一生亮节苦衷，庶可略白于世。吾人读愙斋之书者，未可全以金石学家概之也。

中华民国廿六年三月十五日

毗陵后学谢国桢谨识于国立北平图书馆

继高祖遗志，树家国情怀

——记我的高祖吴大澂

吴元京

我的高祖愙斋公（吴大澂）于道光十五年（1835）五月十一出生在苏州双林巷老宅，初名大淳，后因避清穆宗讳而改名大澂，字止敬、清卿，号恒轩，得愙鼎后改号为愙斋，又别号白云山樵、白云病叟。

高祖一生，自同治七年（1868）中进士开始，十年（1871）授翰林院编修，之后任陕甘学政、河南河北道员、太仆寺卿、通政史、左副都御史、广东巡抚、河东河道总督、湖南巡抚等职。晚年迁居苏州南仓桥（今凤凰街）新宅。光绪二十八年（1902）逝世。享年六十八岁。

高祖对我们后世的贡献可分为三个方面。其一为官之道，可称为国为民鞠躬尽瘁。具体有：其任广东巡抚任时署理河东河道总督，有效治理了黄河泛滥；以三品卿衔赴东北筹边时，迁民屯垦，编练防军，保卫了边界不被蚕食；最重要的是光绪十二年（1886），作为钦差他重勘中俄东部边界，据理力争，将沙俄偷立于现洋馆坪大堤处的“土”字界牌，移至现址，收回黑顶子地方，并争得图们江口出海权，还在边界立一铜柱，手书篆字铭文云“疆域有表国有维，此柱可立不可移”！此亦高祖生平最可心之事。顾颉刚有评论称：“其谋国之忠，任事之勇，实迥非常人所可及。”

在今天的吉林省珲春市，高祖当年的事迹已经传遍了大街小巷。政府也已经将高祖定为“民族英雄”，并同时建立了“爱国主义教育基地”。高祖行善、大义之品质也将深深影响后来人。

二是为中国文化的传承作出了杰出的贡献。高祖一生，酷爱中国传统文化，且喜收藏。他出版过很多著作，都与他的收藏有关。高祖收藏古玉，著有《古玉图考》；高祖收藏青铜器，著有《窓斋集古录》；高祖收藏古印章，著有《十六金符斋印存》；还有《窓斋诗文集》、《窓斋砖瓦录》、《恒轩吉金录》、《权衡度量考》等书籍及《石门访碑记》、《吉林勘界记》等文章。高祖光绪二年（1876）在西安以百金购得“窓鼎”，之后的二十五年里，“窓”这个字一直跟随着他。“窓斋”这个别号也在他的书札、印章、著作中留下了永恒的痕迹。高祖的书法以篆书最为著名。他将小篆与古籀结合，功力深厚，平时的书翰也常以工整精绝的篆字为之，工稳严谨，为世所重。他以篆书书写过《论语》、《孝经》，连与友人书函也有用篆书书写的。由于他对金石文字的精深研究，也开拓了国人对先秦文字研究的深度和广度。他自书出版了被称为近代文字学开山之作的《说文古籀补》。张冷僧推举他为近世第一人，谓其“无荒伧之习气，有凝重之风韵”。

高祖亦善书画，二十一岁《临黄公望九峰三泖图》已有大痴韵味，亦有以日记入画者《衡岳记游十图》意趣盎然。高祖也喜写诗与散文，书写多以行书为之，其形颇有黄庭坚风貌。

三是对家族后人的影响。祖父吴湖帆继传了许多高祖的文化基因，成为闻名于全国的海派著名画家，在完整继承高祖家学的基础上，又不断光大创新，在收藏、书画、金石鉴赏方面都有极深的造诣。特别是他的山水画色墨交融，清逸灵秀，独成一派。祖父又花费大量精力整理高祖遗稿，编辑祖孙二人藏金石书画目录。今存《愙斋藏三代秦汉吉金目》、《愙斋藏书画目》、《四欧堂藏碑帖目》、《四欧堂藏金石文字目》四种。我本人也备受高祖和祖父影响，幼承家学，以临习古碑帖入门，于真、草、隶、行用笔技法小有心得，承蒙学界不弃，现为上海书画名家后裔会会长、上海海派书画院院长、吴大澂纪念馆名誉馆长；更有幸于2019年受邀与张福有先生重走“皇华纪程”之路，追寻高祖足迹，缅怀其功勋伟业，体会到高祖“七年蓄艾知何补，两度皇华岂易逢”的意境和志向。

很欣慰吉林省高度重视高祖的历史功绩，开展了一系列有意义的活动，在珲春高祖塑像前新立“吴大澂收复国土纪念”石刻，在原光绪十二年（1886）所立铜柱台基遗址旁，严格按原铜柱等比例重新竖立铜柱。吉林人民出版社为弘扬高祖的爱国热忱和人文精神，专题策划出版了这套“吴大澂书系”，非常全面系统地整理、创写了高祖为官、为人、为文等方面的成就，对于推动中华优秀传统文化在吉林的传承和发展，爱国主义精神在吉林的弘扬和光大都有历史和现实意义。我很有幸，被邀请作为该书系的顾问，并把家藏的高祖遗存奉献出来，尽一点绵薄之力。希望图书出版后，能让更多的人重识与了解到我这位了不起的先祖——吴大澂。

愙斋公文稿

吴湖帆　整理

集古图双卷

第一卷

鲁伯愈父匜　鲁伯愈父簠　雝卣盖　宗妇方壶　子申祖乙爵　唐子祖乙爵　父癸爵　考作父辛卣　龙节　子抱孙父丁敦　乡卣　乙亥敦　乙亥方鼎　趩尊　伯庶父匜　郘钟　鬲父口爵　举父辛爵　象形钟　萦敦　作宝尊　邓伯簋盖　卫公叔敦　勺耳形卣　陆父甲角　斿尊　弓矢觚　斿觚　亚牺眂鉴　万罍　赓鼎　聿贝父辛壶盖　亚形觚　邵鼎　邦敦　兕已觚　祖丁爵　木父辛爵　父辛爵　刚爵父丁敦

愙斋集古图　壬辰夏五月归安杨岘题。引首

愙斋集古图　任阜长画，附装吉金全形拓本。签，尚书公自题。

图像绢本，任阜长画。

同治、光绪以来，士大夫收蓄古器之富，以吴县潘文勤师为最多，所刻《攀古楼款识》，特百分之一耳。文勤购集甚力，间有轶出，乃焉清卿前辈所得。清卿北使吉林，南抚广东，余与福山王太史始获收一二。余有簋而无簠，廉生有簠而无簋篮，廉生尝戏言吾二人所谓簠簋不饬也，余则引祭器不假之言谓不当全备以解嘲。壬辰清卿来京师，余得偏观其所藏，盖亦不能全备如文勤。间出樵写器形巨卷属为题语，余仍以语廉生者语清卿。清卿今重任湘抚，余愿其挥斥玩好，尽心民事，不愿其多收长物为身累也。宗室盛昱伯羲。

昔尝侍潘文勤师于京邸，出所藏古金各拓本以赐，且曰：子为吾如黄荛圃百宋一廛故事成《攀古楼赋》，可乎？余谨谢以非今之思适对，然心窃愿之，以文勤之藏实足冠絶古今，若一一部居而赋之，真一绝大巨制也。兹文勤已千古矣，六年以来，迄未成句。今读吾愙斋世伯《集古图》三巨卷，收藏之富、鉴别之精，几与文勤相等，且皆聚于吴县，诚奇遇也。当谨求全目，濡毫执卷，合文勤所藏成两金赋以夸示后来，愙丈当许吾也。光绪廿一年乙未十月元和江标谨记于湘中使院之读二通斋。

第二卷

伯箓敦　母癸鼎　象尊　鲁公鼎　上官鼎　微子鼎　季良父盉　析子孙父乙彝　太保鼎　师奎父鼎　福无疆钟　子璋钟　立戈父丁彝　女归卣　史颂敦　韩仲侈壶　芮公鬲　克钟　者沔钟　举父已方鼎二器　妇闟尊　季贞方鬲　叀匜　仲义父簋　鸡父乙鬲　祖乙方卣　曆盘　立戈形爵　員妇爵二器　已祖乙尊　师𨙸敦　辛宫鼎　山

父戊鼎　王之母黎方尊　无曩敦　叔氏鼎　师麻簠　祖丁鼎　立戈觯　事戎鼎　父癸敦　父丁爵　举辛爵　羊鼎　趞曹鼎。

愙斋《集古图》，湖帆三兄属题。庚辰五月，栩缘王同愈时年八十六歲。

图像胡琴涵摹像，陆廉夫补景。

右愙斋公五十八岁像，琴川胡琴涵先生所画，而衣服布景、钟鼎彝器、围屏山水等皆吴江陆廉夫先生画也。公另有五十八岁画像，亦胡、陆二氏作，面相如一，时在光绪十八年，正服阕入觐，授命湘抚也。见后王文敏公跋。图中凡古器三十品，商周彝器二十二、秦权一、汉器二、鼓二、唐石一、明陶一、古玉一云。丙子三月补识器名因记。

清卿前辈性好金石垂三十年，集其所得彝器，拓为长卷，而以小像冠于首卷，左右箴铭，俨若数十圣人列于前后，令人肃然起敬。今年以简授湖南巡抚谢恩，于召对时询及所写篆文《孝经》、《论语》与所著《古玉图考》，有考据甚碻之褒。此三种书初未呈进，不知何时流传中禁，得邀天鉴，真不世之遭、稽古之荣也。懿荣时官翰林，谂知其事，谨著于此。光绪十八年七月中元节前一日懿荣识。

格言字卷

孟子所谓浩然之气、至大至刚、塞乎天地之间者，人人皆有此气，惟圣贤能直养而无害，何也？无欲则刚，无私则大，私欲净尽乃可以参天地、赞化育，此之谓至大，此之谓至刚。

无正气不能干事，自古忠臣孝子皆赖此正气以扶持名教，文丞相所谓地维赖以立，天柱赖以尊，三纲实系命，道义为之根，此岂可以袭取哉！

余尝谓巧不如拙，文不如质，虚不如实，以此观人则不失人，以此律己则不失己。

张子谓以恕己之心恕人则尽仁，以责人之心责己则尽道。学者读圣贤书，便以圣贤之道责人，自己安得有长进。吕新吾先生曰恕心养到极处，看得世间人都无罪过。此二语当终身诵之。

当局为难之处，非局外人所知。或事势有牵掣而不能遽行，或事情有瞻顾而不能立断。听言或有偏听之蔽，用人或有误用之时。究之君子之过如日月之食，人皆见之，此心可共白于天下，而不能见谅于悠悠之口，则任事之难也。

以少年喜事之心办天下大事，必失之卤莽。以老成持重之见办天下大事，又失之迟钝。惟有定识定力，方可免此二弊。

当天下之大任，以忠信为本，以明决为用。

开诚心，布公道，则人皆乐为之用。集众思，广忠益，则我能用人，而不为人所用。

智、勇二字，不易言也，有真学识乃有真智勇。智则明，勇则决，明则见机于未然，决则当机而立判。

至诚可以格天地，动鬼神，天且不违，而况于人乎，况于鬼神乎！我不能取信于人，转疑人之不我信，则积诚之未至也。

天命不可知，能体天心，即能邀天佑。天心不可知，能顺民心，即能得天助。人心即天心也。

无骨力者不能任大事，有骨力而无涵养之功，则棱角峭厉，令人望而生畏，亦非处世之道。古之君子比德于玉者，坚刚未始不坚刚，温润未始不温润，此语见吕新吾先生《呻吟语》。玉之所以可贵也。

人心本至灵也，以私意闲之，则灵明之体为其蒙蔽，有至近至浅之事而见不到者，如镜之尘，不拂拭则愈积愈厚，虽咫尺亦不可照，安能明鉴万里乎！

知人则哲，惟帝其难，不知言无以知人也。言者各有一理，有似是而实非者，有似公而实私者，有迎合我意而娓娓可听者，惟心有主宰，乃能分别而采择之。能听言而不为言者所惑，无他，公而已。光绪甲午秋八月，大澂。

鼎彝古籀补洨水，余事临池笔亦工。

莫作将军度辽曲，黄公度有《度辽将军曲》。四朝文献系吴中。

戊辰季冬，霜厓吴梅。

两汉师承逐后车，宋明心学受揶揄。

罗山不作湘乡逝，此老军中尚读书。

开府勤王自请缨，相公一笑薄书生。

休将成败论吴士，小范当年亦将兵。

书画金文并绝伦，即评藝术亦传人。

不谈兵法谈儒学，片楮犹应什袭珍。

法书流落令威家，快婿留题感岁华。

猛忆双丁文字狱，吴中生气已虫沙。

辛未季冬月，穹窿山人张一麐。

[按：本节原文注“删”。]

临大痴《九峰三泖读书图》卷长六尺八寸五分，高七寸五分。

大痴。

黄子久尝寓吾郡之蓬莱道院及峰泖间。是图绝似吾家《富春》长卷。此卷之外，惟项氏《沙碛图》、王弇州家《江山胜览图》耳。丙子夏五董其昌题。

我昔曾过莺脰湖，蔼然风景如清河。东偏咫尺近黄浦，浩漫恍接沧溟波。直南金山正相对，芙蓉几朵青嵯峨。云屏开张镜容静，览此适足供吟哦。信舟命酌且为乐，怀抱洒然佳趣多。便欲移家来寓此，结茆为屋环松萝。于今绊职久未□，萧萧白发成蹉跎。爱尔青年居此地，小筑间亭极幽致。水光荡漾映帘栊，山色微茫送晴翠。八窗空阔涵清晖，四座虚明绝织翳。长年适此得所宜，酒尊每与幽人期。焚香啜茗自读书，焦桐弹罢还奕棋。闲来把钓阑干外，白鸥往复能忘机。□虚适□□中乐，此乐人间□有谁。君今远来索我题，展图却忆经行时。□□佳景宛如昨，使我顿觉心神怡。掀髯一笑写长句，良愧人生无定依。与君酌别起遐想，极目江天云正飞。雪庭老人。

江山一碧海天秋，之子轩居景倍幽。帘卷九峰螺黛入，窗开三泖镜光浮。寒泉翠壁倾银汉，夜月水壶浸玉钩。自是红尘飞不到，恍疑身世在瀛洲。

小小闲亭瞰碧流，水光山色多悠悠。万重云岛神仙窟，一叶沧浪孺子舟。涧底风迴泉作雨，海门日暖蜃成楼。倚阑吟遍饶清兴，点破玻璃箇白鸥。林谷后人。

黄子久家常熟，临虞山山水。晚避征辟，又客云间，设三教堂于柳家弄。此卷似有铁笛声出于林樾之上，正疑与杨廉夫啸傲峰泖时也。当与《富春山图》并传，声价不小。陈继儒题。

大痴《九峰三泖读书图》真迹天下甲观，赠袁景文。

与吴瑞生《襆琴图》同一笔法，而秀润高旷过之。余获此卷，凑泊四大家，亦一时真赏之极盛者欤。

此图系痴翁赠布衣御史袁景文，讳凯，名《峰泖读书图》。予于王叔明画悉之，大快大快。

不谓布衣拜御史，乌台未久辄归家。读书峰泖等闲事，惹出痴翁万顷霞。

按，汪长孺藏王叔明《九峰图》题云：“袁凯，字景文，以布衣拜御史。数月，谢政归，读书淞山之阳九峰山中，悠然有出尘之趣。黄鹤山人王蒙为写其逸态云。”录出以补此卷之缺题。

追和林谷老人韵：溽暑开函微逗秋，江村山谷晓林幽。何人消受湖心乐，有客翻将地肺浮。三泖九峰飞郢雪，双舟一线隐吴钩。痴翁笔挟云囊术，图未穷时雾满洲。大痴横卷最少，而卷之长篇累纸者尤其少。此图有荆关董巨法，骋毫洒墨，烟郁云飞，盖痴翁生平合作，高视尘埃之外，非倪王诸公可企及也。崇正丁丑端阳徐守和识。

再次林谷老人韵：痴翁画品自名流，洒墨淋漓韵更幽。出浩入关壶泼墨，乘风破浪海归舟。涧泉白暎山腰树，坞竹青连洞口楼。支遁买山觉多事，何如图里觅闲鸥。朗白重题。

黄公画法气萧迹，变化纵横似草书。不是泖峰留胜迹，今人宁睹子云居。

先生作画暮年更佳，观此图铸意浑奇，取境幽遂，蹊径都融，笔墨兼挚，藏巧于拙，寓奇于平，若非天姿超迈，工学积纯，乌睹有此神化也哉。昔云书与人老，吾于兹画亦然。至于品格天趣，当在王摩诘《辋川图》上，讵可以时代压之耶。朗白三题。

谛观此图，用笔似不经意，而点画之间各有异趣，盖炉锤具指下，草木辄生机，吾于此可窥化工之肖物云。予既获此卷，一日数十展舒而未已，不觉饥渴忘其饮食，清对忘其尘情，优哉游哉，聊以卒岁。昔欧阳率更观索将军碑，下马仰卧十日不忍去，赵松雪得定武《兰亭》，舟中题咏累十八跋以见意。之二公者，非别有心领神会焉，能恋恋若是耶。上下古今，予虽异地，允同斯好，何必减古人。越五日四题。

画品至痴翁，画法称大备。翻宋略其刻，变唐去其媚。毫洒趣成幽，意到墨为醉。凭显以探微，索隐于穷费。烟暗林知秋，云遮山欲睡。九峰郁苍苍，三泖遥洒洒。竹坞结兰房，咏归兴孔喟。书声栖鸟麇，独往闲猿避。有士不可名，何为遗姓字？若非云西公，定是鸿渐类。梦蝶觉为难，御风行何易。抚今觅同心，缅昔宁异地。半生邱壑情，一派江南致。嗟余老市城，对此当避地。奇绝云间图，流传等敝屣。当前未按剑，恐后忙夺帜。方驾赵非谦，超群元不愧。若倪与吴王，允从配享议。十载结虚延，今始归清閟。不遇真鉴家，抱璞弗轻示。朗白五题。

指与物化笔都忘，含神吐秀任翱翔。图穷境杳思无尽，董巨荆关未擅长。谢公邱壑世难忘，貌出湖山逸兴翔。谁剪吴淞半江水，至今犹带白云长。朗白六题。

咸丰乙卯秋日，观大痴《九峰三泖读书图》长卷于宝铁斋，借临一过，并录诸跋以志景慕。平江吴大淳。窸斋公生于道光乙未，此卷作于咸丰乙卯，时年二十一岁。同治改元，避讳易名。宝铁斋者，外高祖履卿韩公之藏书处也。越画后七十六年，岁次庚午十一月重装。孙湖帆谨诘。

清卿临大痴《九峰三泖读书图》，丁巳冬日平斋吴云题。引首

曩于履卿丈处见大痴《三泖九峰读书图》真迹，雄浑高逸，合

董巨荆关为一手，洵生平得意之作。今吴君清卿以临本见示，纵横跌宕，绝无橅仿之迹，而用意运笔力追古人，非俗手所能梦见。时秋雨初霁，展读数过，恍置身岩壑中，听淙淙漱玉声，不觉尘襟尽涤也。星斋潘曾莹题。

袁景文居松江府治东门外，崇祯末单狷庵即其地构白燕庵，似与峰泖相隔甚远，而《海叟集》中有《书北山精舍壁》诗，则峰卯间旧有读书别业可知。大痴曾寓松江，为之作图，遂为天下甲观。此图吴君清卿所临，苍茫澹远，直入大痴之室，虽无老成人，尚有典型，以此作虎贲中郎观可也。丙辰春正月雪后，同顾茝塘观于五百梅花草堂，茝塘素工山水，尤叹赏不置云。梅花衲祖观。

大痴传世名迹如《浮峦暖翠》、《天池石壁》、《富春》长卷、《沙迹图》，皆不知流落何处，令人慨想而已。此《峰泖读书图》向为娄东毕涧飞澂君所藏，去秋见于常卖家。其点染皴擦，以瘦标骨，以澹入古，清卿心领神会，手摹一卷，初学原未能一蹴而至，而笔意淡远，迥异流俗。读书稽古，与年俱进，更得宋元名迹临摹之，自成一家如赵、董两文敏，无难也。爰书数语，以志期望之意，时在咸丰丙辰春二月四日，履卿韩崇手记。

丁巳中秋沧浪定福观。

戊午季冬晓岳道人杨丰观。

同治元年壬戌季夏，长洲彭蕴章得观于京师，惜我友诗舲尚书之不及见也，因识于卷末，时年七十有一。

溪藤一幅墨淋漓，供养烟霞慕大痴。依样青山传妙腕，好听白燕解人颐。 吴淞千尺水之涯，峦影波光处处嘉。我近陆机山下住，依稀歧路认三叉。 题应清卿贤外从雅属，丙辰莫春尺五韩来潮，时年七十有七。

大痴道人作画，变董、巨之法，自成一家。每在荒山乱石丛木深篠中独坐，意态忽忽，若有所得。尝往泖中通海处看激流轰浪，虽风雨骤至，水怪悲咤，不顾也。古人作画以造化为师，后人则不能不从事摹仿。吴君清卿风雅嗜古，手临此卷，并录诸家题咏于后，烟云之气溢于楮墨间，洵足为艺林清玩也。顺之潘遵祁识。

近日画家用笔以飘忽见长，布局以疎淡为贵，古人沉着痛快之致不见矣。戊午秋九月，吴君清卿以所摹大痴《九峰三泖图》见示，笔致圆劲，墨彩淋漓，一扫吴装习气。少年有此，具征天分过人，倘锲而不舍，他日当名噪艺林。展阅之余，不禁喜心翻倒，窃为吾道得人幸矣。援书数语归之，七十叟津门王玉璋鹤舟氏志。

丁巳八月二十日，嘉兴张福熙敬仲、海昌萧迺甲笠仙、吴江仲湘壬甫、娄黄鞠秋士、吴董世帷幼琴、海盐胡穗心农、石门蔡锡恭少峰集宝铁斋中同观。

元季四大家其源皆宗董巨，而魄力之浑厚、风骨之苍劲，当以黄公望为冠。清卿英年嗜学，直欲造痴翁之室，与之对垒。此卷乃其摹本，气韵神采脱胎入古，意数百年来真传衣钵其在于斯。古人以造化为师，今人以古人为师，而烟云变态，全从领会得来，可徒求之形迹间哉。岁在丁巳仲冬，弟俞廷鹭甫题。

戊午长夏，朝雨初霁，喜清卿仁兄见过。袖出所临大痴墨妙长卷，展读数四，欣佩之至，援占小诗一绝以识：南北烽烟正可患，披君妙绘一开颜。何当同棹浮家艇，来往九峰三泖间。石湖张涌。

清卿临古余数见，往往逼真，此尤笔墨融洽，安得不令人心折耶。辛酉夏首同钱唐夏子仪、吴江翁叔均、青浦周荔轩、川沙沈韵初观。绍原。

林壑具幽趣，峰峦不可攀。约君泖湖去，闲看白云远。咸丰八年戊午冬仲，清卿仁兄大人出示所临大痴长卷，神韵具至，真得古人神髓。援志数语，并请大雅正之。石门弟倪耘芥孙甫。

咸丰九年己未春朝，董在镕拜观于借鹤草庐。

乌目山人尝临痴翁《密林陡壑卷》，为生平最得意之作。吴虞山见而假归，屡索不还，因而成讼。后虞山词窘，遂书颠末于卷尾而返之，传为墨林佳话。今此卷临摹深得痴翁神韵，恐世不乏虞山，幸秘藏之。己未仲春书奉清卿仁兄大人一粲，欧亭姚曾翼。

曩在都门见一峰老人墨山水卷并张篁邮摹本，篁村亦近代高手，然阅痴翁卷，有观海之叹矣。去春于履翁世丈斋头见痴翁《三泖九峰读书图》卷，与都门所见本笔法极相似，而苍浑之气过之，时欲借摹，未果。嗣清卿仁兄以手摹此卷见示，皴察勾染无一笔妄下，旷逸处不失之浮，沈着处不失之滞，力追古人而不为古人所囿，觉篁邨本犹有橅拟之迹。留笥年余，辄思效颦，亦复敛手，何敢妄希夫痴翁哉。咸丰十年二月下浣，梁溪弟秦炳文识于玉峰寓斋。

大痴老人为元季四大家之冠，然其真迹流传绝少，故后人从事六法者辄云仿子久、仿一峰，而实未见庐山真面目也。清卿仁兄此卷所临《九峰三泖读书图》的系痴翁生平杰作真迹，其与寻常摹古者固自不同。余尤服其用笔浑脱，纯任自然，竟忘其为临仿之作，直与自运机杼无异，清卿殆有神悟欤！倘得思翁所云《富春山居》、《江山胜览》、《沙碛图》诸名迹一一临摹之，虽谓大痴至今存可也。辛酉冬月，笠东七十一叟俞岳拜观于申江寓次。

此卷为清卿乙卯所作，真本藏韩履翁家，兵燹以来不知散落何处，庐山真面，对此尚堪仿佛。清卿所橅宋元名迹悉已散失，惟此岿然如灵光，尤足宝惜。至其笔墨精妙，殆有夙悟，所谓一超直入如来地也。元和顾文彬识。

同治元年六月长洲彭祖贤拜观于京寓，彭祖彝同观。

此卷笔墨温粹，皴染浑成，如见其人之蔼蔼也。大痴原迹已堕劫烬中，借此犹可想象湖上铁篴声，清卿幸勿以少作而蔑视之。光绪丁丑四月初五日鸿裔题记。

同治癸亥，余来京师，适清卿吾兄假馆寓中，昕夕清谈，尘襟顿豁。一昨出示此卷，笔意简浑，神韵高超，展玩数四，不忍释手，拜倒拜倒。四月二十有六日翰孙记。

甲子十一月长至日，门下士王同愈敬观。

云溪冯超然同观于嵩山草堂。

甲戌三月十七日，门下士沈恩孚敬观。

去今七十有一载，为咸丰乙卯岁，愙斋先生临大痴《九峰三泖读书图》卷时年甫二十有一，笔情墨趣，浑融跌宕，已具作手。大痴为元季四大家之冠，入其室，窥其堂奥，锺锺规矩于心手间，有不卓然成家者乎，此清季之愙斋犹之元季之大痴也。原本旧藏吾吴宝铁斋，堕落劫烬，庐山真面不可复见，得见临本，亦过门而大嚼，足以自豪矣。愙斋先生以避穆宗庙讳更名，其时固未改也，并附记之。乙丑初夏潘承谋。

番禺叶恭绰同观。

庚午十月十日，王季铨、潘承厚、承弼敬观。

壬申花朝乌程蒋祖诒、同邑吴梅谨观于丑簃。

为全疆土赴边庭，曾以皇华纪此程

【编者按】

爱国英雄吴大澂两度皇华，守土著功。省内外诗家多年来以此为题作诗词曲五百多首。分别刊于《中华诗词》、《长白山诗词》、《长白山日报》等报刊。由于研究文集体量所限，兹从中选出二十首，以纪浩歌。

感“皇华纪程今昔”全面启动

吴文昌

为全疆土赴边庭，曾以皇华纪此程。
踏雪凌寒攀老岭，打尖借暖宿茶棚。
吟哦帐下思良策，谈笑樽前署胜名。
莫信外交无弱国，图强先要骨铮铮。

邀请吴元京先生同走皇华之路有记

张福有

有幸陪君走吉林，春城泼墨复高吟。
清芬珍重百年考，祖泽恩深一路寻。
龙虎精神师报国，竹梅气节志盈心。
从兹携手常相会，史略纪程再鼓琴。

读吴大澂《皇华纪程诗》

蒋力华

大泽东陲山海图，纪程记事现灵符。
护边土守施奇计，策马鞭挥壮勇谟。
志士扬名真爱国，远疆威远勿疑梧。
肩担使命从容走，坦荡皇华经略隅。

“皇华纪程今昔”收官纪咏

沈鹏云

一派唐风唱柳林，传承文脉放怀吟。
昔开疆土边陲考，今忆精神龙虎寻。
椽笔案头书雅句，皇华路上品初心。
松花黄浦无弦韵，拍岸声声浪作琴。

韵和养根斋又感吴大澂勘边诗

张吉贵

牌立边关入版图，皇封牙刻受丹符。
臣忠敢拒奸邪计，志远能筹伟略谟。
世事纷繁犹抱璞，风云变幻自依梧。
山川踏遍寻真迹，笑傲天涯守角隅。

“皇华纪程今昔”正式启动

杨学军

朔风直下雪寒天，喜事留连豆谷前。
手记古今知正误，书研虚实解忧怜。
王陵不老人犹壮，山野常新步也先。
忽报无霾今又是，从容问道恰如缘。

重立铜柱表

王沛君

劲笔一支如铁杠，携将热血护家邦。
纵然国土已遭占，自有民心不可降。
立就石牌铭领地，铸成铜柱镇图江。
吉林儿女雄风在，总把河山肩上扛。

吴大澂五人班题字感怀

胡宝堂

别后方知忆念长，皇华又至故人庄。
三杯对答前年事，一举俱明古道肠。
挥笔风云胸内揽，悬书点划陌间光。
守边兴国豪情在，治下尽成清乐乡。

近代开发穆棱河第一人吴大澂有感

王雪梅

蛮貊荒开事可凭，农耕兴业百年承。
长天雨后千田耒，沃野烟中两岸棚。
招垦民如春水涌，实边心与密山恒。
穆棱河畔说功绩，始有屯忆赖大澂。

感吴大澂所过吉林东莱门旧照

徐　敏

驿路徜徉叩此门，亭台管舍至珍存。
遥看城外烟霞色，细认溪边杖履痕。
一世禅心今昔话，千年福地往来奔。
流传德泽沙河畔，纪载皇华识脉根。

“皇华纪程今昔”正式启动有记

林　山

饮尽寒风踏薄冰，痴心敢比月光澂。
通沟有史凭君赏，驿站留香待客乘。
长读祭文添色彩，再邀同伴履山楞。
今朝不枉当年苦，喜看关东日日兴。

以诗证史纪皇华赞

刘献琛

赍咨遗恨遽填膺，欲学含糊想未能。
众鸟自知颜色减，空园亦喜绿阴增。
梓乡文物欣重振，危岫烟萝上几层。
莫道江山歇英气，脊梁天柱共峻嶒。

塔拉站遗址有记

滕志光

雪覆山川驿路中，同登塔站仰吴公。
追寻百卅皇华纪，感念千重岁月功。
疆域争回亲海口，界桩勘定护关东。
考查岗子承贤梦，十下根师步履匆。

作书系咏吴大澂

白　丁

防川东望感凄清，时有荒鸡抱憾鸣。
国耻百年难泯灭，文源一脉总传承。
护瓯后辈精忠骨，勘界先贤壮烈情。
当信开通终有日，再书龙虎续峥嵘。

重走皇华路上遇彩虹感记

史桂娟

山高水远踏荒行，七彩霓虹抒韵迎。
许是广才邀贵客，应为止敬舞长旌。
初心铭志征千里，椽笔生香润五更。
薪火相传辉驿路，皇华新旅后人情。

“土字牌”前感怀

李红光

大国疆防和血融，满腔豪气贯天东。
后人未负前人志，送去江声迎海风。

观“龙虎”石刻怀吴大澂

临　清

龙骧虎跃汉威仪，笑傲鸿门任骋驰。
兵败岂因疏调度，将军才大不逢时。

鹧鸪天・在图们凉水恭迎吴大澂玄孙吴元京伉俪一行

侯振和

篆额书痕漫漶焉，劝农老屋没蒿芊。
关山雨色弥新径，蟠岭晴光照旧椽。
循昔迹，溯当年。皇华重走意拳拳。
百年龙虎风云涌，不竭情思凉水泉。

鹧鸪天・新立吴大澂纪念碑感怀

张雅兰

一寸家园尽寸心，立碑纪念意高深。
收疆护界惊天地，出海争权鉴古今。
传伟绩，荡佳音。皇华路上越荒林。
英雄事迹千年颂，祖国江山岂可侵。

莺啼序·感吴大澂开设通沟驿站而赋

贾春全

皇华纪程一卷，叹风流如许。关山远，历尽艰辛，此情孰又能阻？打尖后，茶棚别过，东行赏眺花千树。任几多疲惫，漫空散作飞絮。

曷木索逻，水环小寨，伴朝晖夕暮。开驿站、馆舍亭台，酒楼车店连铺。一时间，客商聚集；似堪比，蓬莱烟屿。步长街，茶肆飘香，筝歌如缕。

移民拓垦，世袭废除，靖边屯虎旅。更夜夜。挑灯阅卷，酌酒吟诗；满腹绸缪，一肩风雨。中俄谈判，珲春界约，图们江口通航线，土字牌，赫赫朝天竖。龙骧虎视，如此磅礴精神，捍卫我朝疆土。

风尘漫漫，大野苍苍，更惜春深处。放眼望，翠杨缭雾。鸟雀声清，年喜花红，暗香飘舞。徜徉古道，车痕犹辨，石湖树壁沙河畔，水潺潺、弹彻琼瑶谱。似听佛曲禅音，挽住流云，问君知否。

参考文献

一、著作

[1] 吴大澂 . 吉林勘界记 [M]. 上海：著易堂书局，1891.

[2] 魏声和 . 鸡林旧闻录 [M]. 吉林：吉长日报社，1913.

[3] 潘祖荫 . 攀古楼彝器款识 [M]. 杭州：西泠印社，1913.

[4] 徐曦 . 东三省纪略 [M]. 上海：商务印书馆，1915.

[5] 吴大澂 . 愙斋集古录释文剩稿 [M]. 上海：商务印书馆，1918.

[6] 梅文昭 . 宁安县志 [M]. 宁安：[出版者不详]，1924.

[7] 丁佛言 . 说文古籀补补 [M].[出版地不详：出版者不详]，1924.

[8] 张裕钊 . 张濂亭文钞一卷 [M]. 上海：上海文明书局，1925.

[9] 北平故宫博物院 . 清光绪朝中日交涉史料 [M]. 北平：故宫博物院，1932.

[10] 顾廷龙 . 吴愙斋先生年谱 [M]. 北京：哈佛燕京学社，1935.

[11] 吴大澂 . 说文古籀补 [M]. 上海：商务印书馆，1936.

[12] 陈复光 . 有清一代之中俄关系 [M]. 昆明：云南崇文印书馆，1947.

[13] 中国史学会 . 中国近代史资料丛刊 [M]. 上海：上海人民出版

社，1957.

[14] 王铁崖 . 中外旧约章汇编 [M]. 北京：三联书店，1957.

[15] 朱寿朋 . 光绪朝东华录 [M]. 北京：中华书局，1958.

[16] 故宫博物院明清档案部 . 义和团档案史料 [M]. 北京：中华书局，1959.

[17] 齐思和 . 黄爵滋奏疏许乃济奏议合刊 [M]. 北京：中华书局，1959.

[18] 黄遵宪 . 入境庐集外诗辑 [M]. 北京：中华书局，1960.

[19] 徐宗伟 . 珲春乡土志 [M]. 长春：吉林省图书馆，1960.

[20] 中国科学院近代史研究所史料编辑室，中央档案馆明清档案部编辑组 . 中国近代史资料丛刊：洋务运动 [M]. 上海：上海人民出版社，1961.

[21] 孙毓棠 . 中国近代工业史资料 . 第一辑（1840—1895）[M]. 北京：中华书局，1962.

[22] 赵尔巽，等 . 清史稿 [M]. 北京：中华书局，1977.

[23] 陈宝琛，世续，等 . 大清德宗景（光绪）皇帝实录 [M]. 台北：新文丰出版公司，1978.

[24] 中国社会科学院近代史研究所 . 沙俄侵华史 [M]. 北京：人民出版社，1978.

[25] 吉林省档案馆，吉林省社科院历史所 . 清代吉林档案史料选编 [M]. 长春：吉林省档案馆，1981.

[26] 社会科学战线编辑部 . 中国近代史研究论丛 [M]. 长春：吉林人民出版社，1981.

[27] 辽宁省档案馆，辽宁社会科学院历史研究所 . 东北义和团档案史料 [M]. 沈阳：辽宁人民出版社，1981.

[28] 徐鼐霖，吉林师范学院古籍研究所 . 永吉县志 [M]. 长春：吉林文史出版社，1988.

[29] 乔治・亚历山大・伦森 . 俄中战争——义和团运动时期沙俄侵占中国东北的战争 [M]. 北京：商务印书馆，1982.

[30] 吉林省档案馆编 . 清代吉林档案史料选编（工业）[M]. 长春：吉林省档案馆，1983.

[31] 郭嵩焘 . 郭嵩焘奏稿 [M]. 杨坚，补校 . 长沙：岳麓书社，1983.

[32] 马宗霍 . 书林藻鉴・书林记事 [M]. 北京：文物出版社，1984.

[33] 佟冬 . 沙俄与东北 [M]. 长春：吉林文史出版社，1985.

[34] 顾廷龙，叶亚廉 . 李鸿章全集 [M]. 上海：上海人民出版社，1985.

[35] 费正清 . 剑桥中国晚清史（1800—1911）[M]. 北京：中国社会科学出版社，1985.

[36] 荣孟源，章伯锋 . 近代稗海：第 5 辑 [M]. 成都：四川人民出版社，1985.

[37] 丛佩远，赵鸣岐 . 曹廷杰集 [M]. 北京：中华书局，1985.

[38] 刘培华 . 近代中外关系史 [M]. 北京：北京大学出版社，1986.

[39] 长顺，李桂林 . 吉林通志 [M]. 长春：吉林文史出版社，1986.

[40] 李澍田 . 松漠纪闻 扈从东巡日录 启东录 皇华纪程 边疆叛迹 [M]. 长春：吉林文史出版社，1986.

[41] 董学增，翟立伟 . 吉林市沿革与大事（1673—1985）[M]. 吉

林：吉林市地名学会，1986.

[42] 王尔敏 . 淮军志 [M]. 北京：中华书局，1987.

[43] 郭廷以 . 近代中国史事日志 [M]. 北京：中华书局，1987.

[44] 王彦威 . 清季外交史料 [M]. 北京：书目文献出版社，1987.

[45] 缪荃孙 . 清代碑传全集 [M]. 上海：上海古籍出版社，1987.

[46] 步平，郭蕴深，张宗海等 . 东北国际约章汇释：1689—1919[M]. 哈尔滨：黑龙江人民出版社，1987.

[47] 李鸿文，张本政 . 东北大事记 [M]. 长春：吉林文史出版社，1987.

[48] 林言椒，李喜所 . 中国近代人物研究信息 [M]. 天津：天津教育出版社，1988.

[49] 施嘉干 . 中国近代铸币汇考 [M]. 上海：上海书店，1989.

[50] 李健才，衣保中 . 东疆史略 [M]. 长春：吉林文史出版社，1990.

[51] 王兆春 . 中国火器史 [M]. 北京：军事科学出版社，1991.

[52] 薛虹，李澍田 . 中国东北通史 [M]. 长春：吉林文史出版社，1991.

[53] 苑书义 . 李鸿章传 [M]. 北京：人民出版社，1991.

[54] 潘景隆，等 . 吉林新志 · 吉林公署政书 [M]. 长春：吉林文史出版社，1991.

[55] 邱思达 . 中国近现代铸币图说 [M]. 北京：中国书店，1991.

[56] 吉林省档案馆，吉林师范学院古籍研究所 . 珲春副都统衙门档案选编 [M]. 长春：吉林文史出版社，1991.

[57] 昌邑区地方志编纂委员会 . 昌邑区志 [M]. 长春：吉林文史出版社，1992.

[58] 张柏春 . 中国近代机械简史 [M]. 北京：北京理工大学出版社，1992.

[59] 袁大化，王树枏，王学曾 . 新疆图志 [M]. 上海：上海古籍出版社，1992.

[60]《东北人物大辞典》编委会 . 东北人物大辞典 [M]. 沈阳：辽宁人民出版社，辽宁教育出版社，1992.

[61] 冯元魁 . 光绪帝 [M]. 长春：吉林文史出版社，1993.

[62]《中国近代兵器工业档案史料》编委会 . 中国近代兵器工业档案史料 [M]. 北京：兵器工业出版社，1993.

[63] 曾宪通 . 容庚选集 [M]. 天津：天津人民出版社，1994.

[64] 刁书仁 . 明清东北史研究论集 [M]. 长春：吉林文史出版社，1995.

[65] 孟东风 . 吉林近代史稿 [M]. 长春：吉林文史出版社，1995.

[66] 裘锡圭 . 文史丛稿：上古思想、民俗与古文字学史 [M]. 上海：上海远东出版社，1996.

[67] 张立明，游孚生 . 吉林铸币 [M]. 延吉：延边人民出版社，1996.

[68] 中国第一历史档案馆 . 光绪宣统两朝上谕档 [Z]. 桂林：广西师范大学出版社，1996.

[69] 林明棠 . 吉林市发展史略 [M]. 长春：吉林文史出版社，1997.

[70] 茅海建 . 天朝的崩溃：鸦片战争再研究 [M]. 北京：生活 · 读书 · 新知三联书店，1997.

[71] 苑书义，孙华峰，李秉新 . 张之洞全集 [M]. 石家庄：河北人民出版社，1998.

[72]《中国近代兵器工业》编审委员会．中国近代兵器工业：清末至民国的兵器工业 [M]. 北京：国防工业出版社，1998.

[73] 王同愈，顾廷龙．王同愈集 [M]. 上海：上海古籍出版社，1998.

[74] 韩天衡．历代印学论文选 [M]. 杭州：西泠印社，1999.

[75] 叶昌炽．缘督庐日记 [M]. 扬州：广陵书社，2002.

[76] 葛荃．权力宰制理性：士人、传统政治文化与中国社会 [M]. 天津：南开大学出版社，2003.

[77] 马克斯·韦伯．儒教与道教 [M]. 洪天富，译．南京：江苏人民出版社，2003.

[78] 陈介祺．簠斋论陶 [M]. 北京：文物出版社，2004.

[79] 戚其章．甲午战争史 [M]. 上海：上海人民出版社，2005.

[80] 李兴盛，全保燕．秋笳馀韵：外十八种 [M]. 哈尔滨：黑龙江人民出版社，2005.

[81] 来新夏．清代科举人物家传资料汇编 [M]. 北京：学苑出版社，2006.

[82] 姜长斌．中俄国界东段的演变 [M]. 北京：中央文献出版社，2007.

[83] 中华书局编辑部，李书源．筹办夷务始末：同治朝 [M]. 北京：中华书局，2008.

[84] 吴大澂．窸斋诗存 [M]. 上海：华东师范大学出版社，2009.

[85] 张怀恭，张铭．清勤果公张曜年谱 [M]. 杭州：浙江古籍出版社，2009.

[86] 李瀚章．曾文正公全集 [M]. 北京：中国书店，2011.

[87] 李少军．武昌起义前后在华日本人见闻集 [M]. 武汉：武汉大

学出版社，2011.

[88] 茅海建 . 近代的尺度：两次鸦片战争军事与外交 [M]. 北京：生活·读书·新知三联书店，2011.

[89] 吉林省档案馆编 . 吉林省档案馆藏清代档案史料选编 [M]. 北京：国家图书馆出版社，2012.

[90] 翁同龢，翁万戈，翁以钧 . 翁同龢日记 [M]. 上海：中西书局，2012.

[91] 王彦威，王亮 . 清季外交史料 [M]. 长沙：湖南师范大学出版社，2015.

[92] 阎步克 . 士大夫政治演生史稿 [M]. 北京：北京大学出版社，2015.

[93] 赵园 . 制度·言论·心态：《明清之际士大夫研究》续编 [M]. 北京：北京大学出版社，2015.

[94] 吴大澂 . 吴大澂书信四种 [M]. 南京：凤凰出版社，2016.

[95] 顾廷龙 . 顾廷龙全集 [M]. 上海：上海辞书出版社，2016.

[96] 吴大澂 . 愙斋行书诗册 [M]. 杭州：西泠印社出版社，2019.

[97] 陈郁 . 吴大澂琐论 [M]. 上海：上海人民出版社，2019.

[98] 李军 . 吴大澂日记 [M]. 北京：中华书局，2020.

[99] 李澍田，宋抵，乔钊，等 . 韩边外 [M]. 长春：吉林文史出版社 2021.

[100] 张指挥，于亚茹 . 岗子村志 [M]. 长春：吉林人民出版社，2023.

二、档案文献

[1] 吴大澂档案：吏部为河南河北道吴大澂着赏给三品卿衔前赴吉林随同铭安帮办一切事给吉林将军咨文：光绪六年正月二十九日：

J001-06-0164[A]. 北京：中国第一历史档案馆 .

[2] 吴大澂档案：为吴大澂奏陈机厂炮台创办及需要工料银两事给吉林将军咨文：光绪七年八月初四日：J001-07-0785[A]. 北京：中国第一历史档案馆 .

[3] 为吉林机器局各员工匠勤奋办公届满五年照章择优保奖事奏稿：J001-18-3185，001-2610[A]. 北京：中国第一历史档案馆 .

[4] 奏为调离吉林未尽军务屯务应归吉林将军主持事：光绪九年九月十七日：03-9554-014.[A]. 北京：中国第一历史档案馆 .

[5] 总理衙门档案：中俄界址事：光绪十年八月十四日：01-17-057-01-003 [A]. 台湾“中研院”近史所档案馆 .

三、论文、报纸文章

[1] 董万仑 . 沙俄对我国东部边疆的侵略与吴大澂 1886 年珲春勘界 [J]. 延边大学学报（哲学社会科学版），1977（1）.

[2] 马国晏，张本政 . 东北第一个近代军火工厂：吉林机器局 [J]. 社会科学战线，1981（1）.

[3] 董万仑 . 吴大澂在三姓、宁古塔 [J]. 黑龙江文物丛刊，1982（1）.

[4] 张万鑫 . 洋务派创办的吉林机器局 [J]. 南开史学，1986（1）.

[5] 王宁 . 吴大澂珲春勘界简论 [J]. 东北地方史研究，1986（2）.

[6] 林明棠 . 吉林机器局的创办、经营及其作用 [J]. 东北地方史研究，1986（3）.

[7] 柏林 . 吴大澂与吉林防务 [J]. 江城史志，1988（4）.

[8] 孟东风 . 吴大澂在吉林 [J]. 吉林师范学院学报，1989（3）.

[9] 刘晓焕 . 吴大澂是“逃跑将军”吗？ [J]. 东岳论丛，1991（6）.

[10] 陆青山，江山 . 胡传在东宁县三岔口任职的两条史料 [J]. 北

方文物，1991（2）.

[11] 赵金敏 . 馆藏吴大澂书札考释 [J]. 中国历史博物馆馆刊，1991（15–16）.

[12] 陈勇勤 . 吴大澂东调帮办吉林边防小考 [J]. 社会科学战线，1993（1）.

[13] 刘远图 . 关于历史上中俄边界“耶”字界牌的考察 [J]. 社会科学战线，1994（5）.

[14] 刘学军，黄海泉 . 吉林机器局的创办及其历史作用 [J]. 北方论丛，1995（2）.

[15] 栾学钢 . 吴大澂与吉林机器局 [J]. 中国科技史料，1996（3）.

[16] 谢俊美 . 师出无功不行其志的吴大澂：读吴大澂未刊函稿 [J]. 档案与史学，2003（4）.

[17] 曹立前 . 吴大澂评述 [J]. 山东师范大学学报（人文社会科学版），2004（4）.

[18] 王维江 . 谁是“清流”？：晚清“清流”称谓考 [J]. 史林，2005（3）.

[19] 杨国强 . 晚清的清流与名士 [J]. 史林，2006（4）.

[20] 陈开科 . 耆英与第二次鸦片战争中的中俄交涉 [J]. 近代史研究，2009（4）.

[21] 彭传杰 . 吉林机器局创建的背景 [J]. 绥化学院学报，2010（1）.

[22] 柳成栋 . 吴大澂在督办吉林边务中的历史贡献 [J]. 黑龙江史志，2013（2）.

[23] 张培林 . 吉林近代军事工业的创办及其铸币 [J]. 中国钱币，2013（4）.

[24] 李大伟 . 吉林市近现代城市形态演变研究 [D]. 哈尔滨：哈尔滨工业大学，2007.

[25] 姜寿民 . 陈介祺钟鼎文字入印的倡导与实施 [N]. 书法导报，2004-03-31.

[26] 陈达，蒋仕伟，杜山 . 副都统容山的宁古塔岁月（一）[N]. 牡丹江晨报，2018-03-29.

出版声明

吴大澂是晚清著名学者、政治家、文武兼资的爱国人士，在学术、艺术、政治和军事等多个领域贡献卓越，相关研究著述颇丰。为进一步挖掘其历史人文价值、弘扬其爱国精神，深入推进“吉林文脉传承工程”，我社出版了“吴大澂书系”作为该工程的重要组成部分。《吴大澂研究文集》旨在汇集有关吴大澂为政、为学、为人的主要研究成果。在文集编纂过程中，我们尤为关注文章的研究方向、学术价值以及作者的影响力，以确保研究文集的整体水平、学术权威性和影响力。

由于部分收录作品发表已久，部分作者仓促间暂未取得联系，我们遗憾未能联系到所有作者。在此，吉林人民出版社对您为吉林文脉传承建设作出的贡献表示诚挚的谢意，并恳请谅解。如有相关需求，请及时与我社联系，我们将全力保障您的权益。

特别声明。

吉林人民出版社

2024 年 12 月

出 品 人：常　宏
策　　划：吴文阁
责任编辑：王　静
特约编辑：慈国敬
排版设计：昌信图文

图书在版编目(CIP)数据
吴大澂研究文集 / 刘毅，佟大群主编 . -- 长春：吉林人民出版社，2024. 11. -- (吴大澂书系).
ISBN 978-7-206-21619-0
Ⅰ. K825.5-53
中国国家版本馆 CIP 数据核字第 20245D8F58 号

吴大澂研究文集

WU DACHENG YANJIU WENJI

主　　编：刘　毅　佟大群
出版发行：吉林人民出版社（长春市人民大街 7548 号　邮政编码：130022）
咨询电话：0431-85378007
印　　刷：吉林省吉广国际广告股份有限公司
开　　本：720mm × 1000mm　　1/16
印　　张：31　　字　　数：450 千字
标准书号：ISBN 978-7-206-21619-0
版　　次：2024 年 12 月第 1 版　　印　　次：2025 年 6 月第 2 次印刷
定　　价：58.00 元

国家区块链 + 版权创新应用

·可信数字版权生态示范项目·

·读者须知·

本书已接入可信版权链正版图书查证溯源交易平台，“一本一码、一码一证”。扫描上方二维码，您将可以：

1. 查验此书是否为正版图书，完成图书记名，领取正版图书证书。

2. 领取吉林人民出版社赠送的购书券，可用于在版权链书城购买吉林人民出版社其他书籍。

3. 领取数字会员卡，成为吉林人民出版社读者俱乐部会员。

4. 加入本书读者社群，有机会和本书作者、责任编辑进行交流。还有机会受邀参加本社举办的读书活动，以书会友。

5. 享受吉林人民出版社赠予的其他权益（通过读者俱乐部进行公示）。